上市陪跑

企业上市前必做的100件事

胡华成◎著

中国科学技术出版社
·北　京·

图书在版编目（CIP）数据

上市陪跑：企业上市前必做的 100 件事 / 胡华成著 .
北京：中国科学技术出版社，2025. 7（2025.8 重印）.
ISBN 978-7-5236-1419-8

Ⅰ . F279.246

中国国家版本馆 CIP 数据核字第 2025GA1667 号

策划编辑	何英娇	**责任编辑**	何英娇
封面设计	潜龙大有	**版式设计**	蚂蚁设计
责任校对	焦　宁	**责任印制**	李晓霖

出　　版	中国科学技术出版社
发　　行	中国科学技术出版社有限公司
地　　址	北京市海淀区中关村南大街 16 号
邮　　编	100081
发行电话	010-62173865
传　　真	010-62173081
网　　址	http://www.cspbooks.com.cn

开　　本	710mm × 1000mm　1/16
字　　数	505 千字
印　　张	29
版　　次	2025 年 7 月第 1 版
印　　次	2025 年 8 月第 2 次印刷
印　　刷	大厂回族自治县彩虹印刷有限公司
书　　号	ISBN 978-7-5236-1419-8
定　　价	89.00 元

前言

作为智和岛集团创始人，我深知企业上市是一座令人向往的高峰，它不仅代表着企业的成功与荣耀，更是企业实现跨越式发展的重要里程碑。然而，上市之路并非坦途，其间充满了挑战与不确定性。

如果你的企业有上市计划或者正在打算上市，那么你一定要读这本《上市陪跑：企业上市前必做的100件事》。这本书包括智和岛集团在为企业提供上市陪跑时的全部服务清单，围绕企业上市前必做的100件最重要的事展开内容创作。通过阅读本书，你可以清晰地学习到企业在上市前都有哪些重要的事。如果你能掌握并了解书中的全部内容，那么它一定可以帮你提高企业上市的成功率。

这本书的诞生，源于我在上市陪跑过程中见证了无数企业的崛起与沉浮。我深知企业上市对于企业发展的重大意义，也理解其在上市过程中的艰辛与困难。在与众多企业家的交流中，我发现许多企业对于企业上市缺乏系统的认识和准备，并在上市的准备过程中走了不少弯路，因此，我萌生了创作这本书的想法，希望能为广大企业提供一本实用的上市指南，帮助企业少走弯路，顺利实现上市目标。

这本书涵盖了企业上市前的十大关键领域，从心理建设到上市辅导与申报，形成了一个完整的上市准备体系。每一个章节都深入剖析了企业在上市过程中可能面临的问题，并提供了具体的解决方案和操作建议。

第一章“心理建设——筑牢上市根基”，强调了企业上市首先需要在心理上做好准备。控股股东和管理层要坚定上市的决心，以长远的战略眼光规划企业未来，做好应对风险和不确定性的心理准备。只有内心强大，才能在上市的漫长过程中保持坚定的信念，克服各种困难。这就如同一场马拉松比赛，良好的心理素质是跑完全程的关键。

第二章“组织架构优化——打造高效上市团队”，则着重于企业内部的组织建设。成立专门的上市工作领导小组和执行小组，明确各部门的职责和分工，引进具备丰富上市经验的专业人才。一个高效的组织架构是企业上市的有力保障，它能够确保各项工作有序推进，提高工作效率。

业绩提升与稳定是企业上市的核心要求之一。第三章“业绩提升与稳定——夯实上市硬实力”，从分析市场趋势、确定核心竞争力、拓展销售渠道、提升客户满意度等多个方面入手，为企业提供了切实可行的业绩提升策略。只有不断提升企业的业绩，才能吸引投资者的关注，为上市奠定坚实的基础。

财务规范与透明是企业上市的重要前提。第四章“财务规范与透明——呈现真实财务状况”，详细介绍了如何聘请专业的会计师事务所对企业进行财务审计和规范，建立健全财务管理制度，清理历史财务问题，进行财务预算和成本控制。真实、准确、透明的财务状况是企业赢得投资者信任的关键。

税务合规是企业必须遵守的法律义务。第五章“税务合规——确保依法纳税”，指导企业对历年的税务情况进行全面自查，与税务机关保持良好沟通，规范税务申报和缴纳流程，完善税务档案管理。只有做到税务合规，企业才能规避税务风险，顺利推进上市进程。

公司治理是企业可持续发展的基石。第六章“公司治理——完善内部管理机制”，阐述了如何完善公司治理结构，建立健全董事会、监事会和股东大会制度，加强内部控制体系建设，规范关联交易，制定信息披露制度。良好的公司治理能够提高企业的管理水平，增强投资者的信心。

法律合规是企业上市的重要保障。第七章“法律合规——排除潜在法律风险”，要求企业对历史沿革、股权结构、重大合同等进行法律审查，规范劳动用工制度，处理好知识产权、环境保护等方面的法律问题，聘请专业的律师事务所为上市提供全程法律服务。只有做到法律合规，企业才能避免法律风险，确保上市工作的顺利进行。

募投项目规划是企业上市的关键环节。第八章“募投项目规划——描绘未来发展蓝图”，指导企业结合企业战略和市场需求，精心规划募集资金投资项目，进行充分的市场调研和可行性分析，制订详细的项目实施计划和资金使用计划。一个好的募投项目能够为企业带来良好的发展前景，吸引投资者的关注。

投资者关系管理是企业上市后的重要工作。第九章“投资者关系管理——吸引资本关注”，介绍了如何建立投资者关系管理部门，制定投资者关系管理策略，组织投资者调研活动，提升企业在资本市场的形象和声誉。良好的投资者关系管理能够增强投资者的信心，提高企业的市场价值。

最后一章“上市辅导与申报——迈向资本市场”，则详细介绍了如何选择经验丰富、信誉良好的保荐机构，进行上市辅导，准备详尽、准确的申报材料，密切关注上市审核进度，及时回应监管部门的问询和反馈。这是企业上市的最后冲刺阶段，需要企业全力以赴，确保上市的成功。

总之,《上市陪跑：企业上市前必做的 100 件事》是一本实用性很强的上市指南，它涵盖了企业上市前的各个方面，为企业提供了全面、系统的上市准备方案。我相信，这本书将成为广大企业在上市之路上的得力助手，帮助企业顺利实现上市目标，迈向更加辉煌的未来。

在创作这本书的过程中，我得到了许多专家、学者和企业家的支持和帮助。他们的经验和智慧为这本书增添了丰富的内容和价值。在此，我向他们表示衷心的感谢。同时，我也希望这本书能够得到广大读者的喜爱和认可，为更多的企业带来帮助。

最后，我祝愿每一家怀揣上市梦想的企业都能够在上市的道路上稳步前行，实现自己的梦想。让我们一起携手共进，为中国企业的发展贡献自己的力量。

智和岛集团创始人、董事长　胡华成

CONTENTS

目录

第十章

上市辅导与申报
——迈向资本市场

100%

第一章

心理建设

——筑牢上市根基

❶ 明确上市愿景

在企业迈向上市的征程中，明确上市愿景犹如点亮一座灯塔，为企业指引前进的方向。它不仅是企业高层的战略思考，更是凝聚全体员工力量、推动企业不断发展的核心动力。

一、组织企业高层领导进行战略研讨会

企业高层领导是企业发展的掌舵者，他们的战略眼光和决策能力直接影响着企业的未来走向。组织企业高层领导进行战略研讨会，是明确上市愿景的重要起点。

在进行研讨会前，需要精心准备相关资料，包括行业发展报告、竞争对手分析、企业财务状况等，为领导们提供充分的信息支持。研讨会可以选择在一个安静、舒适的环境中进行，让领导们能够专注于讨论。

会议开始时，由企业负责人提出本次研讨会的主题——企业上市的愿景和目标。领导们围绕这个主题展开深入讨论，分享各自对企业未来的期望和设想。

有的领导可能会从市场拓展的角度出发，认为上市可以为企业带来更多的资金和资源，从而加速企业在国内外市场的布局，使企业成为全球领先的行业品牌。他们会提出具体的市场份额目标和国际化战略，如在未来几年内进入哪些新的市场领域，如何提升企业在国际市场的竞争力等。

另一些领导可能会更关注技术创新和产品升级。他们认为上市可以为企业吸引更多的高端人才和研发资金，推动企业不断进行技术创新，提升产品的质量和性能。他们会提出具体的技术研发目标和产品创新计划，如在未来几年内推出哪些具有创新性的产品，如何提高企业的技术研发能力等。

还有的领导可能会从企业社会责任的角度出发，认为上市可以让企业更加规范地运营，更好地履行社会责任，为社会做出更大的贡献。他们会提出具体的社会责任目标和可持续发展计划，如如何降低企业的环境污染，如何提高员工的福利待遇等。

通过充分的讨论和交流，高层领导们会逐渐形成对企业上市愿景和目标的初步共识。这个共识将为企业后续的上市准备工作提供明确的方向和指导。

二、邀请行业专家进行上市愿景规划指导

行业专家具有丰富的行业经验和专业知识，他们能够从更宏观的角度看待企业的发展，为企业提供独特的视角和建议。邀请行业专家进行上市愿景规划指导，可以帮助企业结合行业趋势和企业特色，确定独特的上市愿景。

在选择行业专家时，要注重专家的专业背景和经验。可以选择在企业所处行业具有深厚造诣的专家，他们熟悉行业的发展规律和趋势，能够为企业提供有针对性的建议。同时，也可以选择具有丰富上市经验的专家，他们了解上市的流程和要求，能够为企业提供实际的操作指导。

专家来到企业后，首先对企业进行全面的调研和分析。他们会与企业高层领导、中层管理人员和基层员工进行深入交流，了解企业的发展历程、业务模式、核心竞争力、市场地位等方面的情况。同时，他们也会对企业所处的行业进行深入研究，分析行业的发展趋势、市场规模、竞争格局等方面的情况。

在充分了解企业和行业的情况后，专家会结合行业趋势和企业特色，为企业确定独特的上市愿景。他们会从市场定位、产品创新、技术研发、品牌建设、人才培养等多个方面提出具体的建议和方案。

例如，如果企业所处的行业正处于快速发展的阶段，专家可能会建议企业将上市愿景定位为成为行业的领军企业，通过技术创新和市场拓展，引领行业的发展方向。如果企业在行业中具有独特的技术优势，专家可能会建议企业将上市愿景定位为成为技术创新的领导者，通过不断推出具有创新性的产品，提升企业的核心竞争力。

专家还会为企业制订具体的上市愿景规划方案，包括短期、中期和长期目标，以及实现这些目标的具体步骤和措施。这个方案将为企业的上市准备工作提供详细的指导和参考。

三、对企业员工进行上市愿景宣传

企业上市不仅是高层领导的决策，更是全体员工共同的目标和责任。对企业员工进行上市愿景宣传，让全体员工了解并认同企业的上市目标，可以激发员工的工作热情和创造力，为企业的上市之路提供强大的动力。

可以通过多种方式对员工进行上市愿景宣传。首先，可以组织全体员工大会，由企业负责人向员工们介绍企业的上市愿景和目标，以及上市对企业和员工个人

的重要意义。在大会上，可以邀请一些已成功上市的企业的员工来分享他们的经验和感受，让员工们更加直观地了解上市后的变化和发展机会。

其次，可以通过内部培训的方式，向员工们介绍企业上市的流程和要求，以及员工在上市过程中应该承担的责任和义务。培训可以采用课堂教学、案例分析、小组讨论等多种形式，让员工们更加深入地了解上市的相关知识。

最后，还可以通过宣传栏、内部刊物、企业网站等渠道，对企业的上市愿景和目标进行宣传。在宣传栏和内部刊物上，可以刊登一些关于企业上市的新闻和动态，以及员工们对上市的感悟和体会。在企业网站上，可以设置专门的上市板块，介绍企业的上市愿景、目标和进展情况。

通过多种方式的宣传，让员工们充分了解企业的上市愿景和目标，认同企业的发展战略，从而在日常工作中积极为实现上市目标而努力。

四、建立上市愿景评估机制

上市愿景不是一成不变的，它需要随着企业的发展和市场的变化不断进行调整和优化。建立上市愿景评估机制，定期评估愿景的实现进度和调整方向，可以确保企业始终朝着正确的方向前进。

建立上市愿景评估指标体系是评估机制的关键。指标体系可以包括财务指标、市场指标、技术指标、人才指标等多个方面。例如，财务指标可以包括营业收入、净利润、资产负债率等；市场指标可以包括市场份额、客户满意度、品牌知名度等；技术指标可以包括研发投入、专利数量、技术创新能力等；人才指标可以包括员工数量、人才结构、员工满意度等。

根据指标体系，定期对企业的上市愿景实现进度进行评估。评估可以采用定量和定性相结合的方法，通过数据分析和问卷调查等方式，了解企业在各个方面的进展情况。评估结果可以以报告的形式呈现，为企业高层领导提供决策依据。

如果评估结果显示企业的上市愿景实现进度良好，那么可以继续按照既定的方向前进。如果评估结果显示企业的上市愿景实现进度不理想，那么就需要对愿景进行调整和优化。调整和优化可以从多个方面进行，如调整市场定位、优化产品结构、加强技术创新、提升品牌形象等。

同时，上市愿景评估机制还可以为企业提供预警功能。当企业在某个方面出现问题时，评估机制可以及时发出预警信号，让企业能够及时采取措施进行调整和改进。

五、将上市愿景融入企业的文化建设中

企业文化是企业的灵魂，它能够凝聚员工的力量，激发员工的创造力，为企业的发展提供持久的动力。将上市愿景融入企业的文化建设中，让它成为企业发展的核心动力，可以使企业在上市的道路上更加坚定地前行。可以通过以下方式将上市愿景融入企业文化建设中。

首先，在企业的价值观中体现上市愿景。企业价值观是企业员工共同遵守的行为准则和价值观念，将上市愿景融入价值观中，可以让员工们在日常工作中时刻牢记企业的上市目标，以更加积极的态度和更高的工作标准来要求自己。

例如，可以在企业价值观中加入“追求卓越，为上市而奋斗”“创新进取，实现企业价值最大化”等内容，让员工们明白，追求卓越和创新进取不仅是为了个人的成长和发展，更是为了实现企业的上市愿景。

其次，在企业的文化活动中体现上市愿景。企业可以组织各种形式的文化活动，如团队建设活动、员工技能大赛、企业文化演讲比赛等，将上市愿景融入这些活动中，让员工们在活动中更加深入地了解企业的上市目标，增强团队凝聚力和向心力。

例如，在团队建设活动中，可以设置一些与上市愿景相关的游戏和任务，让员工们在游戏中体验团队合作的重要性，同时也了解企业的上市目标。在员工技能大赛中，可以设置一些与企业上市所需技能相关的比赛项目，如财务分析、市场营销、技术创新等，让员工们在比赛中提升自己的专业技能，为企业的上市之路贡献自己的力量。

最后，在企业的激励机制中体现上市愿景。企业可以建立一套完善的激励机制，对为企业上市做出贡献的员工进行奖励。奖励可以包括物质奖励和精神奖励，如奖金、晋升、荣誉称号等。通过激励机制，让员工们更加积极地为实现企业的上市愿景而努力工作。

总之，明确上市愿景是企业上市准备中的重要环节。通过组织企业高层领导进行战略研讨会、邀请行业专家进行上市愿景规划指导、对企业员工进行上市愿景宣传、建立上市愿景评估机制和将上市愿景融入企业的文化建设中，企业可以确定一个清晰、独特、可行的上市愿景，为企业的上市之路点亮灯塔，引领企业走向成功的彼岸。

❷ 评估上市决心

坚定的上市决心是至关重要的动力源泉。它不仅能够支撑企业在漫长且复杂的上市过程中克服重重困难，还能确保企业始终朝着上市目标稳步前行。下面，我们将深入探讨如何评估企业的上市决心。

一、设计上市决心评估问卷

设计一份科学合理的上市决心评估问卷，是量化评估企业管理层和股东上市决心的有效手段。这份问卷应涵盖多个方面的问题，旨在全面了解他们对上市的态度、期望和担忧。

问卷可以从以下几个维度展开设计：

首先，对上市的认知程度。包括对上市流程、要求、好处和风险的了解程度。例如，询问他们是否清楚上市所需的财务指标、治理结构要求等；是否了解上市后企业面临的信息披露压力、市场波动风险等。

其次，对上市的期望。了解他们期望通过上市实现哪些目标，如融资扩大规模、提升品牌知名度、吸引人才等。同时，询问他们对上市后企业发展的预期，如业绩增长、市场份额提升等。

再次，对上市的担忧。挖掘他们对上市过程中可能遇到的问题的担忧，如审核不通过、股价波动、控制权稀释等。还可以询问他们对企业自身是否具备上市条件的疑虑。

最后，对上市的投入意愿。包括时间、精力和资源的投入意愿。例如，是否愿意为上市筹备工作投入大量时间参加培训和会议，是否愿意投入资金进行财务规范和审计等。

设计好问卷后，可以通过线上平台或线下发放的方式，让企业管理层和股东进行填写。在收集问卷数据后，运用统计分析方法，对数据进行量化评估，得出一个综合的上市决心指数。这个指数可以直观地反映企业管理层和股东的上市决心程度，并为后续的决策提供参考。

二、组织内部座谈会

组织内部座谈会是一个开放交流的平台，让企业管理层和股东能够分享对上市的看法和担忧，共同探讨解决方法，从而增强上市决心。

座谈会的组织可以分以下几个步骤进行：

首先，确定座谈会的参与人员。除了企业管理层和股东，还可以邀请一些关键部门的负责人和员工代表参加，以确保不同层面的声音都能得到表达。

其次，选择合适的座谈会主持人。主持人应具备良好的沟通能力和协调能力，能够引导讨论的方向，确保座谈会的顺利进行。

在座谈会开始时，主持人可以先介绍座谈会的目的和议程，让大家对座谈会有一个清晰的认识。然后，邀请企业管理层和股东分享他们对上市的看法和期望。他们可以谈谈自己对上市的认识、为什么认为企业应该上市、上市对企业和个人的意义等。

最后，进入担忧分享环节。让大家畅所欲言，说出自己对上市的担忧和疑虑。这些担忧可能包括财务风险、市场竞争压力、内部管理挑战等。主持人要认真记录每一个人的担忧，并引导大家进行深入讨论，分析这些担忧的根源和可能的解决方案。

在讨论解决方案时，可以采用头脑风暴的方法，鼓励大家提出各种创新的想法和建议。对于一些复杂的问题，可以分成小组进行讨论，然后由各小组代表进行汇报。通过共同探讨解决方法，大家可以更加深入地了解上市的挑战和机遇，增强对企业上市的信心和决心。

座谈会结束后，要对讨论的内容进行整理和总结，形成一份详细的会议纪要。这份纪要可以作为企业后续上市筹备工作的重要参考，同时也可以让未能参加座谈会的人员了解讨论的结果。

三、分析同行业已上市和未上市企业的案例

分析同行业已上市和未上市企业的案例，可以为企业评估自身的上市决心提供宝贵的参考。通过对比上市带来的机遇和挑战，企业能够更加清晰地认识到上市的利弊，从而更加理性地评估自己的上市决心。

首先，收集同行业已上市企业的案例。可以通过查阅行业报告、财经新闻、上市公司公告等渠道，收集同行业已上市企业的信息。重点关注这些企业上市前后的业绩变化、市场表现、治理结构、融资情况等方面的内容。

例如，分析已上市企业在上市后是否实现了业绩的快速增长，市场份额是否有所提升，品牌知名度是否得到提高等。同时，也要关注已上市企业在上市

过程中遇到的问题和挑战，如审核不通过的原因、股价波动的情况、信息披露的压力等。

其次，收集同行业未上市企业的案例。了解这些企业为什么没有选择上市，以及它们在发展过程中面临的问题和挑战。例如，未上市企业可能因为财务状况不佳、治理结构不完善、市场竞争力不足等原因而无法上市。通过分析这些案例，企业可以反思自身是否存在类似的问题，以及如何避免这些问题。

在收集完案例后，进行对比分析。将已上市企业和未上市企业的案例进行对比，找出上市带来的机遇和挑战。例如，上市企业可能在融资渠道、品牌影响力、人才吸引力等方面具有优势，但也面临着信息披露压力、股价波动风险等挑战。未上市企业可能在决策灵活性、控制权稳定性等方面具有优势，但也面临着融资困难、市场竞争力不足等挑战。

通过对比分析，企业管理层和股东可以更加全面地认识到上市的利弊，从而更加理性地评估自己的上市决心。如果企业认为上市带来的机遇大于挑战，那么可以进一步坚定上市决心；如果企业认为上市带来的挑战大于机遇，那么可以重新审视自己的上市决策，或者采取措施降低上市风险。

四、与专业的上市咨询机构合作

与专业的上市咨询机构合作，可以为企业进行上市决心的深度评估和提供有价值的建议。这些咨询机构拥有丰富的上市经验和专业知识，能够从客观的角度为企业分析上市的可行性和风险，帮助企业更加准确地评估自己的上市决心。

在选择上市咨询机构时，企业要注重机构的专业能力、信誉度和服务质量。可以通过查阅机构的资质证书、客户评价、成功案例等方式，了解机构的实力和水平。同时，也可以与多家咨询机构进行沟通和比较，选择最适合自己的机构合作。

与咨询机构合作的过程中，企业要积极配合机构的工作，提供真实、准确的企业信息。咨询机构会根据企业的情况，进行全面的分析和评估。他们会对企业的财务状况、治理结构、市场竞争力、发展前景等方面进行深入研究，评估企业是否具备上市条件。

同时，咨询机构还会与企业管理层和股东进行深入交流，了解他们的上市决心和期望。通过问卷调查、访谈等方式，收集他们对上市的看法和担忧。然后，根据收集到的信息，进行综合分析，为企业提供一份详细的上市决心评估报告。

这份报告将包括对企业上市可行性的分析、上市带来的机遇和挑战、企业管理层和股东的上市决心程度等内容。同时，报告还会提出一些针对性的建议，如如何提高企业的上市决心、如何降低上市风险、如何做好上市筹备工作等。

企业可以根据这份报告，进一步调整和完善自己的上市决策，增强上市决心。

五、建立上市决心跟踪机制

建立上市决心跟踪机制，定期评估决心的稳定性和变化情况，是确保企业始终保持坚定上市决心的重要保障。

跟踪机制可以从以下几个方面建立：

首先，确定跟踪的时间节点。可以根据企业的上市筹备进度，确定定期评估的时间。例如，在上市筹备的初期，可以每季度进行一次评估；随着筹备工作的推进，可以逐渐缩短评估的时间间隔，每月或每周进行一次评估。

其次，确定跟踪的指标体系。指标体系可以包括企业管理层和股东的态度变化、企业财务状况的变化、市场环境的变化等方面的内容。例如，可以通过问卷调查、访谈等方式，了解企业管理层和股东对上市的态度是否发生变化；通过财务报表分析，了解企业财务状况是否符合上市要求；通过市场调研，了解行业发展趋势和竞争格局是否发生变化。

在每次评估后，要对评估结果进行分析和总结。如果发现企业管理层和股东的上市决心有所动摇，或者企业的财务状况、市场环境等发生了不利变化，要及时采取措施进行调整和改进。例如，可以组织内部座谈会，重新激发大家的上市决心；可以调整上市筹备计划，降低上市风险；可以加强与投资者的沟通，提升企业的市场形象。

通过建立上市决心跟踪机制，企业可以及时了解自己的上市决心变化情况，采取相应的措施进行调整和改进，确保企业始终保持坚定的上市决心，为成功上市奠定坚实的基础。

总之，评估上市决心是企业上市筹备工作中的重要环节。通过设计上市决心评估问卷、组织内部座谈会、分析同行业案例、与专业咨询机构合作和建立跟踪机制等方式，企业可以全面、客观地评估自己的上市决心，为企业的上市之路筑牢基石。

❸ 培养战略思维

培养战略思维能够帮助企业领导者和员工洞察市场趋势、把握机遇、应对挑战，为企业的长期发展和上市之路奠定坚实的基础。

一、举办战略思维培训课程

举办战略思维培训课程是培养企业员工战略思维的有效途径。通过邀请专家讲授战略规划的方法和案例，可以让员工系统地学习战略思维的理论和实践，提升他们的战略思考能力。

1. 选择合适的培训专家

培训专家应具备丰富的战略规划经验和教学能力。他们可以是知名的管理学者、成功的企业家或专业的咨询顾问。在选择专家时，可以参考他们的学术背景、行业声誉、培训经验等因素，确保他们能够为企业员工带来高质量的培训内容。

2. 设计丰富的培训课程内容

培训课程内容应涵盖战略思维的各个方面，包括市场分析、竞争战略、创新管理、风险管理等。同时，还可以结合实际案例进行讲解，让员工更好地理解战略思维的应用场景和方法。例如，可以分析一些成功上市企业的战略规划案例，探讨他们是如何通过战略思维实现企业的快速发展和上市目标的。

3. 采用多样化的培训方式

为了增强培训效果，可以采用多样化的培训方式，如课堂讲授、小组讨论、案例分析、实地考察等。课堂讲授可以让员工系统地学习战略思维的理论知识，小组讨论可以促进员工之间的交流和思维碰撞，案例分析可以让员工将理论知识应用到实际问题中，实地考察可以让员工亲身体验成功企业的战略规划和管理实践。

4. 鼓励员工积极参与培训

为了确保培训效果，企业应鼓励员工积极参与培训。可以通过设立培训奖励机制、将培训成绩纳入员工绩效考核等方式，激发员工的学习热情和积极性。同时，企业还可以为员工提供培训后的跟踪和辅导，帮助他们将所学的战略思维知识应用到实际工作中。

二、成立战略规划小组

成立战略规划小组是企业制定长期发展战略和上市路径的重要举措。战略规划小组应由企业高层领导、各部门负责人和专业人士组成，负责研究企业的长期发展战略和上市路径，为企业的决策提供有力支持。

1. 明确战略规划小组的职责和任务

战略规划小组的职责和任务包括：分析市场趋势和竞争态势，制定企业的长期发展战略和上市路径；评估企业的资源和能力，确定企业的核心竞争力和发展方向；制订战略实施计划和监控指标，确保战略的有效执行和调整。

2. 选拔合适的小组成员

小组成员应具备丰富的行业经验、专业知识和战略思维能力。他们可以是企业内部的优秀人才，也可以是外部的专家顾问。在选拔小组成员时，应注重他们的综合素质和团队协作能力，确保小组能够高效地开展工作。

3. 建立有效的工作机制

为了确保战略规划小组的工作效率和质量，企业应建立有效的工作机制。例如，可以制定小组的工作流程和决策机制，明确成员的职责和分工；定期召开小组会议，汇报工作进展和讨论重大问题；建立信息共享平台，促进成员之间的交流和合作。

4. 与外部机构合作

战略规划小组可以与外部机构合作，获取更多的信息和资源。例如，可以与专业的咨询公司、投资银行、律师事务所等合作，共同研究企业的发展战略和上市路径；可以参加行业协会、商会等组织的活动，了解行业动态和政策法规。

三、鼓励管理层和员工参与行业研讨会和学术交流活动

鼓励管理层和员工参与行业研讨会和学术交流活动是拓宽视野和培养战略思维的重要方式。通过参与这些活动，企业员工可以了解行业的最新动态和发展趋势，学习先进的管理经验和技术，与同行进行交流和合作，提升自己的战略思维能力。

1. 选择合适的活动

企业可以根据自身的行业特点和发展需求，选择合适的行业研讨会和学术

交流活动。例如，可以参加行业峰会、论坛、研讨会、培训课程等；可以关注行业协会、商会、学术机构等组织的活动信息，及时报名参加。

2. 组织员工参加活动

企业可以组织员工参加行业研讨会和学术交流活动，为员工提供学习和交流的机会。在组织活动时，可以根据员工的岗位和职责，选择合适的人员参加；可以为员工提供必要的支持和帮助，如报销费用、安排交通和住宿等。

3. 分享活动成果

员工参加活动后，应及时将活动成果分享给其他员工。可以通过内部培训、报告、会议等方式，将所学的知识和经验传递给其他员工；可以结合企业的实际情况，提出一些改进和创新的建议，为企业的发展提供参考。

4. 建立学习型组织文化

为了鼓励员工积极参与行业研讨会和学术交流活动，企业应建立学习型组织文化。可以通过设立学习奖励机制、组织内部学习分享活动等方式，激发员工的学习热情和积极性；可以营造开放、包容的学习氛围，鼓励员工提出不同的观点和想法，促进员工之间的交流和合作。

四、建立战略思维考核机制

建立战略思维考核机制是将战略思维能力纳入员工绩效考核体系的重要手段。通过考核机制，可以激励员工不断提升自己的战略思维能力，为企业的发展做出更大的贡献。

1. 确定考核指标

考核指标应涵盖战略思维的各个方面，如市场洞察力、创新能力、决策能力、团队协作能力等。同时，考核指标应具有可操作性和可衡量性，以便于对员工的战略思维能力进行客观评价。

2. 制定考核方法

考核方法可以采用定量和定性相结合的方式。定量考核可以通过数据分析、业绩评估等方式，对员工的战略思维能力进行客观评价；定性考核可以通过上级评价、同事评价、自我评价等方式，对员工的战略思维能力进行主观评价。

3. 实施考核过程

考核过程应公开、公平、公正。企业应制定详细的考核流程和标准，确保考核过程的规范性和透明度；应及时反馈考核结果，让员工了解自己的优势和不足，以便于他们进行改进和提升。

4. 运用考核结果

考核结果应与员工的薪酬、晋升、培训等挂钩，激励员工不断提升自己的战略思维能力。同时，企业还可以根据考核结果，对员工进行分类管理，为不同类型的员工提供个性化的发展计划和支持。

五、定期进行战略规划的回顾和调整

定期进行战略规划的回顾和调整是确保战略思维的适应性和有效性的重要保障。随着市场环境的变化和企业的发展，企业的战略规划也需要不断地进行调整和优化，以适应新的形势和要求。

1. 确定回顾和调整的时间节点

企业应根据自身的发展情况和市场环境的变化，确定战略规划回顾和调整的时间节点。一般来说，可以每年或每半年进行一次战略规划的回顾和调整；在重大事件发生时，如市场环境发生重大变化、企业进行重大战略调整等，也应及时进行战略规划的回顾和调整。

2. 组织战略规划回顾和调整工作

战略规划回顾和调整工作应由战略规划小组负责组织实施。在回顾和调整过程中，应充分收集和分析市场信息、企业内部数据和员工的意见建议，对企业的战略规划进行全面评估和分析。同时，还应邀请外部专家顾问参与回顾和调整工作，为企业提供专业的意见和建议。

3. 制订战略规划调整方案

根据回顾和调整的结果，战略规划小组应制订战略规划调整方案。调整方案应明确调整的目标、内容和措施，确保调整后的战略规划更加符合企业的发展需求和市场环境的变化。调整方案应经过企业高层领导的审批后，正式实施。

4. 监控战略规划调整的实施效果

战略规划调整方案实施后，企业应加强对实施效果的监控和评估。可以通过设立监控指标、定期进行绩效评估等方式，对战略规划调整的实施效果进行跟踪和分析。如果发现问题，应及时进行调整和改进，确保战略规划调整的有效性和适应性。

总之，培养战略思维是企业迈向上市的重要举措。通过举办战略思维培训课程、成立战略规划小组、鼓励管理层和员工参与行业研讨会和学术交流活动、建立战略思维考核机制、定期进行战略规划的回顾和调整等方式，企业可以不断提升员工的战略思维能力，为企业的长期发展和上市之路注入智慧力量。

❹ 理解上市挑战

只有充分认识到上市过程中可能面临的各种挑战和风险，企业才能制定有效的应对策略，确保上市之路成为通途。

一、组织上市挑战专题研讨会

组织上市挑战专题研讨会是企业理解上市挑战的有效途径之一。通过邀请已上市企业的高管分享经验和教训，企业可以从他人的成功与失败中汲取宝贵的经验，为自己的上市之路做好准备。

1. 确定研讨会的主题和目标

研讨会的主题应围绕企业上市过程中可能面临的挑战展开，例如，财务规范、公司治理、信息披露、市场竞争等方面的问题。目标是让企业管理层和员工深入了解上市挑战，提高应对挑战的能力。

2. 邀请合适的嘉宾

邀请已上市企业的高管作为嘉宾是研讨会成功的关键。这些高管应具有丰富的上市经验和成功案例，能够分享实际的经验和教训。此外，还可以邀请证券监管机构、投资银行、律师事务所、会计师事务所等中介机构的专业人士参加研讨会，为企业提供专业的建议和指导。

3. 精心策划研讨会内容

研讨会的内容应包括嘉宾演讲、案例分析、小组讨论、互动问答等环节。演讲嘉宾可以分享他们在上市过程中的经验和教训，包括遇到的挑战、解决方案以及对未来上市企业的建议。案例分析可以选取一些成功和失败的上市案例，深入剖析其中的问题和解决方案。小组讨论可以让企业管理层和员工分组讨论上市过程中的挑战和应对策略，促进思维碰撞和经验交流。互动问答环节可以让企业管理层和员工就关心的问题向嘉宾提问，获取更具体的建议和指导。

4. 做好研讨会的组织和宣传工作

为了确保研讨会的顺利进行，企业应做好组织和宣传工作。提前确定研讨会的时间、地点和议程，并通知参会人员。准备好研讨会所需的设备和资料，如投影仪、麦克风、讲义等。在研讨会前进行宣传，提高企业内部对研讨会的关注度和参与度。

二、进行全面的上市风险评估

进行全面的上市风险评估是企业理解上市挑战的重要手段。通过识别可能面临的挑战和风险因素，企业可以有针对性地制定应对策略，降低上市风险。

1. 确定风险评估的范围和方法

风险评估的范围应包括企业的财务状况、公司治理、业务运营、市场环境等方面。评估方法可以采用定性和定量相结合的方式，如问卷调查、访谈、数据分析等。

2. 收集和分析相关信息

收集企业内部和外部的相关信息是风险评估的基础。内部信息包括企业的财务报表、管理制度、业务流程、人力资源等方面的资料。外部信息包括行业发展趋势、市场竞争状况、政策法规变化等方面的信息。通过对这些信息的分析，识别可能面临的挑战和风险因素。

3. 评估风险的影响程度和发生概率

对识别出的风险因素进行评估，确定其影响程度和发生概率。影响程度可以分为高、中、低三个等级，发生概率可以分为高、中、低三个等级。根据影响程度和发生概率的组合，确定风险的优先级。

4. 制定风险应对策略

根据风险评估的结果，制定相应的风险应对策略。风险应对策略可以包括风险规避、风险降低、风险转移和风险接受等方式。对于高风险的因素，应采取风险规避或风险降低的策略；对于中低风险的因素，可以采取风险转移或风险接受的策略。

三、建立上市挑战应对预案

建立上市挑战应对预案是企业应对上市挑战的重要保障。通过针对不同的挑战制订相应的解决方案，企业可以在面临挑战时迅速做出反应，降低损失。

1. 确定应对预案的框架和内容

应对预案的框架应包括挑战的描述、应对策略、责任部门和人员、实施时间等方面。内容应具体、可操作，能够指导企业在面临挑战时采取有效的措施。

2. 针对不同的挑战制订具体的应对方案

根据上市风险评估的结果，针对可能面临的挑战制订具体的应对方案。例如，对于财务规范方面的挑战，可以制订财务审计和整改计划；对于公司治理方面的挑战，可以完善公司治理结构和制度；对于信息披露方面的挑战，可以加强信息披露管理和培训。

3. 定期演练和修订应对预案

应对预案制定后，企业应定期进行演练，检验预案的有效性和可行性。同时，根据演练的结果和实际情况的变化，及时修订应对预案，确保其始终能够适应上市挑战的变化。

四、加强与中介机构的沟通和合作

加强与中介机构的沟通和合作是企业应对上市挑战的重要途径。中介机构具有专业的知识和经验，能够为企业提供专业的建议和支持，帮助企业应对上市挑战。

1. 选择合适的中介机构

选择合适的中介机构是加强与中介机构沟通和合作的基础。企业应根据自身的需求和实际情况，选择具有丰富经验、专业能力强、信誉良好的中介机构，如投资银行、律师事务所、会计师事务所等。

2. 建立良好的沟通机制

建立良好的沟通机制是加强与中介机构沟通和合作的关键。企业应与中介机构保持密切的联系，定期召开沟通会议，及时交流信息和问题。同时，企业应尊重中介机构的专业意见和建议，积极配合中介机构的工作。

3. 共同制定应对策略

企业应与中介机构共同制定应对上市挑战的策略。中介机构可以根据自己的专业知识和经验，为企业提供具体的建议和方案。企业应结合自身的实际情况，对中介机构的建议和方案进行评估和选择，制定出适合自己的应对策略。

4. 加强对中介机构的监督和管理

加强对中介机构的监督和管理是确保中介机构服务质量的重要保障。企业应与中介机构签订明确的服务合同，约定服务内容、质量标准、费用等方面的事项。同时，企业应建立对中介机构的监督和评估机制，定期对中介机构的服务质量进行评估和反馈，确保中介机构能够为企业提供优质的服务。

五、定期对上市挑战的应对情况进行评估和总结

定期对上市挑战的应对情况进行评估和总结是企业不断完善应对策略的重要手段。通过对应对情况的评估和总结，企业可以发现自身的问题和不足，及时调整应对策略，提高应对挑战的能力。

1. 确定评估的指标和方法

评估的指标应包括应对策略的有效性、实施进度、成本效益等方面。评估方法可以采用定性和定量相结合的方式，如问卷调查、访谈、数据分析等。

2. 定期进行评估和总结

企业应定期对上市挑战的应对情况进行评估和总结，一般可以每季度或半年进行一次。评估和总结的内容应包括应对策略的实施情况、效果和存在的问题等方面。

3. 及时调整应对策略

根据评估和总结的结果，企业应及时调整应对策略。对于有效的应对策略，应继续坚持和完善；对于效果不佳的应对策略，应及时进行调整和改进。同时，企业应总结经验教训，为未来应对上市挑战提供参考。

总之，理解上市挑战是企业迈向上市的重要一步。通过组织上市挑战专题研讨会、进行全面的上市风险评估、建立上市挑战应对预案、加强与中介机构的沟通和合作、定期对上市挑战的应对情况进行评估和总结等措施，企业可以充分认识上市过程中可能面临的挑战和风险，制定有效的应对策略，为企业上市铺平道路。

❺ 树立长期目标

树立长期目标不仅为企业的发展指明了方向，还能激励员工、吸引投资者，为企业的持续发展奠定坚实的基础。

一、制定企业的长期发展规划

制定企业的长期发展规划是树立长期目标的第一步。这个规划应该明确上市后的长期目标和发展方向，为企业的未来发展绘制出清晰的蓝图。

1. 深入分析企业现状

在制订长期发展规划之前，企业需要对自身的现状进行深入分析。这包括对企业的财务状况、市场地位、产品竞争力、人才资源等方面进行全面评估。通过分析，企业可以了解自己的优势和不足，为制定长期目标提供依据。

例如，企业可以通过财务报表分析了解自己的赢利能力、偿债能力和运营能力；通过市场调研了解自己的产品在市场上的占有率、客户满意度和竞争对手情况；通过人才评估了解自己的员工素质、专业技能和创新能力。

2. 确定长期目标

在分析企业现状的基础上，企业可以确定上市后的长期目标。这些目标应该具有明确性、可衡量性、可实现性、相关性和时限性。

例如，企业可以将长期目标设定为在未来五年内成为行业领先企业，实现营业收入和净利润的持续增长，提升品牌知名度和市场占有率，加强技术创新和产品研发，拓展国内外市场等。

3. 明确发展方向

除了确定长期目标，企业还需要明确上市后的发展方向。这个方向应该与企业的核心竞争力和市场需求相契合，为企业的长期发展提供持续的动力。

例如，企业可以根据自身的技术优势和市场需求，确定发展方向为专注于某一细分领域，成为该领域的技术领导者；或者根据自身的品牌优势和市场拓展能力，确定发展方向为拓展国内外市场，成为国际化企业。

二、将长期目标分解为具体的年度目标和阶段性任务

将长期目标分解为具体的年度目标和阶段性任务是确保目标可实现的重要步骤。通过分解目标，企业可以将长期目标转化为具体的行动计划，为企业的发展提供明确的指导。

1. 制定年度目标

企业可以根据长期目标，制定每年的年度目标。这些目标应该是长期目标的具体体现，具有可操作性和可衡量性。

例如，如果企业的长期目标是在未来五年内成为行业领先企业，那么企业可以将第一年的年度目标设定为提升产品质量和服务水平，提高客户满意度；第二年的年度目标设定为加强市场推广和品牌建设，提高市场占有率；第三年的年度目标设定为加大技术创新和产品研发投入，推出新产品等。

2. 确定阶段性任务

为了实现年度目标，企业还需要确定具体的阶段性任务。这些任务应该是年度目标的分解，具有明确的时间节点和责任人。

例如，如果企业第一年的年度目标是提升产品质量和服务水平，提高客户满意度，那么企业可以将阶段性任务确定为在第一季度内完成产品质量检测和改进方案制订；在第二季度内完成服务流程优化和培训；在第三季度内开展客户满意度调查和反馈收集；在第四季度内总结经验教训，制订下一年度的改进计划等。

三、建立长期目标跟踪和评估机制

建立长期目标跟踪和评估机制是确保目标实现的重要保障。通过跟踪和评估，企业可以及时了解目标的完成情况，发现问题并进行调整，确保企业始终朝着长期目标前进。

1. 确定跟踪指标

企业需要确定一些跟踪指标，用于衡量长期目标的完成情况。这些指标应该与长期目标和年度目标相关联，具有可操作性和可衡量性。

例如，如果企业的长期目标是成为行业领先企业，那么企业可以将市场占有率、营业收入增长率、净利润增长率、品牌知名度等作为跟踪指标；如果企业的年度目标是提升产品质量和服务水平，提高客户满意度，那么企业可以将产品合格率、客户投诉率、服务响应时间等作为跟踪指标。

2. 建立跟踪机制

企业可以通过建立定期报告制度、召开工作会议、进行实地检查等方式，建立长期目标跟踪机制。通过这些机制，企业可以及时了解目标的完成情况，发现问题并进行调整。

例如，企业可以要求各部门每月提交工作进展报告，汇报目标的完成情况和存在的问题；每季度召开工作会议，对目标的完成情况进行总结和评估，制订下一季度的工作计划；每年进行一次实地检查，对各部门的工作进行全面评估，发现问题并进行整改。

3. 进行评估和调整

企业需要定期对长期目标的完成情况进行评估，并根据评估结果进行调整。评估可以采用定量和定性相结合的方式，对目标的完成情况、实施效果、存在的问题等进行全面分析。

例如，企业可以每年对长期目标的完成情况进行一次评估，根据评估结果调整下一年度的目标和计划。如果发现目标完成情况不理想，企业可以分析原因，调整策略，加大投入，确保目标的实现。

四、激励员工为实现长期目标而努力

激励员工为实现长期目标而努力是确保目标实现的关键。只有员工积极参与，企业的长期目标才能得以实现。

1. 明确个人目标与企业目标的关系

企业需要让员工明确个人目标与企业目标的关系，让员工认识到实现企业长期目标对个人发展的重要意义。

例如，企业可以通过培训、沟通等方式，让员工了解企业的长期目标和发展战略，让员工明白自己的工作对企业发展的贡献；企业可以为员工制订个人发展计划，将员工的个人目标与企业目标相结合，让员工在实现企业目标的同时，实现自己的个人价值。

2. 建立激励机制

企业需要建立一套有效的激励机制，激励员工为实现长期目标而努力。激励机制可以包括物质激励和精神激励两方面。

物质激励可以包括薪酬激励、奖金激励、股权激励等。例如，企业可以根据员工的工作表现和对企业的贡献，给予相应的薪酬调整、奖金奖励或股权激励；企业可以设立专项奖励基金，对在技术创新、市场拓展、客户服务等方面做出突出贡献的员工进行奖励。

精神激励可以包括荣誉激励、晋升激励、培训激励等。例如，企业可以设立“优秀员工”“创新之星”“服务标兵”等荣誉称号，对表现优秀的员工进行表彰和奖励；企业可以为员工提供晋升机会，让员工在实现企业目标的过程中，实现自己的职业发展；企业可以为员工提供培训机会，提升员工的专业技能和综合素质，为员工的个人发展提供支持。

五、加强与投资者的沟通

加强与投资者的沟通是树立长期目标的重要环节。通过沟通，企业可以传达自己的长期目标和发展战略，增强投资者信心，为企业的发展提供资金支持。

1. 确定沟通内容

企业需要确定与投资者沟通的内容，包括企业的长期目标、发展战略、财务状况、经营业绩、风险因素等方面。沟通内容应该真实、准确、完整，能够让投资者全面了解企业的情况。

例如，企业可以在定期报告中详细阐述自己的长期目标和发展战略，让投资者了解企业的未来发展方向；企业可以通过投资者见面会、路演等活动，向投资者介绍企业的财务状况和经营业绩，让投资者了解企业的赢利能力和发展潜力；企业可以在信息披露中及时披露风险因素，让投资者了解企业面临的风险和挑战。

2. 选择沟通方式

企业可以通过多种方式与投资者进行沟通，包括定期报告、临时公告、投资者见面会、路演、电话会议、电子邮件等。企业需要根据不同的沟通内容和投资者需求，选择合适的沟通方式。

例如，企业可以通过定期报告和临时公告向投资者披露企业的财务状况和经营业绩；企业可以通过投资者见面会和路演向投资者介绍企业的长期目标和发展战略；企业可以通过电话会议和电子邮件与投资者进行一对一的沟通，解答投资者的疑问。

3. 建立良好的投资者关系

企业需要建立良好的投资者关系，增强投资者信心。这包括及时回复投资者的咨询和问题，认真听取投资者的意见和建议，积极与投资者进行互动和交流等。

例如，企业可以设立投资者热线和电子邮箱，及时回复投资者的咨询和问题；企业可以定期组织投资者调研活动，让投资者实地了解企业的生产经营情况；企业可以通过社交媒体等渠道，与投资者进行互动和交流，增强投资者对企业的了解和信任。

总之，树立长期目标是企业上市后的重要任务。通过制订企业的长期发展规划，将长期目标分解为具体的年度目标和阶段性任务，建立长期目标跟踪和评估机制，激励员工为实现长期目标而努力，加强与投资者的沟通等措施，企业可以为自己的未来发展设定明确的方向，为实现持续发展奠定坚实的基础。

❻ 增强心理韧性

增强心理韧性这个过程如同一场激烈的马拉松，不仅考验着企业的实力、战略与执行力，更对每一位参与者的心理素质提出了极高的要求。增强心理韧性，成了企业上市过程中至关重要的一环。

一、开展心理韧性培训课程

心理韧性培训课程犹如为员工打造的一把坚实的心灵护盾。在这个快节奏、高压力的商业环境中，员工们面临着来自各个方面的压力和挫折。通过专业的心理韧性培训课程，他们可以学习到应对压力和挫折的有效方法和技巧。

首先，课程可以从认知重构的角度出发，教导员工如何改变对压力和挫折的负面认知。当面临困难时，很多人会陷入消极的思维模式，认为自己无法应对，从而产生焦虑和恐惧。然而，通过认知重构，员工可以学会将困难视为挑战和成长的机会，从而激发自己的内在动力和创造力。例如，当一个项目遇到阻碍时，员工可以从“这个问题太难了，我肯定解决不了”转变为“这个问题是一个挑战，我可以通过努力找到解决方案”。

其次，培训课程还可以教授情绪管理的技巧。在面对压力和挫折时，情绪往往会变得不稳定，如焦虑、愤怒、沮丧等。这些负面情绪不仅会影响员工的工作效率和决策能力，还会对身心健康造成负面影响。因此，学会情绪管理是增强心理韧性的关键。培训课程可以教授员工一些情绪调节的方法，如深呼吸、冥想、运动等，帮助他们在情绪激动时迅速平静下来。此外，还可以教导员工如何识别和表达自己的情绪，以及如何与他人进行有效的沟通和情感支持。

最后，心理韧性培训课程还可以包括问题解决和决策制定的技巧。当面临压力和挫折时，员工需要具备快速分析问题、制订解决方案并做出决策的能力。课程可以通过案例分析、小组讨论和模拟演练等方式，帮助员工提高问题解决和决策制定的能力。例如，在一个项目出现问题时，员工可以通过分析问题的原因、评估各种解决方案的优缺点，并最终做出明智的决策。

二、建立员工心理支持体系

在企业上市的过程中，员工们承受着巨大的心理压力。建立员工心理支持体系，提供心理咨询和辅导服务，就如同为员工在心灵的海洋中搭建了一座安全的港湾。

心理咨询服务可以由专业的心理咨询师提供。他们可以通过一对一的咨询方式，深入了解员工的心理问题和需求，并提供个性化的解决方案。心理咨询师可以帮助员工处理工作压力、人际关系问题、职业发展困惑等各种心理困扰。他们还可以提供情绪支持和心理疏导，帮助员工缓解焦虑、抑郁等负面情绪。

此外，心理辅导服务也可以以小组的形式进行。例如，可以组织心理辅导小组，让员工们在小组中分享自己的经历和感受，互相支持和鼓励。小组辅导可以帮助员工们建立良好的人际关系，增强团队凝聚力，同时也可以让他们从他人的经验中学习到应对压力和挫折的方法。

为了确保心理支持体系的有效性，企业还可以建立心理健康档案，记录员工的心理状态和咨询辅导情况。通过对心理健康档案的分析，企业可以及时了解员工的心理需求和问题，并采取相应的措施进行干预或支持。

三、组织团队建设活动

团队建设活动是增强团队凝聚力和员工心理韧性的有效方式。在企业上市的过程中，团队的协作和支持至关重要。通过组织团队建设活动，员工们可以更好地了解彼此，建立信任和合作关系，从而增强团队的凝聚力和战斗力。

团队建设活动可以形式多样，如户外拓展训练、团队合作游戏、文化活动等。户外拓展训练可以让员工们在挑战自我的同时，增强团队合作和沟通能力。例如，通过攀岩、绳索挑战等项目，员工们可以学会相互支持、鼓励和信任，从而克服恐惧和困难。团队合作游戏可以通过模拟工作场景，让员工们在游戏中体验团队合作的重要性。例如，通过团队拼图、接力比赛等游戏，员工们可以学会分工合作、协调配合，提高工作效率和质量。文化活动可以让员工们更好地了解企业的文化和价值观，增强员工的归属感和认同感。例如，组织企业文化讲座、文艺演出、体育比赛等活动，可以让员工们在轻松愉快的氛围中感受企业的文化魅力。

此外，团队建设活动还可以结合心理韧性的培养。例如，可以在活动中设置一些挑战项目，让员工们在面对困难和挫折时，学会坚持、勇敢和创新。同时，活动组织者还可以引导员工们在活动中分享自己的感受和经验，互相学习和支持，从而增强员工的心理韧性。

四、分享成功应对挑战的案例

成功应对挑战的案例就像一盏明灯，照亮员工们前行的道路。在企业上市的过程中，员工们需要不断地从他人的经验中学习，激发自己的信心和勇气。

企业可以定期组织经验分享会，邀请成功应对挑战的员工分享自己的故事和经验。这些案例可以涵盖各个方面，如项目管理、客户服务、团队协作等。通过分享这些案例，员工们可以学习到他人在面对困难和挫折时的应对方法和技巧，同时也可以感受到成功的喜悦和成就感。

在分享案例的过程中，企业还可以引导员工们进行深入的讨论和分析。例如，可以让员工们分析案例中的成功因素和不足之处，以及如何将这些经验应用到自己的工作中。通过讨论和分析，员工们可以更好地理解和吸收案例中的经验教训，从而提高自己的应对能力和心理韧性。

此外，企业还可以将成功应对挑战的案例整理成文档或视频，供员工们随时查阅和学习。这样可以让员工们在需要的时候，能够快速地找到相关的案例和经验，为自己提供参考和支持。

五、定期进行心理韧性评估

定期进行心理韧性评估，就像为员工的心理健康进行一次全面的体检。通过评估，企业可以了解员工的心理状态和心理韧性水平，及时发现潜在的问题和风险，并采取相应的措施进行干预和支持。

心理韧性评估可以采用问卷调查、访谈等方式进行。问卷调查可以涵盖员工的工作压力、情绪状态、应对方式等方面的内容。通过对问卷调查结果的分析，企业可以了解员工的心理状态和心理韧性水平的整体情况。访谈可以针对一些重点员工或存在潜在问题的员工进行，深入了解他们的具体情况和需求。

根据心理韧性评估的结果，企业可以采取不同的措施进行干预和支持。对于心理韧性水平较高的员工，可以给予表扬和奖励，激励他们继续保持良好的心理状态。对于心理韧性水平较低的员工，可以提供个性化的心理咨询和辅导服务，帮助他们提高心理韧性水平。对于存在潜在心理问题的员工，可以及时进行转介和治疗，确保他们的身心健康。

总之，在企业上市的过程中，增强心理韧性是一项至关重要的任务。通过开展心理韧性培训课程、建立员工心理支持体系、组织团队建设活动、分享成功应对挑战的案例和定期进行心理韧性评估等措施，企业可以帮助员工提高应对压力和挫折的能力，增强团队凝聚力和战斗力，为企业的上市征程提供坚实的心理保障。

❼ 参加上市培训

参加上市培训犹如为这场充满挑战的冒险之旅配备了精准的导航仪。它不仅能为企业管理层和员工提供系统的知识架构，还能助力企业在复杂多变的资本市场中稳步前行。

一、寻找专业的上市培训机构

专业的上市培训机构如同知识的宝库，为企业开启了一扇通往成功上市的大门。在寻找合适的上市培训机构时，企业需要进行全面而深入的考察。

首先，要评估培训机构的专业资质和声誉。一个优秀的上市培训机构通常拥有丰富的经验和专业的师资团队。他们熟悉上市的各个环节，包括财务规范、法律合规、公司治理等方面。可以通过查阅培训机构的官方网站、客户评价以及行业口碑等方式，了解其在上市培训领域的专业程度和信誉度。

其次，考察培训机构的课程设置。系统的上市培训课程应该涵盖企业上市的各个关键领域。例如，财务课程应包括财务报表分析、内部控制、税务筹划等内容，帮助企业管理层和财务人员掌握上市所需的财务知识和技能。法律课程则应涉及证券法、公司法、知识产权法等方面，确保企业在上市过程中合法合规。此外，还应包括公司治理、战略规划、投资者关系管理等课程，提升企业的整体管理水平和市场竞争力。

最后，关注培训机构的教学方法和培训效果。优秀的培训机构会采用多样化的教学方法，如课堂讲授、案例分析、小组讨论、实地考察等，以提高学员的学习积极性和参与度。同时，培训机构应能够提供实际的案例分析和解决方案，让学员在学习过程中能够将理论知识与实际操作相结合。此外，还可以了解培训机构以往的培训效果，如学员的满意度、企业上市成功率等方面的情况。

二、参加行业协会组织的上市培训活动

行业协会组织的上市培训活动是企业与同行交流经验、学习最新上市知识的重要平台。通过参加这些活动，企业可以拓宽视野，了解行业动态，借鉴他人的成功经验。

行业协会通常会邀请行业内的专家、学者以及成功上市的企业代表进行分享和交流。这些专家和代表们具有丰富的实践经验和专业知识，他们的分享能够为企业提供宝贵的参考和启示。在培训活动中，企业可以与同行们进行深入的交流和讨论，分享彼此的经验和困惑，共同探讨解决问题的方法和途径。

此外，行业协会组织的上市培训活动还可以为企业提供与投资机构、中介机构等相关方接触的机会。这些机构在企业上市过程中起着至关重要的作用，通过与他们的交流和沟通，企业可以更好地了解资本市场的需求和投资偏好，为企业的上市规划和策略制订提供依据。

三、邀请证券交易所和监管机构的专家进行上市政策和法规的培训

证券交易所和监管机构的专家对上市政策和法规有着深入的理解和准确的把握。邀请他们进行培训，可以确保企业在上市过程中严格遵守相关规定，避免出现违规行为。

证券交易所的专家可以为企业介绍上市的流程和要求，包括上市条件、审核标准、信息披露等方面的内容。他们还可以分享一些成功上市企业的案例，帮助企业了解上市过程中的注意事项和风险点。监管机构的专家则可以解读最新的上市政策和法规，提醒企业在上市过程中应遵守的法律法规和监管要求。同时，他们还可以为企业提供合规建议和指导，帮助企业建立健全的内部控制和风险管理体系。

在邀请证券交易所和监管机构的专家进行培训时，企业可以采取多种方式，如举办专题讲座、研讨会、座谈会等。这些活动可以为企业管理层和员工提供与专家面对面交流的机会，及时解答他们在上市过程中遇到的问题和困惑。

四、建立上市培训档案

建立上市培训档案是企业对员工培训情况和学习成果进行有效管理的重要手段。通过建立培训档案，企业可以清晰地了解员工的培训历程和成长轨迹，为企业的人才培养和发展提供依据。

上市培训档案应包括员工的个人信息、培训课程记录、学习成果评估等方面的内容。个人信息部分应包括员工的姓名、职位、部门等基本信息，以便于对员工进行分类管理。培训课程记录应详细记录员工参加的每一次培训课程的名称、时间、地点、授课教师等信息，以及员工在培训过程中的表现和学习成果。学习成果评估可以通过考试、作业、项目实践等方式进行，评估结果应记录在培训档案中，作为员工绩效考核和晋升的重要依据。

此外，企业还可以利用信息化手段对上市培训档案进行管理。例如，可以建立电子档案系统，方便员工随时查阅自己的培训记录和学习成果。同时，企业还可以通过数据分析等方式，对员工的培训情况进行统计和分析，为企业的培训规划和决策提供数据支持。

五、定期对上市培训效果进行评估和反馈

定期对上市培训效果进行评估和反馈是不断改进培训内容和方式的重要环节。通过评估和反馈，企业可以了解员工对培训的满意度和学习成果，发现培训中存在的问题和不足，及时调整培训策略，提高培训质量。

培训效果评估可以采用多种方法，如问卷调查、面谈、考试等。问卷调查可以了解员工对培训课程的内容、教学方法、培训教师等方面的满意度和意见建议。面谈可以与部分员工进行深入的交流，了解他们在培训过程中的收获和困惑，以及对培训的期望和需求。考试可以检验员工对培训知识的掌握程度和应用能力，评估培训的实际效果。

企业应根据评估结果及时进行反馈和改进。对于员工满意度较高的培训课程和教学方法，应继续保持和推广；对于员工提出的意见和建议，应认真分析并加以改进；对于培训中存在的问题和不足，应及时调整培训策略，优化培训内容和方式。同时，企业还可以将评估结果反馈给培训教师和培训机构，促进他们不断提高教学水平和服务质量。

总之，参加上市培训是企业迈向上市的重要步骤。通过寻找专业的上市培

训机构、参加行业协会组织的上市培训活动、邀请证券交易所和监管机构的专家进行培训、建立上市培训档案以及定期对培训效果进行评估和反馈等措施，企业可以为管理层和员工提供系统的上市知识和技能培训，提高企业的上市成功率和市场竞争力。在这个充满机遇和挑战的上市征程中，持续不断的学习和培训将成为企业前进的动力和保障。

❽ 与成功上市企业交流

与成功上市企业交流无疑是获取宝贵经验和智慧的重要途径。这种交流不仅能够为企业提供切实可行的建议和指导，还能激发创新思维，增强信心，助力企业在复杂多变的资本市场中稳步前行。

一、建立与成功上市企业的交流渠道

建立畅通的交流渠道是开启与成功上市企业交流之旅的关键一步。企业可以通过多种方式来搭建这一桥梁。

首先，积极参加行业展会和峰会。这些活动汇聚了众多行业内的优秀企业和专业人士，为企业提供了与成功上市企业接触的绝佳机会。在展会上，企业可以展示自己的产品和服务，与其他企业进行交流互动，了解行业最新动态和趋势。同时，还可以参加峰会的主题演讲和分论坛，聆听成功上市企业高管的经验分享和专家的深度分析。

其次，加入行业协会和商会。这些组织通常会定期举办各种活动，如研讨会、座谈会、考察交流等，为会员企业提供了广泛的交流平台。通过参与这些活动，企业可以结识成功上市企业的代表，与其建立联系，开展深入的交流与合作。

此外，利用社交媒体和专业网络平台也是一种有效的方式。企业可以关注成功上市企业的官方社交媒体账号，了解其最新动态和发展战略。同时，还可以加入相关的专业网络社区，与其他企业进行在线交流和讨论，分享经验和见解。

二、组织参观学习和交流活动

组织参观学习和交流活动是深入了解成功上市企业的有效方式。通过实地参观，企业可以直观地感受成功上市企业的企业文化、管理模式和运营流程，从中汲取宝贵的经验和启示。

在组织参观活动时，企业可以提前与成功上市企业进行沟通协调，确定参观的时间、地点和内容。参观过程中，企业可以安排专人进行讲解和介绍，让员工深入了解成功上市企业的发展历程、核心竞争力、创新举措等方面的情况。同时，还可以安排互动环节，让员工与成功上市企业的员工进行交流互动，解答疑问，分享经验。

参观结束后，企业可以组织员工进行总结和反思，结合自身实际情况，探讨如何借鉴成功上市企业的经验和做法，改进自身的管理和运营。此外，企业还可以将参观学习的成果整理成报告，供全体员工学习和参考。

三、邀请成功上市企业的高管进行经验分享和指导

成功上市企业的高管拥有丰富的上市经验和管理智慧，他们的经验分享和指导对企业来说是一笔宝贵的财富。企业可以通过多种方式邀请成功上市企业的高管进行交流。

首先，举办专题讲座和研讨会。企业可以根据自身的需求和发展阶段，邀请成功上市企业的高管来企业进行专题讲座和研讨会。讲座和研讨会的主题可以涵盖上市筹备、公司治理、财务管理、市场营销等方面的内容。通过与高管的面对面交流，企业管理层和员工可以深入了解成功上市企业的成功经验和做法，获取实用的建议和指导。

其次，开展一对一的交流和咨询。企业可以邀请成功上市企业的高管为企业管理层提供一对一的咨询，针对企业在上市过程中遇到的具体问题和困难，提供个性化的解决方案和建议。这种交流方式更加深入且针对性强，可以帮助企业更好地解决实际问题。

此外，企业还可以邀请成功上市企业的高管担任企业的顾问或导师，为企业的发展提供长期的指导和支持。高管们可以凭借自己的丰富经验和专业知识，为企业的战略规划、业务发展、团队建设等方面提供宝贵的建议和意见。

四、参与上市企业交流论坛和研讨会

参与上市企业交流论坛和研讨会是扩大交流范围、获取更多经验的重要途径。这些论坛和研讨会通常由专业机构、行业协会或政府部门组织，汇聚了众

多成功上市企业、投资机构、中介机构等相关方。

在参与论坛和研讨会时，企业可以积极发言和提问，与其他企业和专家进行交流互动。通过分享自己的经验和困惑，企业可以获得来自不同角度的建议和意见，拓宽思路，提升认识。同时，还可以聆听其他成功上市企业的经验分享和专家的深度分析，学习最新的上市政策和法规，了解资本市场的动态和趋势。

此外，企业还可以利用论坛和研讨会的机会，与其他企业建立联系，开展合作。例如，可以与其他企业共同探讨合作项目，共享资源，实现互利共赢。或者与投资机构、中介机构等建立合作关系，为企业的上市筹备提供支持和帮助。

五、分析成功上市企业的案例

分析成功上市企业的案例是总结成功经验和可借鉴之处的重要方法。企业可以通过多种方式对成功上市企业的案例进行深入分析。

首先，收集和整理成功上市企业的案例资料。企业可以通过查阅新闻报道、研究报告、公司公告等渠道，收集成功上市企业的相关资料。这些资料可以包括企业的发展历程、上市筹备过程、核心竞争力、财务状况、治理结构等方面的内容。通过对这些资料的整理和分析，企业可以全面了解成功上市企业的成功经验和做法。

其次，进行案例分析和比较研究。企业可以选取一些与自己行业、规模、发展阶段相近的成功上市企业作为案例进行深入分析。分析的内容可以包括企业的战略规划、业务模式、财务管理、市场营销、团队建设等方面。通过与自身企业进行比较研究，企业可以找出差距和不足，明确改进的方向和重点。

此外，企业还可以邀请专家学者或专业机构对成功上市企业的案例进行分析和解读。专家们可以凭借自己的专业知识和丰富经验，从不同角度对案例进行深入分析，为企业提供更加客观、全面的建议和意见。

六、建立与成功上市企业的长期合作关系

建立与成功上市企业的长期合作关系是持续学习和交流的重要保障。企业可以通过多种方式与成功上市企业开展合作。

首先，建立战略合作伙伴关系。企业可以与成功上市企业在业务合作、技术创新、市场拓展等方面建立战略合作伙伴关系。通过合作，企业可以共享资

源，优势互补，实现共同发展。同时，还可以学习成功上市企业的先进管理经验和创新模式，提升自身的竞争力。

其次，开展人才交流和培养合作。企业可以与成功上市企业开展人才交流和培养合作，选派优秀员工到成功上市企业进行学习和锻炼，提升员工的专业素质和管理能力。同时，还可以邀请成功上市企业的专家来企业进行培训和指导，为企业培养更多的优秀人才。

此外，企业还可以与成功上市企业共同开展社会责任活动，提升企业的社会形象和品牌价值。通过合作开展公益活动、环保行动等，企业可以向社会传递积极的价值观，增强企业的社会责任感。

总之，与成功上市企业交流是企业迈向上市的重要环节。通过建立交流渠道、组织参观学习、邀请高管分享、参与论坛研讨、分析案例和建立长期合作关系等方式，企业可以不断学习和借鉴成功上市企业的经验和做法，提升自身的管理水平和竞争力，为实现成功上市奠定坚实的基础。在这个过程中，企业需要保持积极主动的态度，不断探索和创新交流方式，确保交流的深度和广度，真正实现与成功上市企业的互利共赢。

❾ 分析上市案例

分析上市案例为企业指引前进的方向。通过对不同行业的上市成功和失败案例进行深入分析和比较，企业可以汲取宝贵的经验教训，为自身的上市之路做好充分准备。

一、收集不同行业的上市成功和失败案例

广泛收集不同行业的上市成功和失败案例是分析的基础。企业可以通过多种渠道来获取这些案例。

首先，查阅金融新闻媒体和专业财经网站。这些平台经常报道各类企业的上市动态，包括成功上市的喜讯以及上市失败的案例剖析。企业可以关注行业内的知名媒体，定期浏览相关新闻，收集有价值的案例信息。

其次，研究证券交易所的公告和文件。证券交易所会公布企业的上市申请、

审核结果以及后续的监管措施等信息。通过分析这些文件，企业可以了解不同企业在上市过程中的具体情况和面临的问题。

此外，还可以参考专业的研究机构和咨询公司发布的报告。这些机构通常会对特定行业或领域的上市案例进行深入研究，提供详细的分析和建议。企业可以购买相关报告，或者与这些机构合作，获取更专业的案例分析服务。

在收集案例时，要注重案例的多样性和代表性。不仅要收集同行业的案例，还要关注不同行业的成功和失败经验。不同行业的企业在上市过程中可能面临不同的挑战和机遇，但也有一些共性的问题和解决方案。通过对比不同行业的案例，企业可以拓宽视野，更好地理解上市的复杂性和多样性。

二、组织案例分析研讨会

组织案例分析研讨会是深入挖掘案例价值的重要方式。邀请内部专家和外部顾问共同参与讨论，可以从不同角度对案例进行分析，为企业提供更全面的参考。

内部专家可以包括企业的高层管理人员、财务人员、法务人员等。他们对企业的内部情况比较了解，能够结合企业的实际情况对案例进行分析。外部顾问则可以包括投资银行家、律师、会计师等专业人士。他们具有丰富的上市经验和专业知识，能够为企业提供客观的分析和建议。

在研讨会前，要提前准备好案例资料，并确定讨论的主题和重点。例如，可以围绕上市的关键环节，如财务规范、公司治理、信息披露等方面进行讨论。也可以针对特定的问题，如如何应对审核问询、如何选择上市板块等进行深入分析。

研讨会中，要鼓励参与者积极发言，分享自己的观点和经验。可以采用小组讨论、案例汇报、专家点评等形式，激发大家的思维碰撞。同时，要做好记录和总结，将讨论的结果整理成报告，为企业的上市决策提供参考。

三、从案例中总结上市的关键成功因素和失败教训

通过对案例的深入分析，企业可以总结出上市的关键成功因素和失败教训。这些经验教训将为企业的上市之路提供重要的指导。

关键成功因素通常包括以下几个方面：

优秀的企业基本面包括良好的财务状况、稳定的赢利能力、强大的核心竞争

力等。企业要在上市前努力提升自身的业绩和实力，为上市奠定坚实的基础。

规范的公司治理：建立健全的公司治理结构，完善内部管理制度，提高决策的科学性和透明度。良好的公司治理可以增强投资者的信心，提高企业的市场价值。

专业的上市团队：组建一支由投资银行家、律师、会计师等专业人士组成的上市团队。他们能够为企业提供专业的服务和指导，确保上市过程的顺利进行。

准确的市场定位：选择适合自身发展的上市板块和时机，制定合理的发行价格和融资方案。准确的市场定位可以提高企业的融资效率，降低上市风险。

有效的信息披露：及时、准确、完整地披露企业的信息，满足监管要求和投资者的需求。良好的信息披露可以增强投资者的信任，提高企业的声誉。

失败教训主要有以下几点：

财务造假：一些企业为了达到上市目的，采取财务造假等不正当手段。这种行为一旦被发现，将会给企业带来严重的后果，甚至导致上市失败。

公司治理不善：内部管理混乱、决策不科学、信息不透明等问题会影响企业的上市进程。投资者对公司治理不善的企业往往持谨慎态度，降低了企业的融资能力。

市场定位不准确：选择不适合自身发展的上市板块或时机，或者制定不合理的发行价格和融资方案，可能导致上市失败或融资效果不佳。

信息披露不规范：未能及时、准确、完整地披露企业的信息，或者存在虚假陈述、误导性陈述等问题，会引起监管部门的关注和投资者的质疑，影响企业的上市进程。

上市团队不专业：如果上市团队缺乏经验和专业知识，可能会在上市过程中出现各种问题，影响上市的进度和效果。

企业要认真总结这些成功因素和失败教训，结合自身实际情况，制定切实可行的上市策略和方案。

四、建立上市案例数据库

建立上市案例数据库可以方便企业查询和对比分析不同的案例。数据库可以包括案例的基本信息、分析报告、讨论记录等内容。

在建立数据库时，要注重数据的准确性和完整性。对收集到的案例进行分类整理，标注关键信息，方便查询和检索。同时，要定期更新数据库，添加新的案例和分析报告，保持对市场动态的了解。

企业可以利用数据库进行多维度的分析和比较。例如，可以按照行业、上市板块、上市时间等因素对案例进行分类，分析不同因素对上市结果的影响。也可以对比成功案例和失败案例，找出关键差异，为企业的上市决策提供参考。

五、定期更新上市案例

资本市场是不断变化的，新的上市案例不断涌现。企业要定期更新上市案例，保持对市场动态的了解和学习。

可以通过订阅金融新闻媒体、关注证券交易所公告、参加行业研讨会等方式，及时获取新的上市案例信息。同时，要对新案例进行深入分析，总结其中的经验教训，更新数据库和分析报告。

定期更新上市案例可以帮助企业及时调整上市策略，适应市场变化。例如，如果市场对某一行业的上市企业关注度提高，企业可以加强对该行业上市案例的分析，了解市场需求和投资者偏好，调整自身的上市计划。

总之，分析上市案例是企业上市过程中的重要环节。通过收集不同行业的上市成功和失败案例，组织案例分析研讨会，总结关键成功因素和失败教训，建立上市案例数据库，定期更新上市案例等方式，企业可以不断学习和借鉴他人的经验，为自身的上市之路提供有力的支持。在这个过程中，企业要保持敏锐的市场洞察力和学习能力，不断完善自身的上市策略和方案，努力实现成功上市的目标。

⑩ 制订心理调适计划

心理调适对于企业管理层和员工的稳定发挥起着至关重要的作用。制订科学合理的心理调适计划，能够帮助他们更好地应对上市过程中的压力与挑战，保持积极健康的心态。

一、评估企业管理层和员工在上市过程中的心理压力和需求

准确评估心理压力和需求是制订有效心理调适计划的基础。在企业筹备上

市的过程中，管理层和员工面临着诸多压力源。

对于管理层而言，他们需要承担战略决策的重任，确保企业在复杂的市场环境中稳步前行。一方面，他们要面对来自投资者的高期望，努力提升企业的业绩和价值，以满足资本市场的要求；另一方面，他们还要协调内部各部门的工作，确保上市筹备工作的顺利进行。这种高强度的工作压力容易导致焦虑、紧张等负面情绪。

员工们同样面临着巨大的压力。上市意味着企业的业务规模和工作强度可能会大幅增加，员工们需要不断提升自己的专业技能和工作效率，以适应企业的发展需求。同时，上市过程中的不确定性也会给员工带来心理负担，担心自己的职业发展和未来前景。

为了全面评估心理压力和需求，可以采用问卷调查、访谈等方式。问卷调查可以涵盖工作压力、情绪状态、心理需求等多个方面的内容，让管理层和员工能够客观地反映自己的心理状况。访谈则可以针对部分重点人群进行深入交流，了解他们在上市过程中的具体感受和需求。

通过评估，可以了解到不同岗位、不同层级的人员所面临的心理压力和需求的差异。例如，财务部门的员工可能会因为财务审计和规范工作而感到压力较大，需要更多的情绪管理和放松训练；销售部门的员工则可能因为市场竞争和业绩压力而需要心理支持和激励。

二、制订个性化的心理调适计划

基于评估结果，制订个性化的心理调适计划，涵盖放松训练、情绪管理等方面，以满足不同人员的需求。

放松训练是缓解心理压力的有效手段之一。可以为员工提供多种放松方式，如深呼吸训练、冥想、瑜伽等。这些训练可以帮助员工在紧张的工作之余，放松身心，缓解压力。例如，每天安排一定的时间进行深呼吸训练，让员工集中注意力，调整呼吸节奏，放松身体肌肉，从而减轻焦虑和紧张情绪。

情绪管理也是心理调适计划的重要组成部分。可以通过培训课程、工作坊等形式，教导员工如何识别和管理自己的情绪。例如，当员工感到愤怒或沮丧时，可以采用积极的思维方式来调整情绪，如寻找问题的解决办法、关注积极的方面等。同时，还可以教授员工一些情绪调节的技巧，如倾诉、运动、听音乐等，帮助他们在情绪低落时及时调整状态。

对于管理层，可以提供个性化的心理辅导和咨询服务。由于管理层承担着更大的责任和压力，他们可能需要更深入的心理支持。可以邀请专业的心理咨询师为管理层提供一对一的咨询服务，帮助他们处理工作中的压力和挑战，提升心理韧性。

此外，心理调适计划还可以包括一些团队建设活动。通过组织户外拓展、团队游戏等活动，增强团队凝聚力和员工之间的沟通与合作，缓解工作压力。例如，组织一次户外徒步活动，让员工在大自然中放松身心，同时增进团队成员之间的感情。

三、建立心理调适支持小组

建立心理调适支持小组，为员工提供及时的心理支持和帮助。支持小组可以由内部的心理健康专业人员、志愿者以及外部的心理咨询师组成。

内部心理健康专业人员可以是企业内部经过培训的人力资源人员或其他相关人员。他们可以在日常工作中关注员工的心理状态，及时发现问题并提供初步的心理支持。志愿者可以是一些对心理健康有兴趣、有热情的员工，他们经过一定的培训后，可以为其他员工提供陪伴和倾听服务。

外部心理咨询师则可以为员工提供更专业的心理辅导和咨询服务。企业可以与专业的心理咨询机构合作，定期邀请心理咨询师来企业开展讲座、咨询等活动，为员工提供专业的心理支持。

心理调适支持小组可以通过多种方式为员工提供帮助。例如，设立心理咨询热线，员工可以随时拨打电话咨询心理问题；开展心理健康讲座和培训，提高员工的心理健康意识和应对能力；组织小组辅导活动，让员工在小组中分享自己的经历和感受，互相支持和鼓励。

四、定期评估心理调适计划的效果

定期评估心理调适计划的效果是确保计划持续有效实施的关键。可以通过问卷调查、访谈、观察等方式，了解员工对心理调适计划的满意度和实际效果。

问卷调查可以在一定时间间隔后进行，询问员工对心理调适计划的参与度、感受和建议。访谈可以针对部分员工进行深入交流，了解他们在参与心理调适计划后的心理变化和收获。观察则可以通过观察员工的工作状态、情绪表现等方面，评估心理调适计划对员工的实际影响。

根据评估结果，及时调整和完善心理调适计划。如果发现某些措施效果不佳，可以进行调整或替换；如果员工提出了新的需求，可以考虑在计划中增加相应的内容。例如，如果员工反映放松训练的时间不够，可以适当增加训练的频次和时长；如果员工希望有更多的团队建设活动，可以组织更多形式多样的活动。

五、将心理调适纳入企业文化建设中

将心理调适纳入企业文化建设中，营造积极健康的工作氛围，是实现长期心理调适的重要保障。

企业可以通过宣传、培训等方式，提高员工对心理健康的重视程度。例如，在企业内部张贴心理健康宣传海报，发放心理健康手册，举办心理健康主题活动等，让员工了解心理健康的重要性，掌握一些基本的心理调适方法。

同时，企业还可以将心理调适的理念融入企业的价值观和行为规范中。例如，强调员工之间的相互支持和关爱，鼓励员工在工作中保持积极乐观的心态，营造一个和谐、温暖的工作环境。

此外，企业领导的示范作用也非常重要。领导要以身作则，关注员工的心理健康，积极参与心理调适活动，为员工树立榜样。通过领导的示范和带动，形成全员关注心理健康的良好氛围。

总之，制订心理调适计划是企业上市过程中的重要环节。通过评估心理压力和需求、制订个性化计划、建立支持小组、定期评估效果以及纳入企业文化建设等措施，企业可以为管理层和员工提供有效的心理支持和帮助，让他们在上市的征程中保持良好的心态和状态，为企业的成功上市贡献力量。

第　二　章

组织架构优化

——打造高效上市团队

⑪ 确定领导小组职责

确定上市工作领导小组的职责至关重要。一个明确、高效的领导小组能够为企业的上市之路提供有力的领导和协调，确保各项工作有序推进。

一、组织企业高层领导和相关部门负责人进行讨论

企业高层领导和相关部门负责人的参与讨论是确定领导小组职责范围的重要步骤。他们对企业的整体战略、业务运营和资源配置有着深入的了解，能够从不同角度为领导小组的职责界定提供宝贵的意见和建议。

首先，组织一次专题研讨会，邀请企业的董事长、总经理、财务总监、董秘等高层领导以及财务、法务、审计、人力资源、市场营销等相关部门负责人参加。在研讨会上，明确提出确定上市工作领导小组职责范围的重要性和紧迫性，激发大家的参与热情和责任感。

其次，引导大家围绕企业上市的目标和需求，对领导小组可能承担的职责进行广泛讨论。例如，领导小组是否应该负责制订上市战略和规划？是否应该协调各部门之间的工作？是否应该与中介机构进行沟通和合作？是否应该对上市过程中的重大决策进行审议和决策？通过充分的讨论，收集各种观点和建议，为明确职责范围奠定基础。

在讨论过程中，要注重倾听不同意见和声音，尤其是那些可能存在争议的问题。例如，对于某些职责的归属问题，可能会有不同部门之间的争议。在这种情况下，要引导大家从企业整体利益出发，通过协商和妥协，找到一个合理的解决方案。

二、参考同行业已上市企业的经验

同行业已上市企业的经验是制定领导小组职责的重要参考。通过研究同行业企业在上市过程中的做法和经验，可以了解到哪些职责是必要的，哪些职责是可以根据企业实际情况进行调整和优化的。

首先，收集同行业已上市企业的相关资料，包括上市公告、招股说明书、年度报告等。从这些资料中，了解这些企业的上市工作领导小组的组成、职责范围和工作方式。同时，还可以通过与同行业企业的交流和访谈，获取更深入

的经验和建议。

其次，对收集到的资料进行分析和比较，找出同行业企业在上市过程中的共性和差异。对于共性的职责，可以考虑纳入企业的领导小组职责范围；对于差异的职责，要结合企业的实际情况进行分析和判断，确定是否适合企业。

在参考同行业经验的基础上，制定符合企业实际情况的领导小组职责。要充分考虑企业的规模、业务特点、发展阶段、资源状况等因素，确保职责的合理性和可行性。例如，对于规模较小的企业，领导小组可能需要更加注重资源的整合和协调，而对于规模较大的企业，领导小组可能需要更加注重战略的制定和决策。

三、将领导小组的职责细化为具体的工作任务和目标

明确了领导小组的职责范围后，还需要将职责细化为具体的工作任务和目标，以便于领导小组的成员能够更好地理解和履行职责。

首先，对领导小组的职责进行分解，将其转化为具体的工作任务。例如，如果领导小组的职责之一是制订上市战略和规划，那么可以将其分解为制定上市时间表、确定上市板块、选择中介机构等具体任务。

其次，为每个工作任务设定明确的目标和时间节点。目标要具体、可衡量、可实现、相关联、有时限（SMART 原则），以便于对工作任务的完成情况进行评估和考核。例如，对于制定上市时间表的任务，可以设定在某个具体的时间点前完成上市申报工作的目标。

在细化职责的过程中，要充分考虑各部门之间的协作和配合。明确每个工作任务的责任部门和协作部门，确保工作任务的顺利推进。同时，还要建立有效的沟通机制和协调机制，及时解决工作任务推进过程中出现的问题和矛盾。

四、建立领导小组职责评估机制

建立领导小组职责评估机制是确保职责有效履行的重要保障。通过定期评估职责的履行情况，可以及时发现问题和不足，对职责进行调整和优化，提高领导小组的工作效率和效果。

首先，确定职责评估的指标和方法。评估指标可以包括工作任务的完成情况、工作质量、工作效率、团队协作等方面。评估方法可以采用自我评价、上级评价、同事评价、外部评价等多种方式相结合，确保评估结果的客观、公正、

全面。

其次，定期开展职责评估工作。可以根据企业的实际情况，确定评估的周期，如每月、每季度或每半年进行一次评估。在评估过程中，要认真收集和分析相关数据和信息，对领导小组的职责履行情况进行全面、深入的评估。

根据评估结果，对领导小组的职责进行调整和优化。如果发现某些职责履行不到位，要分析原因，采取相应的措施进行改进。如果发现某些职责已经不再适应企业的发展需求，要及时进行调整和优化。同时，还要将评估结果反馈给领导小组的成员，让他们了解自己的工作表现，激励他们不断提高工作质量和效率。

五、加强对领导小组职责的宣传和培训，确保全体成员理解并履行职责

加强对领导小组职责的宣传和培训是确保职责有效履行的重要环节。只有全体成员充分理解领导小组的职责，才能更好地履行自己的职责，为企业的上市贡献力量。

首先，通过内部文件、会议、培训等方式，对领导小组的职责进行广泛宣传。让全体员工了解领导小组的组成、职责范围和工作方式，增强对上市工作的认识和支持。

其次，对领导小组的成员进行专门的培训。培训内容可以包括上市法律法规、财务审计、公司治理、投资者关系管理等方面的知识和技能，提高成员的专业素质和工作能力。同时，还可以通过案例分析、模拟演练等方式，让成员更好地理解和掌握自己的职责。

在培训过程中，要注重互动和交流。鼓励成员提出问题和困惑，共同探讨解决问题的方法和途径。同时，还要及时收集成员的反馈意见，对培训内容和方式进行调整和优化。

总之，确定上市工作领导小组的职责是企业上市过程中的重要任务。通过组织讨论、参考经验、细化职责、建立评估机制和加强宣传培训等措施，企业可以明确领导小组的职责范围，提高职责的可操作性和有效性，确保领导小组能够为企业的上市工作提供有力的领导和协调。在这个过程中，企业要不断总结经验，持续改进和完善领导小组的职责，为企业的成功上市奠定坚实的基础。

⑫ 选拔领导小组成员

在企业迈向上市的关键阶段，选拔一支优秀的领导小组成员至关重要。这个领导小组将承担着引领企业成功上市的重任，他们的专业能力、领导经验和责任心将直接影响到企业上市的进程和结果。

一、制定领导小组成员选拔标准

明确的选拔标准是确保选拔出合适成员的基础。在制定领导小组成员选拔标准时，应综合考虑专业能力、领导经验、责任心等多个方面。

1. 专业能力

财务专业能力：具备扎实的财务知识，熟悉财务报表分析、审计规范、税务筹划等方面。能够准确把握企业的财务状况，为上市决策提供可靠的财务数据支持。

法律专业能力：精通证券法、公司法、合同法等相关法律法规。能够确保企业在上市过程中合法合规，有效防范法律风险。

金融市场专业能力：了解资本市场的运作规律，熟悉股票发行、交易、投资等方面的知识。能够为企业选择合适的上市时机和方式，制定有效的融资策略。

行业专业能力：对企业所处的行业有深入的了解，熟悉行业发展趋势、竞争格局、技术创新等方面。能够为企业制定符合行业特点的上市战略。

2. 领导经验

项目领导经验：有成功领导大型项目的经验，能够有效地组织、协调和管理团队，确保项目按时、按质完成。

团队管理经验：具备丰富的团队管理经验，能够激发团队成员的积极性和创造力，提高团队的凝聚力和战斗力。

危机处理经验：在面对复杂多变的市场环境和突发事件时，能够迅速做出反应，采取有效的措施进行应对，化解危机。

3. 责任心

对企业的责任心：将企业的利益放在首位，全心全意为企业的发展服务。能够为企业的上市付出努力，承担起应有的责任。

对股东的责任心：关注股东的利益，积极为股东创造价值。能够在上市过程中充分考虑股东的需求和期望，保护股东的合法权益。

对社会的责任心：具有良好的社会责任感，遵守法律法规，诚实守信，积极履行企业的社会责任。

二、面向企业内部和外部公开选拔领导小组成员

公开选拔可以吸引更多优秀的人才参与，确保选拔过程的公平公正。企业可以通过内部推荐和外部招聘相结合的方式，广泛征集领导小组成员候选人。

1. 内部推荐

发布内部选拔通知：在企业内部发布选拔领导小组成员的通知，明确选拔标准、选拔流程和报名方式。鼓励员工积极推荐自己或他人，为企业的上市贡献力量。

组织推荐和自荐：员工可以通过填写推荐表或自荐表的方式，向企业推荐自己或他人。推荐表和自荐表应包括个人基本信息、工作经历、专业能力、领导经验、责任心等方面的内容。

初步筛选：企业对推荐和自荐的人员进行初步筛选，确定符合选拔标准的候选人名单。初步筛选可以通过审核简历、面谈等方式进行。

2. 外部招聘

发布招聘公告：在专业的招聘网站、社交媒体平台等渠道发布招聘公告，明确领导小组成员的职位要求、任职条件和福利待遇。吸引外部优秀人才报名应聘。

简历筛选：企业对收到的简历进行筛选，确定符合选拔标准的候选人名单。简历筛选可以根据专业能力、领导经验、责任心等方面的要求进行。

笔试和面试：对候选人进行笔试和面试，考察其专业知识、领导能力、沟通能力、团队协作能力等方面的素质。笔试和面试可以由企业内部的专家和外部的专业人士共同组成评审小组进行。

三、对候选人进行面试和评估

面试和评估是选拔领导小组成员的关键环节。通过面试和评估，可以深入了解候选人的专业能力、领导经验、责任心等方面的情况，选拔出最适合的人员组成领导小组。

1. 面试

结构化面试：采用结构化面试的方式，对候选人进行提问。问题可以涵盖专业知识、领导经验、责任心、团队协作能力等方面。面试小组可以根据候选人的回答情况进行评分，确定候选人的面试成绩。

行为面试：采用行为面试的方式，让候选人描述自己在过去工作中遇到的挑战和困难，以及如何应对这些挑战和困难。通过候选人的描述，了解其解决问题的能力、决策能力、沟通能力等方面的素质。

压力面试：采用压力面试的方式，对候选人进行高强度的提问和挑战。观察候选人在压力下的表现，了解其心理素质、应变能力等方面的情况。

2. 评估

背景调查：对候选人进行背景调查，了解其过去的工作经历、业绩表现、职业操守等方面的情况。背景调查可以通过电话访谈、实地考察、查阅档案等方式进行。

综合素质评估：采用综合素质评估的方式，对候选人的专业能力、领导经验、责任心、团队协作能力、沟通能力、创新能力等方面进行全面评估。综合素质评估可以采用问卷调查、360 度评估等方式进行。

心理测试：对候选人进行心理测试，了解其心理素质、性格特点、职业倾向等方面的情况。心理测试可以采用专业的心理测试工具进行。

四、建立领导小组成员培训机制

领导小组成员的专业素质和领导能力直接关系到企业上市的成败。因此，建立领导小组成员培训机制，提高成员的专业素质和领导能力，是非常必要的。

1. 专业知识培训

财务知识培训：邀请专业的财务专家对领导小组成员进行财务知识培训，包括财务报表分析、审计规范、税务筹划等方面的内容。提高成员的财务专业水平，为企业的上市决策提供可靠的财务数据支持。

法律知识培训：邀请专业的法律专家对领导小组成员进行法律知识培训，包括证券法、公司法、合同法等相关法律法规。提高成员的法律专业水平，确保企业在上市过程中合法合规，有效防范法律风险。

金融市场知识培训：邀请专业的金融市场专家对领导小组成员进行金融市场知识培训，包括股票发行、交易、投资等方面的知识。提高成员的金融市场专业水平，为企业选择合适的上市时机和方式，制定有效的融资策略。

行业知识培训：邀请行业专家对领导小组成员进行行业知识培训，包括行业发展趋势、竞争格局、技术创新等方面的内容。提高成员的行业专业水平，为企业制定符合行业特点的上市战略。

2. 领导能力培训

团队管理培训：邀请专业的团队管理专家对领导小组成员进行团队管理培训，包括团队建设、激励机制、沟通技巧等方面的内容。提高成员的团队管理能力，激发团队成员的积极性和创造力，提高团队的凝聚力和战斗力。

危机处理培训：邀请专业的危机处理专家对领导小组成员进行危机处理培训，包括危机预警、危机应对、危机公关等方面的内容。提高成员的危机处理能力，在面对复杂多变的市场环境和突发事件时，能够迅速做出反应，采取有效的措施进行应对，化解危机。

决策能力培训：邀请专业的决策专家对领导小组成员进行决策能力培训，包括决策方法、决策流程、风险评估等方面的内容。提高成员的决策能力，在面对复杂的问题和决策时，能够做出明智的决策，为企业的发展提供正确的方向。

五、定期对领导小组成员的工作表现进行考核和评价

定期考核和评价领导小组成员的工作表现，可以及时发现问题和不足，调整不称职的成员，确保领导小组的高效运作。

1. 考核指标设定

工作任务完成情况：考核领导小组成员是否按时、按质完成了自己的工作任务。工作任务完成情况可以通过工作进度报告、工作成果评估等方式进行考核。

专业能力提升情况：考核领导小组成员是否在专业知识和技能方面有所提升。专业能力提升情况可以通过培训效果评估、专业资格认证等方式进行考核。

领导能力提升情况：考核领导小组成员是否在团队管理、危机处理、决策能力等方面有所提升。领导能力提升情况可以通过团队成员评价、上级领导评价等方式进行考核。

责任心表现情况：考核领导小组成员是否在工作中表现出高度的责任心，是否将企业的利益放在首位，是否积极为企业的上市付出努力。责任心表现情况可以通过工作态度评价、职业道德评价等方式进行考核。

2. 考核方式选择

自我评价：领导小组成员对自己的工作表现进行自我评价，总结自己的工作成绩和不足之处，提出改进措施和建议。

上级领导评价：上级领导对领导小组成员的工作表现进行评价，肯定成绩，指出问题，提出改进意见和建议。

团队成员评价：团队成员对领导小组成员的工作表现进行评价，从团队协作、沟通能力、领导能力等方面进行评价，提出改进意见和建议。

外部专家评价：邀请外部专家对领导小组成员的工作表现进行评价，从专业能力、领导经验、责任心等方面进行评价，提出改进意见和建议。

3. 考核结果应用

奖励优秀成员：对工作表现优秀的领导小组成员进行奖励，包括物质奖励和精神奖励。物质奖励可以是奖金、股票期权等，精神奖励可以是荣誉称号、表彰大会等。奖励优秀成员可以激励他们更加努力地工作，为企业的上市做出更大的贡献。

调整不称职成员：对工作表现不称职的领导小组成员进行调整，包括降职、调岗、辞退等。调整不称职成员可以确保领导小组的高效运作，为企业的上市提供有力的保障。

总之，选拔一支优秀的领导小组成员是企业上市过程中的重要任务。通过制定选拔标准、公开选拔、面试评估、培训机制和考核评价等措施，可以选拔出最适合的人员组成领导小组，为企业的上市提供有力的领导和支持。在这个过程中，企业要注重公平公正、专业能力、领导经验和责任心等方面的要求，确保选拔出的领导小组成员能够胜任企业上市的重任。

⑬ 明确执行小组任务

执行小组作为上市工作的具体实施者，其任务的明确性、可执行性以及与领导小组的有效沟通协调，直接关系到企业上市的成败。

一、确定上市工作执行小组的具体任务和目标

企业上市是一个复杂而系统的工程，涉及财务、法律、审计、市场营销等多个方面。因此，在确定执行小组的具体任务和目标时，需要充分考虑上市工作的需求。

首先，对上市工作进行全面梳理和分析。明确上市的条件、流程和要求，了解企业在上市过程中需要解决的问题和面临的挑战。例如，企业需要进行财务审计、规范公司治理结构、完善信息披露制度等。

其次，根据上市工作的需求，确定执行小组的具体任务。执行小组的任务可以包括但不限于以下几个方面：

财务准备工作：协助企业进行财务审计，整理财务报表，确保财务数据的真实性、准确性和完整性。制订合理的财务规划，为企业上市融资提供支持。

法律合规工作：审查企业的法律文件，确保企业在上市过程中遵守相关法律法规。处理企业的法律纠纷，为企业上市扫清法律障碍。

审计工作：配合审计机构进行审计工作，提供必要的审计资料，确保审计工作的顺利进行。对审计中发现的问题及时进行整改，提高企业的内部控制水平。

信息披露工作：负责企业的信息披露工作，制定信息披露制度，确保企业及时、准确地披露相关信息。与投资者进行沟通和交流，提高企业的透明度和公信力。

市场营销工作：制定企业的市场营销策略，提高企业的知名度和品牌形象。与投资机构进行沟通和交流，吸引投资者关注企业的上市项目。

最后，确定执行小组的任务目标。任务目标应该具体、可衡量、可实现、相关联、有时限。例如，在财务准备工作方面，执行小组的任务目标可以是在规定的时间内完成财务审计工作，确保财务报表符合上市要求。在信息披露工作方面，执行小组的任务目标可以是及时、准确地披露企业的重大信息，提高企业的透明度和公信力。

二、将执行小组的任务分解为具体的工作步骤和时间节点

明确了执行小组的任务和目标后，需要将任务分解为具体的工作步骤和时间节点，以便于执行小组的成员能够更好地理解和执行任务。

首先，对执行小组的任务进行分解。将任务分解为具体的工作步骤，每个工作步骤都应该有明确的工作内容和责任人。例如，在财务准备工作方面，可以将任务分解为财务审计、财务报表整理、财务规划制订等工作步骤。

其次，为每个工作步骤设定时间节点。时间节点应该根据任务的重要性和紧迫性进行合理安排，确保任务能够按时完成。例如，在财务审计工作方面，可以设定在某个具体的时间点前完成审计报告的初稿，在另一个时间点前完成审计报告的定稿。

在分解任务和设定时间节点的过程中，要充分考虑任务的复杂性和不确定性。对于一些可能出现的问题和风险，要提前制定应对措施，确保任务的顺利进行。同时，要建立有效的沟通机制和协调机制，及时解决任务推进过程中出现的问题和矛盾。

三、建立执行小组任务跟踪机制

建立执行小组任务跟踪机制是确保任务顺利完成的重要保障。通过定期检查任务的完成情况，可以及时发现问题和不足，对任务进行调整和优化，提高任务的执行效率和质量。

首先，确定任务跟踪的方式和频率。任务跟踪的方式可以包括但不限于工作报告、会议汇报、现场检查等。任务跟踪的频率可以根据任务的重要性和紧迫性进行合理安排，例如每周、每月或每季度进行一次任务跟踪。

其次，建立任务跟踪的指标体系。任务跟踪的指标体系应该包括任务的完成进度、质量、成本等方面的指标。通过对这些指标的跟踪和分析，可以及时了解任务的执行情况，发现问题和不足。

在任务跟踪的过程中，要及时对任务的完成情况进行评估和反馈。对于任务完成情况良好的成员，要给予及时的表扬和奖励，激励他们继续努力工作。对于任务完成情况不理想的成员，要及时进行沟通和指导，帮助他们找出问题的原因，并采取有效的措施进行改进。

如果发现任务的执行情况与预期目标存在较大偏差，要及时对任务进行调整和优化。调整和优化的内容可以包括任务的工作步骤、时间节点、责任人等方面。同时，要及时将调整后的任务传达给执行小组的成员，确保他们能够按照新的任务要求进行工作。

四、加强执行小组与领导小组的沟通和协调

执行小组与领导小组之间的有效沟通和协调是确保任务顺利推进的关键。执行小组作为上市工作的具体实施者，需要及时向领导小组汇报任务的执行情况，接受领导小组的指导和监督。领导小组作为上市工作的领导者，需要及时了解任务的执行情况，为执行小组提供必要的支持和帮助。

首先，建立执行小组与领导小组之间的沟通机制。沟通机制可以包括但不限于定期会议、工作报告、即时通信等方式。通过沟通机制，执行小组可以及时向领导小组汇报任务的执行情况、问题和困难，领导小组可以及时对执行小组的工作进行指导和监督。

其次，加强执行小组与领导小组之间的协调配合。在任务推进过程中，执行小组与领导小组之间可能会出现一些工作上的交叉和矛盾。在这种情况下，需要加强协调配合，明确各自的职责和任务，避免出现工作上的重复和冲突。

例如，在财务准备工作方面，执行小组需要向领导小组汇报财务审计的进展情况和发现的问题，领导小组需要根据执行小组的汇报情况，及时做出决策，为执行小组提供必要的支持和帮助。在信息披露工作方面，执行小组需要按照领导小组的要求，及时、准确地披露企业的重大信息，领导小组需要对执行小组的信息披露工作进行监督和审核，确保信息披露的真实性、准确性和完整性。

五、对执行小组的任务完成情况进行考核和评价，激励成员积极工作

对执行小组的任务完成情况进行考核和评价是激励成员积极工作的重要手段。通过考核和评价，可以及时了解执行小组的工作绩效，发现优秀成员和存在的问题，为企业的上市工作提供有力的支持。

首先，确定考核和评价的指标体系。考核和评价的指标体系应该包括任务的完成进度、质量、成本、团队协作等方面的指标。通过对这些指标的考核和评价，可以全面了解执行小组的工作绩效。

其次，选择考核和评价的方式和方法。考核和评价的方式和方法可以包括但不限于自我评价、上级评价、同事评价、外部评价等。通过多种方式和方法的考核和评价，可以确保评价结果的客观、公正、全面。

在考核和评价的过程中，要及时对考核和评价的结果进行反馈和应用。对

于考核和评价结果优秀的成员，要给予及时的表扬和奖励，激励他们继续努力工作。对于考核和评价结果不理想的成员，要及时进行沟通和指导，帮助他们找出问题的原因，并采取有效的措施进行改进。

同时，要将考核和评价的结果与成员的薪酬、晋升、培训等方面挂钩，形成有效的激励机制，激励成员积极工作，为企业的上市工作做出更大的贡献。

总之，明确执行小组的任务是企业上市过程中的重要环节。通过确定执行小组的具体任务和目标、分解任务为具体的工作步骤和时间节点、建立任务跟踪机制、加强与领导小组的沟通和协调、对任务完成情况进行考核和评价等措施，可以确保执行小组的任务明确、可执行、高效推进，为企业的上市工作提供有力的支持。在这个过程中，企业要不断总结经验，持续改进和完善执行小组的任务管理机制，确保企业上市工作的顺利进行。

⑭ 招聘执行小组成员

在企业迈向上市的关键进程中，招聘一支高素质的执行小组成员至关重要。执行小组成员将直接参与到上市工作的各个环节，他们的专业能力、工作态度和团队协作精神将对企业上市的成功与否产生重大影响。

一、制订执行小组成员招聘计划

制订详细的招聘计划是确保招聘工作顺利进行的基础。首先，需要明确招聘的岗位要求和人数。根据上市工作的需求，确定执行小组所需的岗位，如财务专员、法务专员、审计专员、市场专员等。同时，结合企业的实际情况和上市工作的进度安排，确定每个岗位的招聘人数。

在明确岗位要求方面，要具体、清晰地列出每个岗位所需的专业技能、工作经验、教育背景等条件。例如，财务专员岗位可能要求具备注册会计师资格、有三年以上企业财务工作经验、熟悉上市财务规范等；法务专员岗位可能要求具备法律专业背景、有企业法务工作经验、熟悉证券法等相关法律法规。

此外，还需要考虑执行小组成员的综合素质要求，如沟通能力、团队协作能力、责任心、抗压能力等。这些素质将在很大程度上影响执行小组成员在上市工作中的表现。

二、利用多种招聘渠道，吸引优秀人才加入执行小组

为了吸引到优秀的人才，需要充分利用多种招聘渠道。

1. 网络招聘

选择专业的招聘网站发布招聘信息，如智联招聘、前程无忧、猎聘网等。在发布招聘信息时，要突出企业的优势和上市前景，吸引求职者的关注。同时，要详细描述岗位要求和职责，让求职者能够准确了解岗位的需求。

利用社交媒体平台进行招聘宣传，如微信公众号、微博、领英等。可以发布招聘信息、企业介绍、上市动态等内容，吸引潜在求职者的关注。同时，可以通过社交媒体平台与求职者进行互动，解答他们的疑问。

2. 校园招聘

参加高校举办的校园招聘会，与应届毕业生进行面对面的交流。校园招聘可以为企业带来新鲜的血液和创新的思维，同时也可以为企业培养未来的骨干力量。

与高校建立合作关系，开展实习项目和校园宣讲会。通过实习项目，让学生提前了解企业的工作环境和业务内容，为企业选拔优秀的人才。校园宣讲会可以向学生介绍企业的发展历程、上市规划、企业文化等内容，吸引学生的关注。

3. 猎头推荐

与专业的猎头公司合作，委托他们为企业寻找符合要求的高端人才。猎头公司通常拥有丰富的人才资源和专业的招聘经验，可以为企业提供高效、精准的招聘服务。

在与猎头公司合作时，要明确招聘需求和要求，提供详细的岗位描述和企业介绍。同时，要与猎头公司保持密切的沟通，及时反馈招聘进展情况和问题。

三、对候选人进行严格的筛选和面试

筛选和面试是确保招聘到符合要求人员的关键环节。

1. 简历筛选

制定严格的简历筛选标准，对收到的简历进行仔细筛选。重点关注候选人的专业技能、工作经验、教育背景、项目经验等方面是否符合岗位要求。

对于符合基本要求的候选人，可以进一步查看他们的简历细节，如工作成

果、获奖情况、自我评价等，以了解他们的综合素质和能力。

2. 笔试

对于一些专业性较强的岗位，可以设置笔试环节，考察候选人的专业知识和技能。笔试内容可以根据岗位要求进行设计，如财务岗位可以考察财务分析、会计核算等知识；法务岗位可以考察法律法规、合同审查等知识。

笔试结束后，要及时对试卷进行批改和评分，筛选出成绩优秀的候选人进入面试环节。

3. 面试

面试可以采用多种形式，如结构化面试、行为面试、小组面试等。结构化面试可以考察候选人的专业知识和技能、综合素质和能力；行为面试可以考察候选人的工作经验和项目经历、解决问题的能力和团队协作精神；小组面试可以考察候选人的沟通能力、领导能力和团队协作能力。

面试过程中，要由专业的面试官组成面试小组，对候选人进行全面、深入的考察。面试官可以包括企业的高层管理人员、相关部门负责人、外部专家等。

面试结束后，面试小组要对候选人进行综合评价，确定是否录用。评价内容可以包括候选人的专业能力、工作经验、综合素质、团队协作精神等方面。

四、建立执行小组成员试用期制度

建立试用期制度可以对新成员的工作表现进行评估和考核，确保他们能够胜任岗位要求。

1. 明确试用期期限和考核标准

确定试用期的期限，一般为三个月至六个月。在试用期开始前，要向新成员明确试用期的考核标准和要求，包括工作任务、工作质量、工作态度、团队协作等方面。

考核标准要具体、可衡量，以便于对新成员的工作表现进行客观、公正的评价。

2. 安排导师指导

为新成员安排导师，导师可以是经验丰富的老员工或部门负责人。导师要在试用期内对新成员进行指导和帮助，解答他们的疑问，帮助他们尽快适应工作环境和岗位要求。

导师要定期与新成员进行沟通和交流，了解他们的工作进展情况和问题，及时给予反馈和建议。

3. 进行定期考核

在试用期内，要对新成员进行定期考核，如每个月或每两个月进行一次考核。考核内容可以包括工作任务完成情况、工作质量、工作态度、团队协作等方面。

考核结果要及时反馈给新成员，让他们了解自己的工作表现和存在的问题。对于表现优秀的新成员，可以给予表扬和奖励；对于表现不佳的新成员，要及时进行沟通和指导，帮助他们改进工作。

4. 做出转正决策

在试用期结束时，要对新成员的工作表现进行综合评估，做出转正决策。如果新成员在试用期内表现优秀，符合岗位要求，可以正式转正；如果新成员在试用期内表现不佳，不符合岗位要求，可以延长试用期或解除劳动合同。

五、为执行小组成员提供良好的工作环境和发展机会，留住优秀人才

为了留住优秀人才，企业需要为执行小组成员提供良好的工作环境和发展机会。

1. 提供良好的工作环境

为执行小组成员提供舒适、整洁、安全的工作场所。配备必要的办公设备和工具，如电脑、打印机、复印机等。

营造积极、和谐的工作氛围，鼓励团队成员之间的沟通和协作。可以组织团队建设活动、文化活动等，增强团队凝聚力。

2. 提供发展机会

为执行小组成员提供培训和学习机会，帮助他们不断提升自己的专业技能和综合素质。可以组织内部培训、外部培训、在线学习等活动。

建立完善的晋升机制，为优秀的执行小组成员提供晋升机会。可以根据员工的工作表现、能力水平、业绩贡献等因素进行晋升评估。

鼓励创新和创业，为有创新想法和创业精神的执行小组成员提供支持和帮助。可以设立创新奖励基金、创业孵化平台等。

总之，招聘执行小组成员是企业上市过程中的重要环节。通过制订招聘计划、利用多种招聘渠道、严格筛选和面试、建立试用期制度、提供良好的工作环境和发展机会等措施，可以为企业招聘到一支高素质的执行小组成员队伍，

为企业上市工作的顺利进行提供有力的支持。

⑮ 建立部门协调机制

建立高效的部门协调机制至关重要，各部门的协同合作是确保上市工作顺利推进的关键，只有打破部门壁垒，实现信息共享、资源整合和高效协作，才能为企业成功上市奠定坚实基础。

一、分析企业各部门在上市工作中的职责和关系

企业上市是一项复杂的系统工程，涉及多个部门的协同配合。首先，需要对企业各部门在上市工作中的职责进行深入分析。

财务部门在上市工作中肩负着核心重任。他们需要对企业的财务状况进行全面梳理和规范，确保财务报表的真实性、准确性和完整性。这包括进行财务审计、税务筹划、内部控制建设等工作。同时，财务部门还需与投资银行、会计师事务所等中介机构进行密切沟通，为企业制订合理的融资方案。

法务部门则负责确保企业在上市过程中合法合规。他们需要审查企业的各类合同、协议，处理潜在的法律纠纷，为企业提供法律咨询和风险评估。此外，法务部门还需协助企业制定完善的公司治理结构，确保企业符合上市的法律要求。

人力资源部门在上市过程中也起着重要作用。他们需要优化企业的人力资源管理体系，制定合理的薪酬福利政策，吸引和留住优秀人才。同时，人力资源部门还需加强员工培训和发展，提高员工的专业素质和团队协作能力，为企业上市提供人力支持。

市场营销部门则需要提升企业的品牌形象和市场竞争力。他们需要制定有效的市场营销策略，扩大企业的市场份额，提高企业的知名度和美誉度。同时，市场营销部门还需与投资者进行沟通和交流，向投资者展示企业的发展前景和投资价值。

通过对各部门职责的分析，可以确定需要协调的重点领域。例如，财务部门与法务部门需要在财务合规和法律风险防范方面进行协调；财务部门与人力资源部门需要在薪酬福利政策和股权激励方面进行协调；市场营销部门与财务

部门需要在企业估值和投资者沟通方面进行协调等。

二、建立部门协调会议制度，定期召开协调会议

建立部门协调会议制度是促进部门之间沟通和协作的重要手段。定期召开协调会议，可以及时解决部门之间的问题和矛盾，确保上市工作的顺利推进。

首先，确定协调会议的参会人员。协调会议应由涉及上市工作的各部门负责人及相关人员参加，必要时还可邀请企业高层领导和外部专家参加。这样可以确保会议的权威性和决策的有效性。

其次，明确协调会议的召开频率和时间。根据上市工作的进度和实际需要，可以确定协调会议的召开频率，如每周、每月或每季度召开一次。同时，要合理安排会议时间，确保参会人员能够充分准备和参与会议。

在协调会议中，各部门应汇报本部门在上市工作中的进展情况、存在的问题和困难，以及需要其他部门协调支持的事项。通过充分的沟通和交流，共同探讨解决问题的方法和途径。对于重大问题和决策，应进行深入讨论和分析，确保决策的科学性和合理性。

协调会议还应形成会议纪要，明确会议讨论的问题、达成的共识和决策事项，以及各部门的具体责任和时间节点。会议纪要应及时发送给相关部门和人员，作为后续工作的指导和依据。

三、明确部门协调的责任人和工作流程

明确部门协调的责任人和工作流程是保障协调工作高效进行的关键。只有责任明确、流程清晰，才能确保部门之间的协调工作有条不紊地进行。

首先，确定部门协调的责任人。各部门负责人应为本部门在上市工作中的协调责任人，负责本部门与其他部门之间的沟通和协作。同时，企业可以指定一名高层领导或专门的协调人员，负责统筹协调各部门之间的工作，确保上市工作的整体推进。

其次，制定部门协调的工作流程。工作流程应包括问题提出、沟通协商、决策执行和反馈评估等环节。当一个部门在上市工作中遇到问题需要其他部门协调支持时，应按照工作流程及时向相关部门提出问题，并说明问题的性质、影响和紧急程度。相关部门应在规定的时间内进行沟通协商，共同探讨解决问题的方法和途径。达成共识后，应制订具体的决策方案，并明确各部门的责任

和时间节点。决策方案执行过程中，各部门应及时反馈执行情况，以便及时调整和优化决策方案。最后，对协调工作的效果进行评估和反馈，总结经验教训，不断完善部门协调机制。

四、建立部门协调考核机制

建立部门协调考核机制是确保部门协调工作有效落实的重要保障。通过对部门协调工作的效果进行评估和考核，可以激励各部门积极参与协调工作，提高协调工作的质量和效率。

首先，确定部门协调考核的指标体系。考核指标应包括协调工作的及时性、有效性、协作性和创新性等方面。例如，可以考核部门是否在规定的时间内响应其他部门的协调请求、是否积极参与协调工作并提出有效的解决方案、是否与其他部门保持良好的沟通和协作关系、是否在协调工作中提出创新性的思路和方法等。

其次，选择部门协调考核的方法和方式。考核方法可以采用定量考核和定性考核相结合的方式，通过设置具体的考核指标和评分标准，对部门协调工作进行量化评估。考核方式可以采用自我评价、部门互评和上级评价相结合的方式，确保考核结果的客观、公正和全面。

根据考核结果，对部门协调工作表现优秀的部门和个人进行表彰和奖励，对表现不佳的部门和个人进行批评和惩罚。奖励可以包括物质奖励和精神奖励，如奖金、荣誉证书、晋升机会等；惩罚可以包括批评教育、扣减绩效奖金、调整岗位等。通过奖惩机制，激励各部门和个人积极参与部门协调工作，提高协调工作的质量和效率。

五、加强部门之间的沟通和合作

加强部门之间的沟通和合作是建立良好部门协调机制的基础。只有部门之间保持良好的沟通和合作关系，才能实现信息共享、资源整合和高效协作。

首先，建立多种沟通渠道。除了部门协调会议，还可以建立电子邮件、即时通信、内部论坛等沟通渠道，方便部门之间随时进行沟通和交流。同时，还可以组织部门之间的联谊活动、团队建设活动等，增强部门之间的感情和凝聚力。

其次，倡导合作共赢的文化理念。企业应在内部倡导合作共赢的文化理念，鼓励各部门之间相互支持、相互配合，共同为企业上市的目标而努力。通过宣传教育、培训学习等方式，让员工深刻理解合作共赢的重要性，形成良好的合作氛围。

最后，加强对员工的沟通和合作能力培训。企业可以组织沟通技巧、团队协作等方面的培训课程，提高员工的沟通和合作能力。通过培训，让员工掌握有效的沟通方法和技巧，学会倾听他人的意见和建议，提高团队协作的效率和质量。

总之，建立部门协调机制是企业上市过程中的重要环节。通过分析各部门在上市工作中的职责和关系、建立部门协调会议制度、明确责任人和工作流程、建立考核机制以及加强沟通和合作等措施，可以有效打破部门壁垒，实现部门之间的协同合作，为企业成功上市提供有力保障。在实际工作中，企业应不断完善部门协调机制，根据上市工作的进展和实际需要，及时调整和优化协调机制，确保部门协调工作的高效进行。

⑯ 设立内部沟通渠道

良好的内部沟通能够促进信息的流通、增强团队协作、提高决策效率，为企业的上市之路提供有力的支持。

一、分析企业内部沟通的现状和问题

企业在设立内部沟通渠道之前，首先需要对内部沟通的现状进行全面的分析，以找出存在的问题和需要改进的重点领域。

1. 沟通方式的多样性与有效性评估

了解企业目前采用的沟通方式有哪些，如面对面交流、邮件、电话、即时通信工具等。评估这些沟通方式的使用频率和效果，看是否能够满足不同部门、不同岗位之间的沟通需求。例如，对于紧急事务的沟通，即时通信工具可能更加高效；而对于重要文件的传递，邮件可能更为合适。

分析不同沟通方式在信息传递准确性、及时性和完整性方面的表现。有些沟通方式可能容易导致信息失真或遗漏，需要加以改进。例如，口头传达信息可能会因为理解偏差而出现错误，而书面沟通则可以确保信息的准确性和完整性。

2. 沟通渠道的畅通性与障碍分析

检查企业内部沟通渠道是否畅通，是否存在信息传递受阻的情况。例如，部门之间是否存在沟通壁垒，信息是否能够及时传递到相关人员手中。可以通过问卷调查、员工访谈等方式，了解员工在沟通中遇到的问题和障碍。

分析沟通障碍的原因，可能包括组织结构不合理、沟通流程烦琐、员工沟通意识淡薄等。针对这些原因，确定需要改进的重点领域，如优化组织结构、简化沟通流程、加强沟通培训等。

3. 沟通氛围与文化的审视

观察企业内部的沟通氛围和文化，看是否鼓励员工积极沟通、分享信息。如果企业存在沟通氛围压抑、员工不敢表达意见的情况，将会影响信息的流通和决策的质量。可以通过组织团队活动、开展文化建设等方式，营造积极、开放的沟通氛围。

评估企业领导在内部沟通中的作用。领导的沟通风格和行为会对员工产生重要影响，如果领导不重视沟通、缺乏倾听能力，将会影响员工的沟通积极性。领导应以身作则，积极参与内部沟通，鼓励员工提出问题和建议。

二、建立多种内部沟通渠道

为了满足不同的沟通需求，企业应建立多种内部沟通渠道，为员工提供便捷的沟通方式。

1. 邮件沟通

邮件是一种较为正式的沟通方式，适用于传递重要文件、通知和汇报工作进展等。企业应建立规范的邮件使用制度，明确邮件的主题、格式和回复时间要求，确保邮件沟通的高效和有序。

为了提高邮件的阅读率和回复率，可以采用简洁明了的邮件标题和内容，避免冗长和复杂的表述。同时，可以设置邮件提醒功能，确保员工及时收到重要邮件并进行回复。

2. 即时通信工具

即时通信工具具有实时性强、沟通便捷的特点，适用于快速交流和解决问题。企业可以选择适合自身需求的即时通信工具，如微信企业版、钉钉等，并制定使用规范，明确工作时间内的沟通要求和注意事项。

利用即时通信工具的群组功能，建立不同部门、项目组的沟通群，方便团队成员之间的信息共享和协作。同时，可以设置消息免打扰功能，避免在工作时间被过多的消息干扰。

3. 内部论坛

内部论坛是一个开放的沟通平台，员工可以在这里发表意见、分享经验、提出问题和建议。企业应建立内部论坛的管理机制，确保论坛的内容积极健康、符合企业价值观。

鼓励员工在内部论坛上积极参与讨论，对优秀的帖子和回复进行奖励，提高员工的参与度。同时，可以定期整理论坛中的热点问题和解决方案，供员工参考和学习。

4. 视频会议

对于跨地区的团队或需要进行面对面沟通的情况，视频会议是一种有效的沟通方式。企业应配备良好的视频会议设备和软件，确保会议的质量和效果。

制定视频会议的使用规范，明确会议的主题、议程和参与人员，提高会议的效率。同时，可以利用视频会议的共享屏幕功能，进行文件展示和演示，增强沟通的效果。

三、制定内部沟通管理制度

为了确保内部沟通的顺畅和有效，企业需要制定内部沟通管理制度，规范员工的沟通行为和流程。

1. 沟通原则的明确

确定内部沟通的基本原则，如诚实、尊重、开放、及时等。员工在沟通中应遵循这些原则，确保信息的真实性和有效性，尊重他人的意见和建议，保持开放的心态，及时回复信息。

强调沟通的双向性，鼓励员工积极倾听他人的意见和建议，及时反馈自己的想法和感受。同时，要避免单向沟通和信息垄断，确保信息的流通和共享。

2. 沟通流程的规范

制定内部沟通的流程，明确信息的传递路径和审批程序。例如，对于重要决策的沟通，应经过相关部门的审核和领导的批准；对于紧急事务的沟通，可以采取快速通道，确保信息能够及时传递到相关人员手中。

规范沟通的反馈机制，要求员工在收到信息后及时进行回复，确保信息的闭环管理。对于重要问题的沟通，应记录沟通的过程和结果，以便后续查阅和跟进。

3. 沟通纪律的约束

制定内部沟通的纪律要求，如保密制度、文明用语等。员工在沟通中应遵守保密制度，不得泄露企业的商业机密和敏感信息；同时，要使用文明用语，避免使用不当言辞和情绪化的表达。

对于违反沟通纪律的行为，应制定相应的处罚措施，确保制度的严肃性和权威性。例如，对于泄露商业机密的行为，可以给予警告、罚款甚至解除劳动合同等处罚。

四、定期对内部沟通渠道的使用情况进行评估和调整

为了不断优化内部沟通渠道，企业需要定期对内部沟通渠道的使用情况进行评估和调整。

1. 评估指标的确定

确定内部沟通渠道的评估指标，如信息传递的及时性、准确性、完整性，员工的参与度和满意度等。可以通过问卷调查、数据分析等方式，收集员工对内部沟通渠道的使用感受和意见建议。

对评估指标进行量化分析，制定相应的评分标准和权重，以便对内部沟通渠道的使用情况进行客观、准确的评估。

2. 评估方法的选择

采用多种评估方法，如定期进行问卷调查、员工访谈、沟通记录分析等。定期进行问卷调查可以了解员工对内部沟通渠道的整体满意度和改进建议；员工访谈可以深入了解员工在沟通中遇到的具体问题和需求；沟通记录分析可以评估信息传递的及时性和准确性。

对不同的评估方法进行综合运用，确保评估结果的全面性和可靠性。同时，可以邀请外部专家或咨询机构进行评估，以获取更专业的意见和建议。

3. 评估结果的应用

根据评估结果，对内部沟通渠道进行调整和优化。如果某个沟通渠道的使用效果不佳，可以考虑进行改进或更换；如果员工提出了新的沟通需求，可以考虑增加新的沟通渠道。

对评估结果进行反馈和沟通，让员工了解内部沟通渠道的使用情况和改进措施，提高员工的参与度和满意度。同时，可以将评估结果作为绩效考核的一部分，激励员工积极参与内部沟通。

五、加强对内部沟通的宣传和培训

为了提高内部沟通的效果，企业需要加强对内部沟通的宣传和培训，提高员工的沟通意识和能力。

1. 沟通意识的宣传

通过内部宣传渠道，如企业内刊、宣传栏、内部邮件等，宣传内部沟通的重要性和意义。可以分享成功的沟通案例，让员工了解良好的沟通对工作的积极影响。

组织内部沟通主题活动，如沟通技巧培训、团队建设活动等，增强员工的沟通意识和团队协作精神。同时，可以设置奖励机制，鼓励员工积极参与内部沟通活动。

2. 沟通能力的培训

开展沟通技巧培训课程，提高员工的口头表达、书面表达、倾听和反馈等沟通能力。培训课程可以包括沟通原理、沟通技巧、冲突管理等方面的内容，通过案例分析、角色扮演等方式，让员工在实践中掌握沟通技巧。

为员工提供个性化的沟通辅导，针对员工在沟通中存在的问题和不足，提供具体的改进建议和指导。可以邀请专业的沟通教练或心理咨询师进行辅导，帮助员工提高沟通能力和心理素质。

总之，设立内部沟通渠道是企业上市过程中的重要环节。通过分析企业内部沟通的现状和问题，建立多种内部沟通渠道，制定内部沟通管理制度，定期评估和调整沟通渠道，加强沟通宣传和培训等措施，企业可以打造一个高效、顺畅的内部沟通环境，为企业的上市之路提供有力的支持。

⑰ 制订人才培养计划

人才是最为关键的核心资源，制订科学合理的人才培养计划，不仅能够满足企业上市工作对各类人才的需求，还能为企业的持续发展注入强大动力。

一、分析企业上市工作对人才的需求

企业上市是一个复杂而艰巨的过程，涉及财务、法律、市场营销、战略规划等多个领域。因此，首先需要深入分析企业上市工作对人才的具体需求。

财务方面，需要精通财务分析、审计、税务筹划等专业知识的人才，能够准确把握企业的财务状况，为上市决策提供可靠的数据支持。同时，还需要熟悉资本市场运作规则，具备与投资银行、会计师事务所等中介机构沟通协调能力的财务人才。

法律方面，要求具备扎实的法律专业知识，熟悉证券法、公司法、合同法等相关法律法规，能够为企业上市提供全面的法律保障。此外，还需要具备处理复杂法律事务和应对法律风险的能力。

市场营销方面，需要具有敏锐的市场洞察力和创新思维的人才，能够制定有效的市场营销策略，提升企业品牌形象和市场竞争力。同时，还需要具备与投资者沟通交流的能力，向投资者展示企业的投资价值。

战略规划方面，需要有宏观视野和战略思维的人才，能够为企业制定长远的发展战略，明确企业的上市路径和发展方向。

基于对企业上市工作人才需求的分析，制定人才培养的总体目标。总体目标应包括培养一批专业能力强、综合素质高、具有创新精神和团队协作能力的人才队伍，为企业上市提供坚实的人才保障。

在总体目标的基础上，制订详细的人才培养计划。计划应包括培养的时间安排、具体的培养方式、考核评估机制等内容。例如，可以制订为期一年的人才培养计划，分阶段进行内部培训、外部培训和轮岗锻炼，并在每个阶段结束后进行考核评估，根据评估结果调整培养方案。

二、确定人才培养的重点领域和关键岗位

在明确人才培养的总体目标和计划后，需要进一步确定人才培养的重点领域和关键岗位。重点领域通常包括财务、法律、市场营销、战略规划等，这些领域直接关系到企业上市的成败。关键岗位则是在这些重点领域中承担重要职责的岗位，如财务总监、法务总监、市场总监、战略规划经理等。

针对重点领域和关键岗位，制订针对性的培养方案。财务领域的培养方案

可以包括财务分析、审计实务、税务筹划等专业课程的培训，以及参与实际财务项目的锻炼。法律领域的培养方案可以包括法律法规培训、案例分析、模拟法庭等，提高法律人才的实际操作能力。市场营销领域的培养方案可以包括市场调研、品牌推广、投资者关系管理等方面的培训和实践。战略规划领域的培养方案可以包括宏观经济分析、行业趋势研究、战略规划方法等内容的学习和应用。

在制订培养方案时，要充分考虑不同岗位的特点和需求，量身定制个性化的培养计划。例如，对于财务总监岗位，可以安排参加高级财务管理培训课程，与投资银行家进行交流，了解资本市场对企业财务的要求；对于市场总监岗位，可以组织参加市场营销研讨会，参观成功上市企业的市场推广活动，学习先进的营销理念和方法。

三、培养企业所需的人才

1. 内部培训

开展内部培训课程是培养企业人才的重要方式之一。企业可以邀请内部专家或经验丰富的员工担任讲师，针对企业上市工作的实际需求，开设财务、法律、市场营销等方面的培训课程。内部培训课程具有针对性强、成本低、易于组织等优点，可以快速提升员工的专业知识和技能。

建立内部培训师队伍，选拔一批专业能力强、表达能力好的员工担任内部培训师。为内部培训师提供培训和发展机会，提高他们的授课水平和专业素养。通过内部培训师的传帮带作用，可以在企业内部营造良好的学习氛围，促进员工的共同成长。

组织内部研讨会和案例分享会，让员工分享自己在工作中的经验和教训，共同探讨解决问题的方法和途径。内部研讨会和案例分享会可以激发员工的创新思维，提高员工的问题解决能力和团队协作能力。

2. 外部培训

外部培训可以为员工提供更广阔的学习视野和更先进的知识理念。企业可以根据人才培养的需求，选择合适的外部培训机构和培训课程，安排员工参加培训。外部培训课程包括专业技能培训、领导力培训、团队建设培训等，可以满足不同层次员工的学习需求。

参加行业会议和研讨会也是一种有效的外部培训方式。行业会议和研讨会通常会邀请业内专家和成功企业代表进行分享和交流，员工可以通过参加这些活动，了解行业最新动态和发展趋势，学习先进的管理经验和技术创新。

与高校、科研机构合作开展培训项目，可以为企业培养高端人才。企业可以与高校、科研机构联合举办硕士、博士研究生班，或者开展专项课题研究，培养具有深厚理论基础和创新能力的人才。

3. 轮岗锻炼

轮岗锻炼是培养复合型人才的有效方式。企业可以安排员工在不同部门之间进行轮岗，让员工了解企业的各个业务环节，拓宽员工的工作视野和业务能力。例如，可以安排财务人员到市场营销部门轮岗，了解市场需求和客户反馈，提高财务分析的针对性和实用性；安排市场营销人员到财务部门轮岗，了解企业的财务状况和成本控制，提高市场营销决策的科学性和合理性。

建立轮岗锻炼的管理制度，明确轮岗的目的、流程、考核标准等内容。在轮岗锻炼过程中，要为员工提供必要的指导和支持，帮助员工尽快适应新的工作环境和岗位要求。同时，要对员工的轮岗表现进行考核评估，将考核结果作为员工晋升和奖励的重要依据。

四、建立人才培养跟踪和评估机制

建立人才培养跟踪和评估机制是确保人才培养计划有效实施的重要保障。通过跟踪和评估，可以及时了解员工的学习进展和培养效果，发现问题并及时调整培养方案和措施。

1. 建立人才培养档案

为每位参加培养计划的员工建立人才培养档案，记录员工的个人信息、培训课程、考核成绩、轮岗经历等内容。人才培养档案可以为跟踪和评估员工的培养效果提供依据，也可以为企业的人才管理提供参考。

定期更新人才培养档案，记录员工在培养过程中的成长和进步。同时，要对人才培养档案进行保密管理，确保员工的个人信息安全。

2. 进行定期考核评估

制定科学合理的考核评估指标体系，对员工的专业知识、技能水平、工作业绩、团队协作等方面进行综合考核评估。考核评估指标应具有可操作性和可衡量性，能够客观反映员工的培养效果。

定期组织考核评估，如每季度或每半年进行一次考核评估。考核评估可以采用自我评价、上级评价、同事评价等多种方式相结合，确保考核结果的客观公正。

根据考核评估结果，及时调整培养方案和措施。对于考核成绩优秀的员工，可以给予奖励和晋升机会；对于考核成绩不理想的员工，要分析原因，制定针对性的改进措施，帮助员工提高能力水平。

3. 收集反馈意见

定期收集员工对人才培养计划的反馈意见，了解员工的学习需求和满意度。反馈意见可以通过问卷调查、座谈会、个别访谈等方式收集，要确保反馈意见的真实性和有效性。

对员工的反馈意见进行认真分析和研究，及时调整培养方案和措施，满足员工的学习需求。同时，要将反馈意见的处理结果及时反馈给员工，增强员工对人才培养计划的参与感和认同感。

五、为人才提供良好的发展空间和晋升机会

为人才提供良好的发展空间和晋升机会是激励人才成长的重要手段。企业要建立健全人才激励机制，为人才创造广阔的发展平台，激发人才的工作积极性和创造力。

1. 建立职业发展通道

为员工建立清晰的职业发展通道，明确不同岗位的晋升路径和要求。职业发展通道可以分为管理通道和专业通道，员工可以根据自己的兴趣和能力选择适合自己的发展方向。

为员工提供职业发展规划指导，帮助员工制订个人职业发展计划。企业可以组织职业发展规划培训课程，邀请专业人士为员工进行职业发展规划指导，帮助员工明确自己的职业目标和发展方向。

2. 提供晋升机会

建立公平公正的晋升机制，根据员工的工作业绩、能力水平、综合素质等因素进行晋升考核。晋升考核应公开透明，确保优秀人才能够脱颖而出。

为员工提供晋升机会，鼓励员工积极进取。企业可以定期开展内部竞聘活动，让员工有机会竞争更高层次的岗位。同时，要对晋升后的员工进行跟踪和培养，帮助他们尽快适应新的岗位要求。

3. 实施激励措施

实施多种激励措施，激发员工的工作积极性和创造力。激励措施可以包括物质激励和精神激励，如奖金、股票期权、荣誉称号、表彰大会等。

建立股权激励机制，对核心人才和关键岗位员工实施股权激励。股权激励可以增强员工的归属感和责任感，激发员工的工作积极性和创造力，为企业的长期发展提供有力保障。

总之，制订人才培养计划是企业上市过程中的重要环节。通过分析企业上市工作对人才的需求，制订人才培养的总体目标和计划，确定重点领域和关键岗位，采用多种培养方式，建立跟踪和评估机制，提供良好的发展空间和晋升机会等措施，可以为企业培养出一批高素质的人才队伍，为企业的上市和持续发展奠定坚实的基础。

⑱ 优化岗位设置

优化岗位设置是提升企业运营效率、确保上市工作顺利推进的重要举措。通过对现有岗位进行全面评估，根据上市需求进行合理调整，并加强岗位间的协作与资源支持，能够为企业打造一个高效、协同的组织架构。

一、对企业现有岗位进行全面评估

企业在上市筹备过程中，首先需要对现有的岗位进行深入细致的评估。这一评估过程应涵盖多个方面，以全面了解岗位设置的现状。

1. 岗位职能分析

对每个岗位的具体职能进行梳理，明确其在企业运营中的作用。确定岗位的主要工作任务、职责范围以及与其他岗位的关联关系。例如，财务部门的会计岗位，其主要职能包括账务处理、财务报表编制、税务申报等。通过对这些职能的分析，可以判断该岗位在企业财务管理中的重要性以及与其他岗位（如出纳、财务经理等）的协作需求。

评估岗位职能的合理性，看其是否与企业的战略目标和上市需求相契合。如果某些岗位的职能与企业上市后的发展方向不符，或者存在职能重叠、职责不清的情况，就需要进行调整和优化。

2. 岗位工作量评估

分析每个岗位的日常工作量，包括工作任务的数量、难度、时间要求等。可以通过收集岗位员工的工作记录、统计工作时间分布等方式，了解岗位的实际工作负荷。例如，销售部门的客户经理岗位，可能需要负责客户开发、维护、订单处理等多项工作，通过对其工作量的评估，可以判断该岗位是否需要增加人员或者调整工作分配。

考虑企业上市过程中可能带来的工作量变化。上市后，企业的业务规模和管理要求可能会发生变化，某些岗位的工作量可能会增加。因此，在评估岗位工作量时，要充分考虑上市因素，为未来的工作调整做好准备。

3. 岗位人员匹配度评估

评估现有岗位人员的专业技能、工作经验、综合素质等与岗位要求的匹配程度。通过员工的绩效表现、能力测评、上级评价等情况，了解员工在岗位上的胜任能力。例如，技术研发部门的工程师岗位，要求具备扎实的专业知识和创新能力，如果现有员工在这些方面存在不足，就需要考虑通过培训、招聘等方式进行调整。

分析岗位人员的发展潜力，看其是否能够适应企业上市后的发展需求。对于有潜力的员工，可以给予更多的发展机会和挑战，提升其能力水平；对于不适应岗位要求的员工，可以进行岗位调整或培训提升。

二、优化岗位设置

在对现有岗位进行全面评估的基础上，企业应根据上市工作的需求，对岗位设置进行优化调整。

1. 新增岗位设置

根据上市工作的特殊需求，增设一些新的岗位。例如，为了加强投资者关系管理，可以设立投资者关系专员岗位；为了确保信息披露的准确性和及时性，可以设立信息披露专员岗位。这些新岗位的设置将有助于企业更好地应对上市后的挑战。

明确新岗位的职责和任职要求。对于新增岗位，要详细描述其工作任务、职责范围、汇报关系等，同时确定该岗位所需的专业技能、工作经验、教育背景等任职要求。这样可以为招聘和选拔合适的人才提供明确的标准。

2. 现有岗位调整

对现有岗位进行合并、拆分或调整职责范围。如果某些岗位的职能存在重叠，可以考虑进行合并；如果某个岗位的工作量过大，可以将其部分职能拆分到其他岗位；如果岗位的职责与上市需求不符，可以进行调整。例如，将原来的行政后勤岗位和采购岗位进行合并，设立综合管理岗位，负责行政事务、采购管理和后勤保障等工作。

重新明确调整后岗位的职责和任职要求。岗位调整后，要及时更新岗位职责和任职要求，确保员工清楚自己的工作任务和标准。同时，要做好岗位调整的沟通和培训工作，帮助员工尽快适应新的岗位要求。

3. 岗位职责和任职要求的明确

对于每个岗位，都要制定详细的岗位职责说明书。岗位职责说明书应包括岗位名称、所属部门、汇报关系、工作职责、工作标准、任职要求等内容。通过明确岗位职责，可以让员工清楚自己的工作任务和目标，提高工作效率和质量。

任职要求应根据岗位的特点和需求进行确定。一般来说，任职要求的表述包括专业技能、工作经验、教育背景、综合素质等方面。例如，财务经理岗位要求具备注册会计师资格、五年以上财务管理工作经验、本科及以上学历、良好的沟通协调能力和团队合作精神等。

三、建立岗位评估和调整机制

为了确保岗位设置的合理性和有效性，企业需要建立岗位评估和调整机制，定期对岗位设置进行评估和调整。

1. 岗位评估指标体系的建立

确定岗位评估的指标体系，包括岗位职能履行情况、工作业绩、员工满意度、岗位对企业战略的贡献度等方面。通过这些指标的评估，可以全面了解岗位的工作表现和价值。

为每个指标设定具体的评估标准和权重。评估标准应具有可操作性和可衡量性，权重的分配应根据指标的重要性进行合理确定。例如，岗位职能履行情况可以通过工作任务完成率、工作质量、工作效率等指标进行评估，工作业绩可以通过销售额、利润、市场份额等指标进行评估。

2. 定期岗位评估的实施

按照一定的时间周期（如每年或每半年）进行岗位评估。评估可以由人力资源部门组织，邀请相关部门负责人、岗位员工代表等参与。评估过程中，要收集各方的意见和建议，确保评估结果的客观公正。

根据评估结果，对岗位设置进行调整。如果某个岗位的评估结果不理想，要分析原因，采取相应的调整措施。例如，如果某个岗位的工作业绩不佳，可以考虑调整岗位职责、增加资源支持、更换岗位人员等。

3. 岗位调整的决策和实施

对于需要调整的岗位，要进行充分的论证和决策。决策过程中，要考虑企业的战略目标、上市需求、员工利益等多方面因素。如果岗位调整涉及人员变动，要做好沟通和安置工作，确保员工的合法权益。

实施岗位调整后，要对调整效果进行跟踪和评估。及时发现问题并进行调整，确保岗位调整达到预期的效果。

四、加强岗位之间的协作和配合

岗位之间的协作和配合是企业高效运营的关键。在优化岗位设置的过程中，要注重加强岗位之间的联系，提高工作效率和质量。

1. 建立沟通协调机制

建立岗位之间的沟通协调机制，明确沟通的渠道、方式和频率。例如，可以通过定期召开部门会议、项目会议等方式，加强岗位之间的信息交流和沟通协调。同时，还可以利用内部办公系统、即时通信工具等，提高沟通的效率和便捷性。

培养员工的沟通协调能力。通过培训、团队建设活动等方式，提高员工的沟通技巧、团队合作意识和问题解决能力。让员工能够主动与其他岗位进行沟通协调，共同解决工作中遇到的问题。

2. 优化工作流程

对企业的工作流程进行全面梳理和优化，消除流程中的瓶颈和重复环节。特别是对于涉及多个岗位的工作流程，要进行重点优化，明确各个岗位在流程中的职责和协作要求。例如，在产品研发流程中，要明确市场调研、设计开发、测试验证、生产制造等各个环节的岗位职责和协作关系，确保产品研发工作的顺利进行。

建立工作流程的持续改进机制。定期对工作流程进行评估和改进，根据实际情况调整岗位之间的协作方式和流程节点，提高工作效率和质量。

3. 团队建设和文化培育

加强团队建设，通过组织团队活动、开展培训等方式，增强团队凝聚力和协作精神。让员工在团队中感受到归属感和成就感，提高工作积极性和主动性。

培育良好的企业文化，倡导协作、创新、责任等价值观。通过企业文化的引导，让员工自觉地加强岗位之间的协作和配合，共同为企业的发展贡献力量。

五、为岗位设置提供相应的资源支持

为了确保岗位工作的顺利开展，企业需要为岗位设置提供相应的资源支持。

1. 人力资源支持

根据岗位需求，合理配置人力资源。通过招聘、培训、内部调配等方式，为岗位提供合适的人才。确保每个岗位都有具备相应能力和素质的人员担任，提高工作效率和质量。

为岗位员工提供职业发展机会和晋升通道。通过培训、轮岗、项目锻炼等方式，提升员工的能力水平和综合素质。同时，建立公平、公正的晋升机制，让优秀的员工能够得到晋升和发展的机会。

2. 财务资源支持

为岗位工作提供必要的财务资源支持。包括办公设备、软件系统、培训经费、项目资金等方面。确保岗位员工能够拥有良好的工作条件和资源保障，提高工作效率和质量。

建立合理的预算管理制度，对岗位工作的财务资源进行科学管理和控制。确保财务资源的合理使用，提高资金的使用效益。

3. 技术资源支持

为岗位工作提供必要的技术资源支持。包括先进的生产设备、技术研发平台、信息管理系统等方面。确保岗位员工能够运用先进的技术手段开展工作，提高工作效率和质量。

加强技术创新和研发投入，不断提升企业的技术水平和核心竞争力。为岗位工作提供更强大的技术支持，推动企业的持续发展。

总之，优化岗位设置是企业上市过程中的重要环节。通过对现有岗位进行全面评估，根据上市需求进行优化调整，建立岗位评估和调整机制，加强岗位之间的协作和配合，以及提供相应的资源支持，能够为企业打造一个高效、协同的组织架构，为企业的上市和持续发展奠定坚实的基础。

⑲ 进行团队建设活动

一个凝聚力强、向心力足的团队，能够更好地应对上市过程中的各种挑战，为企业的成功上市提供坚实的保障。

一、分析团队建设的需求和目标

在开展团队建设活动之前，首先需要对团队建设的需求和目标进行深入分析。这一步骤有助于确保团队建设活动的针对性和有效性。

1. 团队现状评估

对团队的当前状态进行全面评估，包括团队成员之间的关系、沟通效率、协作能力、工作氛围等方面。可以通过问卷调查、员工访谈、观察等方式收集信息，了解团队存在的问题和潜在的需求。

分析团队在上市过程中所面临的挑战和压力。上市对企业来说是一个重大的变革，团队成员可能会面临工作强度增加、责任加重、不确定性增加等问题。了解这些挑战，有助于确定团队建设活动的重点方向。

2. 确定团队建设目标

根据团队现状评估的结果，确定团队建设的具体目标。目标可以包括增强团队凝聚力、提高团队协作能力、改善沟通效率、缓解工作压力、提升员工满意度等。目标应具有明确性、可衡量性和可实现性。

例如，如果团队存在沟通不畅的问题，可以将提高沟通效率作为团队建设的目标之一。具体的目标可以设定为在团队建设活动后，团队成员之间的沟通频率增加 50%，沟通误解减少 30%。

3. 制订团队建设活动计划

在确定团队建设目标后，制订详细的团队建设活动计划。计划应包括活动的时间、地点、内容、参与人员、预算等方面的信息。

活动内容的选择应根据团队建设目标和团队成员的特点来确定。可以考虑户外拓展、团队聚餐、文化活动、培训讲座等多种形式的活动。例如，如果团队需要增强凝聚力，可以组织一次户外拓展活动，通过团队合作的项目挑战，让成员之间更加了解和信任。

二、组织丰富多彩的团队建设活动

1. 户外拓展活动

户外拓展活动是一种非常有效的团队建设方式。它可以让团队成员在自然环境中挑战自我，增强团队合作和沟通能力。

选择合适的户外拓展项目，如攀岩、绳索挑战、团队拔河等。这些项目可以考验团队成员的体力、智力和团队协作能力。在活动过程中，安排专业的教练进行指导，确保活动的安全和顺利进行。

活动结束后，组织团队成员进行总结和分享。让大家回顾活动中的经历和感受，探讨团队合作的重要性，以及如何将这种合作精神应用到工作中。

2. 团队聚餐

团队聚餐是一种轻松愉快的团队建设方式。它可以让团队成员在轻松的氛围中交流感情，增强团队凝聚力。

选择合适的餐厅和菜品，考虑团队成员的口味和喜好。可以安排一些互动环节，如抽奖、游戏等，增加活动的趣味性。

在聚餐过程中，鼓励团队成员之间互相交流，分享工作和生活中的点滴。领导可以借此机会表达对团队成员的感谢和支持，增强团队的向心力。

3. 文化活动

文化活动可以丰富团队成员的业余生活，增强团队的文化氛围和凝聚力。

组织各种文化活动，如书法比赛、摄影展览、歌唱比赛等。这些活动可以让团队成员展示自己的才艺，增强团队成员之间的认同感和归属感。

可以邀请专业的评委对文化活动进行评选，对优秀的作品和表现进行奖励，激发团队成员的参与热情。

三、建立团队建设活动评估机制

1. 确定评估指标

建立团队建设活动评估机制，首先需要确定评估指标。评估指标应与团队建设目标相对应，能够客观地反映活动的效果。

例如，如果团队建设的目标是增强团队凝聚力，可以将团队成员之间的合作程度、沟通频率、信任度等作为评估指标。如果目标是提高团队协作能力，可以将团队完成任务的效率、质量、创新性等作为评估指标。

2. 收集评估数据

在团队建设活动结束后，及时收集评估数据。可以通过问卷调查、员工访谈、观察等方式收集数据。问卷调查可以设计一些具体的问题，让团队成员对活动的效果进行评价。员工访谈可以深入了解团队成员的感受和建议。观察团队成员在活动后的工作表现和团队氛围的变化。

3. 分析评估数据

对收集到的评估数据进行分析，了解团队建设活动的效果。可以采用数据分析软件或人工分析的方式，对数据进行统计和分析。

分析评估数据时，要注意区分主观因素和客观因素的影响。对于一些主观评价，要进行客观的分析和判断，避免受到个人情绪和偏见的影响。

4. 反馈评估结果

将评估结果反馈给团队成员和相关领导。反馈结果可以采用书面报告、会议汇报等方式进行。反馈结果应包括活动的优点和不足，以及改进的建议和措施。

鼓励团队成员对评估结果进行讨论和反思，共同探讨如何进一步改进团队建设活动。领导可以根据评估结果，对团队建设活动进行调整和优化，提高活动的效果和质量。

四、鼓励员工积极参与团队建设活动

1. 宣传团队建设活动的意义和价值

通过内部宣传渠道，如企业内刊、宣传栏、内部邮件等，宣传团队建设活动的意义和价值。让员工了解团队建设活动对个人和团队的重要性，提高员工的参与积极性。

可以分享一些成功的团队建设案例，让员工看到团队建设活动的实际效果。同时，鼓励员工提出自己的建议和想法，参与团队建设活动的策划和组织。

2. 提供奖励和激励措施

为了鼓励员工积极参与团队建设活动，可以提供一些奖励和激励措施。例如，对积极参与活动的员工进行表彰和奖励，给予物质奖励或荣誉称号。

可以将员工参与团队建设活动的情况纳入绩效考核体系，作为员工晋升和奖励的参考依据。这样可以激发员工的参与热情，提高员工的团队合作意识和能力。

3. 营造良好的团队氛围

营造良好的团队氛围，让员工感受到团队的温暖和支持。领导可以以身作则，积极参与团队建设活动，关心员工的工作和生活，增强团队的凝聚力和向心力。

鼓励团队成员之间互相帮助、互相支持，共同解决工作中的问题。建立良好的沟通机制，让员工能够及时表达自己的想法和需求，促进团队的和谐发展。

五、持续改进团队建设活动的内容和形式

1. 收集员工的反馈意见

在团队建设活动结束后，及时收集员工的反馈意见。可以通过问卷调查、员工访谈、意见箱等方式收集意见。反馈意见应包括活动的内容、形式、组织、效果等方面的评价和建议。

对员工的反馈意见进行认真分析和总结，了解员工的需求和期望。对于一些好的建议和意见，要及时采纳和应用，不断改进团队建设活动的内容和形式。

2. 关注员工的需求变化

随着企业的发展和员工的成长，员工的需求和期望也会发生变化。因此，要持续关注员工的需求变化，及时调整团队建设活动的方向和重点。

可以通过定期的员工满意度调查、团队氛围评估等方式，了解员工的需求变化。根据员工的需求变化，及时调整团队建设活动的计划和内容，确保活动的针对性和有效性。

3. 创新团队建设活动的形式和内容

为了保持团队建设活动的吸引力和新鲜感，要不断创新活动的形式和内容。可以借鉴其他企业的成功经验，结合本企业的实际情况，推出一些新颖的团队建设活动。

例如，可以组织一次公益活动，让团队成员一起为社会做出贡献，增强团队的社会责任感。或者组织一次科技创新活动，让团队成员发挥自己的创造力和想象力，为企业的发展提供新的思路和方法。

总之，进行团队建设活动是企业上市过程中的重要环节。通过分析团队建

设的需求和目标，组织丰富多彩的团队建设活动，建立评估机制，鼓励员工参与，持续改进活动内容和形式等措施，可以增强团队的凝聚力和向心力，提高员工的团队合作意识和能力，为企业的上市之路提供有力的支持。

⑳ 建立绩效考核体系

建立科学合理的绩效考核体系至关重要，这一体系不仅能够有效激励员工积极投入上市工作，还能确保企业的目标和任务得以顺利实现。

一、分析企业上市工作的目标和任务

企业上市工作涉及众多复杂的目标和任务，因此，深入分析这些目标和任务是确定绩效考核指标和权重的基础。

1. 明确上市工作目标

企业上市的目标通常包括提升企业品牌形象、拓宽融资渠道、实现股东价值最大化等。这些目标需要进一步细化为具体的可衡量指标，如市场知名度提升幅度、融资额、股价表现等。

例如，提升企业品牌形象可以通过品牌知名度、媒体曝光度、客户满意度等指标来衡量；拓宽融资渠道可以用融资规模、融资成本、投资者数量等指标体现；实现股东价值最大化则可以关注企业市值增长、股东回报率等指标。

2. 梳理上市工作任务

企业上市工作任务涵盖财务规范、法律合规、公司治理、业务拓展等多个方面。要对这些任务进行详细梳理，明确各个任务的关键节点和具体要求。

比如，财务规范任务包括财务报表审计、内部控制建设、税务筹划等；法律合规任务涉及法律文件审查、知识产权保护、合同管理等；公司治理任务有完善董事会结构、建立健全内部管理制度、加强信息披露等；业务拓展任务则包括市场份额增长、新产品研发、客户拓展等。

3. 确定绩效考核指标

根据上市工作目标和任务，确定具体的绩效考核指标。这些指标应具有明确性、可衡量性、可实现性、相关性和时限性。

例如，针对财务规范任务，可以设置财务报表准确性、内部控制有效性、税务合规性等指标；针对法律合规任务，可以确定法律风险防控能力、合同审核及时率、知识产权保护力度等指标；针对公司治理任务，可以设立董事会决策效率、内部管理制度完善度、信息披露及时性等指标；针对业务拓展任务，可以采用市场份额增长率、新产品销售收入占比、客户满意度提升幅度等指标。

4. 分配指标权重

指标权重的分配应根据各个指标对上市工作目标的重要程度来确定。重要性高的指标应赋予较高的权重，以突出其在绩效考核中的地位。

可以采用专家打分法、层次分析法等方法来确定指标权重。例如，对于以融资为主要目标的企业，融资规模、股价表现等与融资相关的指标可能会被赋予较高的权重；而对于注重业务拓展的企业，市场份额增长率、新产品销售收入占比等业务指标的权重可能会相对较高。

二、制定绩效考核制度

制定完善的绩效考核制度是确保绩效考核工作顺利进行的关键。

1. 明确考核主体和对象

确定绩效考核的主体，通常包括上级领导、同事、下属以及客户等。不同的考核主体可以从不同的角度对员工的工作表现进行评价，以确保考核结果的全面性和客观性。

明确考核对象，即参与企业上市工作的各个部门和员工。根据不同部门和岗位的职责特点，制定相应的考核标准和指标。

2. 规定考核周期

确定绩效考核的周期，一般可以分为月度考核、季度考核和年度考核。对于一些重要的项目或任务，也可以进行专项考核。

月度考核主要用于及时反馈员工的日常工作表现，以便及时调整工作方向和方法；季度考核可以对员工在一个季度内的工作成果进行阶段性评估；年度考核则是对员工全年工作表现的综合评价，用于确定员工的年度绩效等级和奖励。

3. 制定考核流程

明确绩效考核的具体流程，包括制订考核计划、收集考核数据、进行考核评价、反馈考核结果、制定改进措施等环节。

制订考核计划时，应明确考核的时间安排、考核指标、考核方法等；收集考核数据可以通过查阅文件、调查问卷、面谈等方式进行；考核评价可以由考核主体根据考核标准和指标对考核对象进行打分或评级；反馈考核结果应及时、准确地将考核情况告知员工，并给予必要的解释和说明；制定改进措施应针对考核中发现的问题，与员工共同制订改进方案，以提高员工的工作绩效。

4. 确定考核方法

选择合适的考核方法，常见的有目标管理法、关键绩效指标法、360 度考核法等。

目标管理法是将企业的上市目标分解为各个部门和员工的具体目标，通过对目标完成情况的考核来评价员工的绩效。关键绩效指标法是通过对关键绩效指标的考核来衡量员工的工作表现。360 度考核法则是从多个角度对员工进行评价，包括上级领导、同事、下属以及客户等，以获得更全面、客观的考核结果。

三、建立绩效考核反馈机制

绩效考核反馈机制是促进员工成长和提高绩效的重要环节。

1. 及时反馈考核结果

在考核结束后，应尽快将考核结果反馈给员工。反馈方式可以采用书面报告、面谈等形式，确保员工能够清楚地了解自己的绩效表现。

书面报告应包括考核指标的完成情况、得分情况、绩效等级等内容，并对员工的优点和不足进行客观分析。面谈时，考核者应与员工进行充分的沟通，听取员工的意见和建议，解答员工的疑问。

2. 提供改进建议

根据考核结果，为员工提供具体的改进建议。改进建议应具有针对性和可操作性，帮助员工明确自己的努力方向。

例如，如果员工在财务报表准确性方面存在问题，可以建议员工加强财务知识学习、提高数据审核能力、建立数据核对机制等；如果员工在客户拓展方面表现不佳，可以建议员工加强市场调研、改进销售技巧、拓展销售渠道等。

3. 鼓励员工参与反馈

鼓励员工积极参与绩效考核反馈，表达自己的想法和感受。员工可以对考核结果提出异议，考核者应认真听取员工的意见，并进行合理的解释和调整。

同时，员工也可以提出自己在工作中遇到的问题和困难，寻求考核者的支持和帮助。通过员工的参与，可以提高绩效考核反馈的效果，促进员工与考核者之间的良好沟通和合作。

四、加强对绩效考核结果的应用

绩效考核结果的有效应用是激励员工的重要手段。

1. 与薪酬挂钩

将绩效考核结果与员工的薪酬直接挂钩，实现薪酬的动态调整。绩效优秀的员工可以获得较高的薪酬增长和奖金激励，而绩效不佳的员工则可能面临薪酬下降或没有奖金的情况。

例如，可以设定绩效工资、奖金等与绩效考核结果挂钩的薪酬组成部分。根据员工的绩效等级，确定不同的薪酬调整幅度和奖金数额，以激励员工努力提高绩效。

2. 与晋升挂钩

绩效考核结果也是员工晋升的重要依据之一。绩效优秀的员工在晋升机会上应具有更大的优势，而绩效不佳的员工则可能会被延迟晋升或失去晋升机会。

建立明确的晋升机制，将绩效考核结果作为晋升的重要指标之一。同时，还应考虑员工的工作经验、能力素质、领导潜力等因素，综合评估员工的晋升资格。

3. 与培训发展挂钩

根据绩效考核结果，为员工制订个性化的培训发展计划。对于绩效优秀的员工，可以提供更高级别的培训课程和发展机会，以进一步提升其能力素质；对于绩效不佳的员工，可以安排针对性的培训课程，帮助其提高工作技能和绩效水平。

例如，可以组织内部培训、外部培训、在线学习等多种形式的培训活动，满足员工不同的学习需求。同时，还可以为员工提供轮岗、项目锻炼等机会，拓宽员工的工作视野和经验。

五、定期对绩效考核体系进行评估和调整

绩效考核体系需要不断地进行评估和调整，以适应企业上市工作的变化和发展。

1. 定期评估考核体系

定期对绩效考核体系进行评估，了解考核体系的运行情况和效果。评估内

容可以包括考核指标的合理性、考核方法的科学性、考核流程的顺畅性、考核结果的公正性等方面。

可以采用问卷调查、员工访谈、数据分析等方式进行评估。收集员工对绩效考核体系的意见和建议，分析考核结果的分布情况和趋势，找出考核体系中存在的问题和不足。

2. 及时调整考核体系

根据评估结果，及时对绩效考核体系进行调整和优化。对于不合理的考核指标，应进行修订或删除；对于不科学的考核方法，应进行改进或更换；对于不顺畅的考核流程，应进行优化和完善；对于不公正的考核结果，应进行复查和调整。

调整考核体系时，应充分考虑企业上市工作的实际情况和员工的需求，确保考核体系的公平公正和有效性。同时，还应做好调整后的宣传和培训工作，让员工了解考核体系的变化和要求。

总之，建立科学合理的绩效考核体系是企业上市过程中的重要环节。通过分析企业上市工作的目标和任务，确定绩效考核的指标和权重；制定绩效考核制度，明确考核的流程和方法；建立绩效考核反馈机制，及时向员工反馈考核结果和改进建议；加强对绩效考核结果的应用，将考核结果与薪酬、晋升等挂钩；定期对绩效考核体系进行评估和调整，确保考核的公平公正和有效性，可以有效地激励员工积极投入上市工作，提高企业的上市成功率。

30%

第三章

业绩提升与稳定

——夯实上市硬实力

㉑ 分析市场趋势

只有深入了解市场动态，洞察潜在机会和挑战，企业才能制定出有效的战略，在激烈的市场竞争中脱颖而出，为成功上市奠定坚实基础。

一、组建专业的市场调研团队

1. 人员选拔与培训

组建一支专业的市场调研团队，首先需要选拔具备相关专业知识和技能的人才。这些人员应具有市场调研、数据分析、行业分析等方面的专业背景，能够熟练运用各种调研方法和工具。

要对选拔出来的团队成员进行系统的培训，包括市场调研方法、数据分析技巧、行业知识等方面的培训。培训可以采用内部培训、外部培训、在线学习等多种方式，确保团队成员具备扎实的专业能力。

建立团队内部的学习和交流机制，鼓励成员之间分享经验和知识，不断提升团队的整体水平。

2. 调研方法与渠道

市场调研团队应采用多种调研方法，包括问卷调查、访谈、焦点小组讨论、案例分析等，以获取全面、准确的市场信息。

建立广泛的调研渠道，包括行业协会、专业咨询机构、市场研究公司、竞争对手、客户等。通过与这些渠道的合作和交流，及时了解行业动态和市场趋势。

利用互联网和大数据技术，收集和分析海量的市场数据。可以使用数据挖掘、文本分析、社交媒体监测等工具，从网络上获取有关行业趋势、客户需求、竞争对手动态等方面的信息。

3. 行业动态分析

市场调研团队应定期对收集到的行业动态进行深入分析，包括行业政策、市场规模、竞争格局、技术发展等方面的分析。

制作行业动态报告，向企业管理层和相关部门及时汇报行业最新动态和趋势。报告应包括数据分析、趋势预测、风险评估等内容，为企业决策提供有力支持。

对行业动态进行持续跟踪和监测，及时发现新的趋势和变化，为企业调整战略提供依据。

二、定期进行市场趋势研讨会

1. 研讨会组织

定期组织市场趋势研讨会，邀请企业内部的专家和外部顾问共同参与。研讨会可以每月、每季度或每半年举行一次，具体时间根据企业的实际情况确定。

确定研讨会的主题和议程，提前通知参会人员做好准备。主题可以围绕当前市场热点、行业趋势、竞争对手策略等方面展开，议程应包括主题演讲、案例分享、小组讨论等环节。

选择合适的研讨会场地，确保会议环境舒适、设备齐全。可以选择企业内部会议室、酒店会议室或专业的会议中心等场地。

2. 内部专家参与

邀请企业内部的专家参与研讨会，包括市场营销、产品研发、战略规划等方面的专家。这些专家对企业的业务和市场有深入的了解，能够从内部视角分析市场趋势和企业应对策略。

内部专家可以在研讨会上分享自己的经验和见解，提出对市场趋势的看法和建议。他们还可以与外部顾问进行交流和互动，共同探讨企业面临的问题和解决方案。

建立内部专家库，对专家的专业领域、经验和贡献进行记录和管理。根据研讨会的主题和需求，邀请合适的内部专家参与，充分发挥他们的专业优势。

3. 外部顾问邀请

邀请外部顾问参与研讨会，包括行业专家、咨询顾问、学者等。外部顾问具有广阔的视野和丰富的经验，能够从外部视角为企业提供客观、专业的建议。

选择具有相关行业经验和专业知识的外部顾问，确保他们能够为企业提供有价值的见解和建议。可以通过咨询公司、行业协会、学术机构等渠道寻找合适的外部顾问。

与外部顾问建立长期合作关系，定期邀请他们参与企业的市场趋势分析和战略规划。通过与外部顾问的合作，不断学习和借鉴先进的理念和方法，提升企业的市场竞争力。

4. 研讨会成果应用

对研讨会的成果进行总结和整理，形成市场趋势分析报告和战略建议。报告应包括研讨会的主要观点、结论和建议，为企业决策提供参考。

将研讨会的成果应用到企业的战略规划、市场营销、产品研发等方面。根据市场趋势和建议，调整企业的战略方向和业务布局，优化产品和服务，提高企业的市场竞争力。

对研讨会的效果进行评估和反馈，收集参会人员的意见和建议，不断改进研讨会的组织和内容，提高研讨会的质量和效果。

三、利用大数据分析工具，挖掘市场趋势中的潜在机会和挑战

1. 数据收集与整理

利用大数据分析工具，收集和整理海量的市场数据。数据来源可以包括企业内部数据、行业数据、社交媒体数据、网络数据等。

对收集到的数据进行清洗和整理，去除无效数据和噪声，确保数据的准确性和完整性。可以使用数据清洗工具和算法，对数据进行预处理。

建立数据仓库，将整理好的数据存储在数据仓库中，以便进行后续的分析和挖掘。数据仓库应具有高效的数据存储和查询功能，能够满足大数据分析的需求。

2. 数据分析与挖掘

选择合适的大数据分析工具和算法，对市场数据进行分析和挖掘。可以使用数据挖掘算法、机器学习算法、统计分析方法等，从数据中发现潜在的机会和挑战。

进行市场趋势分析，包括市场规模、增长率、竞争格局、客户需求等方面的分析。通过分析市场趋势，了解市场的发展方向和潜在机会。

进行客户行为分析，包括客户购买行为、偏好、满意度等方面的分析。通过分析客户行为，了解客户需求和市场机会，为企业的产品和服务优化提供依据。

进行竞争对手分析，包括竞争对手的市场份额、产品策略、营销策略等方面的分析。通过分析竞争对手，了解市场竞争态势和潜在挑战，为企业制定竞争策略提供参考。

3. 结果可视化与报告

将大数据分析的结果进行可视化展示，以便企业管理层和相关部门能够直观地了解市场趋势和分析结果。可以使用数据可视化工具，制作图表、报表、地图等可视化形式的报告。

撰写市场趋势分析报告，对大数据分析的结果进行详细阐述和解读。报告

应包括数据分析方法、结果、结论和建议等内容，为企业决策提供有力支持。

向企业管理层和相关部门汇报市场趋势分析结果，听取他们的意见和建议。根据反馈意见，对分析结果进行调整和优化，确保分析结果的准确性和实用性。

四、建立市场趋势监测机制，及时掌握市场变化

1. 监测指标确定

建立市场趋势监测机制，首先需要确定监测指标。监测指标应能够反映市场的变化和趋势，包括市场规模、增长率、竞争格局、客户需求、技术发展等方面的指标。

选择关键的监测指标，建立指标体系。指标体系应具有科学性、合理性和可操作性，能够全面、准确地反映市场的变化和趋势。

对监测指标进行定期更新和调整，根据市场的变化和企业的需求，及时调整监测指标，确保监测机制的有效性。

2. 监测方法与渠道

选择合适的监测方法和渠道，对市场趋势进行监测。监测方法可以包括定期调研、数据分析、社交媒体监测、网络监测等，监测渠道可以包括行业协会、专业咨询机构、市场研究公司、竞争对手、客户等。

建立监测数据收集和整理机制，定期收集和整理监测数据。对监测数据进行分析和处理，及时发现市场的变化和趋势。

利用信息技术手段，建立市场趋势监测系统。监测系统应具有数据采集、分析、预警等功能，能够实时监测市场的变化和趋势，为企业决策提供及时支持。

3. 预警机制建立

建立市场趋势预警机制，及时发现市场的潜在风险和挑战。预警机制应包括预警指标、预警级别、预警方式等方面的内容。

确定预警指标和预警级别，根据市场的变化和企业的风险承受能力，确定不同的预警级别和相应的预警指标。当监测数据达到预警指标时，触发相应的预警级别。

选择合适的预警方式，包括邮件、短信、系统提示等方式，及时向企业管理层和相关部门发送预警信息。预警信息应包括预警内容、原因分析、建议措施等内容，为企业应对市场变化提供指导。

4. 应对策略制定

当市场趋势发生变化或出现预警信号时，企业应及时制定应对策略，根据市场的变化和企业的实际情况，制定具体、可行的措施。

组织相关部门和人员，对市场变化进行深入分析和评估。根据分析结果，制定相应的应对策略，包括调整战略方向、优化产品和服务、加强市场营销、降低成本等方面的措施。

对应对策略的实施效果进行跟踪和评估，及时调整和优化应对策略。确保应对策略的有效性和及时性，降低市场变化对企业的影响。

五、对竞争对手的市场策略进行深入研究，借鉴成功经验

1. 竞争对手确定

确定企业的主要竞争对手，包括直接竞争对手和间接竞争对手。直接竞争对手是指与企业在同一市场、同一产品或服务领域竞争的企业，间接竞争对手是指与企业在不同市场、但具有潜在竞争关系的企业。

对竞争对手进行分类和分析，了解竞争对手的规模、实力、市场份额、产品和服务特点、营销策略等方面的情况。建立竞争对手档案，对竞争对手的信息进行记录和管理。

2. 市场策略分析

对竞争对手的市场策略进行深入分析，包括产品策略、价格策略、渠道策略、促销策略等方面的分析。了解竞争对手的市场定位、目标客户、竞争优势等方面的情况。

分析竞争对手的市场策略成功之处和不足之处，总结经验教训。可以采用案例分析、比较分析等方法，对竞争对手的市场策略进行深入研究。

关注竞争对手的市场策略变化，及时了解竞争对手的新动向和新举措。对竞争对手的市场策略变化进行分析和评估，为企业制定应对策略提供参考。

3. 借鉴成功经验

借鉴竞争对手的成功经验，结合企业的实际情况，制定适合企业的市场策略。可以在产品创新、服务优化、市场营销等方面借鉴竞争对手的成功经验，提高企业的市场竞争力。

避免盲目模仿竞争对手，要根据企业的自身特点和优势，进行创新和改进。在借鉴竞争对手成功经验的同时，要保持企业的独特性和差异化竞争优势。

与竞争对手进行合作和交流，共同推动行业的发展。可以在技术研发、市场推广、资源共享等方面与竞争对手进行合作，实现互利共赢。

总之，分析市场趋势是企业上市过程中的重要环节。通过组建专业的市场调研团队、定期进行市场趋势研讨会、利用大数据分析工具、建立市场趋势监测机制、对竞争对手的市场策略进行深入研究等措施，企业可以准确把握市场趋势，洞察潜在机会和挑战，为成功上市制定出有效的战略和决策。

㉒ 确定核心竞争力

核心竞争力不仅是企业在市场中立足的根本，更是吸引投资者、实现可持续发展的关键因素。

一、开展企业内部优势评估，明确自身的独特价值

1. 资源评估

对企业的物质资源进行全面梳理，包括厂房、设备、原材料等。评估这些资源的质量、数量、先进性以及在同行业中的地位。例如，企业拥有先进的生产设备，能够提高生产效率和产品质量，这可能成为企业的一项优势。

分析企业的人力资源状况，包括员工的数量、素质、专业技能等。优秀的员工队伍是企业的宝贵财富，他们的创新能力、团队协作精神和专业素养可能构成企业的核心竞争力。例如，企业拥有一支由行业专家组成的研发团队，能够不断推出创新产品，这就是一种独特的价值。

审视企业的财务资源，包括资金实力、融资能力、财务管理水平等。充足的资金和良好的财务管理能够为企业的发展提供坚实的保障，也是企业的一项重要优势。

2. 能力评估

评估企业的技术能力，包括研发能力、生产工艺水平、技术创新能力等。在科技日新月异的今天，技术优势往往是企业的核心竞争力之一。例如，企业拥有自主知识产权的核心技术，能够在市场中占据领先地位。

分析企业的市场营销能力，包括市场调研、品牌建设、销售渠道、客户关

系管理等方面。强大的市场营销能力能够帮助企业更好地了解客户需求，推广产品和服务，提高市场份额。

考察企业的管理能力，包括战略规划、组织架构、人力资源管理、财务管理等方面。高效的管理能够提高企业的运营效率，降低成本，增强企业的竞争力。

3. 文化评估

审视企业的文化价值观，包括企业的使命、愿景、价值观等。积极向上的企业文化能够凝聚员工的力量，激发员工的创造力，为企业的发展提供强大的精神动力。

评估企业的创新文化，包括鼓励创新的氛围、创新机制、创新成果等。创新是企业发展的源泉，具有创新文化的企业往往能够在市场中不断推出新产品和新服务，满足客户的需求。

分析企业的团队合作文化，包括团队协作精神、沟通机制、问题解决能力等。良好的团队合作文化能够提高企业的工作效率，增强企业的执行力。

二、与客户进行深入沟通，了解客户对企业产品或服务的核心需求

1. 客户调研

设计科学合理的客户调研问卷，涵盖客户的基本信息、购买行为、使用体验、需求期望等方面。通过线上线下相结合的方式，广泛收集客户的反馈意见。

进行深入的客户访谈，选择不同类型的客户代表，包括忠实客户、潜在客户、流失客户等，了解他们对企业产品或服务的看法和建议。访谈可以采用面对面、电话、视频等方式，确保能够深入了解客户的真实需求。

组织客户座谈会，邀请一批客户代表共同参与，就企业的产品或服务进行讨论和交流。座谈会可以设置主题发言、小组讨论、互动问答等环节，激发客户的参与热情，收集更多有价值的意见和建议。

2. 需求分析

对客户调研的数据进行深入分析，了解客户的核心需求和痛点。可以采用数据分析软件、统计方法等工具，对客户的反馈意见进行分类、归纳和总结。

根据客户的需求层次，将客户需求分为基本需求、期望需求和兴奋需求。基本需求是客户对产品或服务的基本要求，期望需求是客户希望得到的更好的服务和体验，兴奋需求是超出客户预期的惊喜需求。企业应重点关注客户的期

望需求和兴奋需求，这些需求往往是企业核心竞争力的来源。

分析客户需求的变化趋势，了解市场的动态和客户的需求演变。随着时间的推移和市场环境的变化，客户的需求也会不断发生变化。企业应密切关注客户需求的变化，及时调整产品或服务，以满足客户的需求。

三、分析行业标杆企业的核心竞争力，寻找差距和改进方向

1. 标杆企业选择

确定行业内的标杆企业，选择那些在市场份额、品牌影响力、技术创新、管理水平等方面表现卓越的企业作为学习的对象。可以通过行业报告、媒体报道、专家推荐等方式，了解行业内的优秀企业。

对标杆企业进行分类，根据企业的规模、业务模式、市场定位等因素，将标杆企业分为不同的类型。选择与自己企业具有相似特点的标杆企业进行深入分析，这样可以更好地借鉴他们的经验和做法。

2. 核心竞争力分析

研究标杆企业的产品或服务，了解它们的特点、优势和创新之处。分析标杆企业的产品或服务是如何满足客户需求的，它们的核心竞争力体现在哪些方面。

考察标杆企业的技术创新能力，包括研发投入、研发团队、专利技术等方面。技术创新是企业发展的动力，了解标杆企业的技术创新能力可以为自己企业的技术创新提供参考。

分析标杆企业的市场营销策略，包括品牌建设、渠道管理、促销活动等方面。市场营销是企业与客户沟通的桥梁，了解标杆企业的市场营销策略可以为自己企业的市场营销提供借鉴。

研究标杆企业的管理模式，包括组织架构、人力资源管理、财务管理等方面。高效的管理模式能够提高企业的运营效率，降低成本，增强企业的竞争力。

3. 差距分析与改进方向

对比自己企业与标杆企业的核心竞争力，找出差距和不足之处。可以从资源、能力、文化等方面进行对比分析，明确自己企业在哪些方面需要改进和提升。

根据差距分析的结果，制订具体的改进措施和行动计划。改进措施应具有针对性和可操作性，明确责任人和时间节点，确保能够有效实施。

持续跟踪标杆企业的发展动态，学习他们的先进经验和做法。不断调整和

优化自己企业的核心竞争力，以适应市场的变化和客户的需求。

四、组织跨部门头脑风暴会议，挖掘企业潜在的核心竞争力

1. 会议准备

确定头脑风暴会议的主题和目标，明确要挖掘的核心竞争力方向。例如，可以围绕企业的技术创新、市场营销、客户服务等方面进行头脑风暴。

邀请企业内部各部门的代表参加会议，包括研发、生产、销售、市场、财务、人力资源等部门。不同部门的人员具有不同的视角和经验，能够为挖掘企业潜在的核心竞争力提供更多的思路和建议。

准备相关的资料和案例，为头脑风暴会议提供参考和启发。可以收集行业内的成功案例、企业内部的优秀实践等资料，在会议上进行分享和讨论。

2. 头脑风暴过程

主持人引导参会人员进行自由发言，鼓励大家提出各种创新的想法和建议。不要对发言进行批评和评价，营造一个开放、自由的讨论氛围。

对发言进行记录和整理，将相似的想法进行合并和分类。可以使用白板、便签等工具，将大家的想法直观地展示出来。

在头脑风暴的过程中，可以适时进行小组讨论，让参会人员对一些重要的想法进行深入探讨和分析。小组讨论可以激发更多的创意和灵感，提高头脑风暴的效果。

3. 结果总结与应用

对头脑风暴会议的结果进行总结和提炼，形成企业潜在的核心竞争力清单。清单应包括核心竞争力的描述、优势分析、实施建议等内容。

将潜在的核心竞争力与企业的战略规划相结合，制订相应的发展策略和行动计划。将核心竞争力转化为企业的竞争优势，为企业的上市和可持续发展提供有力支持。

对头脑风暴会议的效果进行评估和反馈，收集参会人员的意见和建议。根据反馈意见，不断改进头脑风暴的方法和流程，提高会议的质量和效果。

五、定期对核心竞争力进行评估和调整，确保其持续有效性

1. 评估指标体系建立

建立科学合理的核心竞争力评估指标体系，包括市场份额、客户满意度、

技术创新能力、品牌影响力、赢利能力等方面的指标。评估指标应具有可衡量性、可比较性和时效性，能够客观地反映企业核心竞争力的强弱。

确定评估指标的权重，根据企业的战略目标和发展重点，对不同的评估指标赋予不同的权重。权重的确定应经过充分的讨论和论证，确保能够准确反映企业核心竞争力的重要程度。

2. 定期评估

按照一定的时间周期，对企业的核心竞争力进行定期评估。评估可以采用内部评估和外部评估相结合的方式，内部评估由企业内部的相关部门和人员进行，外部评估可以邀请专业的咨询机构或行业专家进行。

对评估结果进行分析和总结，了解企业核心竞争力的现状和变化趋势。分析评估结果时，应结合市场环境的变化、客户需求的演变、竞争对手的动态等因素，全面客观地评估企业核心竞争力的有效性。

3. 调整与优化

根据评估结果，对企业的核心竞争力进行调整和优化。如果发现某些核心竞争力已经不再具有优势，应及时进行调整和更新；如果发现新的潜在核心竞争力，应及时进行挖掘和培育。

调整和优化企业的发展策略和行动计划，确保核心竞争力能够得到充分的发挥和应用。同时，应加强对核心竞争力的保护和管理，防止竞争对手的模仿和抄袭。

总之，确定核心竞争力是企业上市过程中的重要环节。通过开展企业内部优势评估、与客户进行深入沟通、分析行业标杆企业、组织跨部门头脑风暴会议、定期评估和调整等措施，企业可以明确自身的核心竞争力，为企业的上市和可持续发展奠定坚实的基础。

㉓ 拓展销售渠道

拓展销售渠道是提升企业业绩、增强市场竞争力的关键举措。一个多元化、高效运作的销售渠道体系，能够为企业带来更广阔的市场空间和持续稳定的收入增长。

一、对现有销售渠道进行全面评估，找出优化空间

1. 渠道结构分析

对企业现有的销售渠道结构进行梳理，包括直销、分销、代理等不同渠道的占比和分布情况。分析各渠道在销售业绩、客户覆盖、成本效益等方面的表现，评估其合理性和有效性。

例如，若企业过度依赖某一单一渠道，可能面临较大的风险。而如果各渠道之间存在重叠或冲突，可能导致资源浪费和内部竞争。通过分析渠道结构，可以找出潜在的优化方向，如调整渠道比例、整合渠道资源等。

2. 渠道效率评估

评估现有销售渠道的效率，包括订单处理速度、库存周转、物流配送等环节。分析各渠道在这些方面的优势和不足，寻找提升效率的空间。

可以通过数据分析、客户反馈等方式，了解订单处理的平均时间、库存积压情况以及物流配送的准确率和及时性。对于效率低下的环节，可考虑引入先进的管理系统、优化流程或与专业的物流合作伙伴合作，以提高渠道效率。

3. 渠道成本分析

分析现有销售渠道的成本构成，包括渠道建设成本、运营成本、营销成本等。评估各渠道的成本效益，确定哪些渠道成本较高但收益较低，需要进行优化或调整。

例如，某些传统的线下渠道可能需要较高的租金、人力成本等，而线上渠道的营销成本可能也在不断上升。通过成本分析，可以找出成本控制的关键点，如降低渠道建设成本、优化营销投入等，以提高企业的赢利能力。

4. 客户满意度调查

开展客户满意度调查，了解客户对现有销售渠道的体验和意见。重点关注客户在购买过程中的便利性、产品信息获取、售后服务等方面的满意度。

根据客户反馈，找出销售渠道中存在的问题，如渠道服务不周到、产品展示不清晰等。针对这些问题，制定相应的改进措施，提高客户满意度，增强客户忠诚度。

二、积极开拓线上销售渠道

1. 建立电商平台

企业可以考虑建立自己的电商平台，直接面向消费者销售产品或服务。建

立电商平台需要投入一定的资金和技术资源，但可以更好地控制品牌形象、客户数据和销售流程。

在建立电商平台时，要注重平台的用户体验设计，包括界面友好、购物流程简便、支付安全等。同时，要加强平台的运营管理，包括产品上架、库存管理、订单处理、客户服务等方面，确保平台的高效运作。

2. 与第三方电商合作

与知名的第三方电商平台合作，可以借助其庞大的用户流量和成熟的销售体系，快速拓展线上市场。企业可以根据自身产品特点和目标客户群体，选择合适的第三方电商平台进行合作。

与第三方电商合作时，要注意合作模式的选择，如入驻模式、代销模式等。同时，要积极配合平台的营销活动，提高产品的曝光度和销售量。此外，要加强与平台的沟通和协调，及时解决合作过程中出现的问题。

3. 线上营销推广

开拓线上销售渠道后，需要进行有效的线上营销推广，吸引更多的客户关注和购买。可以采用搜索引擎优化（SEO）、搜索引擎营销（SEM）、社交媒体营销、内容营销等多种方式，提高品牌知名度和产品曝光度。

例如，通过优化网站关键词、发布有价值的内容、开展社交媒体互动等方式，吸引潜在客户访问电商平台。同时，可以利用电商平台的广告投放功能，进行精准营销，提高广告效果和投资回报率。

三、拓展线下销售渠道

1. 开设新的门店

根据企业的市场定位和目标客户群体，选择合适的地点开设新的门店。可以考虑在商业中心、购物中心、社区等人口密集区域开设直营店或加盟店，提高品牌的线下覆盖率。

在开设新门店时，要注重门店的选址、装修设计、产品陈列等方面，营造良好的购物环境。同时，要加强门店的人员培训和管理，提高服务质量和销售业绩。

2. 拓展经销商网络

积极拓展经销商网络，寻找有实力、有经验的经销商合作，将产品推向更广阔的市场。可以通过参加行业展会、招商会等方式，寻找潜在的经销商合作伙伴。

与经销商合作时，要建立良好的合作关系，提供优质的产品和服务，给予经销商合理的利润空间和支持政策。同时，要加强对经销商的管理和监督，确保经销商遵守企业的销售政策和品牌形象要求。

3. 线下营销活动

拓展线下销售渠道的同时，要结合线下特点开展有效的营销活动，吸引消费者购买。可以采用促销活动、路演、体验活动等方式，提高产品的知名度和销售量。

例如，举办新品发布会、限时折扣活动、赠品促销等，吸引消费者到店购买。同时，可以在商场、超市等场所开展路演活动，展示产品特点和优势，提高品牌的曝光度。

四、探索新兴销售渠道

1. 直播带货

直播带货是近年来兴起的一种新型销售渠道，具有互动性强、传播速度快、销售效果好等特点。企业可以与知名的直播平台或网红合作，进行产品直播推广和销售。

在进行直播带货时，要选择合适的直播平台和主播，确保主播的粉丝群体与企业的目标客户群体相匹配。同时，要准备好优质的产品和有吸引力的促销活动，提高直播的销售转化率。此外，要加强直播后的客户服务和售后保障，提高客户满意度。

2. 社交电商

社交电商是基于社交媒体平台的一种新型电商模式，通过社交关系网络进行产品推广和销售。企业可以利用微信、微博、抖音等社交媒体平台，开展社交电商业务。

例如，建立企业的官方社交媒体账号，发布产品信息、优惠活动等内容，吸引粉丝关注和购买。同时，可以通过社交分享、口碑传播等方式，扩大产品的影响力和销售范围。此外，要注重社交电商的用户体验和服务质量，提高客户满意度和忠诚度。

五、建立销售渠道管理机制，确保渠道的高效运作

1. 渠道政策制定

制定明确的销售渠道政策，包括价格政策、促销政策、返利政策等。确保

各渠道之间的政策一致性和公平性，避免渠道冲突和恶性竞争。

例如，制定统一的价格体系，防止不同渠道之间的价格差异过大。同时，制定合理的促销政策和返利政策，激励渠道成员积极销售产品。

2. 渠道成员管理

对销售渠道成员进行有效的管理和监督，包括经销商、代理商、零售商等。建立渠道成员档案，了解其经营状况、销售业绩、客户服务等方面的情况。

定期对渠道成员进行评估和考核，根据考核结果给予相应的奖励或惩罚。对于表现优秀的渠道成员，可以给予更多的支持和资源；对于表现不佳的渠道成员，要及时进行沟通和指导，帮助其改进经营管理。

3. 渠道信息管理

建立完善的渠道信息管理系统，及时收集、整理和分析各渠道的销售数据、客户信息、市场反馈等。通过数据分析，了解渠道的运行状况和市场需求变化，为企业的决策提供依据。

利用信息化手段，实现渠道信息的共享和协同，提高渠道管理的效率和精度。例如，通过企业内部的管理系统，实现与经销商、零售商之间的订单管理、库存管理、物流配送等信息的实时共享。

4. 渠道冲突解决

建立有效的渠道冲突解决机制，及时处理各渠道之间的冲突和矛盾。渠道冲突可能包括价格冲突、促销冲突、客户冲突等。

当出现渠道冲突时，要及时进行调查和分析，找出冲突的原因和解决方案。可以通过协商、调解、仲裁等方式，解决渠道冲突，维护渠道的稳定和和谐。

总之，拓展销售渠道是企业上市过程中的重要环节。通过对现有销售渠道进行全面评估，积极开拓线上销售渠道、拓展线下销售渠道、探索新兴销售渠道，并建立销售渠道管理机制，可以构建一个多元化、高效运作的销售渠道体系，为企业的上市和持续发展提供有力支持。

㉔ 提升客户满意度

一个拥有高客户满意度的企业，不仅能够在市场中树立良好的品牌形象，还能吸引更多的投资者关注，为企业的上市之路增添动力。

一、建立客户反馈机制，及时收集客户意见和建议

1. 多渠道反馈平台搭建

建立多样化的客户反馈渠道，确保客户能够方便快捷地表达自己的意见和建议。可以包括在线客服平台、电子邮件、热线电话、社交媒体等。

在线客服平台应具备实时响应功能，让客户在咨询问题的同时能够随时反馈意见。电子邮件反馈渠道要确保及时查收和回复，热线电话要配备专业的客服人员，耐心倾听客户的诉求。社交媒体平台上要积极关注客户的留言和评论，及时进行互动和回应。

2. 主动收集客户反馈

除了等待客户主动反馈，企业还应主动出击，收集客户意见，还可以通过定期回访客户、开展问卷调查、举办客户座谈会等方式，深入了解客户的需求和期望。

回访客户可以选择在客户购买产品或服务后的一段时间内进行，询问客户的使用体验和改进建议。问卷调查可以设计针对性的问题，涵盖产品质量、服务态度、交付速度等方面。客户座谈会则可以邀请不同类型的客户代表参加，面对面地交流和探讨，收集更深入的反馈信息。

3. 反馈信息整理与分析

对收集到的客户反馈信息进行及时整理和分析，提取有价值的内容。将反馈信息按照问题类型、严重程度等进行分类，以便更好地了解客户的关注点和痛点。

运用数据分析工具，对反馈信息进行量化分析，如计算客户满意度得分、问题出现的频率等。通过分析，找出客户反馈中普遍存在的问题和急需解决的重点问题，为制定改进措施提供依据。

二、定期进行客户满意度调查，了解客户需求和期望

1. 制订科学的调查方案

设计合理的客户满意度调查方案，明确调查的目的、对象、内容和方法。确定调查的时间周期，一般可以每季度或半年进行一次大规模的客户满意度调查。

调查内容应涵盖客户对产品质量、服务水平、价格合理性、品牌形象等方

面的评价。采用多种调查方法，如问卷调查、电话访谈、在线调查等，以提高调查的覆盖面和准确性。

2. 确保调查的客观性和真实性

在进行客户满意度调查时，要确保调查的客观性和真实性。避免引导性问题和片面的评价标准，让客户能够真实地表达自己的感受和意见。

可以采用第三方调查机构进行调查，以提高调查结果的可信度。同时，对调查过程进行严格的质量控制，确保问卷的发放、回收和数据分析的准确性。

3. 调查结果分析与应用

对客户满意度调查结果进行深入分析，了解客户的整体满意度水平以及各个方面的具体表现。将调查结果与历史数据进行对比，分析客户满意度的变化趋势。

根据调查结果，制定针对性的改进措施。对于满意度较低的方面，要深入分析原因，制定具体的整改方案。同时，将客户满意度调查结果作为企业绩效考核的重要指标之一，激励各部门不断提升服务质量。

三、针对客户反馈的问题，制定改进措施并及时落实

1. 问题分类与优先级确定

对客户反馈的问题进行分类，根据问题的严重程度、影响范围和紧急程度确定优先级。对于影响客户体验较大、紧急程度较高的问题，要优先处理。

例如，产品质量问题可能会直接影响客户的使用体验和安全，应列为高优先级问题。而一些服务态度方面的问题，可以在解决高优先级问题后逐步处理。

2. 制定改进措施

针对不同类型的问题，制定具体的改进措施。措施要具有针对性和可操作性，明确责任部门和时间节点。

如果是产品质量问题，可以加强质量管理，优化生产工艺，提高产品检测标准等；如果是服务态度问题，可以加强员工培训，建立服务质量监督机制等。对于客户提出的个性化需求，要尽量满足，并提供定制化的解决方案。

3. 改进措施的落实与跟踪

确保改进措施得到有效落实，责任部门要按照时间节点推进工作。建立跟踪机制，定期检查改进措施的执行情况，及时解决执行过程中出现的问题。

对改进措施的效果进行评估，通过再次收集客户反馈、进行满意度调查等

方式，了解改进措施是否达到预期效果。如果效果不理想，要及时调整措施，继续进行改进。

四、加强客户关系管理，提高客户忠诚度

1. 建立客户档案

为每一位客户建立详细的档案，记录客户的基本信息、购买历史、反馈记录等。通过客户档案，了解客户的需求和偏好，为个性化服务提供依据。

客户档案要及时更新，确保信息的准确性和完整性。可以利用信息化管理系统，对客户档案进行统一管理和维护。

2. 个性化服务提供

根据客户档案中的信息，为客户提供个性化的服务。例如，对于重要客户，可以提供专属的客户经理，及时解决客户的问题。对于有特殊需求的客户，可以提供定制化的产品或服务。

关注客户的生命周期，在不同阶段提供相应的服务。例如，在客户购买产品后，及时进行回访和指导；在客户使用产品过程中，提供技术支持和维护服务；在客户再次购买时，给予优惠和奖励。

3. 客户沟通与互动

加强与客户的沟通和互动，建立良好的客户关系。可以通过定期发送邮件、短信、微信等方式，向客户传递企业的最新动态、产品信息和优惠活动。

举办客户活动，如新品发布会、客户答谢会、主题讲座等，增强客户的参与感和归属感。在活动中，收集客户的意见和建议，进一步了解客户需求，同时也为客户提供一个交流和互动的平台。

五、设立客户服务奖项，激励员工提高服务质量

1. 奖项设置

设立客户服务奖项，如“最佳服务之星”“客户满意团队”等，激励员工积极提高服务质量。奖项可以根据不同的服务岗位和团队进行设置，涵盖销售、客服、技术支持等各个方面。

明确奖项的评选标准和流程，确保评选的公平、公正、公开。评选标准可以包括客户满意度得分、服务效率、问题解决能力等方面。评选流程可以包括部门推荐、客户投票、评审委员会评审等环节。

2. 奖励方式

对获得客户服务奖项的员工和团队给予物质和精神奖励。物质奖励可以包括奖金、奖品、旅游等；精神奖励可以包括荣誉证书、表彰大会、内部宣传等。

通过奖励方式，让员工感受到企业对客户服务的重视，激发员工的工作积极性和创造力。同时，也为其他员工树立榜样，营造良好的服务氛围。

3. 持续激励

客户服务奖项的设立不是一次性的活动，而是要持续进行，形成长效激励机制。定期对奖项进行评选和颁发，让员工始终保持对客户服务的热情和专注。

结合企业的发展和客户需求的变化，不断调整奖项的设置和评选标准，确保奖项的激励作用始终有效。

总之，提升客户满意度是企业上市过程中的重要任务。通过建立客户反馈机制、定期进行客户满意度调查、制定改进措施、加强客户关系管理和设立客户服务奖项等措施，企业可以不断提高客户满意度，增强客户忠诚度，为企业的上市和持续发展奠定坚实的基础。

㉕ 加强产品研发投入

一个不断创新、拥有强大研发实力的企业，能够在市场中占据优势地位，吸引投资者的关注，为成功上市奠定坚实基础。

一、制定产品研发战略，明确研发方向和重点

1. 市场调研与分析

深入开展市场调研，了解行业发展趋势、客户需求变化以及竞争对手的产品动态。通过收集市场数据、分析行业报告、进行客户访谈等方式，全面掌握市场信息。

对市场调研结果进行深入分析，找出市场的痛点和机会点。确定哪些领域具有较大的市场需求和发展潜力，哪些产品功能和特性是客户最为关注的。

例如，在智能手机市场，随着消费者对拍照功能的要求越来越高，企业可以将高像素摄像头技术作为研发重点之一。通过市场调研和分析，明确研发方

向，为产品研发战略的制定提供依据。

2. 确定研发方向和重点

根据市场调研和分析的结果，结合企业自身的优势和资源，确定产品研发的方向和重点。研发方向应与企业的长期发展战略相契合，重点应聚焦在能够为企业带来核心竞争力的领域。

可以从技术创新、产品功能提升、用户体验改善等方面确定研发重点。例如，对于一家医疗器械企业，研发方向可以是智能化医疗设备，重点可以放在提高设备的准确性、可靠性和易用性上。

在确定研发方向和重点时，要充分考虑企业的技术实力、资金投入、市场竞争等因素，确保研发项目具有可行性和商业价值。

3. 制订研发战略规划

在明确研发方向和重点的基础上，制订详细的产品研发战略规划。规划应包括短期、中期和长期的研发目标，以及实现这些目标的具体步骤和措施。

短期目标可以是对现有产品进行优化和升级，提高产品的市场竞争力；中期目标可以是开发新产品，拓展市场份额；长期目标可以是引领行业技术发展，成为行业领导者。

研发战略规划还应包括资源配置、风险评估、绩效考核等方面的内容，确保研发工作的顺利进行和目标的实现。

二、建立产品研发项目管理机制，确保项目按时完成

1. 项目立项与审批

建立规范的项目立项流程，明确项目立项的条件和标准。项目立项应基于市场需求、企业战略和技术可行性等因素进行综合考虑。

项目立项申请应包括项目背景、目标、技术方案、预算、时间表等内容。经过相关部门的审核和审批后，项目才能正式启动。

对于重大研发项目，可以成立专门的项目评审委员会，对项目进行严格的评审和论证，确保项目的可行性和商业价值。

2. 项目团队组建与管理

根据项目的需求，组建跨部门的项目团队，包括研发、设计、测试、市场等人员。明确团队成员的职责和分工，确保项目的顺利进行。

建立有效的团队沟通机制，定期召开项目会议，及时解决项目中出现的问题。

可以采用项目管理工具，如甘特图、任务分配表等，对项目进度进行跟踪和管理。

加强团队成员的培训和激励，提高团队的整体素质和工作积极性。可以通过内部培训、外部培训、项目奖励等方式，激发团队成员的创新能力和工作热情。

3. 项目进度控制与风险管理

制订详细的项目进度计划，明确各个阶段的任务和时间节点。通过定期检查和评估项目进度，及时发现和解决项目进度延迟的问题。

建立风险预警机制，对项目中可能出现的风险进行识别、评估和应对。风险包括技术风险、市场风险、资金风险等。可以制定风险应对预案，降低风险对项目的影响。

例如，在研发过程中，如果发现技术难题无法按时解决，应及时调整技术方案或寻求外部合作，确保项目进度不受影响。同时，要对项目进度和风险进行定期汇报，让管理层及时了解项目的进展情况。

三、加大研发资金投入，吸引优秀的研发人才

1. 增加研发资金预算

企业应加大对产品研发的资金投入，提高研发资金在企业总预算中的比例。可以根据企业的发展战略和研发需求，制订合理的研发资金预算计划。

研发资金可以用于购买研发设备、开展技术研究、招聘研发人才等方面。确保研发资金的充足供应，为产品研发提供有力的支持。

例如，一家科技企业可以将每年销售额的一定比例用于研发投入，以保持技术的领先地位。同时，可以通过多种渠道筹集研发资金，如银行贷款、风险投资、政府补贴等。

2. 吸引优秀研发人才

优秀的研发人才是企业产品研发的关键。企业应制定具有吸引力的薪酬福利政策，吸引国内外优秀的研发人才加入。

可以提供具有竞争力的薪资待遇、股权激励、良好的工作环境等。同时，要注重人才的培养和发展，为研发人才提供广阔的发展空间和晋升机会。

例如，建立完善的人才培养体系，开展内部培训、外部培训、学术交流等活动，提高研发人才的专业素质和创新能力。还可以设立科研奖励基金，对取得重大科研成果的人才进行奖励。

3. 营造良好的研发氛围

营造良好的研发氛围，激发研发人才的创新热情和创造力。可以通过组织技术研讨会、创新大赛、团队建设活动等方式，增强团队的凝聚力和创新活力。

鼓励研发人才勇于尝试新的技术和方法，对失败给予宽容和理解。建立开放、包容的企业文化，让研发人才能够充分发挥自己的才能。

例如，一家互联网企业可以定期举办技术分享会，让研发人员分享自己的技术成果和经验教训。同时，设立创新实验室，为研发人员提供自由探索和创新的空间。

四、与高校、科研机构合作，提升研发实力

1. 合作模式选择

企业可以与高校、科研机构建立多种合作模式，如产学研合作、技术转让、联合研发等。根据企业的研发需求和合作对象的优势，选择合适的合作模式。

产学研合作可以充分发挥企业的市场优势和高校、科研机构的技术优势，实现资源共享、优势互补。技术转让可以快速获取先进的技术成果，缩短研发周期。联合研发可以共同攻克技术难题，提高研发效率和创新能力。

例如，一家汽车企业可以与高校合作建立汽车工程研究院，共同开展新能源汽车技术的研发。同时，可以通过技术转让的方式，获取高校的先进电池技术，提高企业的产品竞争力。

2. 合作项目管理

对于与高校、科研机构合作的项目，要建立有效的项目管理机制。明确项目的目标、任务、分工、进度和预算等内容，确保项目的顺利进行。

建立沟通协调机制，定期召开项目会议，及时解决项目中出现的问题。可以设立项目负责人，负责项目的日常管理和协调工作。

例如，在联合研发项目中，企业和高校可以共同成立项目管理团队，制订详细的项目计划和技术方案。双方要密切配合，共同推进项目的实施，确保项目按时完成并取得预期成果。

3. 成果转化与应用

加强与高校、科研机构的合作，不仅要注重技术研发，还要注重成果转化和应用。建立成果转化机制，将高校、科研机构的科研成果转化为企业的实际产品和技术。

可以通过技术入股、专利转让、合作生产等方式，实现科研成果的产业化。同时，要加强对成果转化的跟踪和评估，确保成果的质量和效益。

例如，一家生物医药企业与高校合作研发出一种新型药物，企业可以通过技术入股的方式，与高校共同成立新公司，进行药物的产业化生产。同时，要对药物的疗效和安全性进行严格的检测和评估，确保药物的质量和安全性。

五、对研发成果进行有效保护，申请专利等知识产权

1. 知识产权意识培养

企业应加强对员工的知识产权意识培养，提高员工对研发成果保护的重视程度。可以通过内部培训、宣传资料、案例分析等方式，让员工了解知识产权的重要性和保护方法。

建立知识产权管理制度，明确知识产权的归属、管理和保护责任。对研发成果进行及时登记和备案，确保企业的合法权益得到保护。

例如，企业可以定期组织知识产权培训课程，邀请专业律师进行讲解。同时，设立知识产权管理部门，负责企业的知识产权事务管理。

2. 专利申请与维护

对研发成果及时申请专利，保护企业的技术创新成果。专利申请应根据技术的创新性、实用性和商业价值进行综合考虑，选择合适的专利类型和申请策略。

建立专利维护机制，定期对专利进行审查和维护，确保专利的有效性。同时，要关注竞争对手的专利动态，及时采取应对措施，防止专利侵权。

例如，企业可以委托专业的专利代理机构，进行专利申请和维护工作。同时，要建立专利预警机制，对可能出现的专利侵权行为进行提前防范。

3. 知识产权保护策略

制定全面的知识产权保护策略，包括专利保护、商标保护、商业秘密保护等。根据不同的知识产权类型，采取相应的保护措施。

对于核心技术，可以采取严格的保密措施，签订保密协议，限制人员接触。对于商标，可以进行及时注册和维护，防止商标被侵权。对于商业秘密，可以建立完善的保密制度，加强内部管理。

例如，一家软件企业可以对核心代码进行加密处理，签订保密协议，限制员工对外泄露。同时，要及时注册企业的商标，加强对商标的保护。对于企业的商业秘密，要建立严格的保密制度，加强内部管理，防止商业秘密被泄露。

总之，加强产品研发投入是企业上市过程中的重要任务。通过制定产品研发战略、建立项目管理机制、加大资金投入、与高校科研机构合作以及保护研发成果等措施，企业可以不断提升产品研发实力，为企业的上市和可持续发展提供强大的动力。

㉖ 优化生产流程

一个高效、稳定、优质的生产流程，能够为企业带来更高的生产效率、更低的成本和更好的产品质量，从而增强企业在市场中的竞争力。

一、对生产流程进行全面梳理，找出瓶颈环节

1. 流程绘制与分析

对企业的生产流程进行详细的绘制，包括原材料采购、生产加工、质量检验、包装运输等各个环节。通过流程图的形式，清晰地展示生产流程的全貌。

对每个环节进行深入分析，了解其工作内容、操作方法、所需时间、资源消耗等情况。同时，分析各个环节之间的衔接关系，找出可能存在的问题和瓶颈。

例如，在原材料采购环节，可能存在供应商选择不合理、采购周期过长等问题；在生产加工环节，可能存在设备老化、工艺落后等问题；在质量检验环节，可能存在检验标准不明确、检验方法不科学等问题。

2. 数据收集与评估

收集生产流程中的相关数据，如生产周期、产量、废品率、设备利用率等。通过数据分析，评估生产流程的效率和质量。

可以采用统计分析方法，对数据进行整理和分析，找出数据的分布规律和趋势。同时，对比同行业的先进水平，评估企业生产流程的竞争力。

例如，通过分析生产周期数据，可以找出生产过程中的瓶颈环节，即那些耗时最长、影响整个生产流程效率的环节；通过分析废品率数据，可以找出质量问题的主要原因，从而采取相应的改进措施。

3. 瓶颈环节确定

根据流程分析和数据评估的结果，确定生产流程中的瓶颈环节。瓶颈环节

通常是那些限制生产效率、影响产品质量或增加成本的环节。

可以采用关键路径法、约束理论等方法，确定生产流程中的关键环节和瓶颈环节。同时，结合企业的实际情况和发展战略，确定瓶颈环节的改进优先级。

例如，如果企业的生产流程中，某个设备的生产能力不足，导致整个生产线的产量受到限制，那么这个设备就是瓶颈环节。企业可以考虑对该设备进行升级改造或增加设备数量，以提高生产效率。

二、引入先进的生产技术和设备，提高生产效率

1. 技术调研与评估

开展广泛的技术调研，了解行业内的先进生产技术和设备。可以通过参加行业展会、阅读专业文献、与同行交流等方式，获取最新的技术信息。

对调研得到的先进技术和设备进行评估，分析其适用性、可行性和经济效益。考虑技术的成熟度、可靠性、兼容性以及投资回报率等因素。

例如，在自动化生产技术方面，企业可以评估机器人技术、自动化生产线、智能仓储系统等的应用前景和效益。同时，要考虑企业的现有生产条件和技术水平，确保新技术和设备能够顺利引入和应用。

2. 设备选型与采购

根据技术评估的结果，选择适合企业生产需求的先进生产技术和设备。在设备选型过程中，要综合考虑设备的性能、质量、价格、售后服务等因素。

制订详细的设备采购计划，明确采购的时间节点、预算和责任人。可以通过招标、询价等方式，选择性价比最高的设备供应商。

例如，在选择自动化生产设备时，企业可以根据生产工艺的要求，选择具有高精度、高速度、高可靠性的设备。同时，要与设备供应商签订详细的合同，明确设备的技术参数、交货期、安装调试、售后服务等条款。

3. 技术培训与应用

对员工进行先进生产技术和设备的培训，确保员工能够熟练掌握和操作新设备。可以邀请设备供应商的技术人员进行现场培训，也可以组织内部培训课程。

建立新设备的操作规程和维护保养制度，确保设备的正常运行和使用寿命。同时，要加强对设备运行状态的监测和管理，及时发现并解决设备故障。

例如，在引入自动化生产线后，企业可以组织员工参加机器人操作培训、自动化控制系统培训等。同时，要制订设备的日常维护计划，定期对设备进行

保养和检修，确保设备的稳定运行。

三、实施精益生产管理，减少浪费和成本

1. 精益生产理念导入

向企业全体员工导入精益生产理念，让员工了解精益生产的核心思想和方法。可以通过内部培训、发放宣传资料、案例分享等方式，提高员工对精益生产的认识和理解。

建立精益生产文化，鼓励员工积极参与精益生产活动，提出改进建议和创新想法。同时，要树立榜样，表彰在精益生产方面表现突出的员工和团队。

例如，通过举办精益生产知识竞赛、开展精益生产主题活动等方式，营造浓厚的精益生产氛围。同时，要对员工提出的合理化建议进行及时评估和奖励，激发员工的积极性和创造性。

2. 价值流分析与改善

对企业的生产流程进行价值流分析，找出其中的非增值活动和浪费环节。价值流分析包括对原材料采购、生产加工、质量检验、包装运输等各个环节的分析，确定每个环节的价值和浪费情况。

针对价值流分析中发现的问题，制定具体的改善措施。可以采用 5S 管理、看板管理、准时化生产等精益生产工具，消除浪费、提高效率。

例如，通过 5S 管理，即针对生产现场，从整理（Seiri）、整顿（Seiton）、清扫（Seiso）、清洁（Seiketsu）、素养（Shitsuke）五大方面进行管理，提高工作效率和产品质量；通过看板管理，实现生产过程的可视化和准时化，减少库存和浪费；通过准时化生产，确保原材料和零部件的准时供应，提高生产效率和降低成本。

3. 持续改进机制建立

建立持续改进机制，不断优化生产流程和管理方法。持续改进机制包括定期的生产流程评估、问题反馈、改进措施制定和实施等环节。

鼓励员工参与持续改进活动，提出改进建议和创新想法。同时，要建立有效的反馈渠道，及时收集员工的意见和建议，并对改进措施的实施效果进行评估和反馈。

例如，设立合理化建议箱、开展员工满意度调查等，收集员工的意见和建议。同时，要对改进措施的实施效果进行跟踪和评估，及时调整和优化改进方

案，确保持续改进活动的有效性。

四、建立生产质量控制体系，确保产品质量稳定

1. 质量标准制定

制定严格的产品质量标准，明确产品的技术要求、检验方法和合格标准。质量标准应符合国家相关标准和行业规范，同时要结合企业的实际情况和客户需求进行制定。

对质量标准进行培训和宣传，确保员工了解和掌握质量标准的要求。同时，要建立质量标准的更新机制，根据市场变化和技术进步及时调整质量标准。

例如，在电子产品生产企业中，制定严格的电子产品质量标准，包括电气性能、外观质量、可靠性等方面的要求。同时，要对员工进行质量标准的培训，让员工了解如何检验产品质量和判断产品是否合格。

2. 质量控制流程建立

建立完善的质量控制流程，包括原材料检验、生产过程检验、成品检验等环节。明确每个环节的检验内容、检验方法和责任人。

加强对质量控制流程的执行和监督，确保每个环节都按照规定的检验方法和标准进行检验。同时，要建立质量问题的追溯机制，及时找出质量问题的根源并采取相应的改进措施。

例如，在原材料检验环节，对采购的原材料进行严格的检验，确保原材料符合质量标准。在生产过程检验环节，对生产过程中的关键工序进行检验，确保产品质量稳定。在成品检验环节，对成品进行全面的检验，确保产品符合质量标准后才能出厂。

3. 质量改进措施实施

建立质量改进机制，对生产过程中出现的质量问题进行及时分析和改进。质量改进措施包括技术改进、工艺优化、人员培训等方面。

对质量改进措施的实施效果进行跟踪和评估，确保质量问题得到有效解决。同时，要建立质量预防机制，通过对生产过程的监控和分析，提前发现潜在的质量问题并采取相应的预防措施。

例如，当生产过程中出现产品质量问题时，组织相关人员进行分析，找出问题的原因。如果是技术问题，可以进行技术改进；如果是工艺问题，可以进行工艺优化；如果是人员问题，可以进行人员培训。同时，要对质量改进措施

的实施效果进行跟踪和评估，确保问题得到有效解决。

五、定期对生产流程进行优化和改进

1. 优化计划制订

制订定期的生产流程优化计划，明确优化的目标、内容和时间节点。优化计划应结合企业的发展战略和市场需求进行制订，确保生产流程始终保持高效、稳定和优质。

优化计划可以包括对生产流程的全面评估、瓶颈环节的改进、新技术和设备的引入、精益生产管理的实施、质量控制体系的完善等方面。

例如，企业可以制订每年一次的生产流程优化计划，在年初对生产流程进行全面评估，找出需要改进的环节和问题。然后，根据评估结果制订具体的优化措施和实施计划，在年内逐步实施和完善。

2. 优化措施实施

按照优化计划的要求，组织实施生产流程的优化和改进措施。在实施过程中，要加强对优化措施的执行和监督，确保每个措施都得到有效落实。

可以成立专门的优化项目小组，负责优化措施的实施和协调工作。同时，要加强与各部门的沟通和合作，确保优化措施的顺利实施。

例如，在实施新技术和设备的引入措施时，要组织相关部门进行设备的选型、采购、安装和调试工作。同时，要对员工进行技术培训，确保员工能够熟练掌握新设备的操作方法。

3. 效果评估与反馈

对生产流程优化和改进措施的实施效果进行评估和反馈。评估内容包括生产效率、成本、质量、客户满意度等方面。

通过数据分析、客户反馈、内部审计等方式，收集评估所需的数据和信息。对评估结果进行分析和总结，找出优化措施中存在的问题和不足，并及时进行调整和改进。

例如，通过对比优化前后的生产数据，评估生产效率的提升情况；通过客户满意度调查，评估产品质量和服务水平的提升情况。同时，要根据评估结果，对优化措施进行调整和完善，确保生产流程的持续优化和改进。

总之，优化生产流程是企业上市过程中的重要任务。通过对生产流程进行全面梳理、引入先进技术和设备、实施精益生产管理、建立质量控制体系以及定期优化和改进，企业可以提高生产效率、降低成本、提升产品质量，为企业的上市和可持续发展奠定坚实的基础。

㉗ 建立合作伙伴关系

建立合作伙伴关系是提升企业竞争力、实现可持续发展的重要策略。通过与合适的合作伙伴携手合作，企业可以实现资源共享、优势互补，共同开拓市场，提高企业的核心竞争力。

一、明确合作伙伴的选择标准和合作模式

1. 选择标准

明确合作伙伴的选择标准是建立良好合作伙伴关系的基础。选择标准应根据企业的发展战略、业务需求和市场定位来确定。

首先，合作伙伴应具有良好的信誉和声誉。信誉良好的合作伙伴能够为企业带来可靠的合作关系，降低合作风险。可以通过查阅合作伙伴的企业资质、信用评级、客户评价等方式来评估其信誉和声誉。

其次，合作伙伴应具备与企业互补的资源和能力。例如，企业如果在技术研发方面存在不足，可以选择具有先进技术研发能力的合作伙伴；如果在市场拓展方面需要支持，可以选择具有广泛市场渠道和客户资源的合作伙伴。

此外，合作伙伴应具有共同的价值观和发展目标。共同的价值观和发展目标能够确保双方在合作过程中保持一致的方向和行动，提高合作的效率和效果。可以通过与潜在合作伙伴进行深入的沟通和交流，了解其企业价值观和发展目标，判断是否与企业相符。

2. 合作模式

确定合适的合作模式是建立合作伙伴关系的关键。合作模式应根据企业的业务特点、合作伙伴的资源和能力以及市场需求来确定。

常见的合作模式包括战略联盟、合资合作、技术合作、供应链合作等。战略联盟是指企业与合作伙伴在战略层面上进行合作，共同制定发展战略，共享市场资源和技术成果；合资合作是指企业与合作伙伴共同出资成立合资公司，

共同开展业务活动；技术合作是指企业与合作伙伴在技术研发方面进行合作，共同开发新产品和新技术；供应链合作是指企业与合作伙伴在供应链管理方面进行合作，共同优化供应链流程，提高供应链效率。

在选择合作模式时，企业应充分考虑自身的利益和风险，选择最适合自己的合作模式。同时，企业还应与合作伙伴共同制定合作协议，明确双方的权利和义务，确保合作的顺利进行。

二、积极寻找潜在的合作伙伴，进行合作洽谈

1. 市场调研

积极开展市场调研，寻找潜在的合作伙伴。市场调研可以通过查阅行业报告、参加行业展会、拜访客户等方式进行。

在市场调研过程中，企业应重点关注那些与自己业务相关、具有互补资源和能力、信誉良好的企业，并将这些企业列为潜在合作伙伴，并进行进一步的了解和分析。

2. 合作洽谈

一旦确定了潜在合作伙伴，企业应积极与其进行合作洽谈。合作洽谈可以通过电话、邮件、面谈等方式进行。

在合作洽谈过程中，企业应向潜在合作伙伴介绍自己的企业情况、发展战略、业务需求和合作意向，了解潜在合作伙伴的企业情况、资源和能力、合作需求和意向。双方应就合作模式、合作内容、合作期限、合作利益分配等方面进行深入的沟通和协商，争取达成一致意见。

3. 合作协议签订

如果合作洽谈顺利，双方应签订合作协议。合作协议应明确双方的权利和义务、合作模式、合作内容、合作期限、合作利益分配等方面的内容。

合作协议签订前，企业应认真审查协议条款，确保协议内容符合自己的利益和风险承受能力。同时，企业还应与合作伙伴共同制订合作计划，明确合作的具体步骤和时间表，确保合作的顺利进行。

三、建立合作伙伴评估机制，确保合作的有效性

1. 评估指标体系

建立科学合理的合作伙伴评估指标体系是确保合作有效性的关键。评估指

标体系应根据合作模式、合作内容和合作目标来确定。

一般来说，合作伙伴评估指标体系应包括合作伙伴的信誉和声誉、资源和能力、合作态度和配合度、合作成果和效益等方面的指标。例如，对于战略联盟合作伙伴，可以评估其在市场拓展、技术创新、品牌建设等方面的贡献；对于供应链合作伙伴，可以评估其在供货及时性、产品质量、成本控制等方面的表现。

2. 评估方法和频率

确定合适的评估方法和频率是确保合作伙伴评估机制有效运行的重要保障。评估方法可以采用定性评估和定量评估相结合的方式，通过问卷调查、实地考察、数据分析等方式进行评估。

评估频率应根据合作的重要性和紧急程度来确定。对于重要的合作伙伴，可以定期进行评估，如每季度或每半年进行一次评估；对于一般的合作伙伴，可以不定期进行评估，如根据合作项目的进展情况进行评估。

3. 评估结果应用

对合作伙伴的评估结果应及时进行反馈和应用。如果合作伙伴的表现良好，企业应给予肯定和奖励，如继续加强合作、扩大合作范围等；如果合作伙伴的表现不佳，企业应及时与其进行沟通和协商，提出改进意见和要求，如要求其提高供货及时性、改善产品质量等；如果合作伙伴在一定时间内无法改进，企业应考虑终止合作关系。

四、加强与合作伙伴的沟通和协作

1. 建立沟通机制

建立良好的沟通机制是加强与合作伙伴沟通和协作的基础。沟通机制应包括沟通渠道、沟通方式、沟通频率等方面的内容。

沟通渠道可以包括电话、邮件、面谈、视频会议等方式；沟通方式可以采用定期沟通和不定期沟通相结合的方式；沟通频率应根据合作的重要性和紧急程度来确定。例如，对于重要的合作项目，可以每周进行一次沟通；对于一般的合作项目，可以每月进行一次沟通。

2. 建立协作机制

建立有效的协作机制是实现资源共享和优势互补的关键。协作机制应包括协作方式、协作流程、协作责任等方面的内容。

协作方式可以采用项目合作、技术合作、市场合作等方式；协作流程应明确双方的协作步骤和责任分工；协作责任应明确双方在协作过程中的权利和义务。例如，在项目合作中，双方应共同制订项目计划，明确项目目标、任务分工、时间节点等内容，确保项目的顺利进行。

3. 资源共享和优势互补

加强与合作伙伴的沟通和协作，实现资源共享和优势互补是建立合作伙伴关系的核心目标。企业应与合作伙伴共同探讨如何实现资源共享和优势互补，制订具体的实施方案。

资源共享可以包括市场资源、客户资源、技术资源、人力资源等方面的共享；优势互补可以包括技术优势、市场优势、管理优势、资金优势等方面的互补。例如，企业可以与合作伙伴共同开展市场调研，共享市场信息和客户资源；企业可以与合作伙伴共同开展技术研发，共享技术成果和研发资源。

五、定期对合作伙伴关系进行评估和调整

1. 评估内容

定期对合作伙伴关系进行评估是确保合作伙伴关系持续健康发展的重要保障。评估内容应包括合作伙伴的表现、合作成果、合作风险等方面的内容。

合作伙伴的表现可以通过评估指标体系进行评估；合作成果可以通过合作项目的进展情况、经济效益、社会效益等方面进行评估；合作风险可以通过分析合作过程中可能出现的风险因素，如市场风险、技术风险、法律风险等方面进行评估。

2. 调整措施

根据评估结果，企业应及时对合作伙伴关系进行调整。调整措施可以包括调整合作模式、调整合作内容、调整合作伙伴等方面的内容。

如果合作伙伴的表现不佳，企业可以考虑调整合作模式或合作内容，加强对合作伙伴的管理和监督；如果合作伙伴出现重大风险因素，企业可以考虑终止合作关系，寻找新的合作伙伴。

3. 持续改进

对合作伙伴关系进行评估和调整是一个持续改进的过程。企业应不断总结经验教训，完善合作伙伴评估机制和合作管理流程，提高合作伙伴关系的管理水平和合作效果。

同时，企业还应关注市场变化和合作伙伴的发展动态，及时调整合作伙伴关系，确保合作伙伴关系始终符合企业的发展战略和业务需求。

总之，建立合作伙伴关系是企业上市过程中的重要策略。通过明确合作伙伴的选择标准和合作模式、积极寻找潜在的合作伙伴、建立合作伙伴评估机制、加强与合作伙伴的沟通和协作、定期对合作伙伴关系进行评估和调整等措施，企业可以建立良好的合作伙伴关系，实现资源共享、优势互补，共同开拓市场，提高企业的核心竞争力，为企业的上市和可持续发展奠定坚实的基础。

㉘ 制定品牌推广策略

一个强大的品牌不仅能够提升企业的市场竞争力，还能为企业吸引投资者、实现可持续发展奠定坚实基础。

一、明确品牌定位和品牌价值主张

1. 市场调研与分析

深入开展市场调研，了解目标市场的需求、竞争态势以及消费者的行为和偏好。通过问卷调查、访谈、数据分析等方式，收集大量的市场信息。

对竞争对手的品牌进行分析，包括品牌定位、品牌形象、产品特点、营销策略等方面。找出竞争对手的优势和不足，为企业的品牌定位提供参考。

分析消费者的需求和期望，了解他们对产品或服务的功能、品质、价格、情感等方面的诉求。根据消费者的需求和期望，确定企业品牌的核心价值。

2. 确定品牌定位

根据市场调研和分析的结果，确定企业品牌的定位。品牌定位应明确企业品牌在目标市场中的位置，包括目标客户群体、产品或服务的特点、价格定位等方面。

品牌定位要具有独特性、差异性和针对性，能够与竞争对手区分开来，吸引目标客户群体的关注和认可。例如，苹果公司的品牌定位是高端、创新、时尚，针对追求高品质科技产品的消费者。

品牌定位要与企业的发展战略和核心价值观相契合，能够为企业的长期发展提供支撑。同时，品牌定位要具有可操作性和可持续性，能够在实际的市场推广中得到有效执行。

3. 提炼品牌价值主张

基于品牌定位，提炼出企业品牌的价值主张。品牌价值主张是企业品牌向消费者传递的核心价值和利益，是品牌的灵魂和核心竞争力所在。

品牌价值主张要简洁明了、易于理解和记忆，能够触动消费者的情感和需求。例如，可口可乐的品牌价值主张是“快乐、分享”，传递了一种积极向上的情感和生活态度。

品牌价值主张要具有真实性和可信度，能够得到消费者的认同和信任。企业要通过实际的产品或服务、企业文化、社会责任等方面来体现品牌价值主张，让消费者感受到品牌的价值和魅力。

二、制订品牌传播计划

1. 广告宣传

制订广告宣传计划，明确广告的目标、受众、内容、渠道和预算。广告的目标可以是提高品牌知名度、增加产品销量、改变消费者的态度等。

根据广告的目标和受众，确定广告的内容和创意。广告内容要突出品牌的核心价值和利益，具有吸引力和感染力。广告创意要新颖独特、富有创意，能够引起消费者的关注和兴趣。

选择合适的广告渠道，包括电视、报纸、杂志、户外广告、网络广告等。根据广告的目标受众和预算，确定广告的投放时间和频率。同时，要对广告的效果进行监测和评估，及时调整广告策略。

2. 公关活动

制订公关活动计划，明确公关的目标、受众、内容、渠道和预算。公关的目标可以是提升品牌形象、建立良好的企业声誉、增强消费者的信任等。

根据公关的目标和受众，确定公关的内容和形式。公关内容可以是企业的新闻发布、事件营销、公益活动等。公关形式可以是新闻稿、媒体采访、社交媒体互动等。

选择合适的公关渠道，包括新闻媒体、社交媒体、行业协会等。与媒体建立良好的合作关系，及时发布企业的新闻和动态，提高企业的曝光度和知名度。同时，要积极参与行业活动和公益活动，树立企业的良好形象和声誉。

3. 促销活动

制订促销活动计划，明确促销的目标、受众、内容、渠道和预算。促销的目标可以是增加产品销量、清理库存、提高市场份额等。

根据促销的目标和受众，确定促销的内容和形式。促销内容可以是打折、满减、赠品、抽奖等。促销形式可以是线上促销、线下促销、联合促销等。

选择合适的促销渠道，包括电商平台、实体店、社交媒体等。根据促销的内容和形式，确定促销的时间和频率。同时，要对促销的效果进行监测和评估，及时调整促销策略。

三、利用社交媒体等新兴渠道进行品牌推广

1. 社交媒体平台选择

选择适合企业品牌推广的社交媒体平台，如微信、微博、抖音、小红书等。根据企业的目标受众和品牌定位，确定不同社交媒体平台的推广重点和策略。

分析不同社交媒体平台的特点和优势，了解其用户群体、内容形式、传播机制等方面的情况。根据企业的品牌推广需求，选择合适的社交媒体平台进行推广。

2. 内容创作与发布

制订社交媒体内容创作计划，明确内容的主题、形式、风格和发布频率。内容的主题要与企业的品牌定位和价值主张相契合，能够吸引目标受众的关注和兴趣。

内容的形式可以是文字、图片、视频、音频等。根据不同社交媒体平台的特点和用户喜好，选择合适的内容形式进行创作。内容的风格要简洁明了、生动有趣、富有创意，能够引起用户的共鸣和互动。

按照发布频率定期发布内容，保持社交媒体账号的活跃度和关注度。同时，要及时回复用户的评论和私信，与用户进行互动和沟通，增强用户的黏性和忠诚度。

3. 社交媒体营销活动

策划和开展社交媒体营销活动，如话题讨论、互动游戏、抽奖活动等。通过营销活动吸引用户的参与和关注，提高品牌的曝光度和知名度。

营销活动的主题要与企业的品牌定位和价值主张相契合，能够引起用户的共鸣和兴趣。活动的规则要简单明了、易于参与，活动的奖品要具有吸引力和实用性。

对营销活动的效果进行监测和评估，及时调整活动策略。同时，要总结活

动的经验和教训，为今后的社交媒体营销活动提供参考。

四、建立品牌形象监测机制，及时调整品牌推广策略

1. 品牌形象监测指标体系

建立品牌形象监测指标体系，明确监测的内容和方法。监测的内容可以包括品牌知名度、品牌美誉度、品牌忠诚度、品牌形象认知度等方面。

确定监测的方法和工具，如问卷调查、访谈、数据分析、社交媒体监测等。根据监测的内容和方法，选择合适的监测工具和平台。

2. 定期监测与评估

按照一定的时间周期，定期对品牌形象进行监测和评估。监测和评估的结果要及时反馈给企业的管理层和相关部门，为企业的品牌推广策略调整提供依据。

对监测和评估的结果进行分析和总结，找出品牌形象存在的问题和不足。根据问题和不足，制定相应的改进措施和调整方案。

3. 及时调整品牌推广策略

根据品牌形象监测和评估的结果，及时调整品牌推广策略。如果品牌知名度不高，可以加大广告宣传的力度；如果品牌美誉度下降，可以加强公关活动和客户服务；如果品牌忠诚度不高，可以开展促销活动和会员制度等。

调整品牌推广策略要具有针对性和实效性，能够解决品牌形象存在的问题和不足。同时，要对调整后的品牌推广策略进行监测和评估，确保策略的有效性和可持续性。

五、加强品牌文化建设，提升品牌的内涵和影响力

1. 品牌文化内涵挖掘

深入挖掘企业品牌的文化内涵，包括企业的历史、传统、价值观、使命、愿景等方面。品牌文化内涵是品牌的灵魂和核心竞争力所在，能够为品牌的推广和发展提供强大的支撑。

通过对企业品牌文化内涵的挖掘，提炼出品牌的核心价值观和品牌精神。品牌的核心价值观和品牌精神要具有独特性、差异性和针对性，能够与竞争对手区分开来，吸引目标客户群体的关注和认可。

2. 品牌文化传播与推广

制订品牌文化传播与推广计划，明确传播的内容、渠道和方法。传播的内容要突出品牌的文化内涵和核心价值观，具有吸引力和感染力。

选择合适的传播渠道，包括广告、公关、促销、社交媒体、企业文化活动等。通过多种渠道的传播和推广，让消费者了解和认同企业品牌的文化内涵和核心价值观。

开展品牌文化活动，如品牌故事演讲、品牌文化展览、品牌文化体验等。通过活动的形式，让消费者亲身感受企业品牌的文化内涵和魅力，增强消费者的品牌认同感和忠诚度。

3. 品牌文化建设与企业发展相结合

将品牌文化建设与企业的发展战略相结合，使品牌文化成为企业发展的强大动力。品牌文化建设要贯穿于企业的生产、经营、管理等各个环节，为企业的发展提供指导和支撑。

加强企业文化建设，将品牌文化融入企业文化之中。通过企业文化的建设和传播，让员工了解和认同企业品牌的文化内涵和核心价值观，增强员工的品牌意识和责任感。

以品牌文化为引领，推动企业的产品创新、服务创新、管理创新等方面的发展。通过不断地创新和发展，提升企业品牌的内涵和影响力，为企业的上市和可持续发展奠定坚实基础。

总之，制定品牌推广策略是企业上市过程中的重要环节。通过明确品牌定位和品牌价值主张、制订品牌传播计划、利用社交媒体等新兴渠道进行品牌推广、建立品牌形象监测机制、加强品牌文化建设等措施，企业可以提升品牌的知名度、美誉度和忠诚度，增强品牌的市场竞争力和影响力，为企业的上市和可持续发展提供有力支持。

29 开展市场调研活动

准确把握市场动态、深入了解客户需求至关重要。开展市场调研活动是获取关键信息、为企业决策提供有力依据的重要手段。

一、制订市场调研计划，明确调研目的和方法

1. 确定调研目的

明确市场调研的目标是制订有效调研计划的首要步骤。企业可能出于多种原因进行市场调研，例如了解市场规模和增长趋势、评估竞争对手的实力、洞察客户需求和偏好、探索新的市场机会等。

根据企业的发展战略和当前面临的具体问题，确定具体的调研目的。例如，如果企业计划推出新产品，调研目的可能是了解目标客户对新产品的需求和期望、评估市场对新产品的接受程度等。

将调研目的细化为具体的问题，以便在调研过程中有针对性地收集信息。例如，对于了解客户需求的调研目的，可以细化为客户对产品功能、价格、质量、服务等方面的具体要求。

2. 选择调研方法

根据调研目的和问题，选择合适的调研方法。常见的市场调研方法包括问卷调查、访谈、焦点小组讨论、观察法、案例分析等。

问卷调查适用于收集大量数据，可以覆盖广泛的目标群体。设计问卷时要注意问题的清晰性、合理性和逻辑性，确保能够准确获取所需信息。

访谈可以深入了解被访者的观点和经验，适用于对特定人群进行深入调研。访谈对象可以包括行业专家、客户、合作伙伴等。

焦点小组讨论可以激发参与者的互动和讨论，获取多样化的观点和意见。组织焦点小组时要注意选择合适的参与者，确保讨论的深度和广度。

观察法可以直接观察市场行为和消费者反应，适用于了解产品使用情况、销售渠道等方面的信息。

案例分析可以通过研究成功或失败的案例，获取经验教训和启示。

3. 确定调研对象和样本规模

明确调研对象是确保调研结果具有代表性的关键。调研对象可以根据调研目的和问题进行选择，例如消费者、竞争对手、供应商、行业专家等。

确定样本规模时要考虑调研的精度要求和资源限制。一般来说，样本规模越大，调研结果的可靠性越高，但同时也会增加调研成本和时间。可以采用统计学方法确定合适的样本规模。

4. 制定调研时间表

制定详细的调研时间表，明确各个阶段的任务和时间节点。调研时间表应包括调研准备、数据收集、数据分析、报告撰写等阶段。

合理安排时间，确保每个阶段都能够按时完成。同时，要预留一定的时间用于应对可能出现的问题和调整计划。

二、组织专业的市场调研团队，确保调研数据的准确性和可靠性

1. 组建调研团队

组建一支专业的市场调研团队是确保调研质量的重要保障。调研团队应包括项目经理、研究员、数据分析师、问卷设计人员、访谈人员等。

项目经理负责整个调研项目的策划、组织和协调，确保项目按时完成并达到预期目标。研究员负责收集和分析相关信息，提出调研问题和假设。数据分析师负责对收集到的数据进行整理和分析，提取有价值的信息。问卷设计人员负责设计调查问卷，确保问题的合理性和有效性。访谈人员负责进行访谈，获取深入的信息。

2. 培训调研人员

对调研人员进行培训，提高他们的专业素养和调研技能。培训内容可以包括调研方法、问卷设计、访谈技巧、数据分析等方面。

通过培训，使调研人员了解调研的目的和要求，掌握正确的调研方法和技巧，提高数据收集和分析的准确性和可靠性。

3. 建立质量控制机制

建立严格的质量控制机制，确保调研数据的准确性和可靠性。质量控制机制应包括问卷审核、数据录入审核、数据分析审核等环节。

问卷审核要确保问卷的问题清晰、合理、无歧义，选项设置完整、准确。数据录入审核要确保数据录入的准确性和完整性，避免数据录入错误。数据分析审核要确保数据分析方法正确、结果合理可靠。

三、对调研结果进行深入分析，为企业决策提供依据

1. 数据整理和清洗

对收集到的数据进行整理和清洗，去除无效数据和异常数据。整理数据时要按照一定的规则进行分类和编码，以便进行后续的分析。

清洗数据时要检查数据的完整性、准确性和一致性，对于缺失数据、错误数据和异常数据要进行处理或剔除。

2. 数据分析方法选择

根据调研目的和数据特点，选择合适的数据分析方法。常见的数据分析方法包括描述性统计分析、相关性分析、回归分析、因子分析、聚类分析等。

描述性统计分析可以对数据的基本特征进行描述，如均值、中位数、标准差、频数分布等。相关性分析可以研究变量之间的关系，如正相关、负相关、不相关等。回归分析可以建立变量之间的数学模型，预测因变量的值。因子分析可以提取数据的主要因素，简化数据结构。聚类分析可以将数据对象分成不同的类别，便于进行分类研究。

3. 结果解读和报告撰写

对数据分析结果进行深入解读，提取有价值的信息和结论。结果解读要结合调研目的和问题，从数据中发现规律、趋势和问题。

撰写详细的市场调研报告，报告应包括调研目的、方法、结果、结论和建议等内容。报告要简洁明了、逻辑清晰、数据准确、结论可靠。

将调研报告提交给企业管理层和相关部门，为企业决策提供依据。同时，要根据企业的反馈意见，对报告进行修改和完善。

四、建立市场调研数据库，方便查询和对比分析

1. 数据库设计

设计市场调研数据库，确定数据库的结构和字段。数据库应包括调研项目信息、调研对象信息、调研数据、分析结果等内容。

选择合适的数据库管理系统，确保数据库的稳定性、安全性和可扩展性。可以选择关系型数据库管理系统，如 MySQL、Oracle 等，也可以选择非关系型数据库管理系统，如 MongoDB、Redis 等。

2. 数据录入和管理

将市场调研数据录入数据库，并进行分类和编码。确保数据的准确性和完整性，避免数据录入错误。

建立数据管理机制，对数据库进行定期维护和更新。确保数据库中的数据始终保持最新状态，便于查询和对比分析。

3. 数据库查询和分析功能

开发数据库查询和分析功能，方便用户查询和分析市场调研数据。查询功能应支持多种查询条件，如调研项目名称、调研时间、调研对象等。分析功能应支持常见的数据分析方法，如描述性统计分析、相关性分析、回归分析等。

为用户提供友好的界面和操作方式，使用户能够轻松地查询和分析市场调研数据。同时，要确保数据库的安全性，防止数据泄露和滥用。

五、定期开展市场调研活动，保持对市场的敏感度

1. 制定调研周期

根据企业的发展需求和市场变化情况，制定合理的市场调研周期。一般来说，企业可以每年或每半年开展一次全面的市场调研活动，同时也可以根据具体情况进行专项调研。

确定调研周期时要考虑调研成本、时间和资源限制，确保调研活动的可持续性和有效性。

2. 关注市场动态

持续关注市场动态，及时了解行业趋势、竞争对手动态、客户需求变化等信息。可以通过订阅行业报告、关注新闻媒体、参加行业展会等方式获取市场信息。

建立市场信息收集机制，定期对收集到的市场信息进行整理和分析，为企业决策提供参考。

3. 调整调研策略

根据市场变化和企业发展需求，及时调整市场调研策略。例如，当市场环境发生重大变化时，企业可能需要调整调研目的、方法和对象，以获取更有价值的信息。

不断改进市场调研方法和技术，提高调研效率和质量。可以引入新的调研方法和工具，如大数据分析、人工智能等，为市场调研提供新的思路和方法。

总之，开展市场调研活动是企业上市过程中的重要环节。通过制订市场调研计划、组织专业的调研团队、深入分析调研结果、建立市场调研数据库和定期开展调研活动，企业可以准确把握市场动态、深入了解客户需求，为企业决策提供有力依据，为企业的上市和可持续发展奠定坚实基础。

㉚ 监控业绩指标变化

通过建立有效的业绩指标监控体系，企业能够及时发现问题、把握趋势，制定相应的调整措施，提前防范风险，为成功上市奠定坚实基础。

一、确定关键业绩指标，建立业绩指标监控体系

1. 明确关键业绩指标的重要性

关键业绩指标（KPI）是衡量企业经营绩效的重要标准，能够直观地反映企业的运营状况和发展趋势。确定关键业绩指标有助于企业明确发展方向，聚焦核心业务，提高经营管理效率。

对于拟上市企业来说，关键业绩指标的选择应紧密围绕上市目标，充分考虑投资者的关注重点和市场竞争态势。例如，赢利能力、成长潜力、偿债能力等方面的指标通常是投资者关注的焦点，也是企业在上市过程中需要重点关注和提升的方面。

2. 选择合适的关键业绩指标

企业应根据自身的行业特点、发展战略和经营目标，选择具有代表性、可衡量性和可操作性的关键业绩指标。常见的关键业绩指标包括营业收入、净利润、毛利率、净利率、资产负债率、流动比率、应收账款周转率、存货周转率等。

在选择关键业绩指标时，企业可以参考同行业上市公司的指标体系，结合自身实际情况进行调整和优化。同时，还可以邀请专业的咨询机构或行业专家进行指导，确保关键业绩指标的合理性和科学性。

3. 建立业绩指标监控体系

建立完善的业绩指标监控体系是确保关键业绩指标得到有效监控的基础。业绩指标监控体系应包括指标设定、数据收集、分析评估、预警反馈等环节。

首先，明确各关键业绩指标的目标值和警戒值，为监控提供明确的标准。目标值应根据企业的发展战略和经营目标进行设定，警戒值则可以根据行业平均水平或企业历史数据进行确定。

其次，建立数据收集渠道，确保能够及时、准确地获取业绩数据。数据收集可以通过企业内部的财务系统、业务系统、统计报表等渠道进行，也可以借

助外部的市场调研机构、行业数据库等资源。

然后，运用数据分析工具和方法，对业绩数据进行深入分析和评估。可以采用趋势分析、对比分析、比率分析等方法，了解业绩指标的变化趋势、与同行业的差距以及内部各部门之间的差异。

最后，建立预警反馈机制，当业绩指标达到警戒值时，及时发出预警信号，并将分析结果反馈给企业管理层和相关部门，以便采取相应的调整措施。

二、定期收集和分析业绩数据，及时发现问题和趋势

1. 确定数据收集周期

企业应根据关键业绩指标的特点和重要程度，确定合理的数据收集周期。一般来说，对于重要的财务指标，如营业收入、净利润等，可以每月或每季度进行收集和分析；对于一些运营指标，如应收账款周转率、存货周转率等，可以根据业务周期进行定期收集和分析。

同时，企业还可以根据市场变化和企业经营情况的需要，适时进行专项数据收集和分析，以便及时了解特定领域的业绩变化情况。

2. 运用数据分析工具和方法

为了提高数据分析的效率和准确性，企业应运用合适的数据分析工具和方法。常用的数据分析工具包括 Excel、SPSS、SAS 等，这些工具可以帮助企业进行数据整理、计算和分析。

在数据分析方法方面，可以采用趋势分析、对比分析、比率分析、因素分析等方法。趋势分析可以帮助企业了解业绩指标的变化趋势，判断企业的发展态势；对比分析可以将企业的业绩指标与同行业竞争对手或行业平均水平进行比较，找出企业的优势和不足；比率分析可以通过计算各种财务比率，评估企业的赢利能力、偿债能力、运营能力等；因素分析可以深入分析影响业绩指标变化的各种因素，为企业制定调整措施提供依据。

3. 及时发现问题和趋势

通过定期收集和分析业绩数据，企业能够及时发现业绩指标变化中存在的问题和趋势。问题可能包括业绩下滑、指标偏离目标值、内部管理不善等；趋势可能包括市场需求变化、行业竞争加剧、技术创新带来的机遇等。

对于发现的问题，企业应深入分析其原因，找出问题的根源。可能的原因包括市场环境变化、产品竞争力下降、营销策略不当、内部管理漏洞等。针对

不同的原因，企业应制订相应的解决方案，采取有效的调整措施。

对于发现的趋势，企业应及时把握机遇，调整发展战略和经营策略。例如，如果发现市场需求向高端化、个性化方向发展，企业可以加大研发投入，推出高端化、个性化的产品，满足市场需求；如果发现行业竞争加剧，企业可以加强成本控制，提高产品质量，提升服务水平，增强市场竞争力。

三、针对业绩指标变化，制定相应的调整措施

1. 确定调整措施的原则

针对业绩指标变化制定调整措施时，企业应遵循以下原则。

及时性原则：当业绩指标出现异常变化时，企业应及时采取调整措施，避免问题扩大化。

针对性原则：调整措施应针对具体的问题和原因制定，具有明确的目标和针对性。

可行性原则：调整措施应具有可操作性和可行性，能够在企业内部得到有效实施。

系统性原则：调整措施应从整体上考虑企业的经营管理，避免局部调整带来的负面影响。

2. 制定具体的调整措施

根据业绩指标变化的情况和原因分析，企业可以制定相应的调整措施。调整措施可以包括以下几个方面。

战略调整：如果业绩指标变化是由于市场环境变化或企业发展战略不当引起的，企业可以考虑调整发展战略，重新定位市场，优化产品结构，拓展业务领域等。

营销策略调整：如果业绩指标变化是由于产品销售不畅或市场份额下降引起的，企业可以考虑调整营销策略，加大市场推广力度，优化销售渠道，提高产品定价策略等。

成本控制调整：如果业绩指标变化是由于成本上升或赢利能力下降引起的，企业可以考虑加强成本控制，优化成本结构，降低采购成本，提高生产效率等。

内部管理调整：如果业绩指标变化是由于内部管理不善引起的，企业可以考虑加强内部管理，完善管理制度，优化业务流程，提高员工素质等。

3. 实施调整措施并跟踪评估

制定调整措施后，企业应及时组织实施，并对实施效果进行跟踪评估。实施调整措施时，企业应明确责任部门和责任人，制订具体的实施计划和时间表，确保调整措施得到有效落实。

跟踪评估可以通过定期收集和分析业绩数据来进行。企业应关注调整措施实施后的业绩指标变化情况，评估调整措施的有效性和合理性。如果调整措施效果不佳，企业应及时进行调整和优化，确保企业的经营绩效得到持续提升。

四、建立业绩预警机制，提前防范风险

1. 设定预警指标和阈值

建立业绩预警机制的第一步是设定预警指标和阈值。预警指标可以选择一些对企业经营绩效影响较大、敏感性较高的关键业绩指标，如营业收入增长率、净利润增长率、资产负债率等。

阈值的设定应根据企业的历史数据、行业平均水平以及企业的风险承受能力来确定。一般来说，阈值可以分为轻度预警、中度预警和重度预警三个级别。当业绩指标达到轻度预警阈值时，企业应引起关注，加强对业绩指标的监控；当业绩指标达到中度预警阈值时，企业应采取相应的调整措施，防止问题进一步恶化；当业绩指标达到重度预警阈值时，企业应启动应急预案，采取紧急措施，确保企业的生存和发展。

2. 建立预警信息传递渠道

为了确保业绩预警机制的有效运行，企业应建立畅通的预警信息传递渠道。预警信息可以通过内部邮件、短信、即时通信工具等方式传递给企业管理层和相关部门。

同时，企业还应建立预警信息反馈机制，及时收集各部门对预警信息的反馈意见，以便对预警机制进行调整和优化。

3. 制定应急预案

企业应制定应急预案，以应对业绩指标达到重度预警阈值的情况。应急预案应包括应急组织机构、应急响应程序、应急措施等内容。

应急组织机构应明确各部门的职责和分工，确保在紧急情况下能够迅速响应和协调行动。应急响应程序应规定预警信息的接收、评估、决策和执行流程，确保应急措施能够及时有效地实施。应急措施可以包括调整经营策略、压缩成

本、寻求外部融资、资产重组等，具体措施应根据企业的实际情况进行选择。

五、定期对业绩监控体系进行评估和改进

1. 确定评估周期和方法

企业应定期对业绩监控体系进行评估，以确保其有效性和适应性。评估周期可以根据企业的实际情况进行确定，一般来说，可以每半年或一年进行一次评估。

评估方法可以采用问卷调查、访谈、数据分析等方式，收集企业管理层、相关部门和员工对业绩监控体系的意见和建议。同时，还可以参考同行业上市公司的业绩监控体系，进行对比分析，找出自身的优势和不足。

2. 评估内容和指标

业绩监控体系的评估内容应包括指标设定的合理性、数据收集的准确性和及时性、分析评估的科学性和有效性、预警反馈的及时性和准确性等方面。

评估指标可以包括业绩指标的完成情况、预警信息的准确性和及时性、调整措施的有效性、应急预案的可行性等。通过对这些指标的评估，可以全面了解业绩监控体系的运行情况，为改进提供依据。

3. 改进措施和实施计划

根据评估结果，企业应制订相应的改进措施和实施计划。改进措施可以包括调整关键业绩指标、优化数据收集渠道、改进数据分析方法、完善预警反馈机制等。

实施计划应明确改进措施的责任部门和责任人、实施时间和进度安排，确保改进措施得到有效落实。同时，企业还应加强对改进措施实施过程的监控和评估，及时调整和优化实施计划，确保业绩监控体系不断完善和优化。

总之，监控业绩指标变化是企业上市过程中的重要环节。通过确定关键业绩指标、建立业绩指标监控体系、定期收集和分析业绩数据、制定调整措施、建立业绩预警机制以及定期评估和改进业绩监控体系，企业能够及时发现问题、把握趋势，提前防范风险，为成功上市和持续健康发展提供有力保障。

第四章

财务规范与透明

——呈现真实财务状况

㉛ 选择合适的会计师事务所

选择一家合适的会计师事务所至关重要，会计师事务所不仅能够为企业提供专业的审计、财务咨询等服务，还能在上市过程中发挥重要的监督和保障作用。

一、制定会计师事务所选择标准

1. 资质要求

首先，会计师事务所必须具备相应的执业资质。在中国，会计师事务所需要取得财政部门颁发的执业证书，并且要符合相关法律法规的要求。企业在选择会计师事务所时，应仔细核查其资质证书的真实性和有效性。

此外，会计师事务所还应具备一定的规模和实力。一般来说，大型会计师事务所拥有更多的专业人才、更丰富的经验和更完善的服务体系，能够为企业提供更全面、更专业的服务。但是，小型会计师事务所也可能在某些特定领域具有优势，企业应根据自身的实际情况进行选择。

2. 经验丰富

会计师事务所的经验是选择的重要标准之一。具有丰富上市审计经验的会计师事务所，能够更好地理解上市规则和要求，为企业提供更有针对性的服务。企业可以通过了解会计师事务所以往服务的上市企业数量、行业分布、审计质量等方面来评估其经验水平。

同时，会计师事务所还应具备在企业所在行业的审计经验。不同行业的企业在财务核算、税务处理等方面存在差异，熟悉企业所在行业的会计师事务所能够更好地为企业提供专业服务，降低审计风险。

3. 声誉良好

会计师事务所的声誉也是企业选择的重要考虑因素。声誉良好的会计师事务所通常具有较高的专业水准和职业道德，能够为企业提供可靠的服务。企业可以通过查阅会计师事务所的行业排名、客户评价、监管部门的处罚记录等方式来了解其声誉情况。

此外，企业还可以向同行业的其他企业咨询，了解他们对不同会计师事务所的评价和推荐，从而更好地选择适合自己的会计师事务所。

二、对潜在的会计师事务所进行全面调研和评估

1. 收集信息

企业可以通过多种渠道收集潜在会计师事务所的信息。一方面，可以通过互联网搜索、行业杂志、专业数据库等途径了解会计师事务所的基本情况、业务范围、服务特色等；另一方面，可以向金融机构、律师事务所、投资顾问等专业机构咨询，获取他们对会计师事务所的推荐和评价。

此外，企业还可以参加行业研讨会、论坛等活动，与会计师事务所的代表进行面对面的交流，了解他们的专业能力和服务理念。

2. 实地考察

在收集了一定的信息后，企业可以对潜在的会计师事务所进行实地考察。实地考察可以让企业更直观地了解会计师事务所的办公环境、人员素质、管理水平等方面的情况。

在实地考察过程中，企业可以与会计师事务所的管理层、项目负责人、审计团队等进行深入交流，了解他们对企业上市的理解和规划，以及他们为企业提供服务的具体方案和措施。

3. 案例分析

企业可以要求潜在的会计师事务所提供一些他们服务过的上市企业案例，通过分析这些案例，了解会计师事务所的审计质量、服务水平、解决问题的能力等方面的情况。

在分析案例时，企业可以关注会计师事务所对上市企业财务报表的审计意见、审计过程中发现的问题及解决方法、对企业内部控制的评价和建议等方面的内容，从而评估会计师事务所的专业能力和服务质量。

三、邀请多家会计师事务所进行竞标，择优选择

1. 发布招标公告

企业可以通过发布招标公告的方式，邀请多家会计师事务所参与竞标。招标公告应明确企业的需求、招标流程、评标标准等方面的内容，以便会计师事务所能够有针对性地准备投标文件。

招标公告可以在企业的官方网站、行业媒体、专业招标平台等渠道发布，以确保更多的会计师事务所能够了解到招标信息。

2. 接收投标文件

会计师事务所应在规定的时间内提交投标文件。投标文件应包括会计师事务所的资质证明、业绩介绍、服务方案、报价等方面的内容。

企业应指定专人负责接收投标文件，并对投标文件进行登记和编号，确保投标文件的完整性和保密性。

3. 评标与定标

企业应组织评标委员会对投标文件进行评审。评标委员会可以由企业的管理层、财务部门、内部审计部门、外部专家等组成。评标委员会应根据事先确定的评标标准，对会计师事务所的资质、经验、声誉、服务方案、报价等方面进行综合评估，确定中标候选人。

在确定中标候选人后，企业可以与中标候选人进行进一步的沟通和谈判，明确双方的权利义务、服务内容、收费标准等方面的内容。最终，企业应根据谈判结果确定中标会计师事务所，并与其签订服务协议。

四、与会计师事务所签订明确的服务协议

1. 明确服务内容

服务协议应明确会计师事务所为企业提供的具体服务内容，包括审计服务、财务咨询服务、税务筹划服务等。服务内容应具体、详细，避免出现模糊不清或有歧义的情况。

同时，服务协议还应明确会计师事务所的服务期限、工作进度、报告提交时间等方面的内容，以便企业能够对会计师事务所的工作进行有效的监督和管理。

2. 规范双方权利义务

服务协议应明确企业和会计师事务所双方的权利义务。企业的权利包括要求会计师事务所按照约定的时间和质量完成服务任务、对会计师事务所的工作进行监督和检查、要求会计师事务所保守企业的商业秘密等；企业的义务包括提供真实、准确、完整的财务资料，配合会计师事务所的工作，按时支付服务费用等。

会计师事务所的权利包括要求企业提供必要的工作条件、获取企业的财务资料、按照约定的标准收取服务费用等；会计师事务所的义务包括按照专业标准和职业道德规范为企业提供服务、保守企业的商业秘密、对审计结果负责等。

3. 确定收费标准

服务协议应明确会计师事务所的收费标准和支付方式。收费标准应合理、公正，避免出现过高或过低的情况。支付方式可以根据服务进度分阶段支付，也可以在服务完成后一次性支付。

同时，服务协议还应明确如果出现服务质量问题或违约情况，企业有权扣除部分或全部服务费用的条款，以保障企业的合法权益。

五、建立与会计师事务所的沟通协调机制

1. 建立沟通渠道

企业应与会计师事务所建立畅通的沟通渠道，以便双方能够及时交流信息、解决问题。沟通渠道可以包括电话、电子邮件、即时通信工具等。

同时，企业和会计师事务所还应指定专人负责沟通协调工作，确保沟通的及时性和有效性。

2. 定期会议制度

企业和会计师事务所可以建立定期会议制度，定期沟通工作进展情况、解决存在的问题、调整工作计划等。定期会议根据服务进度和需要确定会议的频率和时间，一般可以每月或每季度召开一次。

3. 问题解决机制

在合作过程中，可能会出现各种问题和争议。企业和会计师事务所应建立问题解决机制，及时解决出现的问题。问题解决机制可以包括协商、调解、仲裁等方式，具体方式可以在服务协议中明确。

同时，企业和会计师事务所还应保持开放的心态，积极倾听对方的意见和建议，共同寻求解决问题的最佳方案。

总之，选择合适的会计师事务所是企业上市过程中的重要环节。企业应制定明确的选择标准，对潜在的会计师事务所进行全面调研和评估，邀请多家会计师事务所进行竞标，择优选择，并与会计师事务所签订明确的服务协议，建立良好的沟通协调机制，确保合作顺利进行。只有这样，企业才能在上市过程中获得专业、可靠的服务，为企业成功上市奠定坚实的基础。

㉜ 制订财务审计计划

财务审计不仅能够确保企业财务报表的真实性、准确性和完整性，还能为投资者提供可靠的决策依据，为企业成功上市保驾护航。

一、明确财务审计的目标、范围和重点

1. 确定审计目标

财务审计的首要任务是明确审计目标。对于拟上市企业而言，审计目标通常包括以下几个方面：

验证财务报表的真实性和准确性，确保企业财务状况和经营成果得到真实反映。

评估企业内部控制制度的有效性，发现潜在的风险点并提出改进建议。

审查企业财务核算的合规性，确保企业遵守相关会计准则和法律法规。

为企业上市提供可靠的财务审计报告，增强投资者信心。

在确定审计目标时，应充分考虑企业的发展战略、上市要求以及投资者的需求，确保审计目标具有针对性和实用性。

2. 界定审计范围

明确审计范围是制订财务审计计划的重要环节。审计范围应涵盖企业的全部财务活动，包括但不限于以下方面：

资产负债表、利润表、现金流量表等财务报表的审计。

企业的货币资金、应收账款、存货、固定资产等资产项目的审计。

应付账款、短期借款、长期借款等负债项目的审计。

营业收入、营业成本、销售费用、管理费用等损益项目的审计。

企业的内部控制制度、财务管理制度、会计核算制度等制度层面的审计。

在界定审计范围时，应充分考虑企业的业务特点、规模大小以及风险状况，确保审计范围全面、合理。

3. 确定审计重点

根据审计目标和审计范围，确定财务审计的重点内容。审计重点通常包括以下几个方面：

高风险领域，如重大关联交易、资产减值准备、收入确认等。

关键财务指标，如资产负债率、流动比率、毛利率、净利率等。

内部控制薄弱环节，如资金管理、采购管理、销售管理等。

重大财务事项，如企业并购、资产重组、股权转让等。

在确定审计重点时，应充分运用风险评估方法，对企业的财务风险进行全面分析，确保审计重点突出、针对性强。

二、确定审计的时间安排和进度计划

1. 制定审计时间表

制定详细的审计时间表是确保财务审计工作按时完成的关键。审计时间表应包括以下几个阶段。

审计准备阶段：确定审计项目组成员、收集审计资料、制订审计方案等。

现场审计阶段：对企业的财务状况进行实地审计，包括查阅凭证、核对账目、盘点资产等。

审计报告阶段：撰写审计报告、征求企业意见、出具正式审计报告等。

在制定审计时间表时，应充分考虑企业的业务特点、审计工作量以及审计资源的配置情况，确保审计时间表合理、可行。

2. 确订审计进度计划

为了确保审计工作的顺利进行，应制订具体的审计进度计划。审计进度计划应明确每个阶段的工作任务、完成时间和责任人，确保审计工作有条不紊地进行。

例如，在审计准备阶段，可以安排专人负责收集审计资料、制订审计方案等工作，并确定完成时间；在现场审计阶段，可以根据审计范围和重点，将审计工作任务分配给不同的审计人员，并确定每天的工作进度和完成时间；在审计报告阶段，可以安排专人负责撰写审计报告、征求企业意见等工作，并确定出具正式审计报告的时间。

三、制订审计工作方案，包括审计方法、程序和步骤

1. 选择审计方法

根据审计目标、审计范围和审计重点，选择合适的审计方法。常见的审计方法包括账项基础审计、制度基础审计和风险导向审计等。

账项基础审计主要是对企业的财务报表进行逐笔审查，以发现财务报表中

的错误和舞弊行为。这种审计方法适用于规模较小、业务简单的企业。

制度基础审计主要是对企业的内部控制制度进行审查，以评估企业内部控制制度的有效性，并在此基础上确定审计的重点和范围。这种审计方法适用于规模较大、业务复杂的企业。

风险导向审计主要是通过对企业的财务风险进行评估，确定审计的重点和范围，并采取相应的审计措施来降低审计风险。这种审计方法适用于高风险企业和拟上市企业。

2. 确定审计程序

根据审计方法和审计目标，确定具体的审计程序。审计程序通常包括以下几个方面：

了解企业的基本情况，包括企业的组织架构、业务流程、财务管理制度等。

对企业的内部控制制度进行测试，评估其有效性。

对企业的财务报表进行分析性复核，发现异常情况并进行进一步审查。

对企业的资产、负债、收入、费用等项目进行实质性测试，验证其真实性和准确性。

对企业的重大关联交易、资产减值准备、收入确认等重点领域进行专项审计。

3. 明确审计步骤

为了确保审计工作的规范化和标准化，应明确具体的审计步骤。审计步骤通常包括以下几个方面。

制订审计计划：明确审计目标、范围、重点、方法、程序和步骤等。

收集审计资料：收集企业的财务报表、会计凭证、账簿、合同、协议等审计资料。

进行审计测试：运用审计方法和程序对企业的财务状况进行测试和审查。

发现问题并提出建议：对审计过程中发现的问题进行分析和评估，并提出相应的改进建议。

撰写审计报告：根据审计结果撰写审计报告，征求企业意见并出具正式审计报告。

四、组织审计人员进行培训，确保审计工作的质量

1. 确定培训内容

为了确保审计工作的质量，应组织审计人员进行培训。培训内容应包括以

下几个方面。

审计法律法规：学习审计相关的法律法规，如《中华人民共和国审计法》《中华人民共和国注册会计师法》等，确保审计工作合法合规。

审计准则和规范：学习审计准则和规范，如《中国注册会计师审计准则》等，确保审计工作符合专业标准。

审计方法和技巧：学习不同的审计方法和技巧，如风险导向审计、数据分析等，提高审计工作的效率和效果。

企业业务知识：了解企业的业务流程、财务管理制度、内部控制制度等，确保审计工作具有针对性和实用性。

2. 选择培训方式

根据培训内容和审计人员的实际情况，选择合适的培训方式。常见的培训方式包括以下几种。

内部培训：由企业内部的审计专家或专业人员进行培训，具有针对性强、成本低等优点。

外部培训：邀请外部的审计专家或培训机构进行培训，具有专业性强、视野开阔等优点。

在线培训：利用互联网平台进行在线培训，具有灵活性高、方便快捷等优点。

3. 进行培训考核

为了确保培训效果，应进行培训考核。培训考核可以采用笔试、面试、实际操作等方式进行，考核内容应涵盖培训的主要内容。

对考核合格的审计人员，颁发培训合格证书；对考核不合格的审计人员，应进行再次培训或调整工作岗位。

五、对审计计划进行定期评估和调整

1. 建立评估机制

为了确保审计计划的科学性和合理性，应建立定期评估机制。评估机制应包括以下几个方面。

确定评估指标：根据审计目标和审计要求，确定评估审计计划的指标体系，如审计进度、审计质量、审计成本等。

收集评估信息：通过查阅审计档案、走访审计人员、征求企业意见等方式，收集评估审计计划的相关信息。

进行评估分析：运用评估指标体系对收集到的评估信息进行分析和评估，找出审计计划中存在的问题和不足。

2. 进行调整优化

根据评估结果，对审计计划进行调整优化。调整优化应包括以下几个方面。

调整审计目标：根据企业的发展战略和上市要求，对审计目标进行调整和优化，确保审计目标具有针对性和实用性。

调整审计范围：根据企业的业务变化和风险状况，对审计范围进行调整和优化，确保审计范围全面、合理。

调整审计重点：根据审计过程中发现的问题和风险点，对审计重点进行调整和优化，确保审计重点突出、针对性强。

调整审计进度：根据审计工作的实际进展情况，对审计进度进行调整和优化，确保审计工作按时完成。

3. 持续改进完善

对审计计划的评估和调整是一个持续的过程。应不断总结经验教训，持续改进完善审计计划，提高审计工作的质量和效率。

同时，应加强与企业的沟通和协调，及时了解企业的需求和变化，确保审计计划能够满足企业的实际需要。

总之，制订财务审计计划是企业上市过程中的重要环节。通过明确审计目标、范围和重点，确定审计时间安排和进度计划，制订审计工作方案，组织审计人员培训，以及对审计计划进行定期评估和调整，可以确保财务审计工作的顺利进行，为企业成功上市提供可靠的保障。

㉝ 规范财务报表编制

财务报表不仅是企业财务状况和经营成果的直观体现，也是投资者、监管机构等各方了解企业的重要依据。

一、建立健全财务报表编制制度，明确编制流程和要求

1. 制度建设的重要性

建立健全财务报表编制制度是确保财务报表质量的基础。制度可以规范财务人员的行为，明确各自的职责和权限，保证财务报表编制工作的有序进行。

一个完善的财务报表编制制度应涵盖从原始凭证收集到财务报表最终生成的整个过程，包括会计核算方法、财务报表格式、编制时间节点等方面的内容。

2. 明确编制流程

首先，要明确财务报表的编制流程。一般来说，财务报表的编制流程包括以下几个主要环节。

原始凭证的收集和整理：财务人员应及时收集企业的各种经济业务的原始凭证，如发票、收据、银行对账单等，并进行分类、整理和审核。

记账凭证的填制：根据审核无误的原始凭证，填制记账凭证，记录企业的经济业务。记账凭证应包括日期、凭证编号、摘要、会计科目、金额等内容。

账簿登记：根据记账凭证，登记各种账簿，如总账、明细账、日记账等。账簿登记应做到准确、及时、完整。

财务报表的编制：在账簿登记完成后，根据会计准则和企业的实际情况，编制财务报表，包括资产负债表、利润表、现金流量表等。

财务报表的审核和批准：财务报表编制完成后，应进行严格的审核和批准。审核内容包括数据的真实性、准确性、完整性，以及财务报表的格式、内容是否符合会计准则和相关法规的要求。审核通过后，由企业负责人批准并签字盖章。

3. 确定编制要求

除了明确编制流程，还应确定财务报表的编制要求。编制要求主要包括以下几个方面。

真实性：财务报表所反映的企业财务状况和经营成果必须真实、可靠，不得虚构或隐瞒任何重要信息。

准确性：财务报表中的数据应准确无误，计算方法应正确，不得出现错误或偏差。

完整性：财务报表应包括企业所有的经济业务和财务事项，不得遗漏任何重要信息。

及时性：财务报表应按照规定的时间节点编制和披露，不得拖延或提前。

可比性：财务报表的编制应遵循一贯性原则，即会计核算方法和财务报表格式应保持相对稳定，以便不同时期的财务报表具有可比性。

二、加强财务人员的培训，提高财务报表编制的准确性和规范性

1. 培训的必要性

财务人员是财务报表编制的直接执行者，其专业素质和业务能力直接影响财务报表的质量。因此，加强财务人员的培训是提高财务报表编制准确性和规范性的重要措施。

随着会计准则和相关法规的不断更新，以及企业业务的不断发展，财务人员需要不断学习和掌握新的知识和技能，以适应工作的需要。

2. 培训内容

财务人员的培训内容应包括以下几个方面。

会计准则和相关法规：财务人员应熟悉最新的会计准则和相关法规，掌握会计核算方法和财务报表编制要求。

财务报表分析：财务人员应掌握财务报表分析的方法和技巧，能够对财务报表进行深入分析，为企业决策提供支持。

财务管理知识：财务人员应了解企业财务管理的基本理论和方法，掌握成本管理、预算管理、资金管理等方面的知识。

信息技术应用：随着信息技术的不断发展，财务人员应掌握财务软件的使用方法，提高工作效率和准确性。

3. 培训方式

财务人员的培训方式可以多种多样，包括内部培训、外部培训、在线学习等。

内部培训可以由企业内部的财务专家或业务骨干进行，具有针对性强、成本低等优点。外部培训可以邀请专业的培训机构或会计师事务所进行，具有专业性强、视野开阔等优点。在线学习可以利用互联网平台进行，具有灵活性高、方便快捷等优点。

三、对财务报表进行严格审核，确保数据的真实性和完整性

1. 审核的重要性

对财务报表进行严格审核是保证财务报表质量的关键环节。审核可以发现财务报表中的错误和问题，及时进行纠正和调整，确保财务报表的数据真实、

完整、准确。

2. 审核内容

财务报表的审核内容主要包括以下几个方面。

数据的真实性：审核财务报表中的数据是否真实反映了企业的财务状况和经营成果，是否存在虚构或隐瞒重要信息的情况。

数据的准确性：审核财务报表中的数据计算是否正确，会计核算方法是否符合会计准则和相关法规的要求。

数据的完整性：审核财务报表是否包括了企业所有的经济业务和财务事项，是否存在遗漏重要信息的情况。

财务报表的格式和内容：审核财务报表的格式是否符合会计准则和相关法规的要求，内容是否完整、清晰、易于理解。

3. 审核流程

财务报表的审核流程一般包括以下几个环节。

内部审核：由企业内部的财务部门或审计部门进行审核。内部审核应重点关注财务报表的数据真实性、准确性和完整性，以及财务报表的格式和内容是否符合要求。

外部审核：对于拟上市企业，还需要聘请专业的会计师事务所进行外部审核。外部审核应按照审计准则的要求进行，对财务报表的真实性、准确性和完整性进行全面审计，并出具审计报告。

四、定期对财务报表进行分析和解读，为企业决策提供支持

1. 分析和解读的意义

定期对财务报表进行分析和解读可以帮助企业管理层了解企业的财务状况和经营成果，发现存在的问题和风险，为企业决策提供支持。

2. 分析方法

财务报表的分析方法主要包括比率分析、趋势分析、结构分析等。

比率分析是通过计算各种财务比率，如流动比率、资产负债率、毛利率、净利率等，来分析企业的偿债能力、营运能力、赢利能力等。

趋势分析是通过比较不同时期的财务报表数据，来分析企业的财务状况和经营成果的变化趋势。

结构分析是通过分析财务报表中各项目之间的比例关系，来了解企业的财

务结构和经营特点。

3. 分析内容

财务报表的分析内容主要包括以下几个方面。

偿债能力分析：分析企业的短期偿债能力和长期偿债能力，了解企业的财务风险。

营运能力分析：分析企业的资产周转情况，了解企业的资产管理效率。

赢利能力分析：分析企业的赢利能力，了解企业的经营效益。

发展能力分析：分析企业的发展潜力，了解企业的未来发展趋势。

五、按照会计准则和相关法规要求，及时披露财务报表

1. 披露的重要性

按照会计准则和相关法规要求，及时披露财务报表是企业的法定义务，也是提高企业透明度和公信力的重要措施。

2. 披露要求

企业应按照会计准则和相关法规的要求，及时披露财务报表。披露的财务报表应包括资产负债表、利润表、现金流量表、所有者权益变动表等，并应附有财务报表附注。

财务报表的披露应做到真实、准确、完整、及时，不得有虚假记载、误导性陈述或重大遗漏。

3. 披露渠道

企业可以通过多种渠道披露财务报表，如企业官方网站、证券交易所网站、指定的媒体等。

对于拟上市企业，还应按照证券监管机构的要求，进行招股说明书的编制和披露，其中应包括企业的财务报表和财务分析等内容。

总之，规范财务报表编制是企业上市过程中的重要环节。通过建立健全财务报表编制制度，加强财务人员的培训，严格审核财务报表，定期分析和解读财务报表，以及及时披露财务报表，可以提高财务报表的质量，为企业的上市和持续发展提供有力支持。

㉞ 建立财务风险预警机制

财务风险预警机制能够帮助企业及时识别、评估和应对潜在的财务风险，保障企业的财务安全和稳定发展，为企业成功上市奠定坚实基础。

一、识别企业面临的主要财务风险点

1. 宏观经济环境风险

宏观经济环境的变化对企业的财务状况有着重要影响。经济周期波动、通货膨胀、利率变化、汇率波动等因素都可能给企业带来财务风险。

例如，在经济衰退期，市场需求下降，企业销售额减少，可能导致赢利能力下降；通货膨胀可能导致企业原材料成本上升，压缩利润空间；利率上升可能增加企业的融资成本，加重债务负担；汇率波动可能影响企业的进出口业务，带来汇兑损失。

2. 行业竞争风险

不同行业的竞争程度和特点不同，企业面临的财务风险也有所差异。行业竞争激烈可能导致价格战，降低企业的毛利率；新技术的出现可能使企业的产品或服务过时，影响销售收入；竞争对手的扩张可能挤压企业的市场份额，影响企业的赢利能力。

例如，在智能手机行业，技术更新换代快，企业需要不断投入研发资金以保持竞争力。如果企业不能及时推出新产品，可能会被市场淘汰；在电商行业，价格战频繁，企业的毛利率可能受到较大影响。

3. 经营管理风险

企业的经营管理不善可能导致财务风险。战略决策失误可能使企业陷入困境；市场营销策略不当可能导致销售不畅；生产管理不善可能导致产品质量问题，增加成本；人力资源管理不善可能导致人才流失，影响企业的发展。

例如，企业盲目扩张，进入不熟悉的领域，可能导致投资失败；企业的产品定位不准确，可能导致市场份额下降；企业的生产过程中出现质量问题，可能需要召回产品，增加成本。

4. 财务决策风险

企业的财务决策不当可能带来财务风险。融资决策不合理可能导致资金成本过高或资金链断裂；投资决策失误可能导致投资损失；股利分配政策不当可能影响企业的再融资能力和股东信心。

例如，企业过度负债，可能导致财务风险增加；企业的投资项目回报率低，可能导致投资损失；企业的股利分配过高，可能影响企业的再融资能力。

5. 内部控制风险

企业的内部控制不完善可能导致财务风险。内部审计不严格可能导致财务舞弊；资金管理不善可能导致资金挪用或流失；应收账款管理不善可能导致坏账增加；存货管理不善可能导致存货积压或缺货。

例如，企业的内部审计制度不健全，可能无法及时发现财务舞弊行为；企业的资金管理制度不完善，可能导致资金被挪用；企业的应收账款管理不善，可能导致坏账增加，影响企业的资金周转。

二、建立财务风险评估指标体系

1. 确定评估指标

建立财务风险评估指标体系需要确定一系列能够反映企业财务状况和风险水平的指标。这些指标可以分为财务指标和非财务指标两大类。

财务指标包括偿债能力指标、营运能力指标、赢利能力指标、发展能力指标等。例如，资产负债率、流动比率、速动比率等反映企业的偿债能力；应收账款周转率、存货周转率等反映企业的营运能力；毛利率、净利率、净资产收益率等反映企业的赢利能力；营业收入增长率、净利润增长率等反映企业的发展能力。

非财务指标包括市场份额、客户满意度、技术创新能力、管理团队素质等。这些指标虽然不能直接反映企业的财务状况，但对企业的未来发展和财务风险有着重要影响。

2. 设定指标权重

在确定了评估指标后，需要为每个指标设定权重，以反映其在评估体系中的重要程度。指标权重的设定可以采用层次分析法、德尔菲法等方法，结合企业的实际情况和专家意见进行确定。

例如，对于一家以技术创新为核心竞争力的企业，技术创新能力指标的权重可能会相对较高；对于一家负债较高的企业，偿债能力指标的权重可能会相对较高。

3. 评估风险发生概率和影响程度

利用财务风险评估指标体系，对企业的财务风险进行评估。评估过程可以采用定量分析和定性分析相结合的方法。

定量分析可以通过计算指标值，与设定的预警值进行比较，确定风险的发生概率。例如，当资产负债率超过一定比例时，可能意味着企业的偿债能力面临较大风险，风险发生概率较高。

定性分析可以通过专家评估、问卷调查等方式，对风险的影响程度进行评估。例如，对于一项重大投资项目，通过专家评估其市场前景、技术可行性等因素，确定其对企业财务状况的影响程度。

三、制定财务风险预警标准和预警信号

1. 确定预警标准

根据风险评估的结果，制定财务风险预警标准。预警标准可以分为轻度预警、中度预警和重度预警三个级别。

轻度预警表示企业存在一定的财务风险，但风险程度较低，可以通过加强管理和监控进行防范；中度预警表示企业的财务风险程度较高，需要采取相应的措施进行控制；重度预警表示企业的财务风险非常严重，可能对企业的生存和发展造成重大影响，需要立即采取紧急措施进行应对。

2. 设定预警信号

为了及时发现财务风险，需要设定一系列预警信号。预警信号可以是财务指标的变化、非财务指标的变化、外部环境的变化等。

例如，当企业的资产负债率连续上升、应收账款周转率下降、存货周转率下降等财务指标出现异常变化时，可能是企业面临财务风险的预警信号；当企业的市场份额下降、客户满意度降低、技术创新能力不足等非财务指标出现问题时，也可能是企业面临财务风险的预警信号；当宏观经济环境发生重大变化、行业竞争加剧等外部环境变化时，也可能给企业带来财务风险，需要引起企业的关注。

四、建立财务风险预警响应机制

1. 预警响应流程

当预警信号出现时，企业需要启动财务风险预警响应机制。预警响应流程

一般包括以下几个步骤。

风险确认：对预警信号进行分析和确认，确定是否存在财务风险。

风险评估：对确认的财务风险进行评估，确定风险的级别和影响程度。

制定应对措施：根据风险评估的结果，制定相应的应对措施。

实施应对措施：组织实施应对措施，对财务风险进行控制和化解。

跟踪监控：对实施的应对措施进行跟踪监控，评估其效果，并根据实际情况进行调整和优化。

2. 应对措施

针对不同级别的财务风险，企业可以采取不同的应对措施。

对于轻度预警的财务风险，企业可以通过加强内部管理、优化财务结构、提高资金使用效率等方式进行防范和控制。例如，加强应收账款管理，提高应收账款周转率；优化存货管理，降低存货成本；合理安排资金，提高资金使用效率。

对于中度预警的财务风险，企业需要采取更加积极的措施进行应对。例如，调整经营策略，优化产品结构，提高市场竞争力；加强成本控制，降低成本费用；寻求外部融资，缓解资金压力。

对于重度预警的财务风险，企业需要立即采取紧急措施进行应对。例如，进行资产重组，剥离不良资产；寻求政府支持，获得资金援助；制定应急预案，保障企业的生存和发展。

五、定期对财务风险预警机制进行评估和改进

1. 评估内容

定期对财务风险预警机制进行评估，评估内容包括预警指标的合理性、预警标准的准确性、预警信号的敏感性、响应机制的有效性等。

例如，通过对预警指标的实际应用情况进行分析，评估其是否能够准确反映企业的财务风险状况；通过对预警标准的执行情况进行评估，确定其是否合理；通过对预警信号的出现频率和准确性进行评估，确定其是否敏感；通过对响应机制的实施效果进行评估，确定其是否有效。

2. 改进措施

根据评估结果，对财务风险预警机制进行改进和完善。改进措施可以包括调整预警指标、优化预警标准、提高预警信号的敏感性、完善响应机制等。

例如，根据企业的实际情况和市场变化，调整预警指标的权重和计算方法；根据风险评估的结果，优化预警标准的级别和范围；通过加强信息收集和分析，提高预警信号的敏感性；通过总结经验教训，完善响应机制的流程和措施。

总之，建立财务风险预警机制是企业上市过程中的重要环节。通过识别企业面临的主要财务风险点，建立财务风险评估指标体系，制定财务风险预警标准和预警信号，建立财务风险预警响应机制，定期对财务风险预警机制进行评估和改进，企业可以及时发现和应对潜在的财务风险，保障企业的财务安全和稳定发展，为企业成功上市提供有力支持。

㉟ 优化资金管理策略

有效的资金管理能够为企业提供充足的资金支持，降低资金成本，提高资金使用效率，防范资金风险，为企业的持续发展奠定坚实基础。

一、分析企业资金需求和资金来源，制定合理的资金预算

1. 资金需求分析

对企业的资金需求进行全面分析是制定合理资金预算的前提。企业的资金需求主要包括日常经营活动所需资金、投资活动所需资金和筹资活动所需资金。

日常经营活动资金需求主要包括采购原材料、支付员工工资、缴纳税费等方面的资金支出。通过对企业过去的经营数据进行分析，结合企业未来的发展规划，预测企业在不同时间段内的日常经营活动资金需求。

投资活动资金需求主要包括固定资产投资、无形资产投资、长期股权投资等方面的资金支出。根据企业的投资计划和项目可行性研究报告，评估企业在投资活动中的资金需求。

筹资活动资金需求主要是为了满足企业日常经营和投资活动的资金缺口而进行的融资需求。通过分析企业的资产负债结构和资金流动性状况，确定企业在不同时间段内的筹资活动资金需求。

2. 资金来源分析

了解企业的资金来源是制定资金预算的重要依据。企业的资金来源主要包

括自有资金、银行贷款、发行债券、股权融资等。

自有资金是企业最稳定的资金来源，包括股东投入的资本金、企业的留存收益等。分析企业的自有资金状况，评估其在满足企业资金需求方面的能力。

银行贷款是企业常见的融资方式之一。了解不同银行的贷款政策、利率水平、贷款期限等，评估企业从银行获得贷款的可行性和成本。

发行债券是企业筹集长期资金的一种方式。分析企业的信用状况、债券市场的情况，评估企业发行债券的可行性和成本。

股权融资是企业通过发行股票筹集资金的方式。对于拟上市企业来说，股权融资是一种重要的资金来源。分析企业的发展前景、行业地位、赢利能力等，评估企业进行股权融资的可行性和价值。

3. 制定资金预算

在分析企业资金需求和资金来源的基础上，制定合理的资金预算。资金预算应包括短期资金预算和长期资金预算。

短期资金预算主要是对企业未来一年内的资金收支情况进行预测和规划。短期资金预算应包括现金预算、应收账款预算、应付账款预算等。通过短期资金预算，企业可以合理安排资金，确保企业的日常经营活动正常进行。

长期资金预算主要是对企业未来三年以上的资金收支情况进行预测和规划。长期资金预算应包括固定资产投资预算、长期股权投资预算、筹资活动预算等。通过长期资金预算，企业可以为重大投资项目和长期发展战略提供资金支持。

二、优化资金筹集渠道，降低资金成本

1. 银行贷款优化

对于依靠银行贷款融资的企业，应优化银行贷款结构，降低资金成本。可以通过与多家银行进行洽谈，比较不同银行的贷款政策、利率水平、贷款期限等，选择最适合企业的银行进行合作。

企业还可以通过优化贷款方式，如选择固定利率贷款或浮动利率贷款、短期贷款或长期贷款等，降低贷款成本。同时，企业应加强与银行的沟通和合作，提高企业的信用等级，争取获得更优惠的贷款条件。

2. 债券发行策略

对于有条件发行债券的企业，应制定合理的债券发行策略。企业应根据自身的资金需求、信用状况、市场利率等因素，选择合适的债券品种和发行时机。

在债券发行过程中，企业应选择专业的承销商和评级机构，提高债券的发行效率和信用等级。同时，企业应加强对债券市场的研究和分析，合理确定债券的发行价格和利率水平，降低债券发行成本。

3. 股权融资规划

对于拟上市企业来说，股权融资是一种重要的资金筹集渠道。企业应制订合理的股权融资规划，选择合适的上市时机和上市地点。

在股权融资过程中，企业应选择专业的保荐机构、律师事务所、会计师事务所等中介机构，提高上市的成功率和融资效率。同时，企业应加强对投资者的沟通和交流，展示企业的发展前景和投资价值，吸引更多的投资者参与企业的股权融资。

4. 其他融资方式探索

除了银行贷款、债券发行和股权融资，企业还可以探索其他融资方式，如融资租赁、供应链金融、资产证券化等。

融资租赁可以为企业提供设备融资，降低企业的资金压力。供应链金融可以利用企业与上下游企业的贸易关系，为企业提供融资支持。资产证券化可以将企业的资产转化为证券，提高资产的流动性和融资效率。

三、加强资金使用管理，提高资金使用效率

1. 现金管理

加强现金管理是提高资金使用效率的重要手段。企业应制定合理的现金预算，严格控制现金收支，确保企业有足够的现金满足日常经营活动的需要。

企业可以通过优化现金收支流程，如加快应收账款的回收、延迟应付账款的支付等，提高现金的周转速度。同时，企业可以利用现金管理工具，如现金池、票据贴现等，提高现金的使用效率。

2. 应收账款管理

加强应收账款管理可以提高企业的资金回笼速度，降低资金占用成本。企业应建立完善的应收账款管理制度，明确应收账款的管理流程和责任分工。

企业可以通过加强客户信用管理，合理确定信用政策，降低应收账款的坏账风险。同时，企业可以利用应收账款保理、应收账款质押等金融工具，加快应收账款的回收速度。

3. 存货管理

加强存货管理可以降低企业的存货成本，提高资金使用效率。企业应建立科学的存货管理制度，合理确定存货的采购量和库存量。

企业可以通过优化存货采购流程，如与供应商建立长期合作关系、采用批量采购等方式，降低存货采购成本。同时，企业可以利用存货管理软件，加强对存货的库存管理和监控，避免存货积压或缺货。

4. 固定资产管理

加强固定资产管理可以提高固定资产的使用效率，降低企业的运营成本。企业应建立完善的固定资产管理制度，明确固定资产的管理流程和责任分工。

企业可以通过优化固定资产投资决策，合理确定固定资产的投资规模和结构。同时，企业可以加强对固定资产的日常维护和管理，延长固定资产的使用寿命，提高固定资产的使用效率。

四、建立资金风险控制体系，防范资金风险

1. 资金风险识别

建立资金风险控制体系首先要识别企业面临的资金风险。企业面临的资金风险主要包括市场风险、信用风险、流动性风险、操作风险等。

市场风险是指由于市场利率、汇率、股票价格等因素的变化而导致企业资金价值发生变化的风险。信用风险是指由于交易对手违约而导致企业资金损失的风险。流动性风险是指由于企业资金流动性不足而导致企业无法按时偿还债务或满足日常经营活动需要的风险。操作风险是指由于企业内部管理不善或人为失误而导致企业资金损失的风险。

2. 资金风险评估

在识别资金风险的基础上，对资金风险进行评估。资金风险评估可以采用定性分析和定量分析相结合的方法。

定性分析可以通过专家评估、问卷调查等方式，对资金风险的发生概率和影响程度进行评估。定量分析可以通过建立风险评估模型，计算风险指标值，对资金风险进行量化评估。

3. 资金风险控制措施

根据资金风险评估的结果，制定相应的资金风险控制措施。资金风险控制措施主要包括风险规避、风险降低、风险转移和风险承受等。

风险规避是指企业通过放弃高风险的投资项目或业务活动，避免资金风险的发生。风险降低是指企业通过采取措施降低资金风险的发生概率和影响程度。风险转移是指企业通过购买保险、签订合同等方式，将资金风险转移给第三方。风险承受是指企业在评估风险后，认为风险在可承受范围内，选择承受资金风险。

4. 资金风险监控

建立资金风险监控机制，对资金风险进行实时监控和预警。企业可以通过建立风险监控指标体系，利用信息技术手段，对资金风险进行动态监控。

当资金风险指标超过预警值时，企业应及时采取措施进行风险控制和化解。同时，企业应定期对资金风险控制体系进行评估和调整，确保资金风险控制体系的有效性和适应性。

五、定期对资金管理策略进行评估和调整

1. 评估指标体系

建立资金管理策略评估指标体系，对资金管理策略的实施效果进行评估。评估指标体系应包括资金筹集效率、资金使用效率、资金风险控制效果等方面的指标。

资金筹集效率指标可以包括融资成本、融资期限、融资成功率等。资金使用效率指标可以包括现金周转率、应收账款周转率、存货周转率等。资金风险控制效果指标可以包括风险评估准确性、风险控制措施有效性、风险损失率等。

2. 评估方法和频率

采用科学的评估方法和合理的评估频率，对资金管理策略进行评估。评估方法可以包括对比分析、趋势分析、比率分析等。评估频率可以根据企业的实际情况确定，一般可以每季度或每年进行一次评估。

3. 调整策略

根据评估结果，对资金管理策略进行调整和优化。如果资金管理策略实施效果良好，企业可以继续执行现有策略，并进一步优化和完善。如果资金管理策略实施效果不佳，企业应及时分析原因，调整资金管理策略，以适应企业的发展需求和市场变化。

总之，优化资金管理策略是企业上市过程中的重要环节。通过分析企业资金需求和资金来源，制定合理的资金预算；优化资金筹集渠道，降低资金成本；加强资金使用管理，提高资金使用效率；建立资金风险控制体系，防范资金风

险；定期对资金管理策略进行评估和调整，企业可以提高资金管理水平，为企业的上市和持续发展提供有力支持。

㊱ 清理不良资产

清理不良资产是一项至关重要的任务，不良资产不仅会占用企业的资金和资源，降低企业的资产质量和赢利能力，还会影响企业的信誉和形象，增加企业的财务风险和经营风险。因此，企业必须高度重视不良资产的清理工作，采取有效措施，尽快处置不良资产，为企业的上市和持续发展创造良好的条件。

一、对企业资产进行全面清查，识别不良资产

1. 资产清查的目的和意义

资产清查是清理不良资产的基础和前提。通过对企业资产进行全面清查，可以准确掌握企业资产的真实状况，包括资产的数量、质量、价值、分布等情况，为识别不良资产提供依据。

资产清查还可以发现企业资产管理中存在的问题和漏洞，如资产账实不符、资产闲置浪费、资产损失浪费等，为加强企业资产管理提供参考。

2. 资产清查的范围和内容

资产清查的范围应包括企业的全部资产，包括流动资产、固定资产、无形资产、长期投资等。

资产清查的内容应包括资产的名称、数量、规格、型号、价值、使用状况、产权状况等。对于流动资产，还应包括应收账款、存货、其他应收款等的账龄、坏账准备计提情况等；对于固定资产，还应包括固定资产的原值、累计折旧、净值、使用年限、折旧方法等；对于无形资产，还应包括无形资产的名称、取得方式、原值、摊销年限、净值等；对于长期投资，还应包括长期投资的对象、投资金额、持股比例、投资收益等。

3. 不良资产的识别标准和方法

不良资产的识别标准应根据企业的实际情况和行业特点进行确定。一般来说，不良资产应具有以下特征之一：资产的价值低于账面价值；资产的使用效

率低下或闲置浪费；资产的流动性差或难以变现；资产存在法律纠纷或产权不清等问题。

不良资产的识别方法可以采用定性分析和定量分析相结合的方法。定性分析可以通过对资产的使用状况、市场前景、行业竞争等进行分析，判断资产是否为不良资产；定量分析可以通过计算资产的收益率、周转率、负债率等指标，判断资产是否为不良资产。

二、制订不良资产处置方案

1. 不良资产处置的目标和原则

不良资产处置的目标是尽快处置，减少不良资产对企业的影响，提高企业的资产质量和赢利能力。

不良资产处置的原则是合法合规、公开透明、公平公正、效益最大化。合法合规是指不良资产处置必须遵守国家法律法规和企业内部规章制度，不得违法违规操作；公开透明是指不良资产处置必须公开信息，接受社会监督，不得暗箱操作；公平公正是指不良资产处置必须公平对待所有潜在的购买者或受让者，不得歧视或偏袒任何一方；效益最大化是指不良资产处置必须以实现企业利益最大化为目标，选择最优的处置方式和处置价格。

2. 不良资产处置的方式和选择

不良资产处置的方式主要有出售、转让、核销等。出售是指将不良资产以市场价格出售给第三方，实现资产的变现；转让是指将不良资产以一定的价格转让给企业内部的其他部门或子公司，实现资产的内部优化配置；核销是指将不良资产从企业的资产负债表中予以核销，减少企业的资产总额和负债总额。

不良资产处置方式的选择应根据不良资产的性质、特点、价值、市场需求等因素进行综合考虑。对于价值较高、市场需求较大的不良资产，可以选择出售或转让的方式；对于价值较低、市场需求较小的不良资产，可以选择核销的方式。同时，还应考虑不良资产处置的成本和效益，选择成本最低、效益最大的处置方式。

3. 不良资产处置方案的制订和实施

不良资产处置方案应包括不良资产的基本情况、处置方式、处置价格、处置时间、处置责任人等内容。不良资产处置方案应经过企业管理层的审批后实施。

在不良资产处置方案的实施过程中，应加强对处置过程的监督和管理，确保处置过程的合法合规、公开透明、公平公正。同时，还应及时调整处置方案，根据市场变化和实际情况，选择最优的处置方式和处置价格，提高不良资产处置的效益。

三、加强不良资产处置的监督和管理

1. 建立不良资产处置的监督机制

建立不良资产处置的监督机制是确保处置过程合法合规的重要保障。监督机制应包括内部监督和外部监督两个方面。

内部监督可以通过建立不良资产处置的审批制度、审计制度、监察制度等，加强对不良资产处置过程的内部监督和管理。审批制度可以规定不良资产处置方案必须经过企业管理层的审批后才能实施；审计制度可以定期对不良资产处置过程进行审计，发现问题及时纠正；监察制度可以对不良资产处置过程中的违法违规行为进行监察，严肃查处违法违规行为。

外部监督可以通过聘请专业的中介机构、律师事务所、会计师事务所等，对不良资产处置过程进行外部监督和审计。中介机构可以对不良资产的价值进行评估，确定合理的处置价格；律师事务所可以对不良资产处置过程中的法律问题进行咨询和指导，确保处置过程的合法合规；会计师事务所可以对不良资产处置过程中的财务问题进行审计，确保处置过程的财务规范。

2. 加强不良资产处置的风险管理

加强不良资产处置的风险管理是确保处置过程安全稳定的重要措施。风险管理应包括风险识别、风险评估、风险控制等环节。

风险识别可以通过对不良资产处置过程中的各种风险因素进行分析，识别出可能存在的风险点。风险因素主要包括市场风险、法律风险、财务风险、操作风险等。市场风险是指由于市场价格波动、市场需求变化等因素导致不良资产处置价格低于预期的风险；法律风险是指由于法律纠纷、产权不清等因素导致不良资产处置过程受阻的风险；财务风险是指由于不良资产处置过程中的财务问题导致企业财务状况恶化的风险；操作风险是指由于不良资产处置过程中的操作失误、管理不善等因素导致不良资产处置失败的风险。

风险评估可以通过对识别出的风险点进行评估，确定风险的发生概率和影响程度。风险评估可以采用定性分析和定量分析相结合的方法。定性分析可以通过专家评估、问卷调查等方式，对风险的发生概率和影响程度进行评估；定量分析可以通过建立风险评估模型，计算风险指标值，对风险的发生概率和影响程度进行量化评估。

风险控制可以通过采取相应的风险控制措施，降低风险的发生概率和影响程度。风险控制措施主要包括风险规避、风险降低、风险转移、风险承受等。风险规避是指通过放弃不良资产处置项目或选择其他风险较小的处置方式，避免风险的发生；风险降低是指通过采取措施降低风险的发生概率和影响程度，如加强市场调研、完善法律手续、规范财务操作等；风险转移是指通过购买保险、签订合同等方式，将风险转移给第三方；风险承受是指在评估风险后，认为风险在可承受范围内，选择承受风险。

四、对不良资产处置结果进行评估和总结

1. 不良资产处置结果的评估指标和方法

不良资产处置结果的评估指标应包括不良资产处置的效率、效益、合规性等方面。不良资产处置的效率可以通过不良资产处置的时间、数量、金额等指标来衡量；不良资产处置的效益可以通过不良资产处置的价格、收益、成本等指标来衡量；不良资产处置的合规性可以通过不良资产处置过程中的法律手续、审批程序、财务规范等指标来衡量。

不良资产处置结果的评估方法可以采用对比分析、趋势分析、比率分析等方法。对比分析可以将不良资产处置的结果与预期目标进行对比，分析差异产生的原因；趋势分析可以对不良资产处置的结果进行时间序列分析，观察不良资产处置的趋势变化；比率分析可以计算不良资产处置的各种比率指标，如不良资产处置率、不良资产回收率、不良资产损失率等，分析不良资产处置的效果。

2. 不良资产处置结果的总结和反馈

对不良资产处置结果进行总结和反馈是提高不良资产处置水平的重要途径。总结和反馈应包括不良资产处置的经验教训、存在的问题、改进的措施等方面。

不良资产处置的经验教训可以通过对不良资产处置过程中的成功案例和失败案例进行分析，总结出不良资产处置的成功经验和失败教训，为今后的不良资产处置提供参考。存在的问题可以通过对不良资产处置结果的评估，找出不良资产处置过程中存在的问题和不足，如处置方式不当、处置价格不合理、处置过程不规范等。改进的措施可以针对存在的问题，提出相应的改进措施和建议，如优化处置方式、合理确定处置价格、加强处置过程的监督和管理等。

五、建立不良资产预警机制，防止不良资产的再次产生

1. 不良资产预警机制的建立原则和目标

不良资产预警机制的建立原则应包括及时性、准确性、有效性、可操作性等。及时性是指不良资产预警机制能够及时发现不良资产的产生迹象，为企业采取措施提供时间；准确性是指不良资产预警机制能够准确判断不良资产的性质和程度，为企业采取措施提供依据；有效性是指不良资产预警机制能够有效地防范不良资产的产生，为企业的资产安全提供保障；可操作性是指不良资产预警机制能够简单易行，便于企业实施和操作。

不良资产预警机制的建立目标是通过建立一套科学、合理、有效的不良资产预警机制，及时发现不良资产的产生迹象，采取有效措施，防止不良资产的再次产生，提高企业的资产质量和赢利能力。

2. 不良资产预警机制的指标体系和预警标准

不良资产预警机制的指标体系应包括财务指标、经营指标、市场指标等方面。财务指标可以包括资产负债率、流动比率、速动比率、应收账款周转率、存货周转率等；经营指标可以包括销售收入增长率、净利润增长率、市场占有率等；市场指标可以包括行业发展趋势、市场竞争状况、客户满意度等。

不良资产预警机制的预警标准应根据企业的实际情况和行业特点进行确定。一般来说，当指标体系中的某个指标超过预警标准时，就应发出预警信号，提示企业关注不良资产的产生风险。预警标准可以分为轻度预警、中度预警和重度预警三个级别。轻度预警表示不良资产的产生风险较小，企业可以通过加强管理、优化经营等方式进行防范；中度预警表示不良资产的产生风险较大，企业应采取相应的措施，如调整经营策略、加强风险管理等；重度预警表示不良资产的产生风险非常大，企业应立即采取紧急措施，如停止投资、处置不良资产等。

3. 不良资产预警机制的运行和维护

不良资产预警机制的运行和维护是确保预警机制有效发挥作用的关键。运行和维护应包括指标监测、预警信号发出、预警分析、预警处理等环节。

指标监测是指对不良资产预警机制的指标体系进行定期监测，及时掌握指标的变化情况。预警信号发出是指当指标超过预警标准时，及时发出预警信号，提示企业关注不良资产的产生风险。预警分析是指对预警信号进行分析，判断

不良资产的产生原因和风险程度。预警处理是指根据预警分析的结果，采取相应的措施，如调整经营策略、加强风险管理、处置不良资产等。

同时，还应定期对不良资产预警机制进行评估和调整，根据企业的实际情况和市场变化，及时调整预警指标体系和预警标准，确保预警机制的有效性和适应性。

总之，清理不良资产是企业迈向上市之路的重要任务之一。通过对企业资产进行全面清查，识别不良资产；制订不良资产处置方案，包括出售、转让、核销等方式；加强不良资产处置的监督和管理，确保处置过程的合法合规；对不良资产处置结果进行评估和总结；建立不良资产预警机制，防止不良资产的再次产生，企业可以提高资产质量，降低财务风险，为企业的上市和持续发展创造良好的条件。

㊲ 加强财务数据分析

准确、深入的财务数据分析能够为企业提供关键的决策依据，帮助企业优化经营策略，提升竞争力，为成功上市奠定坚实基础。

一、确定财务数据分析的指标和方法

1. 明确分析指标

确定合适的财务数据分析指标是开展有效分析的前提。常见的财务分析指标包括赢利能力指标、偿债能力指标、营运能力指标和发展能力指标等。

赢利能力指标主要反映企业获取利润的能力，如毛利率、净利率、净资产收益率等。偿债能力指标衡量企业偿还债务的能力，包括资产负债率、流动比率、速动比率等。营运能力指标体现企业资产的运营效率，如应收账款周转率、存货周转率、总资产周转率等。发展能力指标则展示企业的成长潜力，如营业收入增长率、净利润增长率等。

企业应根据自身的行业特点、发展阶段和战略目标，选择具有针对性和实用性的财务分析指标。例如，对于处于成长期的科技企业，可能更关注营业收入增长率和研发投入占比等指标；而对于传统制造业企业，存货周转率和成本费用利润率可能更为重要。

2. 选择分析方法

财务数据分析方法多种多样，企业应根据分析目的和数据特点选择合适的方法。常用的分析方法有比率分析法、趋势分析法、比较分析法和因素分析法等。

比率分析法通过计算各种财务比率，揭示企业财务状况和经营成果的内在关系。趋势分析法通过对不同时期财务数据的比较，分析企业的发展趋势。比较分析法将企业的财务指标与同行业平均水平或竞争对手进行对比，找出优势和不足。因素分析法则用于分析影响财务指标的各种因素，以便确定关键因素和改进方向。

例如，企业可以采用比率分析法计算资产负债率，了解自身的偿债能力；通过趋势分析法观察营业收入的变化趋势，判断企业的发展态势；运用比较分析法与同行业企业对比毛利率，评估自身的赢利能力在行业中的地位；利用因素分析法分析影响净利润的因素，如销售收入、成本费用等，为提高净利润提供决策依据。

二、收集和整理财务数据，进行深入分析

1. 数据收集

全面、准确的数据是财务分析的基础。企业应建立完善的数据收集渠道，确保能够及时获取所需的财务数据。

财务数据的来源主要包括企业内部的财务报表、会计账簿、凭证等，以及外部的行业报告、市场调研数据等。企业可以通过财务软件系统自动生成财务报表数据，同时安排专人负责收集外部数据，确保数据的完整性和时效性。

此外，企业还应注意数据的真实性和可靠性。在收集数据过程中，要对数据进行审核和验证，排除错误和异常数据，确保分析结果的准确性。

2. 数据整理

收集到的财务数据往往需要进行整理和分类，以便进行深入分析。数据整理包括数据清洗、分类汇总和数据标准化等步骤。

数据清洗是去除重复数据、纠正错误数据和填补缺失数据的过程。分类汇总是将数据按照不同的指标和维度进行分类，以便进行后续的分析。数据标准化是将不同单位和量级的数据转化为统一的标准形式，便于进行比较和分析。

例如，对于销售收入数据，可以按照产品类别、销售地区、销售渠道等进

行分类汇总；对于不同货币计量的财务数据，可以按照汇率进行换算，实现数据标准化。

3. 深入分析

在确定分析指标、收集和整理数据的基础上，进行深入的财务数据分析。分析过程应结合企业的实际情况，运用多种分析方法，从不同角度揭示企业的财务状况和经营成果。

赢利能力分析可以通过计算毛利率、净利率等指标，评估企业的赢利水平。同时，分析销售收入、成本费用等因素对赢利能力的影响，找出提高赢利能力的关键因素。偿债能力分析可以通过计算资产负债率、流动比率等指标，评估企业的债务风险。营运能力分析可以通过计算应收账款周转率、存货周转率等指标，评估企业资产的运营效率。发展能力分析可以通过计算营业收入增长率、净利润增长率等指标，评估企业的成长潜力。

此外，还可以进行综合分析，将不同的财务指标进行组合分析，全面评估企业的财务状况和经营成果。例如，通过构建财务比率综合分析模型，如杜邦分析体系，将净资产收益率分解为销售净利率、总资产周转率和权益乘数等因素，深入分析企业赢利能力、营运能力和偿债能力之间的关系。

三、制作财务分析报告，为企业决策提供依据

1. 报告内容

财务分析报告应包括引言、企业概况、财务数据分析结果、结论和建议等部分。

引言部分应简要介绍财务分析的目的、范围和方法。企业概况部分应介绍企业的基本情况、行业地位和发展战略等。财务数据分析结果部分是报告的核心内容，应详细展示各项财务分析指标的计算结果、分析过程和结论。结论部分应总结财务分析的主要发现，对企业的财务状况和经营成果进行总体评价。建议部分应根据分析结果，提出针对性的改进建议和决策参考。

例如，在财务分析报告中，可以指出企业赢利能力较强，但营运能力有待提高，建议加强应收账款管理，提高存货周转率，以提高资产运营效率。

2. 报告形式

财务分析报告应采用简洁明了、易于理解的形式呈现。可以使用图表、表格等形式直观地展示财务数据和分析结果，增强报告的可读性。

同时，报告应注意语言表达的准确性和规范性，避免使用过于专业的术语和复杂的句子结构，以便企业管理层和其他非财务人员能够理解报告内容。

例如，可以使用柱状图展示不同时期的销售收入变化趋势，使用饼图分析成本费用的构成比例，使报告更加直观形象。

3. 报告用途

财务分析报告是企业决策的重要依据。企业管理层可以根据报告中的分析结果和建议，制定经营策略、调整财务预算、优化资源配置等。

同时，财务分析报告也可以为投资者、债权人等外部利益相关者提供决策参考，增强他们对企业的信心和投资意愿。

例如，投资者可以通过财务分析报告了解企业的赢利能力和成长潜力，评估企业的投资价值；债权人可以通过报告了解企业的偿债能力，判断企业的信用风险。

四、建立财务数据分析反馈机制，及时调整企业经营策略

1. 反馈渠道

建立畅通的财务数据分析反馈渠道，确保分析结果能够及时传达给企业管理层和相关部门。反馈渠道可以包括定期报告、会议汇报、电子邮件等形式。

例如，每月定期向企业管理层提交财务分析报告，在经营决策会议上汇报财务分析结果，通过电子邮件向相关部门发送财务数据预警信息等。

2. 调整机制

企业应根据财务数据分析结果，及时调整经营策略。当分析结果显示企业存在问题或风险时，应制定相应的改进措施，并跟踪实施效果。

例如，如果财务分析发现企业应收账款周转率下降，可能意味着应收账款管理不善，企业应加强应收账款催收力度，优化信用政策，提高应收账款周转率。同时，要对改进措施的实施效果进行跟踪评估，及时调整策略，确保问题得到有效解决。

3. 持续改进

财务数据分析反馈机制是一个持续改进的过程。企业应不断总结经验教训，完善数据分析方法和指标体系，提高分析结果的准确性和实用性。

同时，要加强与各部门的沟通协作，确保财务数据分析与企业实际经营情况紧密结合，为企业的持续发展提供有力支持。

例如，定期对财务数据分析工作进行评估，根据评估结果调整分析指标和方法；组织财务部门与业务部门的沟通会议，共同探讨如何提高财务数据分析的质量和应用价值。

五、定期对财务数据分析工作进行评估和改进

1. 评估指标

建立科学的评估指标体系，对财务数据分析工作进行全面评估。评估指标可以包括分析结果的准确性、及时性、实用性、报告质量等方面。

准确性指标衡量分析结果与实际情况的符合程度；及时性指标评估分析报告的提交时间是否满足企业决策的需要；实用性指标考察分析结果对企业经营决策的支持程度；报告质量指标包括报告的内容完整性、形式美观性、语言规范性等。

例如，可以通过对比实际财务数据与分析结果的差异，评估分析结果的准确性；统计分析报告的提交时间与决策需求时间的差距，评估及时性；调查企业管理层和相关部门对分析结果的应用情况，评估实用性；组织专家对报告进行评审，评估报告质量。

2. 改进措施

根据评估结果，制定相应的改进措施。改进措施可以包括优化数据分析方法、加强数据收集和整理工作、提高报告质量、加强人员培训等方面。

例如，如果评估发现分析结果的准确性不高，可以进一步完善数据分析模型，加强数据审核和验证工作；如果报告质量有待提高，可以组织培训课程，提高财务分析人员的报告撰写能力。

3. 持续优化

财务数据分析工作的评估和改进是一个持续优化的过程。企业应定期进行评估，不断总结经验教训，持续改进财务数据分析工作，提高分析水平和决策支持能力。

例如，每季度对财务数据分析工作进行一次评估，根据评估结果制订改进计划，并在下一季度进行跟踪和评估，确保改进措施得到有效落实，不断提升财务数据分析工作的质量和效果。

总之，加强财务数据分析是企业上市过程中的重要环节。通过确定财务数据分析的指标和方法，收集和整理财务数据，进行深入分析，制作财务分析报

告，建立反馈机制，定期评估和改进，企业可以充分发挥财务数据分析的作用，为企业决策提供准确、及时、有效的依据，助力企业成功上市并实现持续发展。

㊳ 制订税务筹划方案

有效的税务筹划不仅可以降低企业税负，提高企业经济效益，还能确保企业在合法合规的前提下稳健发展，为企业成功上市增添助力。

一、了解国家税收政策和法规，寻找税务筹划的空间

1. 深入研究税收政策

国家税收政策和法规是企业进行税务筹划的重要依据。企业应密切关注国家税收政策的动态变化，及时了解新出台的税收优惠政策、税收减免政策以及税收调整政策等。

可以通过订阅税务专业报刊、关注税务部门官方网站、参加税务培训等方式，获取最新的税收政策信息。同时，企业还可以聘请专业的税务顾问，为企业提供专业的税收政策解读和咨询服务。

2. 分析税收法规漏洞

尽管税收法规相对完善，但在实际执行过程中，可能存在一些模糊地带或漏洞。企业可以通过对税收法规的深入分析，寻找可能的税务筹划空间。

例如，某些税收法规对于特定行业或业务活动的界定可能不够明确，企业可以根据自身的实际情况，合理利用这些模糊地带，进行税务筹划。但需要注意的是，企业在利用税收法规漏洞进行税务筹划时，必须确保其行为的合法性，避免陷入税务风险。

3. 关注税收优惠政策

国家为了鼓励特定行业或企业的发展，会出台一系列税收优惠政策。企业应认真研究这些税收优惠政策，结合自身的实际情况，积极争取享受税收优惠。

常见的税收优惠政策包括高新技术企业税收优惠、研发费用加计扣除、小微企业税收减免等。企业可以通过加大研发投入、提高技术创新能力、优化企业规模等方式，满足税收优惠政策的条件，享受相应的税收优惠。

二、结合企业实际情况，制订合理的税务筹划方案

1. 分析企业经营状况

企业的经营状况是制订税务筹划方案的基础。企业应全面分析自身的业务范围、经营模式、财务状况、税务状况等，找出企业在税务方面存在的问题和潜力。

例如，企业可以分析自身的销售收入、成本费用、利润水平等财务指标，了解企业的税负情况；分析企业的业务流程、供应链管理、合同签订等经营环节，找出可能存在的税务风险和筹划空间。

2. 确定税务筹划目标

根据企业的经营状况和发展战略，确定税务筹划的目标。税务筹划的目标可以是降低企业税负、提高企业经济效益、优化企业税务结构等。

例如，对于一家处于成长期的企业，可能更注重降低企业税负，提高企业的赢利能力；对于一家准备上市的企业，可能更注重优化企业税务结构，提高企业的财务透明度和合规性。

3. 选择税务筹划方法

在确定税务筹划目标的基础上，选择合适的税务筹划方法。常见的税务筹划方法包括税收优惠政策利用、税务会计处理方法选择、企业组织形式优化、业务流程再造等。

例如，企业可以通过合理利用税收优惠政策，降低企业的税负；通过选择合适的税务会计处理方法，如固定资产折旧方法、存货计价方法等，调整企业的利润水平；通过优化企业组织形式，如设立子公司、分公司等，实现企业的税务优化；通过业务流程再造，如优化供应链管理、合理安排合同签订等，降低企业的税务风险。

三、对税务筹划方案进行风险评估

1. 合法性评估

税务筹划方案的合法性是企业进行税务筹划的首要原则。企业应确保税务筹划方案符合国家税收政策和法规的要求，避免陷入税务违法风险。

可以通过聘请专业的税务律师或税务顾问，对税务筹划方案进行合法性评估。税务律师或税务顾问可以根据国家税收政策和法规的要求，对税务筹划方案的合法性进行审查，提出专业的法律意见和建议。

2. 可行性评估

税务筹划方案的可行性是企业实施税务筹划的重要保障。企业应确保税务筹划方案在实际操作中具有可行性，能够为企业带来实际的经济效益。

可以通过对税务筹划方案进行成本效益分析，评估方案的可行性。成本效益分析可以考虑税务筹划方案的实施成本、预期收益、风险成本等因素，综合评估方案的可行性。同时，企业还可以通过模拟实施税务筹划方案，了解方案在实际操作中可能遇到的问题和困难，及时调整和优化方案。

3. 风险评估

税务筹划方案可能存在一定的风险，企业应进行全面的风险评估，制定相应的风险应对措施。

风险评估可以考虑税务筹划方案的政策风险、法律风险、经营风险等因素。政策风险是指由于国家税收政策的变化，导致税务筹划方案无法实施或效果不佳的风险；法律风险是指由于税务筹划方案的合法性存在问题，导致企业陷入税务违法风险的风险；经营风险是指由于税务筹划方案的实施，对企业的经营活动产生不利影响的风险。

针对不同的风险因素，企业可以制定相应的风险应对措施。例如，对于政策风险，企业可以密切关注国家税收政策的动态变化，及时调整税务筹划方案；对于法律风险，企业可以加强税务合规管理，确保税务筹划方案的合法性；对于经营风险，企业可以在实施税务筹划方案前，进行充分的市场调研和经营分析，确保方案的实施不会对企业的经营活动产生不利影响。

四、实施税务筹划方案，跟踪方案的执行效果

1. 组织实施

在确定税务筹划方案后，企业应组织相关部门和人员，按照方案的要求，认真实施税务筹划方案。

可以成立专门的税务筹划实施小组，负责税务筹划方案的具体实施工作。实施小组可以由企业的财务部门、税务部门、业务部门等相关人员组成，明确各成员的职责和分工，确保税务筹划方案的顺利实施。

2. 跟踪执行效果

企业应建立有效的跟踪机制，及时了解税务筹划方案的执行效果。可以通过定期编制税务筹划执行报告，分析税务筹划方案的实施情况、取得的成效以

及存在的问题。

跟踪执行效果可以考虑税务筹划方案的实施进度、税负降低情况、经济效益提升情况等因素。同时，企业还可以通过与同行业企业进行对比分析，了解自身在税务筹划方面的优势和不足，及时调整和优化税务筹划方案。

3. 调整优化方案

根据跟踪执行效果的情况，企业应及时调整和优化税务筹划方案。如果税务筹划方案的实施效果不佳，企业应分析原因，找出问题所在，及时调整方案；如果国家税收政策发生变化，企业应及时调整税务筹划方案，确保方案的合法性和有效性。

调整优化税务筹划方案可以考虑调整税务筹划目标、选择新的税务筹划方法、优化税务筹划方案的实施流程等因素。同时，企业还应加强与税务部门的沟通和协调，及时了解税务部门的政策解读和执行要求，确保税务筹划方案的顺利实施。

五、定期对税务筹划方案进行调整和优化

1. 定期评估

企业应定期对税务筹划方案进行评估，了解方案的实施效果和存在的问题。评估可以考虑税务筹划方案的合法性、可行性、风险控制情况、经济效益提升情况等因素。

可以通过聘请专业的税务顾问或税务律师，对税务筹划方案进行定期评估。税务顾问或税务律师可以根据国家税收政策和法规的要求，对税务筹划方案的实施情况进行审查，提出专业的评估意见和建议。

2. 调整优化

根据评估结果，企业应及时调整和优化税务筹划方案。如果税务筹划方案的实施效果不佳，企业应分析原因，找出问题所在，及时调整方案；如果国家税收政策发生变化，企业应及时调整税务筹划方案，确保方案的合法性和有效性。

调整优化税务筹划方案可以考虑调整税务筹划目标、选择新的税务筹划方法、优化税务筹划方案的实施流程等因素。同时，企业还应加强与税务部门的沟通和协调，及时了解税务部门的政策解读和执行要求，确保税务筹划方案的顺利实施。

3. 持续改进

税务筹划是一个持续改进的过程。企业应不断总结经验教训，持续改进税务筹划方案，提高税务筹划的水平和效果。

可以通过建立税务筹划案例库，总结成功的税务筹划案例和经验教训，为企业今后的税务筹划提供参考。同时，企业还应加强对税务筹划人员的培训和学习，提高税务筹划人员的专业素质和业务能力，为企业的税务筹划提供有力的人才支持。

总之，制订税务筹划方案是企业上市过程中的重要环节。通过了解国家税收政策和法规，寻找税务筹划的空间；结合企业实际情况，制订合理的税务筹划方案；对税务筹划方案进行风险评估，确保方案的合法性和可行性；实施税务筹划方案，跟踪方案的执行效果；定期对税务筹划方案进行调整和优化，企业可以有效降低税负，提高经济效益，为企业的上市和持续发展提供有力支持。

㊴ 进行财务内部审计

有效的内部审计能够发现潜在的财务风险和管理漏洞，为企业提供改进建议，提升企业的财务管理水平，为成功上市奠定坚实基础。

一、建立内部审计制度，明确内部审计的职责和权限

1. 内部审计制度的重要性

建立健全内部审计制度是开展财务内部审计的前提。内部审计制度能够明确内部审计的目标、范围、职责和权限，为内部审计工作提供规范和指导。

一个完善的内部审计制度可以确保内部审计工作的独立性、客观性和公正性，提高内部审计工作的效率和质量，增强企业管理层对内部审计工作的信任和支持。

2. 明确内部审计的职责

内部审计的职责主要包括对企业财务管理制度的执行情况进行监督和检查，对企业财务报表的真实性、准确性和完整性进行审计，对企业内部控制制度的有效性进行评估，对企业重大经济决策的合理性进行审查等。

具体来说，内部审计人员应关注企业的财务收支是否合法合规，会计核算是否准确无误，财务报表是否真实可靠，内部控制是否健全有效，重大经济决策是否经过充分的论证和审批等方面的问题。

3. 确定内部审计的权限

为了确保内部审计工作的顺利开展，企业应赋予内部审计人员相应的权限。内部审计人员有权查阅企业的财务报表、会计账簿、凭证等财务资料，有权对企业的财务管理制度和内部控制制度进行评估和审查，有权对企业的重大经济决策进行参与和监督，有权向企业管理层提出改进建议和意见等。

同时，企业应确保内部审计人员在行使权限时不受任何部门和个人的干扰和阻挠，保证内部审计工作的独立性和权威性。

二、制订内部审计计划，确定审计的重点和范围

1. 内部审计计划的制订原则

制订内部审计计划应遵循全面性、重要性、风险导向和时效性原则。全面性原则要求内部审计计划应涵盖企业的所有财务活动和管理环节；重要性原则要求内部审计计划应重点关注对企业财务状况和经营成果有重大影响的领域；风险导向原则要求内部审计计划应根据企业面临的财务风险和管理风险来确定审计的重点和范围；时效性原则要求内部审计计划应根据企业的发展战略和经营目标来确定审计的时间和进度。

2. 确定审计的重点

根据内部审计计划的制订原则，企业应确定财务内部审计的重点。一般来说，财务内部审计的重点包括企业的财务管理制度、会计核算、财务报表、内部控制、重大经济决策等方面。

例如，企业可以对财务管理制度的健全性和有效性进行审计，检查财务管理制度是否涵盖了企业的所有财务活动和管理环节，是否存在漏洞和缺陷；企业可以对会计核算的准确性和规范性进行审计，检查会计核算是否符合国家会计准则和企业内部会计制度的要求，是否存在错误和舞弊行为；企业可以对财务报表的真实性和完整性进行审计，检查财务报表是否反映了企业的实际财务状况和经营成果，是否存在虚假记载和误导性陈述等。

3. 确定审计的范围

除了确定审计的重点，企业还应确定财务内部审计的范围。财务内部审计

的范围应包括企业的所有部门和分支机构，以及企业的所有财务活动和管理环节。

例如，企业可以对总部和各分支机构的财务管理制度和执行情况进行审计，检查各分支机构是否严格执行总部制定的财务管理制度；企业可以对企业的所有财务收支活动进行审计，检查财务收支是否合法合规，是否存在浪费和损失现象；企业可以对企业的所有投资、融资、担保等重大经济决策进行审计，检查重大经济决策是否经过充分的论证和审批，是否存在风险和隐患等。

三、组织内部审计人员进行培训，提高审计工作的质量

1. 内部审计人员培训的重要性

内部审计人员的素质和能力直接影响着财务内部审计工作的质量和效果。因此，企业应重视内部审计人员的培训工作，不断提高内部审计人员的专业素质和业务能力。

通过培训，内部审计人员可以了解最新的财务法规和政策，掌握先进的审计方法和技术，提高审计工作的效率和质量，增强内部审计人员的职业素养和道德水平。

2. 内部审计人员培训的内容

内部审计人员培训的内容应包括财务法规和政策、审计方法和技术、内部控制和风险管理、职业道德和职业素养等方面。

例如，企业可以组织内部审计人员学习国家会计准则、税收法规、财务管理等方面的知识，提高内部审计人员的财务专业水平；企业可以组织内部审计人员学习审计抽样、数据分析、风险评估等方面的审计方法和技术，提高内部审计人员的审计业务能力；企业可以组织内部审计人员学习内部控制和风险管理的理论和方法，提高内部审计人员的风险防范意识和管理水平；企业可以组织内部审计人员学习职业道德和职业素养的规范和要求，提高内部审计人员的职业操守和道德水平。

3. 内部审计人员培训的方式

内部审计人员培训的方式可以多种多样，包括内部培训、外部培训、在线学习等。

内部培训可以由企业内部的财务专家或审计专家进行授课，具有针对性强、成本低等优点；外部培训可以邀请专业的培训机构或会计师事务所进行授课，

具有专业性强、视野开阔等优点；在线学习可以利用互联网平台进行学习，具有灵活性高、方便快捷等优点。

四、对企业内部财务管理制度和执行情况进行审计

1. 财务管理制度审计

对企业内部财务管理制度的审计是财务内部审计的重要内容之一。内部审计人员应审查企业的财务管理制度是否健全、完善，是否符合国家法律法规和企业内部管理的要求。

具体来说，内部审计人员应审查企业的财务管理制度是否涵盖了财务预算、会计核算、资金管理、财务分析、财务监督等方面的内容；企业的财务管理制度是否明确了各部门和各岗位的职责和权限；企业的财务管理制度是否建立了有效的内部控制和风险防范机制等。

2. 财务制度执行情况审计

除了审查财务管理制度的健全性和完善性，内部审计人员还应审查企业财务管理制度的执行情况。内部审计人员应检查企业各部门和各岗位是否严格执行了财务管理制度，是否存在违反财务管理制度的行为。

例如，内部审计人员可以检查企业的财务预算是否得到严格执行，是否存在超预算支出的情况；企业的会计核算是否准确无误，是否存在虚假记载和误导性陈述的情况；企业的资金管理是否规范有序，是否存在资金挪用和浪费的情况；企业的财务分析是否深入透彻，是否为企业管理层提供了准确的决策依据等。

五、对内部审计结果进行整改和落实

1. 内部审计结果的反馈和沟通

内部审计人员在完成财务内部审计工作后，应及时将审计结果反馈给企业管理层和相关部门。内部审计人员应与企业管理层和相关部门进行充分的沟通和交流，听取他们对审计结果的意见和建议，共同探讨改进措施和方案。

同时，内部审计人员应将审计结果向企业全体员工进行公布，增强企业员工对内部审计工作的认识和理解，提高企业员工的财务管理意识和风险防范意识。

2. 内部审计结果的整改和落实

企业管理层和相关部门应根据内部审计人员提出的改进建议和意见，制定

具体的整改措施和方案，并认真组织实施。企业管理层和相关部门应将整改措施和方案的实施情况及时反馈给内部审计人员，以便内部审计人员对整改情况进行跟踪和监督。

内部审计人员应定期对整改情况进行检查和评估，确保整改措施和方案得到有效落实。如果发现整改措施和方案存在问题或不足，内部审计人员应及时提出调整和完善的建议和意见。

3. 完善企业财务管理体系

通过对内部审计结果的整改和落实，企业可以不断完善财务管理体系，提高财务管理水平。企业应将内部审计工作与企业的日常财务管理工作相结合，建立健全内部审计与财务管理的联动机制，实现内部审计工作的常态化和制度化。

同时，企业应不断总结内部审计工作的经验和教训，加强对内部审计工作的研究和探索，创新内部审计工作的方法和手段，提高内部审计工作的效率和质量，为企业的发展提供更加有力的保障。

总之，进行财务内部审计是企业上市过程中的重要环节。通过建立内部审计制度，明确内部审计的职责和权限；制订内部审计计划，确定审计的重点和范围；组织内部审计人员进行培训，提高审计工作的质量；对企业内部财务管理制度和执行情况进行审计；对内部审计结果进行整改和落实，完善企业财务管理体系等措施，企业可以有效地发现和解决财务管理中存在的问题和风险，提高财务管理水平，为企业的上市和持续发展奠定坚实基础。

㊵ 提升财务人员素质

高素质的财务人员能够为企业提供准确、及时的财务信息，为企业的决策提供有力支持，助力企业成功上市。因此，提升财务人员素质成为企业上市过程中的一项重要任务。

一、制订财务人员培训计划，明确培训内容和目标

1. 培训需求分析

企业需要对财务人员的培训需求进行全面分析。这可以通过问卷调查、面

谈、绩效评估等方式进行，了解财务人员在专业知识、技能、职业素养等方面的不足之处。

例如，可能发现部分财务人员对新会计准则的理解不够深入，或者在财务分析和风险管理方面的能力有待提高。同时，随着企业业务的发展和市场环境的变化，财务人员可能需要了解更多的行业动态和前沿技术。

2. 确定培训内容

根据培训需求分析的结果，确定具体的培训内容。培训内容应涵盖财务专业知识、财务管理技能、职业素养等方面。

在财务专业知识方面，可以包括会计准则、财务报表分析、税务法规、成本管理等。例如，针对新会计准则的变化，组织专门的培训课程，帮助财务人员掌握新的会计处理方法和报告要求。

在财务管理技能方面，可以包括预算编制与控制、资金管理、财务风险管理、财务决策支持等。例如，通过案例分析和实际操作，提高财务人员的财务分析和决策能力。

在职业素养方面，可以包括职业道德、沟通技巧、团队合作、领导力等。例如，开展职业道德培训，增强财务人员的诚信意识和责任感。

3. 明确培训目标

明确培训目标是确保培训效果的关键。培训目标应具体、可衡量，并与企业的发展战略和财务人员的职业发展需求相结合。

例如，通过培训，使财务人员能够熟练掌握新会计准则，提高财务报表的编制质量；能够运用财务分析工具，为企业管理层提供准确的决策支持；能够增强团队合作意识，提高工作效率等。

二、组织财务人员参加专业培训和学习交流活动

1. 内部培训

企业可以组织内部培训，由内部的财务专家或业务骨干担任培训讲师。内部培训具有针对性强、成本低、易于组织等优点。

例如，针对企业内部的财务管理问题，组织专题培训，分享成功经验和最佳实践。同时，可以通过内部培训，促进财务人员之间的交流和学习，提高团队的整体素质。

2. 外部培训

企业还可以安排财务人员参加外部培训课程，邀请专业的培训机构或高校教授进行授课。外部培训可以拓宽财务人员的视野，接触到最新的行业动态和前沿技术。

例如，参加财务软件培训，学习最新的财务管理软件的使用方法；参加税务筹划培训，了解最新的税收政策和税务筹划技巧。

3. 学习交流活动

组织财务人员参加学习交流活动，如行业研讨会、学术论坛、参观考察等。学习交流活动可以让财务人员与同行进行交流和互动，分享经验和见解，拓宽思路。

例如，参加行业研讨会，了解同行业企业的财务管理经验和创新做法；参观考察优秀企业，学习先进的财务管理模式和方法。

三、鼓励财务人员参加职业资格考试，提高专业水平

1. 职业资格考试的重要性

职业资格考试是衡量财务人员专业水平的重要标准之一。鼓励财务人员参加职业资格考试，可以促使他们不断学习和提升自己的专业能力。

例如，注册会计师（CPA）、注册税务师（CTA）、国际注册内部审计师（CIA）等职业资格考试，具有较高的含金量，能够提升财务人员的职业竞争力。

2. 提供支持和激励措施

企业可以为财务人员参加职业资格考试提供支持和激励措施。例如，为参加考试的财务人员提供学习时间和费用支持；对通过职业资格考试的财务人员给予奖励，如晋升、加薪、表彰等。

同时，企业可以建立职业资格与薪酬待遇、晋升机会挂钩的机制，激励财务人员积极参加职业资格考试，提高专业水平。

四、建立财务人员绩效考核机制

1. 绩效考核指标的设定

建立科学合理的绩效考核机制，设定明确的绩效考核指标。绩效考核指标应涵盖财务工作的各个方面，包括财务报表的准确性、及时性，预算执行情况，财务分析的质量，税务筹划的效果等。

例如，可以设定财务报表准确率、预算偏差率、财务分析报告的及时性和质量等具体指标。同时，还可以将职业素养、团队合作等方面的表现纳入绩效考核指标体系。

2. 绩效考核的方法和流程

确定绩效考核的方法和流程，确保绩效考核的公平、公正、公开。绩效考核可以采用定量与定性相结合的方法，通过自评、互评、上级评价等方式进行。

例如，每月进行一次自评和上级评价，每季度进行一次互评，年底进行综合考核。考核结果应及时反馈给财务人员，让他们了解自己的工作表现和不足之处，以便及时改进。

3. 激励措施的制定

根据绩效考核结果，制定相应的激励措施。激励措施可以包括薪酬激励、晋升激励、培训激励等。

例如，对绩效考核优秀的财务人员给予加薪、晋升机会；对表现突出的财务人员提供更多的培训和学习机会。同时，对于绩效考核不达标的财务人员，应给予相应的警告和培训，帮助他们提高工作质量。

五、定期对财务人员素质提升工作进行评估和改进

1. 评估的内容和方法

定期对财务人员素质提升工作进行评估，评估的内容包括培训计划的执行情况、培训效果、职业资格考试的通过率、绩效考核结果等。

评估的方法可以采用问卷调查、面谈、数据分析等方式。例如，通过问卷调查了解财务人员对培训内容和培训方式的满意度；通过面谈了解财务人员在工作中运用所学知识和技能的情况；通过数据分析比较培训前后财务人员的工作绩效变化。

2. 改进措施的制定

根据评估结果，制定相应的改进措施。如果发现培训内容和方式不适合财务人员的需求，可以及时调整培训计划；如果发现职业资格考试的通过率较低，可以加强对财务人员的考试辅导；如果发现绩效考核机制存在问题，可以对绩效考核指标和方法进行优化。

同时，企业应不断总结经验教训，持续改进财务人员素质提升工作，确保财务人员的素质能够满足企业发展的需要。

总之，提升财务人员素质是企业上市过程中的一项长期而艰巨的任务。通过制订财务人员培训计划，组织财务人员参加专业培训和学习交流活动，鼓励财务人员参加职业资格考试，建立财务人员绩效考核机制，定期对财务人员素质提升工作进行评估和改进等措施，企业可以不断提高财务人员的专业素质和综合能力，为企业的上市和持续发展提供有力的人才支持。

第五章

税务合规

——确保依法纳税

㊶ 组建税务自查团队

组建一支高效的税务自查团队，能够及时发现潜在的税务风险，确保企业税务处理的准确性和合法性，为企业成功上市保驾护航。

一、选拔具备税务专业知识和丰富经验的人员组成自查团队

1. 确定选拔标准

选拔税务自查团队成员时，应明确具体的选拔标准。首先，具备扎实的税务专业知识是基本要求。这包括熟悉国家税收法律法规、税收政策以及税务申报流程等。

丰富的税务工作经验也是重要考量因素。具有不同类型企业税务工作经验的人员，能够更好地应对各种复杂的税务情况。例如，有在大型企业从事税务管理工作经验的人员，可能对企业税务筹划和风险防控有更深入的理解；有在税务师事务所工作经验的人员，则可能在税务审计和税务咨询方面具有优势。

此外，良好的沟通能力、团队合作精神和责任心也是选拔的重要标准。税务自查工作往往需要与企业内部各个部门以及外部税务机关进行沟通协调，因此具备良好的沟通能力和团队合作精神的人员能够更好地完成工作任务。同时，责任心强的人员能够认真对待税务自查工作，确保工作质量。

2. 多渠道选拔人才

为了组建一支高素质的税务自查团队，可以通过多种渠道选拔人才。企业内部的财务部门、税务部门是主要的人才来源。这些部门的人员对企业的业务流程和税务情况比较熟悉，能够更快地适应税务自查工作。

此外，还可以从外部招聘具有税务专业背景和经验的人员。例如，可以通过招聘网站、人才市场等渠道发布招聘信息，吸引优秀的税务人才加入。同时，也可以考虑聘请税务顾问或专家作为团队的指导人员，为税务自查工作提供专业支持。

3. 面试与评估

在选拔过程中，应进行严格的面试和评估。面试可以采用结构化面试、案例分析等方式，全面考察候选人的税务专业知识、工作经验、沟通能力和团队合作精神等方面。

评估可以结合候选人的简历、面试表现以及背景调查等进行综合评估。对于关键岗位的候选人，还可以进行多轮面试和测试，确保选拔出最适合的人员加入税务自查团队。

二、明确团队成员的具体职责和分工

1. 团队负责人

团队负责人是税务自查团队的核心，负责整个税务自查工作的组织、协调和管理。其主要职责包括制订税务自查工作计划和时间表、分配工作任务、监督工作进度、审核自查结果等。

团队负责人应具备丰富的税务管理经验和领导能力，能够有效地组织和协调团队成员开展工作。同时，还应具备良好的沟通能力和决策能力，能够与企业管理层和外部税务机关进行有效的沟通和协调。

2. 税务专业人员

税务专业人员是税务自查团队的主要力量，负责具体的税务自查工作。其主要职责包括对企业的税务申报资料、财务报表、会计账簿等进行审查，查找潜在的税务风险；对企业的税务政策执行情况进行评估，确保企业税务处理的合法性和准确性；对发现的税务问题提出整改建议等。

税务专业人员应具备扎实的税务专业知识和丰富的税务工作经验，能够熟练运用各种税务法规和政策，准确识别税务风险。同时，还应具备较强的分析问题和解决问题的能力，能够提出切实可行的整改建议。

3. 数据分析师

数据分析师在税务自查团队中扮演着重要的角色，负责对企业的税务数据进行分析和挖掘，为税务自查工作提供数据支持。其主要职责包括收集和整理企业的税务数据、运用数据分析工具和方法对税务数据进行分析、发现数据中的异常情况和潜在风险等。

数据分析师应具备较强的数据分析能力和数据处理能力，能够熟练运用各种数据分析工具和软件。同时，还应具备一定的税务专业知识，能够理解税务数据的含义和背后的业务逻辑。

4. 沟通协调人员

沟通协调人员负责税务自查团队与企业内部各个部门以及外部税务机关的沟通协调工作。其主要职责包括与企业内部各部门沟通，了解业务流程和税务情况，收集相关资料；与外部税务机关沟通，了解税收政策和税务检查要求，及时反馈企业的税务自查情况等。

沟通协调人员应具备良好的沟通能力和协调能力，能够有效地与不同部门和人员进行沟通和协调。同时，还应具备一定的税务专业知识，能够准确理解税收政策和税务检查要求。

三、对团队成员进行专项培训，提升税务自查能力

1. 培训内容

为了提升税务自查团队成员的专业能力，应组织专项培训。培训内容应涵盖税收法律法规、税收政策、税务申报流程、税务审计方法、数据分析技巧等方面。

具体来说，可以包括最新的税收政策解读、税务风险识别与防范、税务筹划技巧、税务审计案例分析等。同时，还可以根据企业的实际情况，进行有针对性的培训，如企业所在行业的税收政策特点、企业常见的税务问题及解决方案等。

2. 培训方式

培训方式可以多样化，包括内部培训、外部培训、在线学习等。内部培训可以由企业内部的税务专家或业务骨干进行授课，具有针对性强、成本低等优点。外部培训可以邀请专业的税务培训机构或税务顾问进行授课，具有专业性强、视野开阔等优点。在线学习可以利用互联网平台进行学习，具有灵活性高、方便快捷等优点。

此外，还可以通过案例分析、模拟演练等方式进行实战培训，提高团队成员的实际操作能力。例如，组织税务自查模拟演练，让团队成员在模拟的税务检查环境中进行自查工作，提高应对实际税务检查的能力。

3. 培训效果评估

为了确保培训效果，应进行培训效果评估。评估可以采用考试、问卷调查、实际操作考核等方式进行。通过评估，了解团队成员对培训内容的掌握程度和实际应用能力，及时发现问题并进行调整和改进。

同时，还可以根据评估结果，对培训内容和方式进行优化和完善，提高培训的质量和效果。

四、建立团队内部沟通机制，确保信息及时共享

1. 沟通渠道建设

建立畅通的沟通渠道是确保团队内部信息及时共享的关键。可以通过建立内部通信工具、定期召开团队会议、设立工作邮箱等方式，搭建团队内部沟通平台。

内部通信工具可以方便团队成员随时进行沟通和交流，及时解决工作中遇到的问题。定期召开团队会议可以让团队成员汇报工作进展情况、交流工作经验、讨论重大问题等。设立工作邮箱可以用于发送和接收工作文件和通知，确保信息的及时传递。

2. 信息共享制度

建立信息共享制度，明确信息共享的范围、方式和要求。信息共享的范围可以包括税务政策法规、税务自查工作进展情况、发现的税务问题及解决方案等。信息共享的方式可以采用文件共享、会议汇报、邮件通知等。信息共享的要求可以包括及时、准确、完整等。

例如，要求团队成员在发现重大税务问题时，应及时通过内部通信工具或邮件通知其他成员；在完成一项税务自查任务后，应及时将自查结果整理成报告，通过文件共享或会议汇报的方式与其他成员分享。

3. 沟通协调机制

建立有效的沟通协调机制，确保团队内部沟通顺畅。当团队成员之间出现意见分歧或工作冲突时，应及时进行沟通协调，寻求解决方案。可以通过召开专题会议、进行个别沟通等方式解决问题，促进团队和谐。

同时，团队负责人应加强对团队内部沟通协调工作的监督和管理，确保沟通协调机制的有效运行。

五、制订税务自查工作计划和时间表

1. 确定自查范围和重点

在制订税务自查工作计划之前，应首先确定自查的范围和重点。自查范围可以包括企业的所有税务申报事项、财务报表、会计账簿等。自查重点可以根据企业的行业特点、业务模式以及以往的税务检查情况等进行确定。

例如，对于制造业企业，可能重点关注增值税、企业所得税等税种的申报

情况；对于房地产企业，可能重点关注土地增值税、企业所得税等税种的申报情况。同时，对于企业以往存在税务问题的领域，也应作为自查的重点进行深入检查。

2. 制订工作计划

根据自查范围和重点，制订详细的税务自查工作计划。工作计划应包括自查的目标、任务、方法、步骤、时间安排等内容。

自查的目标可以是发现潜在的税务风险、纠正税务处理中的错误、完善税务管理制度等。任务可以包括对税务申报资料的审查、对财务报表的分析、对会计账簿的核对等。方法可以采用抽样检查、全面审查、数据分析等。步骤可以分为准备阶段、实施阶段、总结阶段等。时间安排应明确每个阶段的开始时间和结束时间，确保自查工作按时完成。

3. 制定时间表

制定税务自查工作时间表，将工作计划中的各项任务具体落实到时间节点上。时间表应详细列出每个任务的开始时间、完成时间、负责人等信息，以便团队成员明确自己的工作任务和时间要求。

同时，应预留一定的时间用于应对可能出现的突发情况和调整工作计划。在实际执行过程中，应严格按照时间表进行进度控制，确保税务自查工作按时完成。

总之，组建税务自查团队是企业上市过程中的重要环节。通过选拔具备税务专业知识和丰富经验的人员组成自查团队，明确团队成员的具体职责和分工，对团队成员进行专项培训，建立团队内部沟通机制，制订税务自查工作计划和时间表等措施，企业可以有效地开展税务自查工作，及时发现潜在的税务风险，确保企业税务处理的准确性和合法性，为企业成功上市奠定坚实的基础。

㊷ 学习税收政策法规

准确理解并合理运用税收政策法规，不仅可以降低企业税务风险，还能优化企业税务成本，为企业成功上市创造有利条件。

一、定期组织企业管理层和财务人员学习最新税收政策法规

1. 学习的重要性

税收政策法规处于不断变化和完善之中，企业管理层和财务人员必须保持学习的状态，才能及时了解最新的政策动态，确保企业税务处理的合规性。

对于企业管理层来说，了解税收政策法规有助于制定更加科学合理的经营决策，避免因税务问题影响企业的战略发展。对于财务人员而言，掌握最新的税收政策法规是做好本职工作的基础，能够提高税务处理的准确性和效率。

2. 学习的方式

企业可以定期组织内部培训，邀请税务专业人士或内部税务专家为管理层和财务人员讲解最新的税收政策法规。培训可以采用集中授课、案例分析、互动讨论等多种形式，提高学习的效果。

参加外部培训课程也是一种有效的学习方式。企业可以安排管理层和财务人员参加税务机关、专业培训机构或行业协会组织的培训活动，拓宽视野，学习先进的税务管理经验。

此外，企业还可以鼓励管理层和财务人员自主学习，通过阅读税务专业书籍、期刊、网站等渠道，及时了解税收政策法规的变化。

3. 学习的内容

学习的内容应涵盖国家层面和地方层面的税收政策法规。国家层面的税收政策法规包括增值税、企业所得税、个人所得税等主要税种的法律法规，以及税收优惠政策、税收征管制度等。地方层面的税收政策法规则包括地方政府出台的税收优惠政策、税收扶持措施等。

同时，企业还应关注国际税收政策法规的变化，特别是对于有跨国业务的企业，了解国际税收规则的变化对于避免双重征税、降低税务风险具有重要意义。

二、邀请税务专家进行政策解读和培训

1. 税务专家的作用

税务专家具有专业的知识和丰富的经验，能够深入解读税收政策法规的内涵和外延，为企业提供准确的政策咨询和建议。

邀请税务专家进行政策解读和培训，可以帮助企业管理层和财务人员更好地理解税收政策法规的变化，掌握政策的要点和难点，提高应对政策变化的能力。

2. 邀请的方式

企业可以通过与税务师事务所、会计师事务所等专业机构合作，邀请税务专家到企业进行现场培训和咨询。也可以参加税务机关、行业协会等组织的政策解读会、研讨会等活动，听取税务专家的讲解和分析。

在邀请税务专家时，企业应根据自身的需求和实际情况，选择具有丰富经验和良好口碑的专家。同时，要与专家进行充分的沟通，明确培训的内容和目标，确保培训的效果。

3. 培训的重点

税务专家的培训应重点关注税收政策法规的变化对企业的影响，以及企业应如何应对这些变化。例如，对于新出台的税收优惠政策，税务专家可以讲解政策的适用范围、申请条件和办理流程，帮助企业充分享受政策红利。

对于税收征管制度的变化，税务专家可以分析变化对企业税务申报、纳税筹划等方面的影响，提出相应的应对措施。同时，税务专家还可以结合企业的实际情况，为企业提供个性化的税务解决方案。

三、建立税收政策法规知识库，方便查询和参考

1. 知识库的建设

企业应建立税收政策法规知识库，将国家和地方层面的税收政策法规、税务机关的公告通知、税务专家的解读文章等资料进行整理和分类，存入知识库中。

知识库可以采用电子文档管理系统、数据库等形式进行建设，方便企业管理层和财务人员进行查询和参考。同时，企业应定期对知识库进行更新和维护，确保资料的及时性和准确性。

2. 知识库的使用

企业管理层和财务人员可以通过内部网络、移动终端等方式访问知识库，查询所需的税收政策法规资料。在使用知识库时，应注意资料的权威性和可靠性，避免使用来源不明或未经证实的资料。

企业还可以根据实际需要，对知识库中的资料进行整理和分析，制作税收政策法规手册、指南等，方便企业内部人员学习和使用。

四、对税收政策法规的变化进行及时分析和评估其对企业的影响

1. 分析和评估的重要性

税收政策法规的变化可能会对企业的税务成本、经营决策、财务状况等方面产生重大影响。因此，企业必须及时对税收政策法规的变化进行分析和评估，以便采取相应的应对措施。

通过分析和评估，企业可以了解政策变化的背景、目的和影响范围，预测政策变化对企业的潜在影响，为企业制定应对策略提供依据。

2. 分析和评估的方法

企业可以成立专门的税务政策研究小组，负责对税收政策法规的变化进行分析和评估。研究小组可以采用文献研究、案例分析、数据模拟等方法，对政策变化的影响进行定量和定性分析。

同时，企业还可以与税务机关、专业机构等进行沟通和交流，了解政策变化的实施细节和具体要求，获取更多的信息和建议。

3. 影响的评估内容

对税收政策法规变化的影响评估应包括对企业税务成本的影响、对企业经营决策的影响、对企业财务状况的影响等方面。

例如，对于增值税税率的调整，企业应分析税率变化对企业销售收入、采购成本、增值税税负等方面的影响；对于企业所得税优惠政策的变化，企业应评估政策变化对企业利润、投资决策、研发投入等方面的影响。

五、制定应对税收政策变化的策略和措施

1. 策略和措施的制订原则

企业在制定应对税收政策变化的策略和措施时，应遵循合法性、合理性、及时性和灵活性的原则。

合法性原则要求企业的应对策略和措施必须符合税收政策法规的要求，不得采取违法违规的手段来规避税收。合理性原则要求企业的应对策略和措施应具有经济合理性，能够在降低税务成本的同时，不影响企业的正常经营和发展。及时性原则要求企业在政策变化发生后，应尽快制定应对策略和措施，避免因延误而造成不必要的损失。灵活性原则要求企业的应对策略和措施应具有一定的灵活性，能够根据政策变化的实际情况进行调整和优化。

2. 具体的策略和措施

根据税收政策法规的变化和企业的实际情况，企业可以采取以下策略和措施来应对。

调整经营策略：企业可以根据税收政策法规的变化，调整产品结构、市场布局、投资方向等经营策略，以适应政策变化的要求。例如，对于鼓励环保产业发展的税收政策，企业可以加大对环保产品的研发和生产投入，开拓环保市场。

优化税务筹划：企业可以利用税收政策法规的变化，优化税务筹划方案，降低税务成本。例如，对于新出台的税收优惠政策，企业可以及时调整纳税申报方式，享受政策红利。

加强内部管理：企业可以加强内部税务管理，提高税务申报的准确性和及时性，避免因税务问题而受到税务机关的处罚。例如，企业可以建立健全税务管理制度，加强对财务人员的培训和考核，提高税务管理水平。

与税务机关沟通：企业应加强与税务机关的沟通和协调，及时了解政策变化的实施细节和具体要求，争取税务机关的支持和指导。例如，企业可以在政策变化实施前，向税务机关咨询相关问题，确保企业的税务处理符合政策要求。

总之，学习税收政策法规是企业上市过程中的重要环节。通过定期组织企业管理层和财务人员学习最新税收政策法规、邀请税务专家进行政策解读和培训、建立税收政策法规知识库、对税收政策法规的变化进行及时分析和评估其对企业的影响、制定应对税收政策变化的策略和措施等措施，企业可以更好地适应税收政策法规的变化，降低税务风险，优化税务成本，为企业成功上市奠定坚实的基础。

㊸ 建立税务风险管理体系

税务风险不仅可能给企业带来经济损失，还可能影响企业的声誉和上市进程。因此，识别、评估和控制税务风险，建立健全税务风险管理体系，是企业上市过程中必须高度重视的问题。

一、识别企业面临的主要税务风险点

1. 税收政策变化风险

税收政策处于不断变化之中，企业如果不能及时了解和适应新的税收政策，就可能面临税务风险。例如，税收优惠政策的调整、税率的变化、税收征管制度的改革等，都可能对企业的税务状况产生重大影响。

企业应密切关注国家税收政策的动态变化，及时了解新政策的内容和实施时间，评估政策变化对企业的影响，并制定相应的应对措施。

2. 税务合规风险

税务合规是企业必须遵守的法律义务，任何违反税收法律法规的行为都可能导致税务风险。例如，企业可能存在未按规定申报纳税、少缴或漏缴税款、虚开发票等税务违规行为。

企业应建立健全税务管理制度，加强对税务申报、纳税核算、发票管理等环节的内部控制，确保企业的税务处理符合法律法规的要求。

3. 税务筹划风险

税务筹划是企业降低税务成本的重要手段，但如果筹划不当，也可能引发税务风险。例如，企业可能采用不合法的税务筹划方案，或者税务筹划方案未能充分考虑税收政策的变化和税务机关的监管要求，导致筹划失败。

企业在进行税务筹划时，应遵循合法性、合理性和前瞻性的原则，充分考虑税收政策的变化和税务机关的监管要求，确保筹划方案的可行性和有效性。

4. 关联交易税务风险

关联交易是企业常见的经营行为，但如果关联交易价格不合理，或者未按规定进行税务申报，就可能引发税务风险。例如，企业可能通过关联交易转移利润、规避税收，或者关联交易价格不符合独立交易原则，被税务机关调整纳税。

企业应建立健全关联交易管理制度，规范关联交易行为，确保关联交易价格符合独立交易原则，并按规定进行税务申报。

5. 跨境业务税务风险

随着经济全球化的发展，越来越多的企业开展跨境业务。跨境业务涉及不同国家和地区的税收制度，税务风险相对较高。例如，企业可能面临双重征税、税收协定适用不当、跨境税收争议等税务风险。

企业开展跨境业务时，应充分了解相关国家和地区的税收制度，合理规划跨境业务的税务架构，确保企业在跨境业务中遵守各国税收法律法规，避免税务风险。

二、评估税务风险的发生概率和影响程度

1. 风险评估的重要性

评估税务风险的发生概率和影响程度是建立税务风险管理体系的重要环节。通过风险评估，企业可以了解税务风险的严重程度，确定风险的优先级，为制定风险控制策略提供依据。

2. 风险评估的方法

企业可以采用定性和定量相结合的方法进行税务风险评估。定性评估主要是通过专家判断、问卷调查、案例分析等方法，对税务风险的发生可能性和影响程度进行主观评估。定量评估则是通过建立数学模型、数据分析等方法，对税务风险的发生概率和影响程度进行客观评估。

例如，企业可以采用风险矩阵法，将税务风险的发生概率和影响程度分别划分为高、中、低三个等级，然后将两者组合起来，确定税务风险的等级。风险等级越高，说明税务风险越严重，需要优先采取风险控制措施。

3. 风险评估的内容

税务风险评估的内容应包括税务风险的来源、风险因素、风险发生的可能性、风险的影响程度等方面。例如，对于税收政策变化风险，企业应评估政策变化的可能性、政策变化对企业的影响程度、企业应对政策变化的能力等；对于税务合规风险，企业应评估企业税务管理制度的完善程度、税务申报的准确性、税务机关的监管力度等。

三、制定税务风险控制目标和策略

1. 风险控制目标的确定

企业应根据自身的发展战略和经营目标，确定税务风险控制的目标。税务风险控制目标应具有明确性、可衡量性、可实现性和时效性。

例如，企业可以将税务风险控制目标确定为确保企业税务处理的合规性、降低税务成本、避免税务风险等。同时，企业应将税务风险控制目标分解为具体的指标和任务，明确各部门和人员的职责和分工，确保目标的实现。

2. 风险控制策略的选择

企业应根据税务风险的评估结果，选择合适的风险控制策略。风险控制策略可以分为风险规避、风险降低、风险转移和风险承受四种。

风险规避是指企业通过放弃高风险的业务活动或采取其他替代方案，避免税务风险的发生。例如，企业如果认为某项税务筹划方案风险过高，可以选择放弃该方案，采用其他合法的税务处理方式。

风险降低是指企业通过采取措施降低税务风险的发生概率和影响程度。例如，企业可以加强税务管理制度建设、提高税务申报的准确性、加强与税务机关的沟通协调等，降低税务合规风险。

风险转移是指企业通过购买保险、签订合同等方式，将税务风险转移给第三方。例如，企业可以购买税务风险保险，将税务风险转移给保险公司。

风险承受是指企业在评估风险后，认为风险在可承受范围内，选择承受税务风险。例如，企业对于一些发生概率较低、影响程度较小的税务风险，可以选择承受风险，而不采取额外的风险控制措施。

四、建立税务风险预警机制，及时发现和处理风险

1. 预警机制的建立

企业应建立税务风险预警机制，及时发现和处理税务风险。税务风险预警机制应包括风险预警指标体系、风险预警模型、风险预警流程等方面。

风险预警指标体系是税务风险预警机制的核心，企业应根据自身的业务特点和税务风险状况，选择合适的风险预警指标。例如，企业可以选择税负率、税收优惠政策利用率、税务申报准确率等指标作为风险预警指标。

风险预警模型是根据风险预警指标体系建立的数学模型，用于预测税务风险的发生概率和影响程度。企业可以采用统计分析、机器学习等方法建立风险预警模型。

风险预警流程是指当风险预警指标超过预警阈值时，企业应采取的一系列应对措施。例如，企业可以建立风险预警报告制度，当风险预警指标超过预警阈值时，及时向企业管理层和相关部门报告风险情况，并采取相应的风险控制措施。

2. 预警机制的运行

企业应确保税务风险预警机制的有效运行。首先，企业应定期收集和分析

风险预警指标的数据，及时发现风险隐患。其次，企业应根据风险预警模型的预测结果，对税务风险进行评估和分级，确定风险的优先级。最后，企业应按照风险预警流程，及时采取风险控制措施，降低税务风险的影响。

3. 预警机制的调整和优化

企业应根据税务风险的变化情况和风险控制的效果，及时调整和优化税务风险预警机制。例如，企业可以根据税收政策的变化、企业业务的发展等情况，调整风险预警指标体系和预警阈值；根据风险预警模型的运行情况，优化模型的参数和算法；根据风险控制措施的实施效果，调整风险控制策略和流程。

五、定期对税务风险管理体系进行评估和改进

1. 评估的内容和方法

企业应定期对税务风险管理体系进行评估，评估的内容应包括税务风险管理制度的完善程度、风险控制策略的有效性、风险预警机制的运行效果等方面。

评估的方法可以采用内部审计、外部审计、问卷调查、案例分析等方法。例如，企业可以通过内部审计，对税务风险管理体系的各个环节进行审查和评价，发现存在的问题和不足；企业也可以聘请外部审计机构，对税务风险管理体系进行独立审计，提供客观的评估意见和建议。

2. 改进的措施和建议

根据评估的结果，企业应及时采取改进措施，完善税务风险管理体系。改进的措施可以包括完善税务风险管理制度、优化风险控制策略、调整风险预警机制等方面。

例如，如果评估发现税务风险管理制度存在漏洞，企业应及时修订制度，加强对税务申报、纳税核算、发票管理等环节的内部控制；如果评估发现风险控制策略效果不佳，企业应重新评估风险状况，调整风险控制策略；如果评估发现风险预警机制运行不畅，企业应优化风险预警指标体系和预警模型，提高风险预警的准确性和及时性。

总之，建立税务风险管理体系是企业上市过程中的重要任务。通过识别企业面临的主要税务风险点、评估税务风险的发生概率和影响程度、制定税务风险控制目标和策略、建立税务风险预警机制、定期对税务风险管理体系进行评估和改进，企业可以有效地降低税务风险，确保企业的税务处理合规、合法，为企业成功上市提供有力保障。

㊹ 优化税务申报流程

优化税务申报流程是一项至关重要的工作。高效、准确的税务申报不仅能够降低企业的税务风险，还能提升企业的管理水平和竞争力，为企业成功上市奠定坚实的基础。

一、对现有税务申报流程进行全面梳理和分析

1. 流程梳理的重要性

对现有税务申报流程进行全面梳理和分析是优化税务申报流程的第一步。通过梳理和分析，可以清晰地了解税务申报流程的各个环节、涉及的部门和人员、所需的时间和资源等，为后续的优化工作提供依据。

同时，流程梳理还可以发现现有流程中存在的问题和不足，如申报环节烦琐、数据传递不顺畅、审核机制不完善等，为优化工作指明方向。

2. 梳理和分析的方法

可以采用流程图、问卷调查、访谈等方法对现有税务申报流程进行梳理和分析。

流程图是一种直观的梳理方法，可以将税务申报流程的各个环节以图形的方式展示出来，便于发现流程中的瓶颈和问题。问卷调查和访谈则可以收集税务申报相关人员的意见和建议，了解他们在申报过程中遇到的问题和需求。

3. 梳理和分析的内容

对现有税务申报流程进行梳理和分析时，应重点关注以下内容。

申报流程的各个环节：包括数据收集、填写申报表、审核申报数据、提交申报等环节，了解每个环节的具体操作和所需时间。

涉及的部门和人员：明确税务申报涉及的部门和人员，以及他们在申报流程中的职责和分工。

数据来源和传递方式：了解申报数据的来源，以及数据在不同部门和人员之间的传递方式，是否存在数据重复录入、传递不及时等问题。

审核机制：审查现有的税务申报数据审核机制，是否能够确保申报数据的准确性和完整性。

信息化程度：评估现有税务申报流程的信息化程度，是否充分利用了信息

化手段提高申报效率和质量。

二、简化申报流程，减少不必要的环节和手续

1. 简化的原则

在简化税务申报流程时，应遵循以下原则。

合法性原则：简化后的申报流程必须符合国家税收法律法规的要求，不得违反法律规定。

合理性原则：简化后的申报流程应具有合理性，能够提高申报效率和质量，同时降低企业的税务风险。

可操作性原则：简化后的申报流程应易于操作，便于税务申报相关人员理解和执行。

2. 简化的方法

可以采用以下方法简化税务申报流程。

去除冗余环节：对现有申报流程中的冗余环节进行去除，如重复的数据收集、不必要的审核等。

合并相似环节：将现有申报流程中的相似环节进行合并，如将多个申报表的填写合并为一个申报表的填写。

优化数据传递方式：采用信息化手段优化数据传递方式，减少数据重复录入和传递不及时的问题。

简化审核流程：建立科学合理的审核机制，简化审核流程，提高审核效率。

3. 简化的效果评估

在简化税务申报流程后，应及时对简化效果进行评估。评估内容可以包括申报时间缩短、申报错误减少、申报效率提高等方面。

通过效果评估，可以了解简化后的申报流程是否达到了预期目标，是否存在需要进一步优化的地方。

三、建立税务申报数据审核机制，确保申报数据的准确性

1. 审核机制的重要性

建立税务申报数据审核机制是确保申报数据准确性的关键。准确的申报数据不仅能够降低企业的税务风险，还能提高企业的信誉度和竞争力。

同时，审核机制还可以及时发现申报数据中的错误和问题，避免因申报错

误而导致的税务处罚和经济损失。

2. 审核机制的内容

税务申报数据审核机制应包括以下内容。

数据收集审核：对申报数据的来源进行审核，确保数据的真实性和准确性。

申报表填写审核：对申报表的填写进行审核，确保填写规范、数据准确。

数据逻辑审核：对申报数据的逻辑关系进行审核，如收入与成本的匹配、税金的计算等，确保数据符合逻辑。

审核人员职责：明确审核人员的职责和分工，确保审核工作的全面性和准确性。

3. 审核机制的运行

为了确保税务申报数据审核机制的有效运行，应建立相应的运行机制。

审核流程：制定明确的审核流程，包括审核的环节、审核的方法、审核的时间等。

审核标准：建立科学合理的审核标准，明确审核的重点和要求。

审核记录：建立审核记录制度，对审核过程和结果进行记录，便于追溯和查询。

问题处理：对审核中发现的问题及时进行处理，如更正申报数据、补充相关资料等。

四、利用信息化手段提高税务申报效率和质量

1. 信息化的优势

利用信息化手段可以极大地提高税务申报的效率和质量。信息化手段可以实现数据的自动采集、填写申报表的自动生成、申报数据的在线提交等功能，减少人工操作，降低错误率。

同时，信息化手段还可以实现税务申报数据的实时监控和分析，及时发现问题和风险，为企业的税务管理提供决策支持。

2. 信息化的应用

企业可以采用以下信息化手段提高税务申报效率和质量。

税务申报软件：选择适合企业的税务申报软件，实现申报数据的自动采集、填写申报表的自动生成、申报数据的在线提交等功能。

数据接口：与企业的财务系统、业务系统等进行数据接口对接，实现数据

的自动传输和共享，减少数据重复录入。

电子税务局：充分利用电子税务局的功能，实现税务申报的在线办理、查询、打印等功能，提高申报效率。

数据分析工具：利用数据分析工具对税务申报数据进行分析和挖掘，及时发现问题和风险，为企业的税务管理提供决策支持。

3. 信息化的管理

为了确保信息化手段的有效应用，企业应加强对信息化的管理。

系统维护：定期对税务申报软件、数据接口等进行维护和升级，确保系统的稳定运行。

数据安全：加强对税务申报数据的安全管理，采取加密、备份等措施，确保数据的安全可靠。

人员培训：对税务申报相关人员进行信息化培训，提高他们的操作技能和应用水平。

五、定期对税务申报流程进行优化和调整

1. 定期优化的必要性

税务政策、企业业务等因素处于不断变化之中，因此税务申报流程也需要定期进行优化和调整，以适应变化的需求。

定期优化税务申报流程可以不断提高申报效率和质量，降低企业的税务风险，为企业的发展提供有力支持。

2. 优化和调整的方法

可以采用以下方法对税务申报流程进行优化和调整。

流程评估：定期对税务申报流程进行评估，了解流程的运行情况和存在的问题，为优化和调整提供依据。

借鉴经验：借鉴其他企业的成功经验，学习先进的税务申报管理方法和技术，为优化和调整提供参考。

持续改进：建立持续改进的机制，不断对税务申报流程进行优化和调整，确保流程的高效性和适应性。

3. 优化和调整的效果评估

在对税务申报流程进行优化和调整后，应及时对优化和调整效果进行评估。评估内容可以包括申报时间缩短、申报错误减少、申报效率提高等方面。

通过效果评估，可以了解优化和调整后的申报流程是否达到了预期目标，是否存在需要进一步改进的地方。

总之，优化税务申报流程是企业上市过程中的一项重要工作。通过对现有税务申报流程进行全面梳理和分析、简化申报流程、建立税务申报数据审核机制、利用信息化手段提高税务申报效率和质量、定期对税务申报流程进行优化和调整等措施，企业可以实现税务申报的高效、准确、规范，为企业成功上市提供有力保障。

㊺ 与税务顾问合作

税务顾问凭借其丰富的专业知识和经验，能够帮助企业识别税务风险、优化税务结构、制订合理的税务筹划方案，从而确保企业在税务方面合规运营，为上市之路奠定坚实的基础。

一、选择专业、信誉良好的税务顾问机构

1. 评估税务顾问机构的专业能力

专业能力是选择税务顾问机构的首要考量因素。企业可以通过查看税务顾问机构的资质证书、行业排名、客户评价等方式，了解其专业水平。

资质证书方面，如注册税务师事务所资质、会计师事务所资质等，是税务顾问机构专业能力的重要体现。行业排名可以反映税务顾问机构在同行业中的地位和影响力。客户评价则能从实际使用者的角度，提供对税务顾问机构服务质量的客观评价。

此外，企业还可以考察税务顾问机构的专业团队规模、成员的学历背景和从业经验。一个拥有丰富经验、高学历专业人才的团队，往往能够为企业提供更优质的税务服务。

2. 考察税务顾问机构的信誉度

信誉良好的税务顾问机构能够为企业提供可靠的服务，避免因税务问题给企业带来不必要的风险。企业可以通过查询税务顾问机构的信用记录、了解其在行业内的口碑等方式，考察其信誉度。

信用记录可以从工商部门、税务部门等渠道查询，了解税务顾问机构是否存在不良信用记录。行业内的口碑则可以通过向同行业企业咨询、参加行业论坛等方式获取。

同时，企业还可以要求税务顾问机构提供过往成功案例，以进一步了解其在实际工作中的表现和信誉度。

3. 考虑税务顾问机构的服务范围和特色

不同的税务顾问机构可能在服务范围和特色方面有所不同。企业应根据自身的需求，选择能够提供全面、专业服务的税务顾问机构。

服务范围方面，包括税务咨询、税务筹划、税务审计、税务申报等。企业可以根据自身的业务特点和发展需求，选择能够满足其特定需求的税务顾问机构。

特色服务方面，一些税务顾问机构可能在某些领域具有独特的优势，如跨境税务服务、高新技术企业税务服务等。如果企业有相关需求，可以优先考虑具有相应特色服务的税务顾问机构。

二、明确税务顾问的服务内容和职责范围

1. 确定服务内容

在与税务顾问机构合作之前，企业应明确税务顾问的服务内容。服务内容可以根据企业的实际需求进行定制，一般包括以下方面。

税务咨询：为企业提供日常税务咨询服务，解答企业在税务方面的疑问。

税务筹划：根据企业的经营情况和发展战略，制订合理的税务筹划方案，降低企业税负。

税务审计：对企业的税务申报情况进行审计，发现潜在的税务风险，并提出整改建议。

税务申报：协助企业进行税务申报，确保申报数据的准确性和及时性。

税务培训：为企业提供税务培训服务，提高企业员工的税务意识和业务水平。

2. 明确职责范围

除了确定服务内容，企业还应明确税务顾问的职责范围。职责范围应具体、明确，避免出现模糊不清的情况。

例如，在税务筹划方面，税务顾问的职责可以包括分析企业的经营情况和税务状况，制订税务筹划方案，协助企业实施筹划方案，并对筹划效果进行跟

踪和评估。在税务审计方面，税务顾问的职责可以包括审查企业的税务申报资料、会计账簿、财务报表等，发现税务风险点，并提出整改建议。

3. 签订服务合同

为了确保双方的权益，企业应与税务顾问机构签订详细的服务合同。服务合同应明确服务内容、职责范围、服务期限、服务费用等条款。

服务合同还应规定双方的权利和义务，如税务顾问机构应保守企业的商业秘密，企业应提供必要的资料和配合税务顾问机构的工作等。同时，服务合同还应约定违约责任和争议解决方式，以避免在合作过程中出现纠纷。

三、建立与税务顾问的沟通协调机制，及时解决问题

1. 建立沟通渠道

建立畅通的沟通渠道是与税务顾问合作的关键。企业可以通过电话、电子邮件、即时通信工具等方式，与税务顾问保持密切联系。

同时，企业还可以定期召开会议，与税务顾问进行面对面的沟通和交流。会议可以包括定期的工作汇报会议、专题讨论会议等，以确保双方及时了解项目进展情况，解决存在的问题。

2. 明确沟通流程

为了提高沟通效率，企业应与税务顾问明确沟通流程。沟通流程应包括问题提出、问题分析、解决方案制订、方案实施等环节。

当企业遇到税务问题时，应及时向税务顾问提出问题，并提供相关的资料和背景信息。税务顾问应在规定的时间内对问题进行分析，制订解决方案，并与企业进行沟通和确认。企业应根据解决方案，及时实施相关措施，并向税务顾问反馈实施情况。

3. 加强协调配合

与税务顾问合作需要双方的协调配合。企业应积极配合税务顾问的工作，提供必要的资料和支持。税务顾问也应根据企业的需求，及时调整工作方案，确保服务质量。

例如，在税务审计过程中，企业应提供完整的会计账簿、财务报表、税务申报资料等，配合税务顾问的审计工作。税务顾问应根据审计情况，及时向企业提出整改建议，并协助企业实施整改措施。

四、对税务顾问的工作进行监督和评估

1. 建立监督机制

为了确保税务顾问的工作质量，企业应建立有效的监督机制。监督机制可以包括定期检查、不定期抽查、客户满意度调查等方式。

定期检查可以按照服务合同的约定，对税务顾问的工作进度、工作质量进行检查。不定期抽查可以在项目进行过程中，随机抽取部分工作内容进行检查，以确保税务顾问的工作符合要求。客户满意度调查可以通过问卷调查、访谈等方式，了解企业对税务顾问服务的满意度，及时发现问题并进行改进。

2. 制定评估标准

企业应制定科学合理的评估标准，对税务顾问的工作进行评估。评估标准可以包括工作质量、工作效率、服务态度、专业水平等方面。

工作质量方面，可以评估税务顾问的税务筹划方案是否合理、税务审计报告是否准确等。工作效率方面，可以评估税务顾问的工作进度是否符合要求、问题解决是否及时等。服务态度方面，可以评估税务顾问的沟通是否顺畅、是否积极主动为企业服务等。专业水平方面，可以评估税务顾问的专业知识是否扎实、是否能够及时掌握最新的税收政策等。

3. 反馈评估结果

企业应及时将评估结果反馈给税务顾问机构，以便其了解自身的工作表现，及时进行改进。反馈评估结果可以采用书面报告、会议沟通等方式进行。

如果税务顾问的工作表现良好，企业可以给予适当的奖励和表扬，以激励其继续为企业提供优质的服务。如果税务顾问的工作存在问题，企业应提出具体的整改要求，并监督其整改落实情况。

五、充分发挥税务顾问的专业优势

1. 提供税务筹划建议的重要性

税务筹划是企业降低税负、提高经济效益的重要手段。税务顾问凭借其专业优势，能够为企业提供科学合理的税务筹划建议，帮助企业在合法合规的前提下，降低税务成本，提高竞争力。

2. 税务筹划建议的内容

税务顾问可以根据企业的实际情况，提供以下方面的税务筹划建议。

合理利用税收优惠政策：税务顾问可以帮助企业了解和掌握国家和地方的税收优惠政策，如高新技术企业税收优惠、研发费用加计扣除、小型微利企业税收优惠等，并指导企业合理利用这些政策，降低税负。

优化企业税务结构：税务顾问可以分析企业的业务模式和税务结构，提出优化建议，如合理调整企业的组织形式、业务流程、资产配置等，以降低税务风险和税负。

跨境税务筹划：对于有跨境业务的企业，税务顾问可以提供跨境税务筹划建议，如合理利用税收协定、避免双重征税、优化跨境资金流动等，降低跨境税务成本。

税务风险管理：税务顾问可以帮助企业识别和评估税务风险，制定风险管理策略，如建立健全税务内部控制制度、加强税务合规管理、及时应对税务检查等，降低税务风险。

3. 实施税务筹划建议的注意事项

在实施税务筹划建议时，企业应注意以下事项。

合法性：税务筹划建议必须符合国家税收法律法规的要求，不得采取违法手段进行税务筹划。

合理性：税务筹划建议应具有合理性，符合企业的经营实际和发展战略，不得为了降低税负而损害企业的长期利益。

时效性：税收政策处于不断变化之中，税务筹划建议应具有时效性，及时根据政策变化进行调整和优化。

沟通协调：实施税务筹划建议需要企业内部各部门的配合和支持，企业应加强与税务顾问的沟通协调，确保筹划方案的顺利实施。

总之，与税务顾问合作是企业上市过程中的重要环节。通过选择专业、信誉良好的税务顾问机构，明确税务顾问的服务内容和职责范围，建立沟通协调机制，对税务顾问的工作进行监督和评估，充分发挥税务顾问的专业优势，企业可以在税务方面获得专业的支持和保障，降低税务风险，优化税务结构，为企业成功上市创造有利条件。

㊻ 处理税务争议

税务争议的出现可能会对企业的上市计划产生重大影响。因此，建立有效的税务争议处理机制，及时、妥善地解决税务争议，对于企业的稳定发展和成功上市至关重要。

一、建立税务争议处理机制，明确处理流程和责任部门

1. 机制建立的重要性

建立税务争议处理机制是企业应对税务风险的重要举措。税务争议可能源于税收政策的理解差异、税务申报的错误、税务机关的执法偏差等多种原因。如果没有一个明确的处理机制，企业在面对税务争议时可能会陷入混乱，无法及时有效地解决问题，从而导致税务风险的扩大和企业利益的受损。

一个完善的税务争议处理机制可以明确处理流程和责任部门，确保税务争议能够得到及时、专业的处理，降低税务风险，维护企业的合法权益。

2. 明确处理流程

税务争议处理流程应包括争议的发现、报告、评估、处理和跟踪等环节。

争议的发现：企业应建立健全税务风险监测体系，及时发现可能存在的税务争议。这可以通过内部审计、税务自查、外部审计等方式实现。

争议的报告：一旦发现税务争议，相关部门应及时向企业管理层和税务争议处理责任部门报告。报告内容应包括争议的性质、涉及的金额、可能的影响等。

争议的评估：税务争议处理责任部门应组织专业人员对争议进行评估，分析争议的原因、法律依据、可能的结果等。评估结果应作为制订处理方案的重要依据。

争议的处理：根据评估结果，制订合理的处理方案。处理方案可以包括与税务机关沟通协商、申请行政复议、提起行政诉讼等。在处理过程中，应充分考虑企业的利益和风险，选择最有利的解决方案。

争议的跟踪：对处理后的税务争议进行跟踪，确保处理方案得到有效执行。同时，应及时总结经验教训，完善税务争议处理机制。

3. 确定责任部门

明确税务争议处理的责任部门是确保机制有效运行的关键。一般来说，企

业的财务部门、税务部门和法律部门应共同承担税务争议处理的责任。

财务部门负责提供与税务争议相关的财务数据和资料，协助税务部门和法律部门进行争议的评估和处理。

税务部门负责与税务机关沟通协商，了解税收政策和执法标准，制订税务争议处理方案。

法律部门负责提供法律支持，审查处理方案的合法性，协助企业通过法律途径解决税务争议。

二、及时收集和整理相关证据材料，为争议解决提供支持

1. 证据材料的重要性

在税务争议处理过程中，证据材料是企业维护自身合法权益的重要依据。充分、准确的证据材料可以帮助企业证明自己的税务处理符合法律法规的要求，增加争议解决的胜算。

同时，证据材料的收集和整理也是一个自我审查的过程，可以帮助企业发现自身税务管理中存在的问题，及时进行整改，降低税务风险。

2. 收集证据材料的方法

企业应建立证据材料收集制度，明确收集的范围、方法和时间要求。

收集范围：证据材料应包括与税务争议相关的合同、发票、凭证、报表、税务申报资料、税务机关的通知、函件等。

收集方法：可以通过查阅档案、询问相关人员、现场勘查等方式收集证据材料。同时，应注意证据材料的真实性、合法性和关联性。

收集时间：应在发现税务争议后及时收集证据材料，避免因时间过长导致证据材料的丢失或损坏。

3. 整理证据材料的要求

对收集到的证据材料进行整理和分类，使其具有条理性和逻辑性。

整理时应按照争议的性质和处理的需要进行分类，如分为事实证据、法律依据、政策文件等。同时，应对证据材料进行编号和标注，便于查找和使用。

对于重要的证据材料，应进行复印或扫描，制作备份，以防原件丢失或损坏。

三、积极与税务机关沟通协商，寻求合理解决方案

1. 沟通协商的重要性

与税务机关沟通协商是解决税务争议的重要途径。税务机关在税收征管中具有主导地位，通过积极主动地与税务机关沟通协商，企业可以更好地了解税务机关的执法标准和处理意见，争取税务机关的理解和支持，寻求合理的解决方案。

同时，沟通协商也可以避免矛盾的激化，降低争议解决的成本和风险。

2. 沟通协商的方法

企业应建立与税务机关的沟通协商机制，明确沟通的渠道、方式和时间要求。

沟通渠道：可以通过电话、邮件、面谈等方式与税务机关进行沟通。对于重大的税务争议，企业可以邀请税务机关进行现场调研或召开座谈会，共同探讨解决方案。

沟通方式：在沟通中，企业应保持诚恳、客观的态度，充分表达自己的观点和诉求，同时认真听取税务机关的意见和建议。对于存在争议的问题，应进行充分的讨论和协商，寻求双方都能接受的解决方案。

沟通时间：应在发现税务争议后及时与税务机关进行沟通，避免争议的扩大和升级。同时，应根据争议的处理进度，定期与税务机关进行沟通，及时反馈处理情况。

3. 解决方案的确定

在沟通协商的基础上，企业应与税务机关共同确定合理的解决方案。解决方案应符合法律法规的要求，兼顾企业和税务机关的利益，具有可操作性和可持续性。

对于一些复杂的税务争议，可能需要经过多次沟通协商才能确定最终的解决方案。在这个过程中，企业应保持耐心和信心，积极配合税务机关的工作，共同推动争议的解决。

四、如必要，可寻求专业法律支持

1. 法律途径的适用情况

当与税务机关沟通协商无法解决税务争议时，企业可以考虑通过法律途径解决争议。法律途径主要包括申请行政复议和提起行政诉讼。

申请行政复议：企业对税务机关的具体行政行为不服，可以在规定的时间内向税务机关的上一级机关申请行政复议。行政复议是一种行政救济手段，具有程序简便、成本较低等优点。

提起行政诉讼：企业对行政复议决定不服，可以在规定的时间内向人民法院提起行政诉讼。行政诉讼是一种司法救济手段，具有权威性高、公正性强等优点。

2. 寻求专业法律支持的重要性

法律途径解决税务争议需要专业的法律知识和经验。企业如果自行处理，可能会因为法律知识的不足而导致争议解决的失败。因此，寻求专业法律支持是非常必要的。

专业的律师事务所或税务师事务所可以为企业提供法律咨询、代理行政复议和行政诉讼等服务。他们具有丰富的法律知识和实践经验，能够为企业制定合理的诉讼策略，提高争议解决的胜算。

3. 法律途径解决争议的注意事项

在通过法律途径解决税务争议时，企业应注意以下事项。

证据准备：充分准备证据材料，确保证据的真实性、合法性和关联性。同时，应按照法律程序的要求，及时提交证据材料。

诉讼策略：制定合理的诉讼策略，包括选择合适的诉讼请求、确定诉讼主体、选择诉讼时机等。同时，应根据诉讼的进展情况，及时调整诉讼策略。

风险评估：对法律途径解决争议的风险进行评估，包括诉讼成本、时间成本、败诉风险等。同时，应制定相应的风险应对措施，降低风险对企业的影响。

五、对税务争议处理结果进行总结和反思

1. 总结和反思的重要性

对税务争议处理结果进行总结和反思是企业提高税务管理水平的重要途径。通过总结和反思，企业可以发现自身税务管理中存在的问题和不足，及时进行整改，避免类似问题的再次发生。

同时，总结和反思也可以为企业今后处理税务争议提供经验教训，提高企业应对税务风险的能力。

2. 总结和反思的内容

对税务争议处理结果进行总结和反思应包括以下内容。

争议的原因：分析税务争议产生的原因，包括税收政策的理解差异、税务申报的错误、税务机关的执法偏差等。同时，应找出企业自身在税务管理中存在的问题和不足。

处理过程：回顾税务争议的处理过程，包括处理流程的合理性、责任部门的履行情况、与税务机关的沟通协商效果等。同时，应总结处理过程中的经验教训，为今后处理类似问题提供参考。

处理结果：评估税务争议处理结果的合理性和有效性，包括解决方案的可行性、对企业的影响等。同时，应根据处理结果，提出改进税务管理的建议和措施。

3. 改进措施的制定和实施

根据总结和反思的结果，制定相应的改进措施，并认真组织实施。

改进措施可以包括加强税务政策的学习和研究、完善税务管理制度、提高税务申报的准确性、加强与税务机关的沟通协调等。同时，应建立健全税务风险预警机制，及时发现和处理潜在的税务风险。

总之，处理税务争议是企业上市过程中的一项重要任务。通过建立税务争议处理机制，明确处理流程和责任部门；及时收集和整理相关证据材料，为争议解决提供支持；积极与税务机关沟通协商，寻求合理解决方案；如必要，可寻求专业法律支持，通过法律途径解决争议；对税务争议处理结果进行总结和反思，避免类似问题再次发生，企业可以有效地降低税务风险，维护自身的合法权益，为企业的上市和持续发展创造良好的税务环境。

㊼ 进行税务培训

税务管理的重要性日益凸显，进行全面、系统的税务培训，提升员工的税务意识和专业素养，对于确保企业税务合规、降低税务风险、实现企业可持续发展具有至关重要的意义。

一、针对不同层次的员工开展有针对性的税务培训

1. 高层管理人员培训

高层管理人员在企业决策中起着关键作用，他们对税务问题的认识和重视

程度直接影响企业的税务战略和风险管理。针对高层管理人员的税务培训应侧重于宏观层面的税务政策解读、税务战略规划和税务风险管理。

培训内容可以包括国家税收政策的趋势和变化、税收对企业战略的影响、税务风险管理的重要性和方法等。通过培训，使高层管理人员了解税务政策的动态变化，认识到税务风险对企业的潜在影响，从而在制定企业战略和决策时充分考虑税务因素。

培训方式可以采用专题讲座、研讨会等形式，邀请税务专家、学者或政府官员进行授课和交流。同时，可以结合实际案例进行分析，让高层管理人员更好地理解税务政策在企业中的应用。

2. 中层管理人员培训

中层管理人员是企业管理的中坚力量，他们负责具体业务的执行和管理，对税务问题的理解和处理能力直接影响企业的日常运营。针对中层管理人员的税务培训应侧重于税务政策在业务中的应用、税务风险管理的具体措施和税务合规的要求。

培训内容可以包括各业务环节的税务处理方法、税务风险的识别和防范、税务合规的操作流程等。通过培训，使中层管理人员掌握税务政策在业务中的具体应用方法，能够识别和防范业务中的税务风险，确保企业的税务合规。

培训方式可以采用集中授课、案例分析、小组讨论等形式。集中授课可以系统地讲解税务政策和业务处理方法；案例分析可以让中层管理人员通过实际案例更好地理解税务问题的处理方法；小组讨论可以促进中层管理人员之间的交流和学习，共同提高税务管理水平。

3. 基层员工培训

基层员工是企业业务的具体执行者，他们的税务意识和操作规范直接影响企业的税务申报和纳税义务的履行。针对基层员工的税务培训应侧重于税务基础知识、税务申报流程和操作规范、税务风险的防范意识等。

培训内容可以包括税收的基本概念、常见税种的计算方法、税务申报的流程和要求、发票的管理和使用等。通过培训，使基层员工了解税收的基本知识，掌握税务申报的流程和操作规范，增强税务风险的防范意识。

培训方式可以采用在线学习、现场培训、操作演示等形式。在线学习可以方便基层员工随时随地进行学习；现场培训可以结合实际操作进行讲解，让基层员工更好地掌握税务申报的流程和操作规范；操作演示可以通过实际操作展示发票的管理和使用方法，提高基层员工的操作技能。

二、培训内容包括税收政策法规、税务风险管理、税务申报等方面

1. 税收政策法规培训

税收政策法规是企业税务管理的基础，员工只有了解和掌握税收政策法规，才能正确地进行税务处理和申报。税收政策法规培训应包括国家税收法律法规、地方税收政策、税收优惠政策等方面的内容。

培训内容可以包括税收法律法规的基本原则、主要税种的征收范围、税率、计税方法等；地方税收政策的特点和适用范围；税收优惠政策的申请条件和办理流程等。通过培训，使员工了解税收政策法规的最新动态，掌握税收政策法规的具体内容，为企业的税务管理提供法律依据。

培训方式可以采用集中授课、政策解读、法规汇编等形式。集中授课可以系统地讲解税收政策法规的内容；政策解读可以针对新出台的税收政策进行深入分析和解读；法规汇编可以将税收政策法规整理成册，方便员工查阅和学习。

2. 税务风险管理培训

税务风险是企业面临的重要风险之一，加强税务风险管理是企业税务管理的重要任务。税务风险管理培训应包括税务风险的识别、评估、防范和控制等方面的内容。

培训内容可以包括税务风险的类型和特点、税务风险的识别方法和评估指标、税务风险的防范措施和控制方法等。通过培训，使员工了解税务风险的危害和影响，掌握税务风险的识别和评估方法，能够采取有效的防范和控制措施，降低企业的税务风险。

培训方式可以采用案例分析、风险评估、模拟演练等形式。案例分析可以通过实际案例让员工了解税务风险的发生和处理过程；风险评估可以让员工通过实际操作掌握税务风险的评估方法；模拟演练可以让员工在模拟的税务风险环境中进行应对和处理，提高员工的税务风险防范和控制能力。

3. 税务申报培训

税务申报是企业履行纳税义务的重要环节，正确、及时地进行税务申报是企业税务管理的基本要求。税务申报培训应包括税务申报的流程、要求、注意事项等方面的内容。

培训内容可以包括各税种的申报时间、申报方式、申报表格的填写方法、申报数据的计算方法等。通过培训，使员工了解税务申报的具体要求和操作流程，掌握税务申报的方法和技巧，确保企业的税务申报准确、及时。

培训方式可以采用现场演示、操作指导、在线申报等形式。现场演示可以让员工直观地了解税务申报的流程和操作方法；操作指导可以针对员工在申报过程中遇到的问题进行及时解答和指导；在线申报可以让员工通过实际操作掌握在线申报的方法和技巧。

三、采用多种培训方式

1. 集中授课

集中授课是传统的培训方式，具有系统性、全面性的优点。可以邀请税务专家、学者或政府官员进行授课，讲解税收政策法规、税务风险管理、税务申报等方面的内容。

集中授课可以采用课堂讲授、互动交流、小组讨论等形式，提高培训的效果和参与度。同时，可以结合实际案例进行分析，让员工更好地理解和掌握税务知识。

2. 在线学习

在线学习是随着信息技术的发展而兴起的培训方式，具有灵活性、便捷性的优点。可以通过企业内部网络平台或在线学习平台，为员工提供税收政策法规、税务风险管理、税务申报等方面的学习资源。

在线学习可以采用视频课程、电子文档、在线测试等形式，让员工可以根据自己的时间和进度进行学习。同时，可以通过在线交流平台，让员工之间进行交流和讨论，提高学习的效果。

3. 案例分析

案例分析是一种实践性很强的培训方式，通过实际案例的分析和讨论，让员工更好地理解和掌握税务知识。可以选择一些具有代表性的税务案例，让员工进行分析和讨论，提出解决方案。

案例分析可以采用小组讨论、案例汇报、专家点评等形式，提高培训的参与度和效果。同时，可以通过案例分析，让员工了解税务风险的发生和处理过程，提高员工的税务风险防范和控制能力。

4. 其他培训方式

除了集中授课、在线学习、案例分析等方式，还可以采用现场参观、模拟演练、经验分享等方式进行税务培训。

现场参观可以让员工实地了解税务机关的工作流程和要求，增强员工的税务合规意识；模拟演练可以让员工在模拟的税务环境中进行应对和处理，提高员工的税务风险防范和控制能力；经验分享可以让员工之间分享税务管理的经验和教训，共同提高税务管理水平。

四、定期对员工的税务知识掌握情况进行考核和评估

1. 考核和评估的目的

定期对员工的税务知识掌握情况进行考核和评估，是检验税务培训效果的重要手段。通过考核和评估，可以了解员工对税务知识的掌握程度，发现员工在税务知识方面的不足之处，为进一步改进税务培训提供依据。

2. 考核和评估的内容

考核和评估的内容应包括税收政策法规、税务风险管理、税务申报等方面的知识。可以采用笔试、面试、实际操作等形式进行考核，了解员工对税务知识的掌握程度和应用能力。

3. 考核和评估的结果应用

考核和评估的结果应及时反馈给员工，让员工了解自己的学习成果和不足之处。同时，应将考核和评估的结果作为员工绩效考核的重要依据之一，激励员工积极学习税务知识，提高税务管理水平。

五、将税务培训纳入企业培训体系，持续提升员工税务意识

1. 纳入企业培训体系的重要性

将税务培训纳入企业培训体系，是确保税务培训持续、有效开展的重要保障。税务培训是企业培训体系的重要组成部分，与企业的战略发展、业务运营、风险管理等密切相关。

将税务培训纳入企业培训体系，可以使税务培训与企业的其他培训有机结合，形成一个完整的培训体系，提高培训的效果和质量。同时，可以使税务培训得到企业管理层的重视和支持，确保税务培训的资源投入和实施效果。

2. 持续提升员工税务意识的措施

为了持续提升员工的税务意识，可以采取以下措施。

定期开展税务培训：根据企业的实际情况和员工的需求，定期开展税务培训，不断更新员工的税务知识，提高员工的税务管理水平。

建立税务知识分享平台：可以通过企业内部网络平台或在线学习平台，建立税务知识分享平台，让员工之间可以分享税务知识和经验，共同提高税务管理水平。

加强税务宣传和教育：可以通过企业内部刊物、宣传栏、培训讲座等形式，加强税务宣传和教育，提高员工的税务意识和合规意识。

建立税务激励机制：可以建立税务激励机制，对在税务管理方面表现突出的员工进行表彰和奖励，激励员工积极学习税务知识，提高税务管理水平。

总之，进行税务培训是企业上市过程中的重要任务之一。通过针对不同层次的员工开展有针对性的税务培训，培训内容包括税收政策法规、税务风险管理、税务申报等方面，采用多种培训方式，定期对员工的税务知识掌握情况进行考核和评估，将税务培训纳入企业培训体系，持续提升员工税务意识，可以提高企业的税务管理水平，降低税务风险，为企业的上市和可持续发展提供有力支持。

㊽ 定期进行税务审计

定期进行税务审计是确保企业税务合规、降低税务风险的重要举措。税务审计不仅可以发现企业税务管理中存在的问题，还能为企业提供改进税务管理的建议，为企业的上市之路保驾护航。

一、制订税务审计计划，明确审计的范围、重点和时间安排

1. 税务审计计划的重要性

制订税务审计计划是开展税务审计工作的前提。一个详细、合理的税务审计计划可以明确审计的目标、范围、重点和时间安排，为审计工作的顺利开展提供指导。

税务审计计划还可以帮助企业合理安排资源，提高审计效率，确保审计工

作的全面性和深入性。

2. 确定审计范围

审计范围应根据企业的实际情况和需求来确定。一般来说，税务审计的范围包括企业的所有税务申报事项、财务报表、会计账簿、发票管理、税收优惠政策的享受情况等。

对于有跨国业务的企业，还应包括境外税务申报事项和国际税收协定的遵守情况。此外，企业还可以根据自身的风险状况，确定特定的审计范围，如高风险业务领域、重大税务事项等。

3. 明确审计重点

审计重点应根据企业的行业特点、经营模式和税务风险状况来确定。一般来说，税务审计的重点包括以下方面。

税收政策的执行情况：审查企业是否正确理解和执行国家税收政策，是否存在税收优惠政策滥用、税率适用错误等问题。

税务申报的准确性：检查企业的税务申报是否真实、准确、完整，是否存在少报、漏报、虚报税款等问题。

发票管理的合规性：审核企业的发票开具、取得、保管和使用是否符合法律法规的要求，是否存在虚开发票、接受假发票等问题。

关联交易的税务处理：审查企业与关联方之间的交易是否符合独立交易原则，是否存在转移利润、规避税收等问题。

税收风险管理：评估企业的税务风险管理制度是否健全，是否有效识别、评估和控制税务风险。

4. 合理安排审计时间

审计时间应根据企业的经营周期和税务申报时间来确定。一般来说，税务审计可以在企业的年度财务报表审计之后进行，也可以根据企业的实际情况，在特定的时间节点进行专项税务审计。

对于上市企业来说，税务审计的时间安排还应考虑上市进程的要求，确保审计工作在上市申报前完成。

二、委托专业审计机构或内部审计部门进行税务审计

1. 委托专业审计机构的优势

专业审计机构具有丰富的税务审计经验和专业知识，能够为企业提供高质

量的审计服务。

专业审计机构独立性强，能够客观、公正地开展审计工作，发现企业税务管理中存在的问题。

专业审计机构可以为企业提供税务咨询和建议，帮助企业改进税务管理，降低税务风险。

2. 选择专业审计机构的标准

资质和信誉：选择具有良好资质和信誉的审计机构，确保审计工作的合法性和权威性。

专业能力：考察审计机构的专业人员数量、资质和经验，确保审计机构具备开展税务审计的专业能力。

服务质量：了解审计机构的服务质量和客户评价，选择服务质量好、客户满意度高的审计机构。

收费标准：合理比较不同审计机构的收费标准，选择收费合理、性价比高的审计机构。

3. 内部审计部门进行税务审计的优势

内部审计部门对企业的业务流程和税务管理情况比较熟悉，能够更有针对性地开展审计工作。

内部审计部门可以与企业的其他部门密切配合，及时发现和解决税务管理中存在的问题。

内部审计部门可以为企业提供持续的税务审计服务，降低审计成本。

4. 内部审计部门进行税务审计的注意事项

内部审计部门应保持独立性和客观性，避免受到企业内部其他部门的干扰。

内部审计部门应不断提高自身的专业能力和业务水平，确保审计工作的质量。

内部审计部门应与外部审计机构保持良好的沟通和合作，共同为企业的税务管理提供支持。

三、对审计发现的问题及时进行整改和完善

1. 问题整改的重要性

对审计发现的问题及时进行整改和完善是税务审计工作的关键环节。只有通过问题整改，才能消除企业税务管理中的风险隐患，提高企业的税务合规水平。

问题整改还可以为企业提供改进税务管理的机会，促进企业税务管理水平的不断提升。

2. 制订整改方案

针对审计发现的问题，企业应制订详细的整改方案。整改方案应包括问题的具体描述、整改措施、责任部门和责任人、整改时间等。

整改措施应具有针对性和可操作性，能够切实解决问题。责任部门和责任人应明确，确保整改工作的顺利进行。整改时间应合理安排，确保问题能够及时得到解决。

3. 落实整改措施

企业应按照整改方案的要求，认真落实整改措施。责任部门和责任人应积极履行职责，确保整改工作按时完成。

企业管理层应加强对整改工作的监督和检查，及时了解整改工作的进展情况，解决整改过程中遇到的问题。

4. 完善税务管理制度

企业应通过问题整改，总结经验教训，完善税务管理制度。税务管理制度应涵盖税务申报、发票管理、税收优惠政策享受、关联交易税务处理等方面，确保企业的税务管理工作有章可循。

企业还应加强对税务管理制度的执行情况的监督和检查，确保制度的有效执行。

四、分析税务审计结果，提出改进税务管理的建议

1. 结果分析的重要性

分析税务审计结果是为了深入了解企业税务管理的现状和存在的问题，为提出改进税务管理的建议提供依据。

结果分析还可以帮助企业评估税务风险状况，制定相应的风险应对策略，提高企业的税务风险管理水平。

2. 分析方法

企业可以采用定性分析和定量分析相结合的方法，对税务审计结果进行分析。定性分析可以通过对审计发现的问题进行分类、归纳和总结，了解问题的性质和特点。定量分析可以通过对税务数据的统计和分析，了解企业的税务负担、税收优惠政策的享受情况等。

企业还可以采用比较分析的方法，将企业的税务管理情况与同行业企业进行比较，找出差距和不足，为改进税务管理提供参考。

3. 提出建议

根据结果分析的情况，企业应提出改进税务管理的建议。建议应具有针对性和可操作性，能够切实解决企业税务管理中存在的问题。

建议可以包括加强税务政策学习、优化税务管理流程、完善税务风险管理制度、加强与税务机关的沟通协调等方面。企业还可以根据自身的实际情况，提出其他个性化的建议。

五、建立税务审计档案，为后续审计和管理提供参考

1. 档案建立的重要性

建立税务审计档案是为了记录税务审计的过程和结果，为后续审计和管理提供参考。税务审计档案可以为企业提供历史数据和经验教训，帮助企业更好地开展税务管理工作。

税务审计档案还可以为企业应对税务检查提供证据支持，降低企业的税务风险。

2. 档案内容

税务审计档案应包括审计计划、审计报告、整改方案、问题清单、税务管理制度等内容。档案应按照时间顺序进行整理和归档，确保档案的完整性和可查性。

3. 档案管理

企业应建立健全税务审计档案管理制度，明确档案的保管责任和查阅权限。档案应妥善保管，防止丢失和损坏。

企业还应定期对税务审计档案进行整理和更新，确保档案的时效性和准确性。

总之，定期进行税务审计是企业上市过程中的重要环节。通过制订税务审计计划，明确审计的范围、重点和时间安排；委托专业审计机构或内部审计部门进行税务审计；对审计发现的问题及时进行整改和完善；分析税务审计结果，提出改进税务管理的建议；建立税务审计档案，为后续审计和管理提供参考，企业可以不断提高税务合规水平，降低税务风险，为企业的上市和持续发展奠定坚实的基础。

㊾ 关注税收优惠政策

充分利用税收优惠政策可以有效降低企业税负，提升企业的竞争力和赢利能力。因此，关注税收优惠政策并合理运用，对于企业的上市之路至关重要。

一、设立专人负责关注和收集税收优惠政策信息

1. 专人负责的重要性

税收优惠政策种类繁多、变化频繁，设立专人负责关注和收集税收优惠政策信息，可以确保企业及时了解最新的政策动态，不错过任何有利于企业的优惠政策。

专人负责还可以提高信息收集的效率和准确性，避免因信息遗漏或误解而导致企业错失享受税收优惠的机会。

2. 人员选拔和培训

选拔具有税务专业知识和较强信息收集能力的人员担任税收优惠政策信息收集工作。这些人员应熟悉国家税收法律法规，了解企业所在行业的特点和税收政策需求。

对选拔出来的人员进行定期培训，使其掌握最新的税收政策动态和信息收集方法。培训内容可以包括税收政策解读、信息检索技巧、政策分析方法等。

3. 信息收集渠道

建立多元化的信息收集渠道，确保全面、及时地获取税收优惠政策信息。主要渠道包括。

国家税务总局及地方税务局官方网站：这是获取税收政策信息的最权威渠道，政策发布及时、准确。

专业税务咨询机构：可以通过订阅税务咨询机构的服务，获取专业的政策解读和信息推送。

行业协会和商会：行业协会和商会通常会及时传达与本行业相关的税收优惠政策信息。

新闻媒体和财经网站：关注新闻媒体和财经网站上的税收政策报道，了解政策动态。

二、对符合企业条件的税收优惠政策进行深入研究和分析

1. 政策筛选和分类

对收集到的税收优惠政策信息进行筛选，找出符合企业条件的政策。根据企业的行业特点、经营规模、发展阶段等因素，对政策进行分类，确定哪些政策对企业最为重要。

例如，对于高新技术企业，可以重点关注研发费用加计扣除、高新技术企业所得税优惠等政策；对于小微企业，可以关注小微企业所得税减免、增值税小规模纳税人免税等政策。

2. 政策解读和分析

对筛选出来的税收优惠政策进行深入解读和分析，明确政策的适用范围、条件、优惠幅度等关键内容。

分析政策对企业的影响，包括税负降低程度、财务状况改善、经营决策调整等方面。同时，评估企业享受政策的可行性和风险，确定是否值得申请享受该政策。

3. 与企业实际情况结合

将税收优惠政策与企业的实际情况相结合，制订具体的实施方案。考虑企业的业务模式、财务状况、税务管理水平等因素，确定如何最大限度地利用政策优惠。

例如，对于研发费用加计扣除政策，企业可以优化研发项目管理，规范研发费用核算，确保符合政策要求，充分享受加计扣除优惠。

三、制定享受税收优惠政策的具体方案和措施

1. 确定申请流程和时间节点

根据税收优惠政策的要求，制订详细的申请流程和时间节点计划。明确申请所需的材料、审批部门、办理期限等，确保申请工作有条不紊地进行。

对于一些有时间限制的政策，如税收优惠政策的申报期限、备案时间等，要提前做好准备，避免因错过时间而无法享受优惠。

2. 优化企业内部管理

为了更好地享受税收优惠政策，企业需要优化内部管理，确保符合政策要求。这包括以下内容。

财务管理制度：完善财务核算体系，规范税务申报流程，确保财务数据的真实性和准确性。

业务流程管理：调整业务模式，使其符合税收优惠政策的适用条件。例如，对于享受资源综合利用税收优惠的企业，要优化生产流程，提高资源综合利用率。

合同管理：在签订合同时，考虑税收优惠政策的要求，明确相关条款，确保企业的权益得到保障。

3. 与税务机关沟通协调

加强与税务机关的沟通协调，及时了解政策执行中的具体要求和注意事项。在申请税收优惠政策过程中，积极配合税务机关的审核工作，提供真实、完整的资料。

对于政策理解上的分歧或不确定之处，及时与税务机关沟通，寻求明确的解释和指导。同时，建立良好的税企关系，为企业享受税收优惠政策创造有利的外部环境。

四、及时申报和办理税收优惠手续，确保企业合法享受优惠

1. 准确填写申报表格

按照税收优惠政策的要求，准确填写申报表格和相关资料。申报表格的填写要规范、完整，确保数据的准确性和一致性。

对于一些复杂的税收优惠政策，如研发费用加计扣除、高新技术企业认定等，可能需要填写多个表格和提供大量的证明材料。在填写过程中，要认真核对每一项数据，确保符合政策要求。

2. 按时提交申报材料

严格按照政策规定的时间节点，提交申报材料。逾期申报可能导致企业无法享受税收优惠政策，甚至面临税务处罚。

在提交申报材料前，要对材料进行仔细审查，确保材料齐全、符合要求。如有需要，可以提前与税务机关沟通，确认申报材料的准确性和完整性。

3. 跟踪审批进度

提交申报材料后，要及时跟踪审批进度，了解审批情况。对于审批过程中出现的问题，要积极与税务机关沟通，及时解决。

如果审批结果不符合预期，要认真分析原因，采取相应的补救措施。例如，如果申请被驳回，可以根据税务机关的反馈意见，补充完善材料，重新申请。

五、定期对税收优惠政策的执行情况进行评估和调整

1. 评估指标和方法

建立科学的评估指标体系，对税收优惠政策的执行情况进行评估。评估指标可以包括税负降低程度、财务状况改善、经营效益提升等方面。

采用定量和定性相结合的方法进行评估。定量评估可以通过数据分析，比较享受税收优惠政策前后企业的税负、利润等指标变化；定性评估可以通过问卷调查、访谈等方式，了解企业管理层和员工对税收优惠政策的感受和评价。

2. 评估结果分析

对评估结果进行深入分析，找出税收优惠政策执行过程中存在的问题和不足。分析问题产生的原因，提出相应的改进措施。

例如，如果评估发现企业享受税收优惠政策后税负降低不明显，可能是政策理解不准确、申报材料不完整或内部管理不到位等原因导致。针对这些问题，可以加强政策学习、优化申报流程、完善内部管理等。

3. 调整和优化政策执行方案

根据评估结果分析，及时调整和优化税收优惠政策执行方案。调整方案要结合企业的实际情况和发展需求，确保政策的有效执行。

例如，如果发现某项税收优惠政策对企业的影响较小，可以考虑调整业务模式，使其更好地符合其他优惠政策的要求；如果政策执行过程中出现新的问题，可以及时与税务机关沟通，寻求解决方案。

总之，关注税收优惠政策是企业上市过程中的重要环节。通过设立专人负责关注和收集税收优惠政策信息、对符合企业条件的税收优惠政策进行深入研究和分析、制定享受税收优惠政策的具体方案和措施、及时申报和办理税收优惠手续、定期对税收优惠政策的执行情况进行评估和调整，企业可以充分利用税收优惠政策，降低税负，提升竞争力，为成功上市奠定坚实的基础。

50 完善税务档案管理

税务档案不仅是企业税务活动的历史记录，更是企业税务合规的重要依据。

有效的税务档案管理能够为企业提供准确、完整的税务信息，降低税务风险，为企业成功上市保驾护航。

一、建立健全税务档案管理制度，明确档案管理的职责和要求

1. 制度建立的重要性

建立健全税务档案管理制度是完善税务档案管理的基础。制度能够明确税务档案管理的目标、原则、职责和要求，为档案管理工作提供规范和指导。

一个完善的税务档案管理制度可以确保税务档案的真实性、完整性、准确性和安全性，提高档案管理的效率和质量，为企业的税务管理和决策提供可靠的依据。

2. 制度内容

税务档案管理制度应包括以下内容。

档案管理的目标和原则：明确税务档案管理的目标是为企业的税务管理和决策提供准确、完整的税务信息，确保企业税务合规。原则包括真实性、完整性、准确性、安全性和可追溯性。

档案管理的职责和分工：明确企业各部门在税务档案管理中的职责和分工，确保档案管理工作的顺利开展。例如，财务部门负责税务档案的收集、整理和归档，税务部门负责税务档案的审核和监督，档案管理部门负责税务档案的保管和利用。

档案的分类和编号：制定税务档案的分类标准和编号规则，确保档案的分类清晰、编号唯一，便于档案的管理和查询。

档案的收集和整理：规定税务档案的收集范围、时间和方法，以及档案的整理要求和标准，确保档案的完整性和准确性。

档案的归档和保管：明确税务档案的归档时间、地点和方式，以及档案的保管要求和期限，确保档案的安全和可追溯性。

档案的查询和利用：规定税务档案的查询和利用程序、权限和要求，确保档案的合理利用和信息安全。

档案的清理和销毁：制定税务档案的清理和销毁标准、程序和要求，确保档案的及时清理和安全销毁。

档案的保密和安全：明确税务档案的保密要求和安全措施，确保档案的信息安全和不被泄露。

3. 制度执行和监督

建立健全税务档案管理制度后，企业应加强制度的执行和监督，确保制度的有效实施。

企业可以通过培训、宣传等方式，提高员工对税务档案管理制度的认识和理解，增强员工的档案管理意识和责任感。同时，企业应建立档案管理考核机制，对各部门的档案管理工作进行考核和评价，及时发现和解决问题，不断完善档案管理工作。

二、对税务档案进行分类、整理和归档，确保档案的完整性和准确性

1. 档案分类

对税务档案进行分类是档案管理的重要环节。科学合理的分类可以提高档案管理的效率和质量，便于档案的查询和利用。

税务档案可以按照税种、业务类型、时间顺序等进行分类。例如，按照税种可以分为增值税档案、企业所得税档案、个人所得税档案等；按照业务类型可以分为税务申报档案、税务审计档案、税务筹划档案等；按照时间顺序可以分为年度档案、季度档案、月度档案等。

2. 档案整理

档案整理是对分类后的税务档案进行整理和装订，使其更加规范和有序。档案整理应按照档案管理的要求和标准进行，确保档案的完整性和准确性。

档案整理的内容包括档案的编号、装订、封面制作、目录编制等。档案编号应按照档案的分类标准和编号规则进行，确保编号唯一。档案装订应采用合适的装订方式，确保档案的牢固和美观。封面制作应包括档案的名称、编号、时间、保管期限等信息，便于档案的识别和管理。目录编制应按照档案的内容和顺序进行，确保目录的清晰和准确。

3. 档案归档

档案归档是将整理好的税务档案按照规定的时间、地点和方式进行归档，确保档案的安全和可追溯性。

档案归档应按照档案管理的要求和标准进行，确保档案的完整性和准确性。档案归档的时间应根据档案的性质和重要程度确定，一般分为定期归档和不定期归档。定期归档可以按照年度、季度、月度等进行，不定期归档可以根据业

务需要进行。档案归档的地点应选择安全、干燥、通风的地方，确保档案的安全和保存。档案归档的方式可以采用纸质档案和电子档案相结合的方式，确保档案的可追溯性和利用效率。

三、采用信息化手段对税务档案进行管理，提高档案查询和利用效率

1. 信息化管理的优势

采用信息化手段对税务档案进行管理可以提高档案管理的效率和质量，降低档案管理的成本和风险。信息化管理可以实现档案的数字化、网络化和智能化，提高档案的查询和利用效率，为企业的税务管理和决策提供更加便捷的服务。

2. 信息化管理系统的建设

企业可以建设税务档案信息化管理系统，实现档案的数字化、网络化和智能化管理。信息化管理系统应包括档案的收集、整理、归档、查询、利用、清理和销毁等功能模块，以及档案的保密和安全措施。

档案的收集模块可以实现档案的在线收集和自动归档，提高档案的收集效率和准确性。档案的整理模块可以实现档案的自动分类、编号和装订，提高档案的整理效率和质量。档案的归档模块可以实现档案的在线归档和存储，提高档案的归档效率和安全性。档案的查询和利用模块可以实现档案的在线查询和利用，提高档案的查询和利用效率。档案的清理和销毁模块可以实现档案的自动清理和销毁，提高档案的清理和销毁效率和安全性。档案的保密和安全模块可以实现档案的加密、备份和权限管理，提高档案的保密和安全性能。

3. 信息化管理的注意事项

在采用信息化手段对税务档案进行管理时，企业应注意以下事项。

数据安全：确保档案数据的安全和保密，采取加密、备份、权限管理等措施，防止档案数据的泄露和丢失。

系统稳定：确保信息化管理系统的稳定和可靠，采取备份、恢复、升级等措施，防止系统的故障和崩溃。

数据准确：确保档案数据的准确和完整，采取数据审核、校验、更新等措施，防止数据的错误和遗漏。

培训和宣传：加强对员工的培训和宣传，提高员工对信息化管理系统的认识和使用能力，确保系统的有效运行。

四、定期对税务档案进行清理和销毁，符合档案管理规定

1. 清理和销毁的必要性

定期对税务档案进行清理和销毁是档案管理的重要环节。随着时间的推移，企业的税务档案会不断积累，如果不及时清理和销毁，会占用大量的存储空间，增加档案管理的成本和风险。同时，一些过期或无用的档案会影响档案的查询和利用效率，甚至会给企业带来税务风险。

2. 清理和销毁的标准和程序

企业应制定税务档案清理和销毁的标准和程序，确保档案的清理和销毁符合档案管理规定。

清理和销毁的标准可以根据档案的性质、重要程度和保管期限等因素确定。一般来说，过期或无用的档案、重复的档案、错误的档案等可以进行清理和销毁。清理和销毁的程序可以包括档案的鉴定、审批、清理和销毁等环节。档案的鉴定应由专业人员进行，确定档案的价值和保存期限。档案的审批应由企业领导进行，批准档案的清理和销毁。档案的清理和销毁应由专人进行，采取安全、环保的方式进行，确保档案的信息不被泄露。

3. 清理和销毁的记录和备案

企业应做好税务档案清理和销毁的记录和备案工作，确保档案的清理和销毁有据可查。

清理和销毁的记录应包括档案的名称、编号、清理和销毁的时间、方式、原因等信息。记录应由专人进行，签字确认后存档。清理和销毁的备案应按照档案管理的要求进行，将清理和销毁的记录报送给档案管理部门备案。

五、加强税务档案的保密工作，防止档案信息泄露

1. 保密工作的重要性

税务档案包含企业的税务信息和商业秘密，如果档案信息泄露，会给企业带来严重的税务风险和商业损失。因此，加强税务档案的保密工作，防止档案信息泄露，是企业税务档案管理的重要任务。

2. 保密措施

企业可以采取以下措施加强税务档案的保密工作。

建立保密制度：制定税务档案保密制度，明确档案的保密范围、保密级别、

保密措施和保密责任，确保档案的信息安全。

加强人员管理：对档案管理人员进行保密培训，提高其保密意识和责任感。同时，加强对档案管理人员的监督和管理，防止其泄露档案信息。

采用技术手段：采用加密、备份、权限管理等技术手段，加强档案的保密和安全性能。例如，对重要的档案进行加密存储，设置访问权限，防止未经授权的人员访问档案。

物理防护：加强档案的物理防护，采取防火、防水、防盗、防潮等措施，确保档案的安全和完整。例如，安装监控设备、门禁系统等，防止档案被盗窃或损坏。

3. 应急处理

企业应制定税务档案信息泄露的应急预案，确保在档案信息泄露事件发生时，能够及时采取有效的措施进行处理，降低损失。

应急预案应包括事件的报告、调查、处理和恢复等环节。事件的报告应及时、准确，向企业领导和相关部门报告事件的情况。事件的调查应深入、细致，查明事件的原因和责任人。事件的处理应果断、有效，采取措施防止事件的扩大和蔓延。事件的恢复应及时、妥善，恢复档案的信息安全和正常使用。

总之，完善税务档案管理是企业上市过程中的重要环节。通过建立健全税务档案管理制度，明确档案管理的职责和要求；对税务档案进行分类、整理和归档，确保档案的完整性和准确性；采用信息化手段对税务档案进行管理，提高档案查询和利用效率；定期对税务档案进行清理和销毁，符合档案管理规定；加强税务档案的保密工作，防止档案信息泄露，企业可以提高税务档案管理的水平和质量，为企业的税务管理和决策提供准确、完整的税务信息，降低税务风险，为企业成功上市奠定坚实的基础。

60%

第　六　章

公　司　治　理

——完善内部管理机制

51 明确董事会职责

董事会作为公司治理的核心机构，承担着战略规划、重大决策、监督管理等重要使命，对企业的发展方向和长期稳定起着决定性作用。

一、制定董事会章程，明确董事会的职责、权限和决策机制

1. 董事会章程的重要性

董事会章程是规范董事会运作的基本准则，它明确了董事会的职责、权限和决策机制，为董事会的工作提供了明确的指导和规范。

制定董事会章程可以确保董事会在法律框架内行使职权，保障股东和公司的利益，提高公司治理的透明度和有效性。

2. 明确职责

董事会的职责通常包括制定公司的战略规划、监督公司的经营管理、审批重大决策、选举和罢免高级管理人员等。

在制定董事会章程时，应详细明确董事会在各个方面的具体职责，避免职责模糊和重叠。例如，明确董事会在战略规划方面的职责包括确定公司的长期发展目标、制定战略规划的流程和方法、监督战略规划的执行情况等。

3. 确定权限

董事会的权限应与职责相匹配，明确董事会在哪些事项上有决策权，哪些事项需要提交股东大会审议。

权限的确定应考虑公司的规模、业务特点和治理结构等因素。例如，对于重大投资项目、资产重组、股权激励等事项，董事会应具有决策权；而对于修改公司章程、增加或减少注册资本等事项，需要提交股东大会审议。

4. 建立决策机制

董事会的决策机制应科学合理，确保决策的高效性和准确性。决策机制包括决策的程序、方式和表决规则等。

决策程序应明确决策的发起、讨论、审议和表决等环节的具体要求。决策方式可以采用会议表决、书面表决等形式。表决规则应明确表决的比例要求，确保决策的合法性和有效性。

二、确定董事会在战略规划、重大决策、监督管理等方面的具体职责

1. 战略规划

董事会在战略规划方面起着主导作用。董事会应根据公司的发展目标和市场环境，制订公司的长期战略规划。

战略规划的制订应经过充分的调研和分析，广泛征求股东、管理层和专家的意见。董事会应定期对战略规划进行评估和调整，确保战略规划的适应性和有效性。

例如，董事会可以成立战略规划委员会，负责战略规划的制订、评估和调整。战略规划委员会可以由董事会成员、高级管理人员和外部专家组成，确保战略规划的科学性和合理性。

2. 重大决策

董事会在重大决策方面具有决策权。重大决策包括重大投资项目、资产重组、股权激励、融资方案等。

对于重大决策，董事会应进行充分的论证和评估，考虑决策的风险和收益。董事会应建立健全重大决策的审批程序，确保决策的合法性和有效性。

例如，对于重大投资项目，董事会应要求管理层提供详细的项目可行性研究报告，组织专家进行评审，经过董事会会议审议通过后才能实施。

3. 监督管理

董事会在监督管理方面负有重要责任。董事会应监督公司的经营管理活动，确保公司的合规运营和股东利益的最大化。

监督管理的内容包括财务监督、风险管理、内部控制、高级管理人员的履职情况等。董事会应建立健全监督管理机制，定期对公司的经营管理情况进行审计和评估。

例如，董事会可以成立审计委员会，负责对公司的财务报表进行审计，监督公司的内部控制制度的执行情况。审计委员会可以由独立董事和专业人士组成，确保审计的独立性和专业性。

三、建立董事会成员的任职资格和选拔机制

1. 任职资格

董事会成员应具备一定的任职资格，包括专业知识、经验、能力和道德品质等方面。

专业知识方面，董事会成员应具备相关的行业知识、财务管理知识、法律知识等。经验方面，董事会成员应具有丰富的企业管理经验、投资经验、行业经验等。能力方面，董事会成员应具备战略规划能力、决策能力、沟通协调能力、领导能力等。道德品质方面，董事会成员应具备诚信、勤勉、尽责、廉洁等品质。

2. 选拔机制

建立科学合理的董事会成员选拔机制，确保选拔出优秀的人才担任董事会成员。

选拔机制可以包括提名、审查、选举等环节。提名可以由股东、董事会、管理层等提出候选人。审查可以由提名委员会或专门的审查机构进行，对候选人的资格进行审查。选举可以由股东大会进行，采用累积投票制等方式，确保选举的公平性和有效性。

3. 多元化

董事会成员应具有多元化的背景，包括行业背景、专业背景、性别、年龄等方面。多元化的董事会成员可以为公司带来不同的视角和经验，提高董事会的决策质量和监督效果。

四、加强董事会成员的培训和学习，提高其履职能力

1. 培训和学习的重要性

董事会成员的履职能力直接影响董事会的工作效率和决策质量。加强董事会成员的培训和学习，可以提高其专业知识、经验和能力，增强其履职意识和责任感。

2. 培训和学习的内容

培训和学习的内容可以包括公司治理、战略规划、财务管理、法律知识、行业动态等方面。

公司治理方面，可以学习公司治理的理论和实践，了解董事会的职责、权限和决策机制，提高公司治理的水平。战略规划方面，可以学习战略规划的方

法和工具，了解市场环境和行业趋势，提高战略规划的能力。财务管理方面，可以学习财务管理的理论和方法，了解财务报表分析、预算管理、资金管理等知识，提高财务管理的水平。法律知识方面，可以学习公司法、证券法、合同法等法律法规，了解法律风险和合规要求，增强法律意识和风险防范能力。行业动态方面，可以学习行业的发展趋势、技术创新、竞争格局等知识，了解行业的最新动态，提高对行业的洞察力和判断力。

3. 培训和学习的方式

培训和学习的方式可以包括内部培训、外部培训、研讨会、考察交流等形式。

内部培训可以由公司内部的专业人员或邀请外部专家进行授课，针对公司的实际情况和需求进行培训。外部培训可以参加专业机构组织的培训课程、研讨会等，拓宽视野，学习先进的管理经验和理念。研讨会可以由董事会成员或邀请外部专家进行主题研讨，交流经验，分享观点。考察交流可以组织董事会成员到优秀的企业进行考察学习，借鉴先进的管理经验和做法。

五、定期对董事会的工作进行评估和改进

1. 评估的重要性

定期对董事会的工作进行评估，可以及时发现董事会工作中存在的问题和不足，采取有效的措施进行改进，提高董事会的工作效率和决策质量。

2. 评估的内容

评估的内容可以包括董事会的职责履行情况、决策质量、监督效果、成员履职能力等方面。

职责履行情况方面，可以评估董事会是否按照章程规定履行了职责，是否完成了战略规划、重大决策、监督管理等任务。决策质量方面，可以评估董事会的决策是否科学合理、是否符合公司的利益和发展战略。监督效果方面，可以评估董事会对公司经营管理活动的监督是否有效，是否及时发现和纠正了问题。成员履职能力方面，可以评估董事会成员的专业知识、经验、能力和道德品质是否符合要求，是否能够胜任董事会的工作。

3. 评估的方法

评估的方法可以包括自我评价、股东评价、管理层评价、外部机构评价等形式。

自我评价可以由董事会成员对自己的工作进行评价，总结经验教训，提出改进措施。股东评价可以由股东对董事会的工作进行评价，反映股东的意见和要求。管理层评价可以由公司的高级管理人员对董事会的工作进行评价，提供管理层面的反馈。外部机构评价可以聘请专业的咨询机构或审计机构对董事会的工作进行评价，提供客观、专业的意见和建议。

4. 改进措施

根据评估的结果，制定相应的改进措施，对董事会的工作进行改进和完善。

改进措施可以包括完善董事会章程、优化决策机制、加强监督管理、提高成员履职能力等方面。例如，根据评估发现的问题，对董事会章程进行修订，明确职责和权限；优化决策机制，提高决策的效率和质量；加强监督管理，建立健全监督机制；加强成员培训和学习，提高成员履职能力。

总之，明确董事会职责是企业上市过程中的重要环节。通过制定董事会章程，明确董事会的职责、权限和决策机制；确定董事会在战略规划、重大决策、监督管理等方面的具体职责；建立董事会成员的任职资格和选拔机制；加强董事会成员的培训和学习，提高其履职能力；定期对董事会的工作进行评估和改进，企业可以建立一个高效、专业、负责的董事会，为企业的上市和长期发展提供有力的保障。

52 优化监事会结构

监事会作为公司治理的重要监督机构，其结构的合理性和有效性直接关系到公司的规范运作和可持续发展。

一、分析现有监事会结构的优缺点，提出优化方案

1. 现有监事会结构的优点

部分企业的现有监事会可能在一定程度上发挥了监督作用，对公司的财务状况和经营管理进行了一定程度的审查。

可能存在一些经验丰富的监事成员，能够凭借其专业知识和经验对公司的重大决策提出合理的建议。

2. 现有监事会结构的缺点

独立性不足：有些监事会成员可能与公司管理层存在较为密切的关系，导致在监督过程中难以保持完全的独立性，影响监督效果。

专业性不够：监事成员可能缺乏专业的财务、法律等知识，难以深入有效地对公司的复杂业务进行监督。

监督手段有限：可能仅依赖于财务报表审查等传统方式，缺乏创新的监督手段和方法。

沟通不畅：与董事会、管理层之间的沟通协调机制不健全，导致信息不对称，影响监督工作的开展。

3. 提出优化方案

增强独立性：严格筛选监事成员，避免与公司管理层有过多的利益关联。可以引入外部独立监事，如聘请专业的律师、会计师等作为监事成员，提高监事会的独立性。

提升专业性：选拔具有财务、法律、管理等专业背景的人员进入监事会，或者对现有监事成员进行专业培训，提高其专业素养和监督能力。

丰富监督手段：除了传统的财务审计，可以采用实地考察、专项调查、引入外部审计机构等方式，拓宽监督渠道，提高监督效果。

建立沟通机制：构建畅通的沟通协调机制，加强监事会与董事会、管理层之间的信息交流，及时了解公司的经营动态，提高监督的针对性和及时性。

二、确定监事会成员的数量和构成，确保监事会的独立性和专业性

1. 确定成员数量

监事会成员的数量应根据公司的规模、业务复杂程度等因素来确定。一般来说，规模较大、业务复杂的公司需要更多的监事成员来确保监督的全面性和有效性。

可以参考同行业其他上市公司的监事会规模，结合自身实际情况进行合理调整。同时，要考虑到监事会的工作效率，避免成员过多导致决策缓慢和职责不清。

2. 优化成员构成

确保监事会成员的多元化构成，包括内部监事和外部监事。内部监事可以

由公司职工代表担任，了解公司的内部运作情况，代表职工利益进行监督。外部监事则可以从专业机构、行业协会等渠道选拔，具有独立性和专业性，能够从外部视角对公司进行监督。

合理分配不同专业背景的监事成员，如财务、法律、管理等方面的专业人士，以便在监督过程中能够从不同角度发现问题和提出建议。

三、明确监事会的职责和权限，加强对公司经营管理的监督

1. 明确职责

监事会的主要职责是对公司的财务状况、经营管理、内部控制等进行监督，确保公司合法合规经营，保护股东利益。

具体职责包括审查公司财务报表、监督公司重大决策的执行情况、检查公司内部控制制度的建立和执行情况、对董事和高级管理人员的履职情况进行监督等。

监事会还应关注公司的风险管理，及时发现和提示潜在的风险隐患，为公司的稳定发展提供保障。

2. 确定权限

为了有效履行监督职责，监事会应具有一定的权限。例如，有权查阅公司的财务会计资料、文件和档案；有权对公司的经营管理活动进行调查和检查；有权要求董事和高级管理人员就有关问题做出说明；有权向股东大会提出提案等。

同时，监事会应在法律和公司章程规定的范围内行使权限，不得超越权限干涉公司的正常经营管理活动。

四、建立监事会与董事会、管理层的沟通协调机制

1. 沟通的重要性

建立良好的沟通协调机制有助于监事会更好地了解公司的经营管理情况，提高监督的针对性和有效性。同时，也有助于董事会和管理层及时了解监事会的意见和建议，改进工作，促进公司的健康发展。

2. 沟通的方式和内容

沟通方式可以包括定期会议、专题汇报、书面报告等。定期会议可以是监事会与董事会、管理层共同参加的联席会议，就公司的重大事项进行沟通和讨论。专题汇报可以是管理层就特定问题向监事会进行汇报，听取监事会的意见和建议。书面报告可以是监事会向董事会和管理层提交的监督报告，反映监督

过程中发现的问题和建议。

沟通的内容可以包括公司的战略规划、经营计划、财务状况、重大决策执行情况、内部控制情况等。监事会应及时向董事会和管理层反馈监督过程中发现的问题和风险，提出改进建议和措施。

3. 协调的原则和方法

协调的原则是相互尊重、合作共赢。监事会与董事会、管理层应在各自的职责范围内开展工作，同时加强沟通协调，共同推动公司的发展。

协调的方法可以包括建立信息共享平台、设立协调机构、制订协调规则等。信息共享平台可以方便各方及时了解公司的经营管理情况和监督工作进展。协调机构可以由监事会、董事会和管理层的代表组成，负责协调解决各方之间的矛盾和问题。协调规则可以明确各方的职责和权限，规范沟通协调的程序和方法。

五、定期对监事会的工作进行考核和评价

1. 考核和评价的目的

定期对监事会的工作进行考核和评价是为了检验监事会的工作成效，发现存在的问题和不足，及时进行改进和完善，提高监事会的监督能力和水平。

2. 考核和评价的内容

考核和评价的内容可以包括监事会的监督职责履行情况、监督效果、工作效率、成员的履职能力等方面。

具体可以考查监事会对公司财务状况的审查是否深入准确、对重大决策的监督是否及时有效、对内部控制制度的检查是否全面严格、与董事会和管理层的沟通协调是否顺畅等。同时，还可以评价监事成员的专业素养、工作态度、责任心等。

3. 考核和评价的方法

考核和评价的方法可以采用自我评价、外部评价、股东评价等多种方式相结合。

自我评价可以由监事会成员对自己的工作进行总结和评价，查找存在的问题和不足。外部评价可以聘请专业的机构或人员对监事会的工作进行独立评价，提供客观的意见和建议。股东评价可以通过股东大会等渠道，听取股东对监事会工作的意见和建议。

4. 考核和评价结果的应用

考核和评价结果应及时反馈给监事会成员，并作为改进监事会工作的重要依据。对于考核和评价中发现的问题，监事会应制定相应的整改措施，明确责任人和整改期限，认真加以整改。

同时，考核和评价结果还可以作为监事会成员薪酬调整、职务晋升等的参考依据，激励监事成员更好地履行职责。

总之，优化监事会结构是企业上市过程中的重要任务之一。通过分析现有监事会结构的优缺点，提出优化方案；确定监事会成员的数量和构成，确保监事会的独立性和专业性；明确监事会的职责和权限，加强对公司经营管理的监督；建立监事会与董事会、管理层的沟通协调机制；定期对监事会的工作进行考核和评价等措施，可以提高监事会的监督能力和水平，为企业的上市和可持续发展提供有力保障。

㊿ 规范股东大会运作

规范股东大会运作具有至关重要的意义，股东大会作为公司的最高权力机构，其决策直接影响着公司的发展方向和股东的利益。因此，建立健全规范的股东大会运作机制，对于保障公司治理的有效性、提升公司价值以及增强投资者信心起着关键作用。

一、制定股东大会章程，明确股东大会的召集、召开和表决程序

1. 章程的重要性

股东大会章程是规范股东大会运作的基本准则，它明确了股东大会的职责、权限、召集程序、召开方式和表决规则等重要内容，为股东大会的顺利召开和有效决策提供了制度保障。

制定完善的股东大会章程可以确保股东大会的合法性、公正性和透明度，保护股东的合法权益，提高公司治理水平。

2. 召集程序

明确股东大会的召集人、召集条件和召集时间。一般情况下，股东大会由

董事会召集，当董事会不能履行或者不履行召集股东大会会议职责时，监事会可以召集；监事会不召集的，连续九十日以上单独或者合计持有公司百分之十以上股份的股东可以自行召集。

规定召集股东大会的通知方式和通知时间。股东大会通知应当以书面形式发出，并在会议召开前的一定时间内送达股东。通知内容应包括会议的时间、地点、议程和审议事项等。

3. 召开方式

确定股东大会的召开形式，可以采用现场会议、网络投票或者两者相结合的方式。现场会议可以让股东直接参与讨论和表决，增强股东的参与感；网络投票则为股东提供了便捷的参与途径，提高股东大会的参与度。

对于采用网络投票的股东大会，应确保投票系统的安全、稳定和便捷，保障股东的投票权利。同时，要明确网络投票的操作流程和注意事项，以便股东正确行使投票权。

4. 表决程序

制定明确的表决规则，包括表决方式、表决比例和计票方法等。表决方式可以采用现场投票、网络投票或者委托投票等方式。表决比例应根据公司章程和法律法规的规定确定，一般情况下，重大事项需要经出席股东大会的股东所持表决权的三分之二以上通过。

建立公正、透明的计票机制，确保表决结果的准确性和可靠性。可以聘请独立的计票机构进行计票，或者由监事会负责计票工作，并在股东大会上公布表决结果。

二、确保股东大会的合法性和公正性，保护股东的合法权益

1. 合法性保障

严格遵守国家法律法规和公司章程的规定，确保股东大会的召集、召开和表决程序合法合规。在股东大会的筹备和召开过程中，要对各项程序进行严格审查，防止出现违法违规行为。

对于股东大会审议的事项，要确保其符合法律法规和公司章程的规定，不得审议违法违规的事项。同时，要对股东大会决议的执行情况进行监督，确保决议的合法性和有效性。

2. 公正性维护

建立公正的股东大会决策机制，确保股东在股东大会上享有平等的权利和机会。在股东大会的召集、通知和审议事项的确定过程中，要充分考虑股东的利益和意见，不得偏袒任何一方股东。

对于股东提出的合理建议和意见，要认真听取并予以考虑。在表决过程中，要确保计票的公正、透明，防止出现操纵表决结果的行为。

3. 股东权益保护

明确股东的权利和义务，保障股东的知情权、参与权、表决权和监督权等合法权益。在股东大会的筹备和召开过程中，要及时向股东披露公司的重要信息，让股东充分了解公司的经营状况和发展前景。

对于股东的提问和质疑，要认真解答并予以回应。在股东大会决议的执行过程中，要确保股东的利益得到充分保护，不得损害股东的合法权益。

三、提高股东大会的参与度和决策效率，增强股东对公司的信心

1. 提高参与度

采取多种措施鼓励股东积极参与股东大会，提高股东大会的参与度。可以通过优化股东大会的召开方式和时间安排，方便股东参与；加强与股东的沟通和交流，及时了解股东的需求和意见；提供丰富的信息披露和分析报告，帮助股东更好地了解公司的情况。

对于中小股东，可以采取一些特殊的措施，如提供网络投票平台、设立股东热线等，方便中小股东参与股东大会。同时，要加强对中小股东权益的保护，确保中小股东在股东大会上享有平等的权利和机会。

2. 提高决策效率

优化股东大会的议程设置和审议事项安排，提高决策效率。在确定股东大会审议事项时，要充分考虑事项的重要性和紧迫性，避免将过多的无关事项列入议程。同时，要合理安排审议事项的顺序，确保重要事项得到充分讨论和决策。

加强股东大会的组织和管理，提高会议的效率和质量。可以采用现代化的会议管理技术，如电子投票系统、视频会议等，提高会议的组织效率。同时，要加强对会议的主持和引导，确保会议的讨论和决策有序进行。

3. 增强股东信心

通过规范股东大会运作，提高公司治理水平，增强股东对公司的信心。在

股东大会上，要充分展示公司的发展战略、经营业绩和未来前景，让股东对公司的发展充满信心。

对于股东关心的问题，要及时给予回应和解决，增强股东的满意度和忠诚度。同时，要加强对股东的沟通和交流，及时了解股东的需求和意见，不断改进公司的治理和经营管理。

四、建立股东大会与董事会、监事会的互动机制

1. 互动的重要性

建立股东大会与董事会、监事会的互动机制，可以加强公司治理各机构之间的沟通和协调，提高公司治理的有效性。股东大会作为公司的最高权力机构，其决策需要董事会和监事会的执行和监督；董事会和监事会作为公司治理的执行和监督机构，其工作需要股东大会的支持和监督。

通过互动机制，可以及时反馈股东的意见和建议，促进董事会和监事会更好地履行职责，提高公司治理水平。同时，也可以增强股东对公司治理的参与感和责任感，促进公司的健康发展。

2. 互动的方式

建立定期沟通机制，如定期召开股东大会、董事会和监事会联席会议，加强各机构之间的信息交流和沟通。在会议上，可以就公司的重大事项进行讨论和决策，共同推动公司的发展。

加强日常沟通和交流，如通过电子邮件、电话、信函等方式，及时沟通公司的重要信息和问题。同时，也可以邀请股东代表参加董事会和监事会的会议，听取股东的意见和建议。

建立反馈机制，对于股东在股东大会上提出的意见和建议，董事会和监事会要及时给予回应和反馈，并在后续的工作中加以改进和落实。

五、对股东大会的决议执行情况进行监督和检查

1. 监督的重要性

对股东大会的决议执行情况进行监督和检查，可以确保股东大会的决议得到有效执行，维护股东的合法权益。股东大会的决议是公司的最高决策，其执行情况直接关系到公司的发展和股东的利益。

通过监督和检查，可以及时发现决议执行过程中存在的问题和不足，采取

相应的措施加以解决，提高公司治理的有效性。同时，也可以增强股东对公司治理的信心和满意度。

2. 监督的方式

建立健全监督机制，明确监督的主体、职责和权限。可以由监事会负责对股东大会决议的执行情况进行监督，也可以设立专门的监督机构或聘请独立的监督机构进行监督。

加强对决议执行情况的跟踪和检查，定期对决议的执行情况进行评估和报告。可以通过查阅公司的财务报表、审计报告、会议记录等资料，了解决议的执行情况；也可以通过实地考察、访谈等方式，了解决议的执行效果。

对于决议执行过程中出现的问题和不足，要及时提出整改意见和建议，并督促相关部门和人员加以整改。同时，要对整改情况进行跟踪和检查，确保问题得到有效解决。

总之，规范股东大会运作是企业上市过程中的重要环节。通过制定股东大会章程，明确股东大会的召集、召开和表决程序；确保股东大会的合法性和公正性，保护股东的合法权益；提高股东大会的参与度和决策效率，增强股东对公司的信心；建立股东大会与董事会、监事会的互动机制；对股东大会的决议执行情况进行监督和检查等措施，可以提高公司治理水平，保障股东的合法权益，促进公司的健康发展。

54 建立内部监督机制

内部监督机制能够确保公司内部各项业务活动的合规性、合理性和有效性，及时发现并纠正内部管理中的问题，防范风险，为企业的稳定发展和成功上市提供坚实保障。

一、设立内部审计部门，明确其职责和权限

1. 内部审计部门的重要性

内部审计部门是企业内部监督机制的核心组成部分。它独立于其他业务部门，对公司的财务状况、经营管理、内部控制等方面进行客观、公正的审查和

评价，为企业管理层提供可靠的决策依据。

设立内部审计部门可以增强企业的自我约束能力，提高管理水平，降低经营风险，保护股东和利益相关者的合法权益。

2. 明确职责

内部审计部门的职责主要包括以下几个方面。

财务审计：对公司的财务报表、会计账簿、财务收支等进行审计，确保财务信息的真实性、准确性和完整性。

经营审计：对公司的经营活动进行审计，包括销售、采购、生产、人力资源等各个环节，评价经营效率和效果，提出改进建议。

内部控制审计：对公司的内部控制制度进行审计，评估其有效性和健全性，发现内部控制中的薄弱环节，提出完善建议。

专项审计：根据企业管理层的要求，对特定项目、特定业务或特定问题进行专项审计，为决策提供专项支持。

风险管理审计：对公司的风险管理体系进行审计，评估风险识别、评估、应对等环节的有效性，提出风险管理建议。

3. 确定权限

为了确保内部审计部门能够有效地履行职责，需要赋予其一定的权限。

独立审计权：内部审计部门有权独立开展审计工作，不受其他部门和个人的干涉。

查阅资料权：有权查阅公司的财务报表、会计账簿、合同文件、会议记录等相关资料。

调查取证权：在审计过程中，有权对相关人员进行调查询问，获取审计证据。

提出建议权：有权根据审计结果提出改进建议和措施，供企业管理层参考。

跟踪整改权：有权对审计发现的问题进行跟踪检查，督促相关部门和人员进行整改。

二、建立内部审计制度，规范审计工作流程

1. 内部审计制度的必要性

建立内部审计制度是规范内部审计工作的基础。内部审计制度可以明确内部审计的目标、范围、程序、方法等，为内部审计工作提供制度保障，确保内部审计工作的规范化、标准化和科学化。

2. 制度内容

内部审计制度应包括以下主要内容。

审计机构和人员：明确内部审计部门的组织架构、人员配备、岗位职责等。

审计计划：制订年度审计计划和专项审计计划，明确审计的重点领域和时间安排。

审计程序：规定审计的准备、实施、报告、跟踪等各个环节的具体程序和要求。

审计方法：明确内部审计采用的方法和技术，如抽样审计、风险评估、数据分析等。

审计质量控制：建立审计质量控制体系，确保审计工作的质量和效果。

审计档案管理：规范审计档案的收集、整理、保管和利用。

3. 规范审计工作流程

内部审计工作流程一般包括以下几个步骤。

审计准备：确定审计项目和目标，组建审计组，制订审计方案，收集审计资料。

审计实施：按照审计方案进行现场审计，包括查阅资料、访谈人员、实地观察等，获取审计证据。

审计报告：根据审计结果撰写审计报告，提出审计意见和建议，向企业管理层汇报审计情况。

跟踪整改：对审计发现的问题进行跟踪检查，督促相关部门和人员进行整改，确保问题得到有效解决。

审计总结：对审计项目进行总结评价，总结经验教训，为今后的审计工作提供参考。

三、对公司内部各项业务进行定期审计和专项审计

1. 定期审计

定期审计是对公司内部各项业务进行常规性的审计，以确保公司的日常经营活动符合法律法规和内部管理制度的要求。

定期审计的频率可以根据公司的实际情况确定，一般为每年一次或每半年一次。审计的范围应涵盖公司的财务、经营、内部控制等各个方面。

定期审计可以采用全面审计或抽样审计的方法，对公司的重要业务和关键

环节进行重点审查。

2. 专项审计

专项审计是对公司内部特定项目、特定业务或特定问题进行的专项审计，以满足企业管理层的特定需求。

专项审计的项目可以根据企业的实际情况确定，如重大投资项目审计、资产重组审计、高管离任审计等。专项审计的时间和范围应根据具体项目的要求确定。

专项审计应采用针对性强的审计方法和技术，深入分析特定项目或问题的原因和影响，提出切实可行的建议和措施。

四、及时发现和纠正内部管理中的问题，防范风险

1. 问题发现

内部审计部门通过对公司内部各项业务的审计，能够及时发现内部管理中存在的问题，如财务造假、内部控制缺陷、经营效率低下等。

问题发现的方法主要包括数据分析、风险评估、现场检查、访谈询问等。内部审计部门应建立有效的问题发现机制，确保问题能够及时被发现。

2. 问题纠正

对于发现的问题，内部审计部门应及时提出整改建议和措施，督促相关部门和人员进行整改。

问题纠正的过程应进行跟踪检查，确保整改措施得到有效落实。对于整改不力的部门和人员，应及时向企业管理层报告，采取相应的处罚措施。

3. 风险防范

内部审计部门不仅要发现和纠正问题，还要注重风险防范。通过对公司内部各项业务的审计，识别潜在的风险因素，评估风险程度，提出风险防范建议。

风险防范的措施主要包括完善内部控制制度、加强风险管理、提高员工风险意识等。内部审计部门应建立风险预警机制，及时发现和报告潜在的风险问题。

五、对内部监督机制的有效性进行评估和改进

1. 评估的重要性

对内部监督机制的有效性进行评估是确保内部监督机制持续发挥作用的重要手段。通过评估，可以及时发现内部监督机制中存在的问题和不足，采取相

应的改进措施，提高内部监督机制的有效性。

2. 评估的内容

内部监督机制有效性评估的内容主要包括以下几个方面。

内部审计部门的独立性和权威性：评估内部审计部门是否独立于其他业务部门，是否具有足够的权威性。

内部审计制度的完善性和执行情况：评估内部审计制度是否完善，是否得到有效执行。

审计工作的质量和效果：评估内部审计工作的质量和效果，是否能够及时发现和纠正问题，防范风险。

问题整改的及时性和有效性：评估审计发现问题的整改情况，是否及时、有效。

内部监督机制与外部监督的协同性：评估内部监督机制与外部监督机构的协同情况，是否能够形成有效的监督合力。

3. 改进措施

根据评估结果，采取相应的改进措施，提高内部监督机制的有效性。

加强内部审计部门的建设：提高内部审计部门的独立性和权威性，增加人员配备，提高人员素质。

完善内部审计制度：根据评估发现的问题，及时修订内部审计制度，完善审计程序和方法。

提高审计工作质量和效果：加强审计人员培训，提高审计技术水平，确保审计工作的质量和效果。

加强问题整改的跟踪检查：建立问题整改跟踪检查机制，确保问题得到及时、有效整改。

加强与外部监督机构的协同：积极配合外部监督机构的工作，建立信息共享机制，形成有效的监督合力。

总之，建立内部监督机制是企业上市过程中的重要环节。通过设立内部审计部门，明确其职责和权限；建立内部审计制度，规范审计工作流程；对公司内部各项业务进行定期审计和专项审计；及时发现和纠正内部管理中的问题，防范风险；对内部监督机制的有效性进行评估和改进等措施，企业可以建立起有效的内部监督机制，提高管理水平，降低经营风险，为企业的成功上市奠定坚实基础。

㊵ 制定薪酬激励制度

制定科学合理的薪酬激励制度对于吸引和留住优秀人才、激发员工的工作积极性和创造力、实现企业战略目标具有至关重要的意义。

一、分析公司的战略目标和人力资源需求，制定合理的薪酬激励策略

1. 战略目标与薪酬激励的关联

公司的战略目标是企业发展的方向和蓝图，而薪酬激励制度则是实现战略目标的重要手段之一。通过分析公司的战略目标，可以确定企业在不同发展阶段对人才的需求类型和层次，从而制定与之相适应的薪酬激励策略。

例如，如果公司的战略目标是快速扩张市场份额，那么可能需要吸引具有开拓市场能力的销售人才和创新能力的研发人才。在薪酬激励策略上，可以采取高绩效奖金、股权激励等方式，激励员工为实现市场扩张目标而努力工作。

2. 人力资源需求分析

对公司的人力资源需求进行全面分析，包括岗位需求、人才素质要求、人才数量需求等方面。了解不同岗位的职责、工作难度、市场价值等因素，为确定合理的薪酬水平提供依据。

同时，要考虑公司的发展阶段和行业特点。处于初创期的企业可能更注重吸引风险偏好型人才，薪酬激励可以更加灵活和富有弹性；而成熟期的企业则更注重稳定和可持续发展，薪酬激励可以更加注重公平性和保障性。

3. 制定薪酬激励策略

根据战略目标和人力资源需求分析的结果，制定合理的薪酬激励策略。薪酬激励策略应包括薪酬水平定位、薪酬结构设计、激励方式选择等方面。

薪酬水平定位可以根据公司的财务状况、市场竞争力、行业平均水平等因素来确定。一般来说，可以采取领先型、跟随型或滞后型的薪酬水平策略。领先型薪酬水平策略可以吸引和留住优秀人才，但成本较高；跟随型薪酬水平策略可以保持与市场平均水平相当，成本相对较低；滞后型薪酬水平策略则适用于成本控制严格的企业，但可能会导致人才流失。

薪酬结构设计应包括基本工资、绩效奖金、津贴补贴、福利等部分。不同

岗位的薪酬结构可以根据其工作性质和业绩贡献进行调整。例如，销售岗位可以加大绩效奖金的比例，以激励员工提高销售业绩；研发岗位可以增加津贴补贴，以鼓励员工进行技术创新。

激励方式选择可以包括短期激励和长期激励。短期激励主要包括绩效奖金、提成、津贴等，以激励员工在短期内实现业绩目标；长期激励主要包括股权激励、期权激励、分红权激励等，以激励员工与企业长期共同发展。

二、确定不同岗位的薪酬结构和水平，体现岗位价值和业绩贡献

1. 岗位价值评估

进行岗位价值评估，确定不同岗位在企业中的相对价值。岗位价值评估可以采用因素计分法、岗位排序法、岗位分类法等方法。

因素计分法是通过对岗位的多个因素进行打分，然后根据分数确定岗位价值。因素可以包括工作难度、工作责任、工作技能要求、工作环境等。岗位排序法是将所有岗位按照一定的标准进行排序，确定岗位价值。岗位分类法是将岗位分为不同的类别，然后根据类别确定岗位价值。

2. 确定薪酬结构

根据岗位价值评估的结果，确定不同岗位的薪酬结构。薪酬结构应包括基本工资、绩效奖金、津贴补贴、福利等部分。

基本工资是员工的固定收入，主要根据岗位价值和市场水平来确定。绩效奖金是根据员工的工作业绩来确定的浮动收入，可以采取月度、季度、年度等不同的考核周期。津贴补贴是根据员工的工作性质和特殊需求来确定的额外收入，如交通补贴、通信补贴、住房补贴等。福利是企业为员工提供的非货币性待遇，如五险一金、带薪年假、节日福利等。

3. 确定薪酬水平

根据岗位价值评估和市场调研的结果，确定不同岗位的薪酬水平。薪酬水平应体现岗位价值和业绩贡献，同时要考虑企业的财务状况和市场竞争力。

可以通过收集同行业同岗位的薪酬数据，了解市场行情，然后结合企业自身的情况，确定合理的薪酬水平。在确定薪酬水平时，要注意内部公平性和外部竞争性的平衡。内部公平性是指不同岗位之间的薪酬差距要合理，体现岗位价值的差异；外部竞争性是指企业的薪酬水平要具有一定的竞争力，能够吸引和留住优秀人才。

三、建立绩效考核体系，与薪酬激励挂钩，激发员工的工作积极性

1. 绩效考核指标设定

建立科学合理的绩效考核体系，设定明确的绩效考核指标。绩效考核指标应与企业的战略目标和岗位职责紧密结合，能够客观、准确地反映员工的工作业绩。

绩效考核指标可以分为定量指标和定性指标。定量指标主要包括工作完成量、工作质量、工作效率等方面，可以通过数据进行量化考核；定性指标主要包括工作态度、团队合作、创新能力等方面，可以通过主观评价进行考核。

2. 绩效考核方法选择

选择合适的绩效考核方法，确保绩效考核的公平性和有效性。绩效考核方法可以包括目标管理法、关键绩效指标法、360 度考核法等。

目标管理法是通过设定明确的工作目标，然后根据目标的完成情况进行考核。关键绩效指标法是通过设定关键绩效指标，然后根据指标的达成情况进行考核。360 度考核法是通过上级、下级、同事、客户等多方面的评价，对员工进行全面考核。

3. 绩效考核结果应用

将绩效考核结果与薪酬激励挂钩，激发员工的工作积极性。绩效考核结果可以作为确定绩效奖金、晋升、调薪等的重要依据。

对于绩效考核优秀的员工，可以给予较高的绩效奖金、晋升机会、调薪等激励；对于绩效考核不合格的员工，可以给予降低绩效奖金、调岗、培训等处理。通过绩效考核结果的应用，激励员工不断提高工作业绩，为企业创造更大的价值。

四、定期对薪酬激励制度进行评估和调整，确保其有效性和公平性

1. 评估的必要性

定期对薪酬激励制度进行评估和调整，是确保制度有效性和公平性的重要手段。随着企业的发展和市场环境的变化，薪酬激励制度可能会出现不适应的情况，需要及时进行调整和优化。

评估可以发现制度中存在的问题和不足，为调整和改进提供依据。同时，

评估也可以了解员工对薪酬激励制度的满意度和期望，为提高员工的认同感和满意度提供参考。

2. 评估的内容

薪酬激励制度的评估内容可以包括制度的合理性、公平性、有效性、竞争力等方面。

合理性评估主要是检查薪酬激励制度是否符合企业的战略目标和人力资源需求，是否与企业的发展阶段相适应。公平性评估主要是检查薪酬激励制度是否在内部不同岗位之间、不同员工之间实现了公平分配，是否存在不合理的差距。有效性评估主要是检查薪酬激励制度是否能够激发员工的工作积极性和创造力，是否能够实现企业的业绩目标。竞争力评估主要是检查薪酬激励制度是否具有市场竞争力，是否能够吸引和留住优秀人才。

3. 调整的方法

根据评估的结果，采取相应的调整方法，对薪酬激励制度进行优化和改进。

如果发现薪酬激励制度不合理，可以重新进行岗位价值评估，调整薪酬结构和水平；如果发现薪酬激励制度不公平，可以加强内部沟通和协调，调整绩效考核指标和方法；如果发现薪酬激励制度无效，可以重新设计激励方式，增加激励力度；如果发现薪酬激励制度缺乏竞争力，可以参考市场行情，提高薪酬水平或增加福利项目。

五、加强薪酬激励制度的沟通和宣传，提高员工的认同感和满意度

1. 沟通的重要性

加强薪酬激励制度的沟通和宣传，是提高员工认同感和满意度的重要途径。员工只有了解薪酬激励制度的内容和目的，才能更好地理解企业的价值导向和激励机制，从而提高工作积极性和创造力。

同时，沟通和宣传也可以增强员工对企业的信任和归属感，减少因薪酬问题而产生的矛盾和纠纷。

2. 沟通的内容

薪酬激励制度的沟通内容可以包括制度的设计理念、目标、原则、内容、实施方法等方面。

要向员工解释薪酬激励制度的合理性和公平性，让员工明白薪酬的确定是

基于岗位价值和业绩贡献的。要介绍绩效考核体系的指标和方法，让员工清楚自己的工作目标和努力方向。要宣传薪酬激励制度的激励作用和效果，让员工感受到企业对他们的重视和认可。

3. 沟通的方式

可以采用多种方式进行薪酬激励制度的沟通和宣传，如内部培训、员工手册、公告栏、电子邮件等。

内部培训可以让员工更加深入地了解薪酬激励制度的内容和实施方法；员工手册可以作为员工随时查阅的资料，方便员工了解制度的具体规定；公告栏和电子邮件可以及时向员工传达制度的调整和变化信息。同时，还可以通过座谈会、问卷调查等方式，收集员工的意见和建议，不断改进薪酬激励制度。

总之，制定薪酬激励制度是企业上市过程中的重要环节。通过分析公司的战略目标和人力资源需求，制定合理的薪酬激励策略；确定不同岗位的薪酬结构和水平，体现岗位价值和业绩贡献；建立绩效考核体系，与薪酬激励挂钩，激发员工的工作积极性；定期对薪酬激励制度进行评估和调整，确保其有效性和公平性；加强薪酬激励制度的沟通和宣传，提高员工的认同感和满意度，企业可以建立起科学合理的薪酬激励机制，吸引和留住优秀人才，激发员工的工作积极性和创造力，为企业的成功上市和持续发展提供有力保障。

㊺ 加强企业文化建设

优秀的企业文化不仅能够凝聚员工的力量，提升企业的核心竞争力，还能为企业的可持续发展提供强大的精神支撑。

一、明确企业的核心价值观和文化理念

1. 核心价值观的重要性

企业的核心价值观是企业文化的核心，它体现了企业的根本信仰和追求，是企业在长期发展过程中形成的价值准则。明确核心价值观可以为企业的发展指明方向，引导员工的行为，确保企业在复杂多变的市场环境中始终保持正确的发展方向。

例如，苹果公司的核心价值观是“创新、卓越、用户至上”，这一价值观贯穿于苹果公司的产品设计、研发、销售等各个环节，使苹果公司成为全球最具创新力和影响力的科技企业之一。

2. 文化理念的确定

文化理念是企业核心价值观的具体体现，它包括企业的使命、愿景、经营理念等方面。确定文化理念可以使企业的核心价值观更加具体、生动，便于员工理解和接受。

企业的使命是企业存在的根本目的，它回答了“企业为什么而存在”的问题。例如，阿里巴巴集团的使命是“让天下没有难做的生意”，这一使命体现了阿里巴巴为中小企业服务的宗旨。企业的愿景是企业对未来的美好憧憬，它回答了“企业要成为什么样的企业”的问题。例如，华为公司的愿景是“构建万物互联的智能世界”，这一愿景展示了华为在科技领域的宏伟目标。企业的经营理念是企业在经营过程中遵循的基本原则，它回答了“企业如何经营”的问题。例如，海尔的经营理念是“真诚到永远”，这一理念体现了海尔对客户的承诺和对品质的追求。

3. 确定核心价值观和文化理念的方法

确定企业的核心价值观和文化理念需要企业高层领导的高度重视和积极参与。企业可以通过召开高层领导会议、组织员工讨论、聘请专业咨询机构等方式，广泛征求各方意见，深入挖掘企业的历史文化、行业特点、发展战略等因素，提炼出符合企业实际情况的核心价值观和文化理念。

同时，企业还可以借鉴国内外优秀企业的文化建设经验，结合自身特点进行创新和发展。在确定核心价值观和文化理念的过程中，要注重其可操作性和可持续性，确保其能够真正指导企业的发展和员工的行为。

二、通过多种方式宣传和推广企业文化，增强员工的认同感和归属感

1. 内部宣传

企业可以通过内部培训、内部刊物、宣传栏、企业文化手册等方式，向员工宣传和推广企业文化。内部培训可以邀请企业领导、专家学者等进行企业文化讲座，使员工深入了解企业文化的内涵和意义。内部刊物可以开设企业文化专栏，刊登企业文化故事、员工心得体会等内容，增强员工对企业文化的认同

感。宣传栏可以展示企业文化的核心价值观、文化理念、企业荣誉等内容，营造浓厚的企业文化氛围。企业文化手册可以详细介绍企业的历史文化、核心价值观、文化理念、行为规范等内容，作为员工学习企业文化的重要资料。

例如，腾讯公司通过内部培训、腾讯文化日等活动，向员工宣传和推广"正直、进取、协作、创造"的企业文化价值观，使员工深刻理解腾讯文化的内涵，增强了员工的认同感和归属感。

2. 外部宣传

企业可以通过广告宣传、公关活动、社会责任活动等方式，向社会宣传和推广企业文化。广告宣传可以通过电视、报纸、杂志、网络等媒体，展示企业的品牌形象和企业文化理念，提高企业的知名度和美誉度。公关活动可以通过新闻发布会、媒体采访、行业论坛等形式，传播企业的文化故事和发展成就，树立企业的良好形象。社会责任活动可以通过捐赠、志愿者服务、环保行动等方式，展示企业的社会责任感和价值观，赢得社会的尊重和认可。

例如，可口可乐公司通过广告宣传、赞助体育赛事、开展环保活动等方式，向社会宣传和推广"乐观、积极、分享"的企业文化理念，使可口可乐品牌成为全球最具价值的品牌之一。

三、将企业文化融入企业的各项管理制度和工作流程中

1. 制度建设

企业要将企业文化融入各项管理制度中，使企业文化成为员工行为的准则。例如，在人力资源管理制度中，可以将企业文化价值观作为招聘、培训、绩效考核、晋升等环节的重要标准，确保员工的行为符合企业文化的要求。在财务管理制度中，可以将企业文化价值观作为投资决策、成本控制、风险管理等环节的重要依据，确保企业的经营活动符合企业文化的理念。

例如，华为公司将"以客户为中心、以奋斗者为本、长期坚持艰苦奋斗"的企业文化价值观融入人力资源管理制度中，通过股权激励、绩效考核等方式，激励员工为客户创造价值，为企业的发展贡献力量。

2. 流程优化

企业要将企业文化融入工作流程中，使企业文化成为员工工作的习惯。例如，在产品研发流程中，可以将企业文化价值观作为产品设计、质量控制、用户体验等环节的重要指导，确保产品符合企业文化的理念。在市场营销流程中，

可以将企业文化价值观作为市场调研、品牌推广、客户服务等环节的重要原则，确保企业的营销活动符合企业文化的要求。

例如，星巴克公司将“创造一个温暖而有归属感的文化，欣然接纳和欢迎每一个人”的企业文化价值观融入门店服务流程中，通过员工培训、服务标准制定等方式，确保员工为顾客提供优质的咖啡和服务，营造出温馨舒适的消费环境。

四、开展丰富多彩的企业文化活动，营造良好的企业氛围

1. 文化活动的类型

企业可以开展各种类型的企业文化活动，如文艺演出、体育比赛、知识竞赛、团队建设活动等。文艺演出可以展示员工的才艺和风采，增强员工的凝聚力和向心力。体育比赛可以培养员工的团队合作精神和竞争意识，提高员工的身体素质。知识竞赛可以激发员工的学习热情和创新能力，丰富员工的知识储备。团队建设活动可以增强员工之间的沟通和协作能力，提高团队的执行力和战斗力。

例如，阿里巴巴公司每年都会举办“阿里日”活动，包括集体婚礼、亲子活动、公益活动等，营造出温馨和谐的企业文化氛围，增强了员工的归属感和幸福感。

2. 活动的组织和实施

企业在开展企业文化活动时，要注重活动的组织和实施，确保活动的质量和效果。活动的组织要充分考虑员工的兴趣和需求，制订详细的活动方案，明确活动的目的、内容、时间、地点、参与人员等。活动的实施要精心安排，做好活动的宣传、报名、组织、协调等工作，确保活动的顺利进行。活动结束后，要及时进行总结和评估，收集员工的意见和建议，为今后的活动改进提供参考。

例如，百度公司在组织体育比赛活动时，会提前成立活动筹备小组，制定详细的比赛规则和赛程安排，做好场地布置、设备准备、裁判培训等工作。比赛过程中，会安排专人进行现场直播和摄影摄像，记录精彩瞬间。比赛结束后，会举行颁奖仪式，对表现优秀的团队和个人进行表彰和奖励。

五、定期对企业文化建设的效果进行评估和改进

1. 评估的指标和方法

企业要定期对企业文化建设的效果进行评估，了解企业文化在员工中的认同感和影响力，发现企业文化建设中存在的问题和不足。评估的指标可以包括

员工的满意度、忠诚度、工作积极性、团队合作精神、企业的品牌形象、社会声誉等方面。评估的方法可以采用问卷调查、访谈、观察、数据分析等方式。

例如，京东公司每年都会进行员工满意度调查，了解员工对企业文化的认同感和满意度，收集员工的意见和建议，为企业文化建设的改进提供依据。

2. 改进的措施和方向

根据评估的结果，企业要及时采取改进措施，对企业文化建设进行优化和完善。改进的措施可以包括调整文化理念、加强宣传推广、优化管理制度、丰富文化活动等方面。改进的方向要围绕企业的发展战略和员工的需求，不断提升企业文化的凝聚力和影响力。

例如，小米公司在发现员工对企业文化的认同感有所下降后，及时调整了企业文化的宣传策略，加强了内部培训和沟通交流，组织了更多的团队建设活动，使员工重新认识到小米文化的价值和意义，增强了员工的认同感和归属感。

总之，加强企业文化建设是企业上市过程中的重要任务。通过明确企业的核心价值观和文化理念，宣传和推广企业文化，将企业文化融入企业的各项管理制度和工作流程中，开展丰富多彩的企业文化活动，定期对企业文化建设的效果进行评估和改进，企业可以打造出具有强大凝聚力和竞争力的企业文化，为企业的上市和可持续发展提供坚实的保障。

57 处理股东关系

股东作为企业的所有者，其对公司的信心和支持直接影响着企业的发展和稳定。因此，建立良好的股东沟通机制，认真听取股东意见，保护股东权益，加强与不同类型股东的交流，以及定期评估和改进股东关系管理工作，对于企业的成功上市和持续发展具有重大意义。

一、建立股东沟通机制，及时向股东通报公司的经营情况和重大事项

1. 沟通机制的重要性

建立股东沟通机制是企业与股东保持良好关系的基础。及时向股东通报公

司的经营情况和重大事项，可以增强股东对公司的了解和信任，减少信息不对称带来的风险。

良好的沟通机制还可以让股东感受到企业对他们的尊重，提高股东的参与度和满意度，为企业的发展提供稳定的支持。

2. 选择沟通渠道

企业可以通过多种渠道与股东进行沟通，如定期报告、股东大会、投资者关系网站、电话会议、电子邮件等。

定期报告是向股东通报公司经营情况的重要方式，包括年度报告、中期报告和季度报告。股东大会是股东行使权利的重要场所，企业可以在股东大会上向股东汇报公司的发展战略、经营业绩和重大事项，并听取股东的意见和建议。投资者关系网站可以及时发布公司的新闻动态、财务信息和公告，方便股东随时查询。电话会议和电子邮件则可以用于与股东进行一对一的沟通，解答股东的疑问。

3. 确定沟通内容

企业在与股东沟通时，应确保通报的内容真实、准确、完整。经营情况方面，应包括公司的财务状况、业务发展、市场竞争等方面的信息。重大事项方面，应包括公司的重大投资、资产重组、高管变动等方面的信息。

同时，企业还可以根据股东的需求和关注点，提供一些个性化的信息，如行业分析、竞争对手动态等，以增强股东对公司的了解和信心。

二、认真听取股东的意见和建议，积极回应股东的关切

1. 听取意见的方式

企业可以通过多种方式听取股东的意见和建议，如股东大会上的股东提问、投资者关系热线、电子邮件反馈、问卷调查等。

在股东大会上，企业应安排专门的时间让股东提问，并认真回答股东的问题。投资者关系热线和电子邮件反馈可以让股东随时向企业提出意见和建议。问卷调查则可以定期进行，了解股东对公司的满意度和期望，为企业的改进提供参考。

2. 积极回应的重要性

积极回应股东的关切是企业建立良好股东关系的关键。股东提出的意见和建议反映了他们对公司的关注和期望，企业应认真对待，并及时给予回应。

积极回应可以让股东感受到企业对他们的重视，增强股东的参与感和归属感，同时也可以帮助企业及时发现问题，改进管理，提高经营业绩。

3. 回应的方式和内容

企业在回应股东的关切时，应采取诚恳、客观的态度，明确回答股东的问题，并说明企业的立场和措施。回应的内容应具体、可行，让股东能够理解和接受。

如果股东提出的问题比较复杂，企业可以组织专门的团队进行研究和分析，并在合理的时间内给予回复。同时，企业还可以将股东的意见和建议纳入公司的决策过程中，体现股东的价值和作用。

三、保护股东的合法权益，确保股东平等参与公司治理

1. 合法权益的内容

股东的合法权益包括知情权、参与权、表决权、收益权等。企业应确保股东能够充分行使这些权利，保护股东的利益。

知情权方面，企业应及时向股东披露公司的财务状况、经营业绩、重大事项等信息，让股东了解公司的真实情况。参与权方面，企业应保障股东能够参加股东大会，行使股东的权利。表决权方面，企业应确保股东的表决权得到平等对待，不得歧视任何股东。收益权方面，企业应努力提高经营业绩，为股东创造更多的价值。

2. 平等参与的保障

为了确保股东平等参与公司治理，企业应建立健全公司治理结构，明确股东、董事会、监事会和管理层的职责和权利，形成相互制衡、协调运作的机制。

企业还应制定公平、公正的决策程序，让所有股东都有机会参与公司的重大决策。在选举董事、监事和高管人员时，应采用累积投票制等方式，保障中小股东的权益。

四、加强与机构投资者和中小股东的沟通和交流

1. 机构投资者的重要性

机构投资者通常具有较强的资金实力和专业的投资能力，他们的投资决策对企业的股价和市场形象有重要影响。加强与机构投资者的沟通和交流，可以吸引更多的机构投资者关注和投资企业，提高企业的市场价值。

机构投资者还可以为企业提供专业的建议和意见，帮助企业改进管理，提高经营业绩。

2. 中小股东的关注

中小股东虽然单个持股比例较小，但他们的数量众多，是企业的重要股东群体。加强与中小股东的沟通和交流，可以增强中小股东对企业的信心和支持，提高企业的社会形象。

企业可以通过投资者关系网站、电话会议、电子邮件等方式，为中小股东提供便捷的沟通渠道，及时解答中小股东的疑问，听取中小股东的意见和建议。

3. 沟通和交流的方式

企业可以通过举办投资者见面会、路演活动、实地调研等方式，加强与机构投资者和中小股东的沟通和交流。

投资者见面会可以邀请机构投资者和中小股东参加，企业高管向他们介绍公司的发展战略、经营业绩和重大事项，并回答他们的问题。路演活动可以在不同的城市举办，向投资者展示公司的业务和产品，提高公司的知名度和影响力。实地调研可以邀请机构投资者和分析师到公司实地考察，了解公司的生产经营情况，增强他们对公司的信心。

五、对股东关系管理工作进行定期评估和改进

1. 评估的指标和方法

企业应定期对股东关系管理工作进行评估，了解股东对公司的满意度和期望，发现存在的问题和不足，为改进工作提供依据。

评估的指标可以包括股东的参与度、满意度、信任度、公司的市场形象等方面。评估的方法可以采用问卷调查、访谈、数据分析等方式。

2. 改进的措施和方向

根据评估的结果，企业应及时采取改进措施，提高股东关系管理工作的水平。改进的措施可以包括加强沟通渠道建设、提高信息披露质量、增强股东参与度、保护股东权益等方面。

改进的方向应围绕股东的需求和期望，不断提高股东对公司的满意度和信任度，为企业的发展创造良好的股东关系环境。

总之，处理好股东关系是企业上市过程中的重要任务。通过建立股东沟通机制，及时向股东通报公司的经营情况和重大事项；认真听取股东的意见和建

议，积极回应股东的关切；保护股东的合法权益，确保股东平等参与公司治理；加强与机构投资者和中小股东的沟通和交流；对股东关系管理工作进行定期评估和改进，企业可以建立良好的股东关系，为企业的成功上市和持续发展提供有力的支持。

58 规范信息披露流程

准确、及时、完整的信息披露不仅能够增强投资者对公司的信心，提高公司的透明度，还有助于维护市场的稳定和公平。

一、制定信息披露制度，明确信息披露的内容、方式和时间要求

1. 制度的重要性

信息披露制度是企业规范信息披露行为的基础。它明确了企业在信息披露方面的责任和义务，为信息披露工作提供了具体的指导和规范。

一个完善的信息披露制度可以确保企业在信息披露过程中遵循法律法规和市场规则，避免因信息披露不规范而引发的法律风险和市场风险。

2. 披露内容的确定

信息披露的内容应包括公司的财务状况、经营成果、重大事项、股权结构、治理结构等方面的信息。这些信息对于投资者了解公司的价值和风险至关重要。

在确定披露内容时，企业应遵循真实性、准确性、完整性和及时性的原则。同时，还应根据不同的信息类型和受众需求，进行有针对性的披露。

3. 披露方式的选择

信息披露的方式可以包括定期报告、临时公告、新闻发布会、投资者关系网站等。企业应根据信息的重要性和紧急程度，选择合适的披露方式。

定期报告是企业信息披露的主要方式之一，包括年度报告、中期报告和季度报告。临时公告则用于披露重大事项和突发事件。新闻发布会和投资者关系网站可以作为补充方式，增强信息披露的及时性和互动性。

4. 时间要求的明确

信息披露的时间要求是确保信息及时性的关键。企业应根据法律法规和市

场规则，明确不同类型信息的披露时间节点。

一般来说，定期报告应在规定的时间内发布，临时公告应在事件发生后的及时时间内披露。同时，企业还应考虑信息的准备时间和审核时间，确保信息能够按时披露。

二、建立信息披露审核机制，确保披露信息的真实、准确、完整

1. 审核机制的必要性

建立信息披露审核机制可以有效地保证披露信息的质量。审核机制可以对信息进行全面的审查和核实，确保信息的真实、准确、完整，避免因信息错误或遗漏而给投资者带来损失。

审核机制还可以对信息披露的合规性进行监督，确保企业在信息披露过程中遵守法律法规和市场规则。

2. 审核流程的设计

信息披露审核流程应包括信息的收集、整理、审核、发布等环节。在信息收集环节，企业应确保信息的来源可靠、准确。在信息整理环节，应对信息进行分类、汇总和分析，确保信息的完整性和可读性。

在审核环节，应建立严格的审核制度，由专业的审核人员对信息进行审查和核实。审核人员应具备丰富的财务、法律和业务知识，能够准确判断信息的真实性、准确性和完整性。在发布环节，应确保信息的发布渠道畅通、及时。

3. 审核责任的明确

信息披露审核责任应明确到具体的部门和人员。企业应设立专门的信息披露部门，负责信息的收集、整理和发布工作。同时，还应明确审核人员的职责和权限，确保审核工作的独立性和有效性。

对于重大信息的披露，企业应建立内部审批制度，由董事会、监事会等决策机构进行审批。审批过程应严格遵循法律法规和公司章程的规定，确保信息披露的合法性和合规性。

三、加强对信息披露工作的监督和管理，防止信息泄露

1. 监督管理的重要性

加强对信息披露工作的监督和管理可以有效地防止信息泄露和内幕交易。信息泄露和内幕交易不仅会损害投资者的利益，还会破坏市场的公平和公正。

监督管理还可以确保信息披露工作的规范和有序进行，提高信息披露的质量和效率。

2. 监督管理的措施

企业应建立健全信息披露监督管理制度，明确监督管理的职责和权限。监督管理部门应定期对信息披露工作进行检查和评估，发现问题及时整改。

企业还应加强对信息披露工作人员的管理和培训，提高他们的保密意识和职业道德水平。同时，应建立信息保密制度，对涉及公司机密的信息进行严格保密。

3. 防止信息泄露的方法

为了防止信息泄露，企业应采取一系列有效的措施。例如，加强对信息系统的安全管理，采用加密技术、访问控制等手段，确保信息的安全存储和传输。

企业还应加强对内部人员的管理，签订保密协议，明确保密责任。对于涉及重大信息的工作人员，应实行严格的隔离措施，避免信息泄露。

四、及时回应市场和投资者的信息需求，提高公司的透明度

1. 回应需求的重要性

及时回应市场和投资者的信息需求可以增强投资者对公司的信心，提高公司的透明度。投资者在做出投资决策时，需要充分了解公司的情况。如果企业能够及时回应他们的信息需求，就可以为他们提供更多的决策依据。

回应需求还可以促进企业与投资者之间的沟通和交流，增强投资者的参与感和归属感。

2. 回应需求的方式

企业可以通过多种方式回应市场和投资者的信息需求。例如，设立投资者关系热线、电子邮箱等，及时解答投资者的问题。企业还可以通过投资者关系网站、社交媒体等渠道，发布公司的最新动态和信息。

对于投资者的提问和建议，企业应认真对待，及时给予回复。回复内容应客观、准确、详细，避免模糊不清或敷衍了事。

3. 提高透明度的措施

为了提高公司的透明度，企业应主动披露更多的信息。除了法律法规要求披露的信息，企业还可以根据自身情况，披露一些自愿性信息，如公司的发展战略、社会责任履行情况等。

企业还可以通过举办投资者见面会、业绩说明会等活动，加强与投资者的沟通和交流，提高公司的透明度。

五、对信息披露工作进行定期评估和改进

1. 评估的必要性

对信息披露工作进行定期评估可以及时发现问题和不足，为改进工作提供依据。信息披露工作是一个不断完善和提高的过程，通过定期评估，可以及时调整工作策略和方法，提高信息披露的质量和效率。

评估还可以促进企业对信息披露工作的重视和投入，确保信息披露工作的持续改进和发展。

2. 评估的内容和方法

信息披露工作的评估内容可以包括信息披露的及时性、准确性、完整性、透明度等方面。评估方法可以采用问卷调查、访谈、数据分析等方式。

企业可以向投资者、分析师、监管机构等征求意见和建议，了解他们对公司信息披露工作的评价和期望。同时，还可以对信息披露的效果进行数据分析，如股价反应、市场关注度等，评估信息披露工作的影响力。

3. 改进的措施和方向

根据评估的结果，企业应及时采取改进措施，提高信息披露工作的水平。改进措施可以包括完善信息披露制度、加强审核机制、提高工作人员素质等方面。

改进的方向应围绕投资者的需求和市场的期望，不断提高信息披露的质量和效率，增强公司的透明度和公信力。

总之，规范信息披露流程是企业上市过程中的重要任务。通过制定信息披露制度，明确信息披露的内容、方式和时间要求；建立信息披露审核机制，确保披露信息的真实、准确、完整；加强对信息披露工作的监督和管理，防止信息泄露；及时回应市场和投资者的信息需求，提高公司的透明度；对信息披露工作进行定期评估和改进，企业可以提高信息披露的质量和效率，增强投资者对公司的信心，为企业的上市和发展创造良好的条件。

㊾ 进行公司治理评估

进行公司治理评估，能够全面了解企业治理现状，及时发现问题并采取改进措施，不断提升公司治理水平，为企业成功上市及后续稳定发展提供有力保障。

一、建立公司治理评估指标体系，全面评估公司治理水平

1. 评估指标体系的重要性

建立科学合理的公司治理评估指标体系是进行有效评估的基础。它能够为评估工作提供明确的标准和依据，确保评估的全面性、客观性和准确性。

一个完善的评估指标体系可以全面反映公司治理的各个方面，包括治理结构、决策机制、监督管理、信息披露、利益相关者关系等，从而为企业提供一个清晰的治理蓝图。

2. 指标体系的构建原则

全面性原则：指标体系应涵盖公司治理的各个方面，确保评估的全面性。例如，除了关注董事会、监事会和管理层的职责履行情况，还应考虑股东权益保护、信息披露质量、社会责任履行等方面。

客观性原则：指标应基于客观事实和数据，避免主观因素的影响。可以通过收集公司的财务报表、治理文件、会议记录等资料，以及进行问卷调查、访谈等方式获取评估所需的信息。

可操作性原则：指标应具有可操作性，便于实际评估工作的开展。指标的定义应明确，数据收集方法应可行，评估方法应简单易懂。

动态性原则：指标体系应随着公司治理环境的变化和企业发展的需要进行动态调整和完善。例如，随着法律法规的变化、市场竞争的加剧和企业战略的调整，及时更新指标体系，确保评估的时效性。

3. 具体评估指标

治理结构方面：包括股权结构合理性、董事会独立性和专业性、监事会监督有效性、管理层激励与约束机制等。例如，股权结构是否过于集中或分散，董事会成员中独立董事的比例是否合理，监事会是否能够独立行使监督职权，管理层的薪酬与业绩是否挂钩等。

决策机制方面：涵盖决策程序的科学性、决策的透明度、决策的执行效率等。例如，重大决策是否经过充分的调研和论证，决策过程是否公开透明，决策的执行是否有明确的时间表和责任人等。

监督管理方面：涉及内部审计的独立性和有效性、外部审计的质量、合规管理的执行情况等。例如，内部审计部门是否能够独立开展工作，外部审计机构是否具有良好的声誉和专业能力，企业是否建立了完善的合规管理制度并严格执行等。

信息披露方面：包括信息披露的真实性、准确性、及时性和完整性。例如，财务报表是否真实反映企业的财务状况和经营成果，重大事项是否及时披露，信息披露是否完整无遗漏等。

利益相关者关系方面：考量企业与股东、员工、客户、供应商、社区等利益相关者的关系处理情况。例如，是否重视股东权益保护，员工福利和发展机会是否充足，客户满意度如何，是否积极履行社会责任等。

二、定期对公司治理结构、决策机制、监督管理等方面进行评估

1. 定期评估的必要性

公司治理是一个动态的过程，随着企业内外环境的变化，公司治理中可能会出现新的问题和挑战。定期进行评估可以及时发现这些问题，采取相应的措施加以解决，确保公司治理始终保持在良好的状态。

定期评估还可以促进企业不断反思和改进公司治理实践，提高治理水平。通过对不同时期评估结果的对比分析，可以了解企业治理的发展趋势，为制定长期的治理战略提供参考。

2. 评估的频率和时间节点

评估的频率可以根据企业的实际情况确定。一般来说，对于准备上市的企业，建议每年进行一次全面的公司治理评估；对于已经上市的企业，可以根据监管要求和自身需要，每两年或三年进行一次评估。

评估的时间节点可以选择在企业财务年度结束后或重大事件发生后进行。例如，在年度报告编制完成后进行评估，可以结合财务数据和经营情况对公司治理进行全面分析；在企业进行重大资产重组、股权激励等重大事件后进行评估，可以及时评估这些事件对公司治理的影响。

3. 评估的方法和流程

评估方法可以包括问卷调查、访谈、文件审查、数据分析等。问卷调查可以面向企业内部员工、股东、客户等利益相关者，了解他们对公司治理的满意度和意见建议；访谈可以与企业高管、董事会成员、监事会成员等进行深入交流，获取他们对公司治理的看法和经验；文件审查可以查阅企业的治理文件、会议记录、财务报表等资料，了解公司治理的实际运作情况；数据分析可以对企业的财务指标、治理指标等进行统计分析，找出公司治理中的潜在问题。

评估流程一般包括确定评估目标、制订评估方案、收集评估信息、进行评估分析、撰写评估报告、反馈评估结果等环节。在确定评估目标时，应明确评估的重点和范围；制订评估方案时，应确定评估的方法、时间安排和人员分工；收集评估信息时，应确保信息的真实性和可靠性；进行评估分析时，应运用科学的分析方法，找出问题的根源和解决方案；撰写评估报告时，应客观、准确地反映评估结果和建议；反馈评估结果时，应及时将评估结果反馈给企业管理层和相关部门，推动问题的整改和治理的改进。

三、针对评估发现的问题，制定改进措施和方案

1. 问题分析和诊断

对评估发现的问题进行深入分析和诊断，找出问题的根源和影响因素。可以运用鱼骨图、SWOT 分析等工具，从多个角度对问题进行剖析，明确问题的性质、严重程度和影响范围。

例如，如果评估发现企业的信息披露不及时、不准确，可能是由于信息披露制度不完善、信息传递渠道不畅通、相关人员责任意识不强等原因导致。通过分析问题的根源，可以为制定针对性的改进措施提供依据。

2. 制定改进措施和方案

根据问题分析的结果，制定具体的改进措施和方案。改进措施应具有可操作性和针对性，能够切实解决评估发现的问题。

对于治理结构方面的问题，可以通过优化股权结构、增加独立董事比例、加强监事会监督职能等方式进行改进；对于决策机制方面的问题，可以完善决策程序、提高决策透明度、加强决策执行的监督等；对于监督管理方面的问题，可以加强内部审计独立性、提高外部审计质量、完善合规管理制度等；对于信息披露方面的问题，可以建立健全信息披露制度、加强信息披露培训、提高信

息披露的及时性和准确性等；对于利益相关者关系方面的问题，可以加强与股东、员工、客户等的沟通和交流，积极履行社会责任等。

3. 明确责任人和时间进度

为了确保改进措施的有效实施，应明确改进措施的责任人和时间进度。责任人应具有相应的权力和资源，能够推动改进措施的落实。时间进度应合理安排，确保改进措施能够按时完成。

例如，可以制订一个详细的改进计划，明确每个改进措施的责任人、开始时间、完成时间和验收标准。在实施过程中，应定期对改进措施的执行情况进行检查和评估，及时调整和完善改进计划。

四、加强对公司治理评估结果的应用，推动公司治理持续改进

1. 结果应用的重要性

加强对公司治理评估结果的应用，可以将评估结果转化为实际的治理改进行动，推动公司治理持续改进。评估结果不仅可以为企业管理层提供决策参考，还可以为投资者、监管机构等外部利益相关者提供了解企业治理状况的依据。

通过对评估结果的应用，可以促进企业不断完善公司治理机制，提高治理水平，增强企业的竞争力和可持续发展能力。

2. 结果在内部管理中的应用

企业管理层可以将评估结果作为制定公司治理战略和政策的重要依据。根据评估结果，确定公司治理的重点领域和改进方向，制订相应的治理目标和计划。

评估结果还可以用于内部考核和激励机制。将公司治理指标纳入管理层和员工的绩效考核体系，激励他们积极参与公司治理改进工作。例如，可以对在公司治理方面表现突出的部门和个人进行表彰和奖励，对治理不力的部门和个人进行批评和处罚。

3. 结果在外部沟通中的应用

企业可以将评估结果向投资者、监管机构、社会公众等外部利益相关者进行披露，展示企业在公司治理方面的努力和成果，增强外部利益相关者对企业的信心。

同时，企业还可以根据外部利益相关者的反馈意见，进一步改进公司治理工作。例如，投资者可能会对企业的信息披露质量、股东权益保护等方面提出更高的要求，企业可以根据这些要求进行针对性的改进。

五、引入外部机构对公司治理进行独立评估，提高评估的客观性和公正性

1. 外部机构评估的优势

引入外部机构对公司治理进行独立评估，可以提高评估的客观性和公正性。外部机构通常具有专业的评估团队和丰富的评估经验，能够从独立的视角对企业的公司治理进行全面、深入的评估。

外部机构的评估结果更具有公信力，能够为投资者、监管机构等外部利益相关者提供可靠的参考依据。同时，外部机构的评估还可以为企业提供新的思路和方法，促进企业不断改进公司治理实践。

2. 外部机构的选择

在选择外部机构时，应考虑机构的专业能力、声誉和独立性。可以通过查阅机构的资质证书、客户评价、行业排名等方式，了解机构的实力和信誉。

还可以邀请多家机构进行投标，通过比较机构的评估方案、报价等因素，选择最适合企业的外部机构。同时，应与外部机构签订明确的评估合同，约定评估的范围、方法、时间进度、费用等事项，确保评估工作的顺利进行。

3. 外部机构评估的配合与沟通

企业应积极配合外部机构的评估工作，提供所需的信息和资料。同时，应与外部机构保持良好的沟通，及时解答机构的疑问，反馈评估过程中的问题和建议。

在评估结果出来后，企业应认真听取外部机构的意见和建议，积极采取改进措施。如果对评估结果有异议，可以与外部机构进行沟通和协商，共同探讨解决问题的方法。

总之，进行公司治理评估是企业上市过程中的重要环节。通过建立公司治理评估指标体系，全面评估公司治理水平；定期对公司治理结构、决策机制、监督管理等方面进行评估；针对评估发现的问题，制定改进措施和方案；加强对公司治理评估结果的应用，推动公司治理持续改进；引入外部机构对公司治理进行独立评估，提高评估的客观性和公正性，企业可以不断提升公司治理水平，为企业的上市和可持续发展奠定坚实的基础。

⑥⓪ 持续改进公司治理

持续改进公司治理是一项至关重要的任务，良好的公司治理不仅能够提升企业的竞争力和价值，还能增强投资者的信心，为企业的长期稳定发展奠定坚实基础。

一、建立公司治理持续改进机制，不断完善公司治理体系

1. 持续改进机制的重要性

建立公司治理持续改进机制是确保公司治理始终保持有效性和适应性的关键。随着企业内外环境的不断变化，公司治理面临着各种新的挑战和机遇。只有建立起持续改进机制，才能及时发现问题、解决问题，不断完善公司治理体系，适应企业发展的需要。

持续改进机制可以促使企业不断反思和优化公司治理结构、决策机制、监督管理等方面，提高公司治理的效率和质量。同时，它也有助于企业及时调整治理策略，应对市场变化和法律法规的更新，确保企业始终在合法合规的轨道上运行。

2. 机制的建立步骤

明确改进目标：企业需要明确公司治理持续改进的目标。这些目标可以包括提高决策的科学性和透明度、增强监督的有效性、保护股东权益、提升信息披露质量等。目标的设定应具有可衡量性和可操作性，以便于后续的评估和监控。

建立监测指标：为了实现改进目标，企业需要建立一套科学合理的监测指标体系。这些指标可以涵盖公司治理的各个方面，如董事会的独立性和专业性、监事会的监督力度、管理层的绩效评估、信息披露的及时性和准确性等。通过定期监测这些指标，企业可以及时发现公司治理中存在的问题和不足。

制定改进措施：根据监测指标的结果，企业应制定具体的改进措施。这些措施可以包括优化公司治理结构、完善决策程序、加强内部审计、提高信息披露水平等。措施的制定应具有针对性和可行性，同时要明确责任人和时间节点，确保改进工作能够顺利推进。

实施改进措施：在制定好改进措施后，企业需要认真组织实施。在实施过

程中，要加强对改进工作的监督和管理，及时解决出现的问题和困难。同时，要注重与各利益相关方的沟通和协调，争取他们的支持和配合。

评估改进效果：改进措施实施后，企业需要对改进效果进行评估。评估可以通过对比改进前后的监测指标、征求利益相关方的意见等方式进行。评估的结果可以为企业进一步改进公司治理提供参考依据。

二、关注国内外公司治理的最新动态和趋势，借鉴先进经验

1. 关注的必要性

关注国内外公司治理的最新动态和趋势是企业保持竞争力和创新力的重要途径。随着经济全球化的加速和信息技术的快速发展，公司治理的理念和实践也在不断演变。只有及时了解这些最新动态和趋势，企业才能紧跟时代步伐，不断提升公司治理水平。

国内外先进企业在公司治理方面积累了丰富的经验，这些经验对于其他企业具有重要的借鉴意义。通过学习和借鉴先进经验，企业可以少走弯路，快速提升公司治理水平。

2. 关注的渠道和方法

企业可以通过多种渠道关注国内外公司治理的最新动态和趋势。例如，阅读专业的财经媒体、学术期刊和研究报告，参加行业研讨会和培训课程，与国内外同行进行交流和合作等。

在关注过程中，企业要注重分析和总结。对于新的理念和实践，要结合企业自身的实际情况进行深入思考，评估其适用性和可行性。同时，要善于从失败的案例中吸取教训，避免重蹈覆辙。

3. 借鉴先进经验的应用

企业在借鉴先进经验时，要注重创新和融合。不能简单地照搬照抄，而要根据企业的实际情况进行创新和优化。例如，对于国外先进的公司治理模式，企业可以结合国内的法律法规和文化背景进行调整和改进，使其更符合企业的发展需求。

借鉴先进经验还可以促进企业的文化建设和人才培养。企业可以通过学习先进企业的治理文化，培养员工的责任感和使命感，提高全体员工的公司治理意识。同时，企业可以引进先进的管理人才和技术人才，为公司治理的持续改进提供智力支持。

三、加强公司治理文化建设，提高全体员工的公司治理意识

1. 治理文化建设的重要性

公司治理文化是企业价值观和行为规范的重要组成部分，它对企业的公司治理实践具有深远的影响。加强公司治理文化建设可以营造良好的治理氛围，提高全体员工的公司治理意识，促进企业的可持续发展。

良好的公司治理文化可以增强员工的责任感和使命感，促使他们积极参与公司治理，为企业的发展贡献自己的力量。同时，它也可以提高企业的凝聚力和向心力，增强企业的竞争力和创新力。

2. 建设的内容和方法

公司治理文化建设的内容包括价值观塑造、行为规范制定、沟通机制建立等方面。企业要树立正确的价值观，如诚信、透明、责任、创新等，将这些价值观贯穿于公司治理的各个环节。同时，要制定明确的行为规范，规范员工的行为，确保公司治理的有效实施。

建设公司治理文化可以通过多种方法进行。例如，开展公司治理培训、举办文化活动、树立榜样等。通过培训，提高员工对公司治理的认识和理解；通过文化活动，增强员工的参与感和认同感；通过树立榜样，激励员工积极践行公司治理文化。

3. 全员参与的重要性

公司治理文化建设需要全体员工的共同参与。只有全体员工都认识到公司治理的重要性，并积极参与其中，才能真正形成良好的公司治理文化。

企业要鼓励员工提出建议和意见，参与公司治理的决策和监督。同时，要建立良好的沟通机制，及时反馈员工的意见和建议，让员工感受到自己的价值和作用。

四、定期对公司治理改进工作进行总结和评估

1. 总结和评估的意义

定期对公司治理改进工作进行总结和评估是确保改进工作持续有效进行的重要环节。通过总结和评估，企业可以了解改进工作的进展情况和效果，发现存在的问题和不足，为下一步的改进工作提供参考依据。

总结和评估还可以促进企业之间的交流和学习。企业可以将自己的经验和

教训分享给其他企业，同时也可以学习其他企业的先进做法，共同提高公司治理水平。

2. 总结和评估的内容和方法

总结和评估的内容可以包括改进措施的实施情况、改进效果的评估、存在的问题和不足、下一步的改进计划等方面。企业可以通过对比改进前后的监测指标、征求利益相关方的意见、开展内部审计等方式进行评估。

在总结和评估过程中，企业要注重客观、公正、全面。要充分听取各方面的意见和建议，对改进工作进行深入分析和总结。同时，要及时将总结和评估的结果反馈给相关部门和人员，推动改进工作的不断深入。

五、确保公司治理与企业发展战略相适应，为企业发展提供有力保障

1. 适应的重要性

公司治理与企业发展战略相适应是企业实现可持续发展的重要保障。企业的发展战略决定了企业的发展方向和目标，而公司治理则是实现这些目标的制度保障。只有两者相适应，企业才能在正确的轨道上快速发展。

随着企业发展战略的调整和变化，公司治理也需要不断地进行调整和优化。只有这样，才能确保公司治理始终能够为企业的发展提供有力支持。

2. 实现适应的方法

企业在制定发展战略时，要充分考虑公司治理的因素。要将公司治理的目标和要求融入发展战略中，确保发展战略的实施能够得到有效的公司治理支持。

同时，企业要定期对公司治理进行评估和调整，使其与发展战略保持同步。在评估和调整过程中，要注重分析发展战略对公司治理的新要求，及时调整公司治理结构、决策机制、监督管理等方面，以适应企业发展的需要。

总之，持续改进公司治理是企业实现上市和可持续发展的必然要求。通过建立公司治理持续改进机制，不断完善公司治理体系；关注国内外公司治理的最新动态和趋势，借鉴先进经验；加强公司治理文化建设，提高全体员工的公司治理意识；定期对公司治理改进工作进行总结和评估；确保公司治理与企业发展战略相适应，企业可以不断提升公司治理水平，为企业的发展提供有力保障。

第七章

法律合规

——排除潜在法律风险

㊀ 进行全面法律风险评估

进行全面法律风险评估至关重要，它能够帮助企业识别潜在的法律风险，采取有效的防范措施，确保企业在合法合规的轨道上稳步发展，为上市之路奠定坚实的基础。

一、确定法律风险评估的范围和重点领域

1. 明确评估范围的重要性

确定法律风险评估的范围是开展评估工作的首要步骤。明确的范围能够确保评估工作的针对性和有效性，避免遗漏重要的法律风险领域。

评估范围应涵盖企业的各个方面，包括但不限于公司治理、合同管理、知识产权、劳动用工、税务筹划、环境保护、安全生产等。同时，还应考虑企业所处的行业特点、经营模式以及面临的外部法律环境。

2. 确定重点领域的方法

分析行业特点：不同行业面临的法律风险存在差异。例如，制造业企业可能面临产品质量责任、环境保护等方面的法律风险；金融企业则需关注金融监管、合规经营等方面的法律风险。通过对行业特点的分析，确定企业可能面临的重点法律风险领域。

考虑企业经营模式：企业的经营模式也会影响法律风险的分布。例如，采用直营模式的企业与采用加盟模式的企业在合同管理、知识产权保护等方面的法律风险可能不同。分析企业的经营模式，找出可能存在法律风险的关键环节。

关注外部法律环境变化：法律法规和政策的变化会给企业带来新的法律风险。企业应密切关注外部法律环境的变化，及时调整法律风险评估的重点领域。例如，随着新《民法典》的实施，企业在合同签订、履行等方面的法律风险需要重新评估。

二、收集和整理与企业相关的法律法规和政策文件

1. 收集法律法规的途径

官方渠道：国家和地方政府的法律法规数据库是收集法律法规的重要途径。企业可以通过访问国家法律法规数据库、地方政府法制部门网站等，获取与企

业相关的法律法规。

专业机构：法律专业机构如律师事务所、法律咨询公司等，通常会对法律法规进行整理和解读。企业可以订阅专业机构的法律资讯服务，及时了解最新的法律法规动态。

行业协会：行业协会会发布与本行业相关的法律法规和政策文件。企业可以加入相关行业协会，获取行业内的法律信息。

2. 整理法律法规的方法

分类整理：根据法律风险评估的范围和重点领域，对收集到的法律法规进行分类整理。例如，可以将法律法规分为公司治理类、合同管理类、知识产权类等。

标注重点：在整理法律法规的过程中，对与企业密切相关的条款进行标注，以便在后续的评估工作中重点关注。同时，对法律法规的生效时间、修订情况等进行记录，确保使用的法律法规是最新有效的。

建立法律法规库：企业可以利用信息化手段，建立自己的法律法规库。将整理好的法律法规录入数据库，方便查询和使用。同时，定期对法律法规库进行更新和维护，确保其准确性和时效性。

三、对企业的经营管理活动进行全面排查，识别潜在法律风险

1. 经营管理活动排查的方法

流程分析法：对企业的各个业务流程进行分析，找出可能存在法律风险的环节。例如，在合同签订流程中，可能存在合同条款不明确、签订主体不合法等法律风险；在生产流程中，可能存在产品质量不合格、安全生产事故等法律风险。

案例分析法：收集同行业企业或类似企业发生的法律纠纷案例，分析案例中涉及的法律风险，对照企业自身的经营管理活动，识别潜在的法律风险。

问卷调查法：设计调查问卷，向企业内部各部门和员工发放，了解他们在工作中遇到的法律问题和风险。通过对调查问卷的分析，找出企业存在的共性法律风险。

专家访谈法：邀请法律专家、行业专家等对企业的经营管理活动进行访谈，听取他们的意见和建议，识别潜在的法律风险。

2. 潜在法律风险的分类

合同风险：包括合同签订、履行、变更、解除等过程中可能出现的法律风险。例如，合同条款不明确、违约责任不清晰、合同欺诈等。

知识产权风险：涉及企业的商标、专利、著作权等知识产权的保护和管理。例如，知识产权被侵权、侵权他人知识产权、知识产权管理不善等。

劳动用工风险：主要包括劳动合同签订、履行、解除，员工薪酬福利、劳动安全卫生等方面的法律风险。例如，未签订劳动合同、违法解除劳动合同、拖欠员工工资等。

税务风险：涉及企业的税务申报、纳税筹划等方面的法律风险。例如，税务申报不实、逃税漏税、税收优惠政策适用不当等。

公司治理风险：包括股东会、董事会、监事会的运作，公司决策程序等方面的法律风险。例如，公司治理结构不完善、决策程序不规范、信息披露不及时等。

环境保护风险：企业在生产经营过程中可能面临的环境保护方面的法律风险。例如，违反环境保护法规、污染环境等。

安全生产风险：涉及企业的安全生产管理，可能出现的安全生产事故等法律风险。例如，安全生产制度不健全、安全设施不完善、发生重大安全生产事故等。

四、评估法律风险的发生概率和影响程度

1. 发生概率评估的方法

历史数据分析：对企业过去发生的法律纠纷进行分析，统计各类法律风险的发生频率，以此评估法律风险的发生概率。

行业对比分析：参考同行业企业的法律风险发生情况，结合企业自身的特点，评估法律风险的发生概率。例如，如果同行业企业在知识产权保护方面普遍面临较高的法律风险，那么本企业在这方面的发生概率也可能较高。

专家评估法：邀请法律专家、行业专家等对企业的法律风险进行评估，根据他们的经验和专业知识，确定法律风险的发生概率。

2. 影响程度评估的方法

财务影响评估：分析法律风险发生后可能给企业带来的经济损失，包括直接损失和间接损失。例如，合同违约可能导致的违约金、赔偿金，知识产权被侵权可能导致的市场份额下降、品牌价值受损等。

声誉影响评估：考虑法律风险对企业声誉的影响。例如，产品质量问题可能导致企业声誉受损，影响企业的市场形象和客户信任度。

经营影响评估：评估法律风险对企业经营活动的影响程度。例如，安全生产事故可能导致企业停产整顿，影响企业的生产经营计划。

3. 风险矩阵法综合评估

将法律风险的发生概率和影响程度进行综合评估，采用风险矩阵法将法律风险分为高、中、低三个等级。高风险法律风险需要企业高度重视，立即采取措施进行防范和控制；中风险法律风险需要企业密切关注，制定相应的防范措施；低风险法律风险可以在日常管理中进行监控。

五、制定法律风险评估报告，提出风险防范建议

1. 法律风险评估报告的内容

评估背景和目的：说明法律风险评估的背景和目的，为报告的读者提供必要的背景信息。

评估范围和方法：介绍法律风险评估的范围和采用的评估方法，使读者了解评估工作的具体情况。

法律风险识别：详细列出识别出的潜在法律风险，包括风险的类型、描述、涉及的业务领域等。

风险评估结果：展示法律风险的发生概率和影响程度评估结果，以及综合评估后的风险等级。

风险防范建议：针对不同等级的法律风险，提出具体的风险防范建议。建议应具有针对性、可操作性和实效性。

2. 风险防范建议的制订原则

合法性原则：风险防范建议必须符合法律法规的要求，确保企业的经营活动在合法合规的轨道上进行。

预防性原则：风险防范建议应具有前瞻性，能够预防法律风险的发生，而不是在风险发生后进行补救。

成本效益原则：在制定风险防范建议时，要考虑企业的成本效益。建议应在企业可承受的范围内，最大限度地降低法律风险带来的损失。

可操作性原则：风险防范建议应具有可操作性，能够在企业的实际经营管理中得到有效实施。

3. 风险防范建议的实施和监控

实施风险防范建议：企业应根据法律风险评估报告中的建议，制订具体的实施计划，明确责任部门和责任人，确保风险防范建议得到有效实施。

监控风险防范措施的执行情况：企业应建立风险监控机制，定期对风险防

范措施的执行情况进行检查和评估，及时发现问题并进行调整。同时，要关注外部法律环境的变化，及时调整风险防范措施，确保其有效性。

总之，进行全面法律风险评估是企业上市过程中的重要环节。通过确定法律风险评估的范围和重点领域，收集和整理与企业相关的法律法规和政策文件，对企业的经营管理活动进行全面排查，识别潜在法律风险，评估法律风险的发生概率和影响程度，制定法律风险评估报告，提出风险防范建议，企业可以有效地识别和防范法律风险，为上市之路保驾护航。

62 制定法律风险防范策略

制定科学合理的法律风险防范策略，对于企业顺利上市及持续稳定发展至关重要。

一、根据法律风险评估结果，制定针对性的防范策略

1. 深入分析评估结果

法律风险评估为制定防范策略提供了重要依据。对评估结果进行深入分析，明确企业面临的主要法律风险类型、风险发生的概率和影响程度。例如，如果评估显示企业在合同管理方面存在较高风险，可能表现为合同条款不明确、签订流程不规范等问题，就需要针对这些具体问题制定相应的防范策略。

同时，要综合考虑企业的行业特点、经营模式、发展战略等因素，确保防范策略与企业实际情况紧密结合。比如，对于科技型企业，知识产权保护可能是重点法律风险领域，需要制定专门的知识产权保护策略。

2. 分类制定防范策略

针对不同类型的法律风险，制定具有针对性的防范策略。

合同风险防范策略：完善合同管理制度，明确合同签订、履行、变更、解除等各个环节的流程和标准。加强对合同条款的审查，确保合同条款明确、合法、公平。建立合同档案管理系统，对合同进行分类、归档，便于查询和管理。

知识产权风险防范策略：加强知识产权的申请、注册和保护，及时将企业的创新成果转化为知识产权。建立知识产权监控机制，定期对市场上的侵权行

为进行排查，及时采取维权措施。加强对员工的知识产权培训，提高员工的知识产权保护意识。

劳动用工风险防范策略：完善劳动合同管理制度，确保劳动合同的签订、履行符合法律法规要求。建立健全劳动规章制度，明确员工的权利和义务。加强对劳动纠纷的预防和处理，建立劳动纠纷调解机制，及时化解矛盾。

税务风险防范策略：加强税务合规管理，确保企业的税务申报、纳税筹划等活动合法合规。建立税务风险预警机制，及时发现和应对税务风险。加强与税务机关的沟通和协调，争取税务机关的支持和指导。

公司治理风险防范策略：完善公司治理结构，明确股东会、董事会、监事会的职责和权限。建立健全公司决策机制，确保决策的科学性和民主性。加强信息披露管理，确保企业信息披露的真实、准确、完整。

环境保护风险防范策略：遵守环境保护法律法规，加强企业的环境保护管理。建立环境风险评估机制，对企业的生产经营活动可能产生的环境影响进行评估。加强对环保设施的投入和管理，确保企业的污染物排放符合国家标准。

安全生产风险防范策略：建立健全安全生产管理制度，加强对员工的安全生产培训。加大对安全生产设施的投入，确保企业的生产经营活动安全可靠。建立安全生产事故应急预案，提高应对突发事件的能力。

二、明确法律风险防范的目标和原则

1. 防范目标

法律风险防范的目标是确保企业在合法合规的前提下实现可持续发展。具体目标包括以下方面。

降低法律风险发生的概率：通过采取有效的防范措施，减少法律风险事件的发生，降低企业面临的法律风险。

控制法律风险的影响程度：在法律风险事件发生时，能够及时有效地采取应对措施，控制风险的影响范围和程度，减少企业的损失。

提升企业的法律风险管理水平：通过建立健全法律风险防范体系，不断提高企业的法律风险管理能力，为企业的发展提供有力保障。

2. 防范原则

合法性原则：法律风险防范策略必须符合法律法规的要求，不得违反法律规定。企业在制定和实施防范策略时，要充分考虑法律法规的约束，确保企业的经营活动合法合规。

预防性原则：法律风险防范应以预防为主，通过建立健全风险预警机制、加强内部管理等措施，提前发现和防范法律风险。避免在风险事件发生后才进行补救，减少企业的损失。

全面性原则：法律风险防范应涵盖企业的各个方面，包括公司治理、合同管理、知识产权、劳动用工、税务筹划、环境保护、安全生产等。确保企业的各项经营活动都在法律风险防范的范围内。

协同性原则：法律风险防范需要企业内部各个部门的协同配合。企业应建立健全内部沟通协调机制，加强部门之间的合作，共同防范法律风险。同时，要积极与外部专业机构、政府部门等进行沟通和协调，争取外部支持。

动态性原则：法律风险是动态变化的，企业的法律风险防范策略也应随着企业的发展和外部环境的变化而不断调整和完善。企业应建立定期评估和调整机制，及时发现和应对新的法律风险。

三、建立法律风险防范的组织体系和工作机制

1. 组织体系

建立健全法律风险防范的组织体系是确保防范策略有效实施的重要保障。企业应设立专门的法律风险管理部门或岗位，负责法律风险的识别、评估、防范和控制等工作。

同时，要明确各部门在法律风险防范中的职责和权限，形成全员参与、分工明确、协同配合的法律风险防范组织体系。例如，业务部门应负责合同的签订和履行，确保合同的合法性和有效性；财务部门应负责税务合规管理，确保企业的税务申报和纳税筹划合法合规；人力资源部门应负责劳动用工管理，确保劳动合同的签订和履行符合法律法规要求。

2. 工作机制

建立健全法律风险防范的工作机制，确保防范策略的有效实施。具体工作机制包括以下方面。

风险预警机制：建立法律风险预警指标体系，通过对企业内部和外部信息的收集、分析，及时发现法律风险的征兆，发出预警信号。企业可以根据预警信号的级别，采取相应的防范措施。

内部审核机制：建立健全内部审核制度，定期对企业的各项经营活动进行

审核，发现和纠正存在的法律风险问题。内部审核可以由企业内部的法律风险管理部门或专业机构进行。

培训教育机制：加强对员工的法律培训和教育，提高员工的法律意识和风险防范能力。企业可以通过举办法律讲座、发放法律宣传资料、开展法律知识竞赛等方式，提高员工的法律素养。

应急处理机制：建立法律风险应急预案，明确在法律风险事件发生时的应急处理流程和责任分工。企业应定期组织演练，提高应对突发事件的能力。

四、制定具体的风险防范措施和应急预案

1. 风险防范措施

根据法律风险防范策略，制定具体的风险防范措施。这些措施应具有可操作性和实效性，能够切实降低法律风险的发生概率和影响程度。

加强合同管理：建立合同范本库，规范合同条款的制定。加强对合同签订前的审查，确保合同主体合法、合同内容明确。建立合同履行跟踪机制，及时发现和解决合同履行中的问题。

强化知识产权保护：加强对企业创新成果的保护，及时申请专利、商标、著作权等知识产权。建立知识产权侵权监测机制，及时发现和打击侵权行为。加强与知识产权代理机构的合作，提高知识产权保护的专业水平。

规范劳动用工：完善劳动合同管理制度，明确劳动合同的签订、履行、变更、解除等程序。加强对员工的绩效考核和管理，确保员工的工作表现符合企业要求。建立劳动纠纷调解机制，及时化解劳动纠纷。

优化税务筹划：加强对税收政策的研究和分析，合理进行税务筹划。建立税务风险自查机制，定期对企业的税务申报和纳税筹划进行检查，发现和纠正存在的问题。加强与税务机关的沟通和协调，争取税务机关的支持和指导。

完善公司治理：建立健全公司治理结构，明确股东会、董事会、监事会的职责和权限。加强对公司决策的监督和管理，确保决策的科学性和民主性。加强信息披露管理，确保企业信息披露的真实、准确、完整。

加强环境保护：遵守环境保护法律法规，加强对企业生产经营活动的环境影响评估。加大对环保设施的投入和管理，确保企业的污染物排放符合国家标准。建立环境风险应急预案，提高应对突发环境事件的能力。

强化安全生产：建立健全安全生产管理制度，加强对员工的安全生产培训。

加大对安全生产设施的投入，确保企业的生产经营活动安全可靠。建立安全生产事故应急预案，提高应对突发事件的能力。

2. 应急预案

制定法律风险应急预案，明确在法律风险事件发生时的应急处理流程和责任分工。应急预案应包括以下内容。

应急组织机构：成立应急处理领导小组，明确各成员的职责和分工。应急处理领导小组应包括企业领导、法律风险管理部门、相关业务部门等人员。

风险事件分类：对可能发生的法律风险事件进行分类，明确不同类型风险事件的应急处理流程和方法。例如，合同纠纷、知识产权侵权、劳动纠纷、税务风险等。

应急处理流程：制定详细的应急处理流程，包括风险事件的报告、评估、决策、处理、跟踪等环节。明确各环节的责任人和时间要求，确保应急处理工作高效有序进行。

资源保障：明确应急处理所需的人力、物力、财力等资源保障措施。确保在风险事件发生时，能够及时调配资源，保障应急处理工作的顺利进行。

培训演练：定期组织应急预案的培训和演练，提高员工的应急处理能力和意识。通过演练，及时发现和完善应急预案中存在的问题，提高应急预案的实效性。

五、定期对法律风险防范策略进行评估和调整

1. 评估的重要性

定期对法律风险防范策略进行评估是确保防范策略持续有效的重要手段。随着企业的发展和外部环境的变化，法律风险也在不断变化。通过定期评估，可以及时发现防范策略中存在的问题和不足，采取相应的调整措施，确保防范策略始终适应企业的发展需求。

2. 评估的内容

法律风险防范策略的评估内容应包括以下方面。

策略的有效性：评估防范策略是否有效地降低了法律风险的发生概率和影响程度。通过对法律风险事件的统计分析，比较实施防范策略前后法律风险的变化情况，评估策略的有效性。

策略的适应性：评估防范策略是否适应企业的发展和外部环境的变化。随着企业的发展战略、经营模式、行业竞争等因素的变化，法律风险也会发生变

化。评估防范策略是否能够及时调整，适应新的风险形势。

策略的执行情况：评估防范策略的执行情况，包括各部门的执行力度、执行效果等。通过对执行情况的评估，发现执行中存在的问题，及时采取措施加以改进。

3. 调整的方法

根据评估结果，采取相应的调整方法，对法律风险防范策略进行调整和完善。调整方法包括以下方面。

修订防范策略：根据评估发现的问题和不足，对防范策略进行修订和完善。例如，调整风险防范的重点领域、优化风险防范措施、完善应急预案等。

加强培训教育：针对评估中发现的员工法律意识薄弱、风险防范能力不足等问题，加强对员工的培训教育，提高员工的法律素养和风险防范能力。

完善组织体系和工作机制：根据评估结果，对法律风险防范的组织体系和工作机制进行完善。例如，调整部门职责、优化工作流程、加强内部沟通协调等。

总之，制定法律风险防范策略是企业上市过程中的重要环节。通过根据法律风险评估结果制定针对性的防范策略，明确法律风险防范的目标和原则，建立法律风险防范的组织体系和工作机制，制定具体的风险防范措施和应急预案，定期对法律风险防范策略进行评估和调整，企业可以有效地防范法律风险，为上市之路保驾护航。

63 规范合同管理流程

在企业的运营过程中，合同管理是一项至关重要的工作。规范的合同管理流程不仅能够有效降低企业的法律风险，还能确保企业的各项业务活动顺利进行，为企业迈向上市之路提供坚实的保障。

一、建立健全合同管理制度，明确合同管理的职责和流程

1. 制度的重要性

建立健全合同管理制度是规范合同管理的基础。明确的制度可以为合同管理工作提供具体的指导和规范，确保合同管理的各个环节都有章可循。

一个完善的合同管理制度可以明确合同管理的职责分工，提高合同管理的

效率和质量。同时，制度还可以规范合同的签订、履行、变更和解除等流程，减少合同纠纷的发生。

2. 明确职责

明确合同管理的职责是确保合同管理工作顺利进行的关键。企业应明确合同管理的各个环节的责任部门和责任人，确保合同管理工作的每一个步骤都有人负责。

一般来说，合同管理的职责可以分为以下几个方面：合同的起草和审核由业务部门和法律部门共同负责；合同的签订由企业授权代表负责；合同的履行由业务部门负责；合同的变更和解除由业务部门和法律部门共同协商决定；合同档案的管理由档案管理部门负责。

3. 规范流程

规范合同管理的流程可以确保合同管理工作的高效有序进行。企业应制定详细的合同管理流程，明确合同管理的各个环节的具体操作步骤和时间要求。

合同管理的流程一般包括以下几个环节：合同的起草、审核、签订、履行、变更、解除和档案管理。在每个环节中，都应明确具体的操作步骤和责任人，确保合同管理工作的顺利进行。

二、对合同的签订、履行、变更和解除进行全过程管理

1. 签订前的管理

在合同签订前，企业应进行充分的准备工作。首先，业务部门应根据企业的实际需求，起草合同草案。合同草案应明确合同的标的、数量、质量、价款、履行期限、地点和方式等条款。

然后，法律部门应对合同草案进行审核。审核的内容包括合同的合法性、有效性、公平性和可操作性等方面。法律部门应提出审核意见，业务部门应根据审核意见对合同草案进行修改。

最后，企业应根据合同的性质和金额，确定合同的签订方式。对于重大合同，企业应组织合同谈判，确保合同条款符合企业的利益。

2. 履行中的管理

在合同履行过程中，企业应加强对合同履行情况的监督和管理。业务部门应按照合同的约定，履行自己的义务，并及时督促对方履行合同义务。

企业应建立合同履行情况的跟踪机制，定期对合同履行情况进行检查和评

估。对于发现的问题，应及时采取措施加以解决，确保合同的顺利履行。

同时，企业应加强与对方的沟通和协调，及时解决合同履行过程中出现的问题。如果出现合同纠纷，企业应及时采取法律手段加以解决，维护企业的合法权益。

3. 变更和解除的管理

在合同履行过程中，如果出现需要变更或解除合同的情况，企业应按照合同的约定和法律的规定，进行变更或解除合同的操作。

变更或解除合同应由业务部门和法律部门共同协商决定，并报企业领导审批。在变更或解除合同前，企业应与对方进行充分的沟通和协商，争取达成一致意见。

变更或解除合同后，企业应及时对合同进行修订，并将修订后的合同送达对方。同时，企业应做好合同变更或解除的档案管理工作，确保合同资料的完整和安全。

三、建立合同审核机制，确保合同的合法性和有效性

1. 审核的内容

建立合同审核机制是确保合同合法性和有效性的重要手段。合同审核的内容应包括合同的主体资格、合同的条款内容、合同的签订程序等方面。

审核合同的主体资格时，应审查对方的营业执照、资质证书、法定代表人身份证明等文件，确保对方具有签订合同的主体资格。

审核合同的条款内容时，应审查合同的标的、数量、质量、价款、履行期限、地点和方式等条款，确保合同条款明确、具体、合法、有效。

审核合同的签订程序时，应审查合同的签订是否经过了企业的授权审批，合同的签字盖章是否符合法律规定。

2. 审核的流程

建立规范的合同审核流程可以确保合同审核的高效有序进行。一般来说，合同审核的流程可以分为以下几个步骤：业务部门起草合同草案后，提交法律部门审核；法律部门审核后，提出审核意见，业务部门根据审核意见对合同草案进行修改；修改后的合同草案提交企业领导审批；企业领导审批通过后，合同正式签订。

3. 审核的责任

明确合同审核的责任是确保合同审核工作顺利进行的关键。企业应明确合同审

核的各个环节的责任部门和责任人，确保合同审核工作的每一个步骤都有人负责。

一般来说，业务部门应对合同的起草和合同履行情况负责；法律部门应对合同的合法性和有效性负责；企业领导应对合同的重大决策负责。

四、加强对合同档案的管理，确保合同资料的完整和安全

1. 档案管理的重要性

加强对合同档案的管理是确保合同资料完整和安全的重要手段。合同档案是企业合同管理的重要记录，它反映了企业合同管理的全过程。

一个完善的合同档案管理体系可以确保合同资料的完整和安全，为企业的合同管理工作提供有力的支持。同时，合同档案还可以为企业的审计、税务等工作提供重要的依据。

2. 档案管理的内容

合同档案管理的内容应包括合同的签订、履行、变更和解除等各个环节的资料。具体来说，合同档案应包括合同文本、合同审批文件、合同履行情况记录、合同变更和解除文件等。

企业应建立合同档案管理制度，明确合同档案的收集、整理、归档、保管和利用等各个环节的具体操作步骤和要求。

3. 档案管理的方法

加强对合同档案的管理可以采用信息化的手段。企业可以建立合同档案管理系统，将合同档案进行数字化管理，提高合同档案管理的效率和质量。

同时，企业应加强对合同档案的保管工作。合同档案应存放在安全、干燥、通风的地方，防止合同档案的损坏和丢失。企业还应建立合同档案的借阅制度，严格控制合同档案的借阅范围和借阅期限，确保合同档案的安全。

五、定期对合同管理工作进行检查和评估

1. 检查和评估的重要性

定期对合同管理工作进行检查和评估是确保合同管理工作持续改进的重要手段。通过检查和评估，企业可以及时发现合同管理工作中存在的问题和不足，采取相应的措施加以解决，提高合同管理的水平和质量。

2. 检查和评估的内容

合同管理工作的检查和评估内容应包括合同管理制度的执行情况、合同签

订、履行、变更和解除的管理情况、合同审核机制的运行情况、合同档案管理的情况等方面。

企业可以通过查阅合同档案、走访业务部门、与对方进行沟通等方式，了解合同管理工作的实际情况。同时，企业还可以邀请外部专家对合同管理工作进行评估，提出专业的意见和建议。

3. 检查和评估的结果应用

企业应将合同管理工作的检查和评估结果及时反馈给相关部门和责任人，并要求他们针对存在的问题和不足，制定相应的整改措施。

同时，企业应将合同管理工作的检查和评估结果作为对相关部门和责任人绩效考核的重要依据，激励他们不断提高合同管理的水平和质量。

总之，规范合同管理流程是企业上市过程中的重要环节。通过建立健全合同管理制度，明确合同管理的职责和流程；对合同的签订、履行、变更和解除进行全过程管理；建立合同审核机制，确保合同的合法性和有效性；加强对合同档案的管理，确保合同资料的完整和安全；定期对合同管理工作进行检查和评估，企业可以有效降低合同管理的风险，提高合同管理的效率和质量，为企业的上市之路奠定坚实的基础。

64 处理法律纠纷

妥善处理法律纠纷，不仅能够维护企业的合法权益，还能为企业的上市之路扫除障碍，确保企业的稳定发展。

一、建立法律纠纷处理机制，明确处理流程和责任部门

1. 机制的重要性

建立法律纠纷处理机制是高效、有序解决法律纠纷的基础。明确的机制能够为企业在面对法律纠纷时提供清晰的行动指南，确保各个环节都有相应的规范和流程可依。

一个完善的法律纠纷处理机制可以提高纠纷处理的效率，降低纠纷对企业正常经营的影响。同时，也有助于明确各部门在纠纷处理中的职责，避免推诿

扯皮现象的发生。

2. 确定处理流程

法律纠纷处理流程应涵盖纠纷的发现、报告、评估、决策、处理和跟踪等环节。

发现纠纷后，相关部门应及时向责任部门报告。责任部门对纠纷进行初步评估，包括纠纷的性质、涉及的金额、可能的影响等。根据评估结果，制定相应的处理策略，并报企业领导决策。

在处理纠纷过程中，要密切跟踪进展情况，及时调整策略。纠纷解决后，要对处理结果进行总结和反馈，为今后类似纠纷的处理提供经验。

3. 明确责任部门

明确法律纠纷处理的责任部门是确保机制有效运行的关键。一般来说，企业的法律事务部门应承担起主导法律纠纷处理的责任。

法律事务部门负责对纠纷进行法律分析，提出专业的处理意见。同时，与相关业务部门密切配合，收集证据材料，进行沟通协商等工作。

业务部门也应积极参与纠纷处理，提供与纠纷相关的业务信息和背景资料。其他部门如财务部门、人力资源部门等，根据需要提供相应的支持。

二、及时收集和整理相关证据材料，为纠纷解决提供支持

1. 证据的重要性

证据是解决法律纠纷的关键。充分、有效的证据能够为企业在纠纷中争取有利的地位，确保企业的合法权益得到最大程度的保护。

及时收集证据可以避免证据的灭失或难以获取，为纠纷的解决奠定坚实的基础。同时，整理好的证据材料也有助于企业在与对方当事人沟通协商或通过诉讼、仲裁等方式解决纠纷时，清晰地阐述自己的主张。

2. 收集证据的方法

企业应建立证据收集制度，明确证据收集的责任人和方法。在发现法律纠纷后，要迅速组织人员收集与纠纷相关的证据材料。

证据收集的范围包括但不限于合同、协议、往来函件、电子邮件、会议记录、财务凭证等。可以通过查阅档案、询问相关人员、现场勘查等方式收集证据。

对于可能涉及电子证据的纠纷，要及时采取保全措施，确保电子证据的真实性和完整性。

3. 证据的整理和保管

收集到的证据材料应及时进行整理和分类，建立证据档案。证据档案应按照一定的逻辑顺序进行编排，便于查阅和使用。

同时，要妥善保管证据材料，防止证据的丢失、损坏或被篡改。可以采用电子存储和纸质存储相结合的方式，确保证据的安全。

三、积极与对方当事人沟通协商，寻求合理解决方案

1. 沟通协商的重要性

积极与对方当事人沟通协商是解决法律纠纷的重要途径之一。通过沟通协商，可以了解对方的立场和诉求，寻求双方都能接受的解决方案，避免纠纷的进一步升级。

沟通协商还可以降低纠纷解决的成本和时间，减少对企业的负面影响。同时，也有助于维护企业与对方当事人之间的关系，为今后的合作创造条件。

2. 沟通协商的方法

企业应确定沟通协商的代表人员，一般由法律事务部门和业务部门的人员共同组成。代表人员要具备良好的沟通能力和谈判技巧，能够准确地表达企业的立场和诉求。

在沟通协商过程中，要保持冷静、理性，尊重对方的意见和诉求。可以通过面对面会谈、电话沟通、电子邮件等方式进行交流。

对于复杂的纠纷，可以考虑邀请第三方进行调解，如行业协会、专业调解机构等。第三方的介入可以增加协商的公正性和可信度，有助于达成解决方案。

3. 解决方案的确定

在沟通协商的基础上，要积极寻求合理的解决方案。解决方案应兼顾双方的利益，具有可行性和可操作性。

可以考虑采取妥协、让步、赔偿等方式解决纠纷。对于一些重大纠纷，可以通过签订和解协议的方式，明确双方的权利和义务，确保纠纷得到彻底解决。

四、如必要，可寻求专业法律支持，通过诉讼、仲裁等方式解决纠纷

1. 专业法律支持的必要性

在某些情况下，沟通协商无法解决的法律纠纷，企业可能需要寻求专业法

律支持，通过诉讼、仲裁等方式解决纠纷。

专业的律师团队具有丰富的法律知识和实践经验，能够为企业提供准确的法律分析和有效的诉讼策略。同时，律师还可以代表企业与对方当事人进行诉讼或仲裁，维护企业的合法权益。

2. 诉讼与仲裁的选择

企业在选择诉讼或仲裁方式解决纠纷时，应综合考虑纠纷的性质、涉及的金额、时间成本、执行难度等因素。

诉讼是通过法院解决纠纷的方式，具有权威性和强制力。但诉讼程序相对复杂，时间较长，成本较高。

仲裁是通过仲裁机构解决纠纷的方式，具有灵活性、高效性和保密性。仲裁裁决与法院判决具有同等法律效力，但仲裁机构的选择和仲裁规则的适用需要谨慎考虑。

3. 诉讼、仲裁的准备和实施

如果决定通过诉讼、仲裁方式解决纠纷，企业应做好充分的准备工作。包括聘请专业律师、收集证据材料、制定诉讼策略等。

在诉讼、仲裁过程中，要积极配合律师的工作，提供必要的支持和协助。同时，要密切关注诉讼、仲裁的进展情况，及时调整策略。

五、对法律纠纷处理结果进行总结和反思，避免类似问题再次发生

1. 总结反思的重要性

对法律纠纷处理结果进行总结和反思是提高企业法律风险管理水平的重要环节。通过总结反思，可以发现企业在合同管理、业务流程、内部管理等方面存在的问题和不足，及时采取措施加以改进。

避免类似问题再次发生可以降低企业的法律风险，提高企业的经营管理水平。同时，也有助于企业在未来的发展中更加稳健地应对各种法律挑战。

2. 总结反思的内容

对法律纠纷处理结果进行总结反思，应包括纠纷的起因、处理过程、结果以及经验教训等方面。

分析纠纷的起因，可以找出企业在业务活动中存在的风险点，如合同条款不明确、业务流程不规范等。总结处理过程中的经验教训，可以发现企业在法

律纠纷处理机制、证据收集、沟通协商等方面的不足之处。

同时，要对纠纷处理结果进行评估，看是否达到了预期的目标，是否最大限度地保护了企业的合法权益。

3. 改进措施的制定和实施

根据总结反思的结果，企业应制定相应的改进措施。改进措施可以包括完善合同管理制度、优化业务流程、加强内部管理、提高员工法律意识等方面。

改进措施要具有针对性和可操作性，明确责任部门和时间节点。企业要加强对改进措施的监督和检查，确保措施得到有效实施。

总之，处理法律纠纷是企业上市过程中的重要任务。通过建立法律纠纷处理机制，明确处理流程和责任部门；及时收集和整理相关证据材料，为纠纷解决提供支持；积极与对方当事人沟通协商，寻求合理解决方案；如必要，可寻求专业法律支持，通过诉讼、仲裁等方式解决纠纷；对法律纠纷处理结果进行总结和反思，避免类似问题再次发生，企业可以有效地应对法律纠纷，维护自身的合法权益，为上市之路创造良好的法律环境。

㊿65 加强知识产权保护

知识产权已成为企业核心竞争力的重要组成部分。对于谋求上市的企业而言，加强知识产权保护更是至关重要，它不仅关系到企业的创新成果能否得到有效保护，还直接影响着企业的市场价值和可持续发展能力。

一、建立知识产权管理制度，明确知识产权的保护范围和措施

1. 制度的重要性

建立完善的知识产权管理制度是加强知识产权保护的基础。明确的制度可以为企业的知识产权保护工作提供具体的指导和规范，确保各项保护措施得以有效实施。

一个健全的知识产权管理制度能够明确知识产权的归属、管理职责、保护范围和措施等，为企业的创新活动提供有力的制度保障。同时，也有助于提高企业内部对知识产权保护的重视程度，增强员工的知识产权保护意识。

2. 确定保护范围

企业应根据自身的业务特点和发展战略，确定知识产权的保护范围。一般来说，知识产权的保护范围包括商标、专利、著作权、商业秘密等。

对于商标，企业应及时进行注册，确保商标的独占性和识别性。对于专利，要积极申请发明专利、实用新型专利和外观设计专利，保护企业的技术创新成果。对于著作权，要明确作品的版权归属，加强对软件、文学作品、艺术作品等的保护。对于商业秘密，要采取严格的保密措施，防止商业秘密的泄露。

3. 制定保护措施

为了有效保护知识产权，企业应制定一系列具体的保护措施。这些措施可以包括以下方面。

法律保护措施：通过申请专利、商标注册、著作权登记等方式，获得法律的保护。同时，要加强对知识产权法律法规的学习和研究，运用法律手段维护企业的知识产权权益。

技术保护措施：采用加密技术、数字水印技术、访问控制技术等，保护企业的知识产权不被非法获取和使用。例如，对于软件产品，可以采用加密技术防止盗版；对于商业秘密，可以通过设置访问权限、签订保密协议等方式进行保护。

合同保护措施：在与合作方签订合同中，明确知识产权的归属、使用范围和保护义务。例如，在技术转让合同、委托开发合同中，要明确双方对知识产权的权利和义务，避免知识产权纠纷的发生。

内部管理措施：加强企业内部的知识产权管理，建立知识产权档案，对知识产权的创造、运用、保护和管理进行全过程跟踪和管理。同时，要加强对员工的知识产权培训，提高员工的知识产权保护意识。

二、对企业的知识产权进行全面清查和登记，确保知识产权的合法性和有效性

1. 清查的必要性

对企业的知识产权进行全面清查是加强知识产权保护的重要步骤。通过清查，可以了解企业拥有的知识产权数量、种类和状态，确保知识产权的合法性和有效性。

清查还可以发现企业在知识产权管理中存在的问题和漏洞，为进一步加强

知识产权保护提供依据。同时，也有助于企业在上市过程中，准确披露知识产权信息，提高企业的透明度和公信力。

2. 清查的内容和方法

知识产权清查的内容包括商标、专利、著作权、商业秘密等。清查的方法可以采用自查和委托专业机构清查相结合的方式。

自查时，企业可以组织相关部门和人员，对企业的知识产权进行全面梳理和盘点。重点检查知识产权的注册情况、有效期、使用状态等。对于商业秘密，要检查保密措施的落实情况。

委托专业机构清查时，可以选择具有知识产权代理资质的机构，对企业的知识产权进行专业清查。专业机构可以利用其专业知识和经验，对企业的知识产权进行全面评估，发现潜在的问题和风险。

3. 登记的重要性和方法

对清查后的知识产权进行登记是确保知识产权合法性和有效性的重要手段。登记可以明确知识产权的归属，为企业的知识产权保护提供有力的证据支持。

知识产权登记的方法因知识产权的种类而异。对于商标，应向国家商标局申请注册；对于专利，应向国家知识产权局申请专利；对于著作权，应向国家版权局进行登记。对于商业秘密，企业可以建立内部保密制度，明确商业秘密的范围和保密措施，并与相关人员签订保密协议。

三、加强对知识产权的日常管理和维护，防止侵权行为的发生

1. 日常管理的内容

加强知识产权的日常管理是防止侵权行为发生的关键。日常管理的内容包括知识产权的创造、运用、保护和管理等方面。

在知识产权的创造方面，企业要鼓励员工创新，建立创新激励机制，提高企业的创新能力。在知识产权的运用方面，要积极开展知识产权的转让、许可、质押等活动，实现知识产权的价值最大化。在知识产权的保护方面，要加强对知识产权的监控和维权，及时发现和处理侵权行为。在知识产权的管理方面，要建立知识产权档案，对知识产权的申请、注册、使用、维护等情况进行记录和管理。

2. 维护的方法

为了确保知识产权的有效性和稳定性，企业需要加强对知识产权的维护。维护的方法包括及时缴纳专利年费、商标续展费等费用，确保知识产权的持续

有效。同时，要关注知识产权法律法规的变化，及时调整知识产权保护策略。

对于可能出现的侵权行为，企业要及时采取措施进行制止。可以通过发送律师函、提起诉讼等方式，维护企业的知识产权权益。同时，要加强与知识产权执法部门的沟通和合作，共同打击知识产权侵权行为。

四、建立知识产权侵权预警机制，及时发现和处理侵权行为

1. 预警机制的重要性

建立知识产权侵权预警机制可以帮助企业及时发现潜在的侵权风险，采取有效的防范措施，避免侵权行为的发生。

预警机制还可以提高企业对知识产权侵权行为的反应速度，及时采取维权措施，减少企业的损失。同时，也有助于企业在市场竞争中保持主动地位，维护企业的知识产权权益。

2. 预警机制的建立方法

建立知识产权侵权预警机制需要综合运用多种手段。首先，企业要加强对市场的监控，关注竞争对手的产品和技术动态，及时发现可能存在的侵权行为。

其次，要利用专业的知识产权监测工具，对企业的知识产权进行定期监测，及时发现侵权线索。例如，可以使用专利监测软件、商标监测平台等，对企业的专利和商标进行实时监测。

此外，企业还可以建立内部举报机制，鼓励员工发现和举报侵权行为。对于举报属实的员工，给予一定的奖励，提高员工的积极性和参与度。

3. 处理侵权行为的方法

当发现侵权行为时，企业应及时采取措施进行处理。处理的方法可以包括协商解决、行政投诉、司法诉讼等。

协商解决是一种较为便捷的处理方式，可以通过与侵权方进行沟通协商，要求其停止侵权行为，并给予一定的赔偿。如果协商不成，可以向知识产权执法部门进行投诉，请求行政处理。对于严重的侵权行为，可以向法院提起诉讼，通过司法途径维护企业的知识产权权益。

五、定期对知识产权保护工作进行评估和改进

1. 评估的重要性

定期对知识产权保护工作进行评估是确保知识产权保护工作持续有效进行

的重要手段。通过评估，可以及时发现知识产权保护工作中存在的问题和不足，采取相应的改进措施，提高知识产权保护工作的水平和效果。

2. 评估的内容和方法

知识产权保护工作的评估内容可以包括知识产权管理制度的执行情况、知识产权清查和登记的效果、日常管理和维护的情况、侵权预警机制的运行情况等。

评估的方法可以采用内部评估和外部评估相结合的方式。内部评估可以由企业的知识产权管理部门组织相关部门和人员进行，重点检查企业内部知识产权保护工作的执行情况。外部评估可以委托专业的知识产权评估机构进行，对企业的知识产权保护工作进行全面评估，提出专业的意见和建议。

3. 改进的措施和方法

根据评估结果，企业应制定相应的改进措施。改进的措施可以包括完善知识产权管理制度、加强知识产权清查和登记工作、优化日常管理和维护流程、改进侵权预警机制等。

改进的方法可以采用 PDCA 循环法，即计划（Plan）、执行（Do）、检查（Check）、处理（Act）。通过不断地循环改进，提高知识产权保护工作的水平和效果。

总之，加强知识产权保护是企业上市过程中的重要任务。通过建立知识产权管理制度，明确知识产权的保护范围和措施；对企业的知识产权进行全面清查和登记，确保知识产权的合法性和有效性；加强对知识产权的日常管理和维护，防止侵权行为的发生；建立知识产权侵权预警机制，及时发现和处理侵权行为；定期对知识产权保护工作进行评估和改进，企业可以有效地保护自己的知识产权，提高企业的核心竞争力，为企业的上市和可持续发展奠定坚实的基础。

66 确保环保合规

对于企业而言，确保环保合规不仅是履行社会责任的重要体现，更是实现可持续发展、顺利迈向上市之路的关键环节。

一、了解国家和地方的环保法律法规和政策要求

1. 重要性认识

了解国家和地方的环保法律法规和政策要求是企业确保环保合规的基础。只有充分掌握相关法规政策，企业才能明确自身在环境保护方面的责任和义务，从而有针对性地制定环保策略和措施。

环保法规政策的不断更新和完善，也要求企业持续关注并及时调整自身的环保工作，以适应新的要求。同时，了解法规政策还可以帮助企业提前预判潜在的环保风险，采取相应的防范措施。

2. 了解途径和方法

企业可以通过多种途径了解环保法律法规和政策要求。首先，关注国家和地方政府的环保部门官方网站，及时获取最新的法规政策发布和解读信息。其次，订阅专业的环保期刊、报纸和资讯平台，了解行业动态和政策趋势。此外，参加环保部门组织的培训、研讨会等活动，与专家学者和同行企业进行交流，也是获取信息的有效方式。

在了解法规政策的过程中，企业应注重对其进行深入分析和理解。不仅要关注法规的具体条款内容，还要了解其出台的背景、目的和实施要求。对于一些重要的法规政策，企业可以邀请专业的法律顾问或环保专家进行解读，确保准确把握其内涵和要求。

二、对企业的生产经营活动进行环保合规性审查

1. 审查的必要性

对企业的生产经营活动进行环保合规性审查是发现和解决环保问题的重要手段。通过审查，可以全面了解企业在生产过程中可能产生的环境影响，以及企业在环保管理方面的薄弱环节，为制定改进措施提供依据。

环保合规性审查还可以帮助企业及时发现潜在的环保风险，避免因环保问题而引发的法律纠纷和经济损失。同时，审查结果也可以作为企业向投资者、监管机构等利益相关方展示环保责任履行情况的重要依据。

2. 审查的内容和方法

环保合规性审查的内容应涵盖企业生产经营的各个环节。包括但不限于：原材料采购是否符合环保要求；生产工艺是否存在环境污染风险；污染物排放

是否达标；环保设施是否正常运行；环境应急预案是否完善等。

审查方法可以采用内部自查和外部审计相结合的方式。内部自查由企业的环保部门或相关部门组织实施，对企业的环保管理体系、环保设施运行情况、污染物排放情况等进行全面检查。外部审计可以委托专业的环保机构进行，对企业的环保合规性进行独立评估，提出客观、专业的意见和建议。

三、建立环保管理制度，加强对环保工作的监督和管理

1. 制度建设的重要性

建立健全环保管理制度是确保企业环保工作规范化、制度化的重要保障。明确的制度可以规范企业内部各部门和员工在环保方面的行为，明确责任分工，提高环保工作的效率和质量。

环保管理制度还可以为企业的环保监督和管理提供依据，确保环保工作得到有效落实。同时，制度的建立也有助于企业在面对环保问题时，能够迅速做出反应，采取有效的应对措施。

2. 制度的主要内容

企业的环保管理制度应包括以下主要内容：环保目标和指标；环保责任体系；环保培训和教育；环保设施管理；污染物排放管理；环境应急预案；环保监督和考核等。

环保目标和指标应根据国家和地方的环保要求，结合企业的实际情况制定，明确企业在一定时期内的环保工作方向和重点。环保责任体系应明确各部门和员工在环保工作中的职责和权限，确保环保工作有人负责、有人落实。环保培训和教育制度应规定企业对员工进行环保培训的内容、方式和频率，提高员工的环保意识和技能。环保设施管理制度应明确环保设施的建设、运行、维护和更新要求，确保环保设施正常运行。污染物排放管理制度应规定企业污染物排放的标准、监测方法和控制措施，确保污染物排放达标。环境应急预案应针对可能发生的突发环境事件，制定应急响应程序和措施，提高企业的应急处置能力。环保监督和考核制度应建立环保工作的监督机制，对各部门和员工的环保工作进行考核和评价，激励员工积极参与环保工作。

3. 监督和管理的方法

为了确保环保管理制度的有效实施，企业应加强对环保工作的监督和管理。监督和管理的方法包括：建立环保工作台账，记录企业环保工作的开展情况；

定期对环保设施进行检查和维护，确保其正常运行；对污染物排放进行监测和分析，及时发现问题并采取措施；加强对环保工作的内部审计，发现管理漏洞并及时整改；建立环保举报制度，鼓励员工对环保违规行为进行举报。

四、加大环保投入，确保企业的环保设施正常运行

1. 投入的必要性

加大环保投入是确保企业环保设施正常运行、实现环保合规的重要保障。随着环保要求的不断提高，企业需要不断更新和完善环保设施，以满足污染物排放达标等要求。

环保投入还可以提高企业的环保技术水平和管理水平，降低环境污染风险，提升企业的社会形象和竞争力。同时，在一些地区，环保投入也可以作为企业申请上市的重要加分项。

2. 投入的方向和重点

企业的环保投入应主要集中在以下几个方面：环保设施建设和升级改造，环保技术研发和应用，环保监测设备购置和维护，环保培训和教育，环境应急预案制定和演练等。

在环保设施建设和升级改造方面，企业应根据自身的生产特点和污染物排放情况，选择合适的环保设施，确保污染物得到有效处理。在环保技术研发和应用方面，企业可以与科研机构、高校等合作，开展环保技术创新，提高环保工作的效率和质量。在环保监测设备购置和维护方面，企业应配备先进的监测设备，对污染物排放进行实时监测，确保排放达标。在环保培训和教育方面，企业应定期组织员工参加环保培训，提高员工的环保意识和技能。在环境应急预案制定和演练方面，企业应制定完善的环境应急预案，并定期组织演练，提高企业的应急处置能力。

五、定期对企业的环保合规情况进行评估和改进

1. 评估的重要性

定期对企业的环保合规情况进行评估是确保企业持续符合环保要求的重要手段。通过评估，可以及时发现企业在环保管理方面存在的问题和不足，采取相应的改进措施，提高企业的环保合规水平。

环保合规情况评估还可以帮助企业了解自身在环保方面的优势和劣势，为

制订环保战略和规划提供依据。同时，评估结果也可以作为企业向利益相关方展示环保工作成果的重要依据。

2. 评估的内容和方法

环保合规情况评估的内容应包括企业的环保管理制度执行情况、环保设施运行情况、污染物排放情况、环境应急预案实施情况等。

评估方法可以采用内部评估和外部评估相结合的方式。内部评估由企业的环保部门或相关部门组织实施，对企业的环保工作进行全面检查和评价。外部评估可以委托专业的环保机构进行，对企业的环保合规情况进行独立评估，提出客观、专业的意见和建议。

3. 改进的措施和方法

根据评估结果，企业应制定相应的改进措施。改进措施可以包括完善环保管理制度、加强环保设施管理、优化生产工艺、提高员工环保意识等。

改进的方法也可以采用 PDCA 循环法，通过不断地循环改进，提高企业的环保合规水平。

总之，确保环保合规是企业上市过程中的重要任务。通过了解国家和地方的环保法律法规和政策要求，对企业的生产经营活动进行环保合规性审查，建立环保管理制度，加强对环保工作的监督和管理，加大环保投入，确保企业的环保设施正常运行，定期对企业的环保合规情况进行评估和改进，企业可以有效降低环保风险，实现可持续发展，为顺利迈向上市之路奠定坚实的基础。

㊶ 建立法律事务管理制度

建立健全法律事务管理制度，能够有效防范法律风险，保障企业的合法权益，为企业的上市之路奠定坚实的基础。

一、制定法律事务管理办法，明确法律事务的管理职责和流程

1. 管理办法的重要性

制定法律事务管理办法是规范企业法律事务管理的基础。明确的管理办法可以为企业的法律事务工作提供具体的指导和规范，确保各项工作有章可循。

管理办法能够明确法律事务的管理职责和流程，避免职责不清、流程混乱等问题，提高法律事务管理的效率和质量。

2. 明确管理职责

企业应明确法律事务管理的职责分工。一般来说，企业的法律事务部门负责统筹协调企业的法律事务工作，包括合同审查、法律风险评估、纠纷处理等。

各业务部门应配合法律事务部门开展工作，在业务活动中遵守法律法规，及时向法律事务部门反馈法律问题。同时，企业的管理层应给予法律事务工作足够的支持和重视。

3. 规范管理流程

法律事务管理流程应涵盖法律事务的各个环节，包括合同管理、知识产权保护、纠纷处理等。例如，合同管理流程应包括合同起草、审查、签订、履行、变更和解除等环节。

每个环节都应明确具体的操作流程和责任人员，确保法律事务工作的规范化和标准化。同时，流程应具有可操作性和高效性，能够满足企业的实际需求。

二、建立法律风险预警机制，及时发现和处理法律风险

1. 预警机制的重要性

建立法律风险预警机制可以帮助企业及时发现潜在的法律风险，采取有效的防范措施，避免法律风险的发生或扩大。

预警机制能够提高企业的法律风险防范能力，增强企业的抗风险能力，为企业的稳定发展提供保障。

2. 风险识别与评估

企业应通过对内部和外部环境的分析，识别可能存在的法律风险。内部环境包括企业的治理结构、管理制度、业务流程等；外部环境包括法律法规的变化、市场竞争、行业发展趋势等。

对识别出的法律风险进行评估，确定风险的等级和影响程度。评估可以采用定性和定量相结合的方法，综合考虑风险发生的可能性和后果的严重性。

3. 预警信号与处理措施

根据风险评估的结果，确定法律风险预警信号。预警信号可以包括法律法规的重大变化、合同履行异常、纠纷案件增多等。

当出现预警信号时，企业应及时采取相应的处理措施。例如，加强法律风

险监控、调整业务策略、寻求法律专业意见等。同时，应建立应急预案，对重大法律风险事件进行及时处理。

三、加强对法律文件的管理，确保法律文件的合法性和有效性

1. 法律文件的范围

企业的法律文件包括合同、协议、章程、规章制度、法律意见书等。这些文件是企业法律事务管理的重要依据，必须确保其合法性和有效性。

2. 管理措施

建立法律文件审查制度，对重要的法律文件进行严格审查。审查内容包括文件的合法性、合规性、完整性和可操作性等。

对法律文件进行分类管理，建立文件档案，确保文件的安全和完整。同时，应建立文件的更新和修订机制，及时对文件进行调整和完善。

加强对法律文件的执行监督，确保文件的规定得到有效落实。对违反法律文件的行为，应及时进行纠正和处理。

四、建立法律事务档案管理制度，确保档案资料的完整和安全

1. 档案管理的重要性

法律事务档案是企业法律事务管理的重要记录，对于企业的发展和维权具有重要意义。建立健全档案管理制度，能够确保档案资料的完整和安全，为企业的法律事务工作提供有力支持。

2. 档案管理的内容

法律事务档案应包括企业的合同档案、纠纷处理档案、法律意见书档案等。档案内容应包括文件的原件、审查记录、处理结果等。

3. 管理措施

建立档案管理制度，明确档案的收集、整理、保管、利用和销毁等环节的管理要求。档案管理人员应具备专业的档案管理知识和技能，确保档案管理工作的规范化和标准化。

采用先进的档案管理技术和设备，对档案进行数字化管理，提高档案管理的效率和安全性。同时，应建立档案备份制度，防止档案的丢失和损坏。

加强对档案的利用管理，建立档案查询和借阅制度，确保档案的合理利用。同时，应严格遵守档案保密制度，保护企业的商业秘密和隐私。

五、定期对法律事务管理工作进行检查和评估

1. 检查和评估的重要性

定期对法律事务管理工作进行检查和评估，可以及时发现工作中的问题和不足，采取有效的改进措施，提高法律事务管理的水平和质量。

检查和评估能够促进企业法律事务管理制度的不断完善，适应企业发展的需要。同时，也可以为企业的管理层提供决策依据，确保企业的法律事务工作得到有效支持。

2. 检查和评估的内容

检查和评估的内容应包括法律事务管理制度的执行情况、法律风险预警机制的运行情况、法律文件管理的情况、档案管理的情况等。

可以通过查阅文件、走访调查、问卷调查等方式，了解法律事务管理工作的实际情况。同时，应邀请外部专业机构对企业的法律事务管理工作进行评估，提出客观的意见和建议。

3. 改进措施的制定和实施

根据检查和评估的结果，制定相应的改进措施。改进措施应具有针对性和可操作性，能够切实解决工作中存在的问题。

改进措施的实施应明确责任人员和时间节点，确保措施得到有效落实。同时，应加强对改进措施实施情况的跟踪和监督，及时调整和完善措施。

总之，建立法律事务管理制度是企业上市过程中的重要环节。通过制定法律事务管理办法，明确管理职责和流程；建立法律风险预警机制，及时发现和处理法律风险；加强对法律文件的管理，确保合法性和有效性；建立法律事务档案管理制度，确保档案资料的完整和安全；定期对法律事务管理工作进行检查和评估，企业可以有效提高法律事务管理水平，防范法律风险，保障企业的合法权益，为企业的上市之路提供有力支持。

68 与法律顾问密切合作

与法律顾问密切合作是至关重要的一环，法律顾问凭借其专业的法律知识

和丰富的实践经验，能够为企业提供全方位的法律咨询和服务，帮助企业有效防范法律风险，确保企业在合法合规的轨道上稳步前行。

一、选择专业、信誉良好的法律顾问机构或律师

1. 重要性分析

选择专业、信誉良好的法律顾问机构或律师是企业与法律顾问成功合作的基础。专业的法律顾问能够准确理解企业的需求，为企业提供针对性的法律解决方案；信誉良好的法律顾问则能够赢得企业的信任，确保合作的顺利进行。

在企业上市过程中，涉及众多复杂的法律问题，如公司治理、证券法规、知识产权保护等。只有选择具备相关专业知识和经验的法律顾问，才能为企业提供高质量的法律服务，助力企业顺利上市。

2. 选择标准

专业能力：考察法律顾问的教育背景、执业经验、专业领域等。优先选择具有丰富上市经验、熟悉企业所在行业法律规定的法律顾问。例如，对于科技型企业，选择具有知识产权保护和高新技术企业上市经验的法律顾问更为合适。

信誉口碑：了解法律顾问的声誉和客户评价。可以通过查阅律师事务所的官方网站、咨询同行企业、查看在线评价等方式，了解法律顾问的信誉情况。良好的信誉意味着法律顾问在服务质量、职业道德等方面得到了客户的认可。

服务团队：评估法律顾问机构的服务团队规模和结构。一个强大的服务团队通常包括不同专业领域的律师，能够为企业提供全面的法律服务。同时，团队成员之间的协作能力和沟通效率也是重要的考量因素。

收费标准：合理的收费标准是企业选择法律顾问的重要考虑因素之一。企业应在确保法律服务质量的前提下，选择收费合理、透明的法律顾问。可以通过与多家法律顾问机构进行比较，了解市场价格水平，选择性价比高的法律顾问。

二、明确法律顾问的服务内容和职责范围

1. 界定服务内容

法律咨询：为企业提供日常经营管理中的法律咨询服务，解答企业在合同签订、劳动用工、知识产权保护等方面的法律问题。

法律文件审查：对企业的合同、协议、章程等法律文件进行审查，确保文

件的合法性、合规性和有效性。例如，在企业签订重大合同时，法律顾问应审查合同条款是否明确、公平，是否存在法律风险。

法律风险评估：对企业的经营活动进行全面的法律风险评估，识别潜在的法律风险点，并提出相应的防范措施。例如，在企业进行重大投资决策时，法律顾问应评估投资项目的法律风险，为企业提供决策参考。

纠纷处理：代表企业处理各类法律纠纷，包括协商、调解、仲裁和诉讼等。在纠纷处理过程中，法律顾问应运用专业的法律知识和谈判技巧，维护企业的合法权益。

上市辅导：为企业提供上市辅导服务，包括协助企业进行股份制改造、完善公司治理结构、规范信息披露等。法律顾问应熟悉证券法规和上市流程，为企业的上市之路提供专业指导。

2. 明确职责范围

明确法律顾问在不同服务内容中的具体职责，避免职责不清导致的工作延误或失误。例如，在法律文件审查中，法律顾问应明确审查的重点和标准，对审查结果负责；在纠纷处理中，法律顾问应及时采取有效的法律措施，最大限度地减少企业的损失。

确定法律顾问与企业内部各部门的协作关系和职责分工。例如，在合同签订过程中，业务部门负责合同的起草和谈判，法律顾问负责合同的法律审查，财务部门负责合同的财务条款审核。明确各部门的职责分工，有助于提高工作效率，确保合同的合法性和有效性。

三、建立与法律顾问的沟通协调机制，及时解决问题

1. 搭建沟通渠道

建立多种沟通渠道，确保企业与法律顾问之间的信息畅通。可以通过电话、电子邮件、即时通信工具等方式，及时沟通法律问题和工作进展情况。同时，定期召开会议，面对面交流重大法律问题和项目进展情况。

确定沟通的频率和方式。根据企业的实际需求和法律顾问的工作安排，确定合理的沟通频率。例如，对于日常法律咨询，可以通过电子邮件或即时通信工具随时沟通；对于重大项目，可以每周或每月召开会议进行沟通。

2. 建立问题解决流程

建立问题解决流程，确保法律问题能够得到及时有效的解决。当企业遇到

法律问题时，应及时向法律顾问提出咨询请求。法律顾问应在规定的时间内回复企业，并提出解决方案。如果问题较为复杂，需要进一步研究和分析，法律顾问应向企业说明情况，并确定解决问题的时间节点。

在问题解决过程中，企业应积极配合法律顾问的工作，提供必要的信息和资料。法律顾问应及时向企业反馈问题解决的进展情况，确保企业了解工作进度。如果问题无法在短期内解决，法律顾问应与企业共同制定应对措施，降低法律风险。

四、对法律顾问的工作进行监督和评估

1. 建立监督机制

建立监督机制，确保法律顾问按照合同约定履行职责。企业可以指定专人负责与法律顾问的沟通和协调，并对法律顾问的工作进行监督。监督内容包括工作进度、服务质量、职业道德等方面。

定期对法律顾问的工作进行检查和评估。可以通过查阅工作记录、听取企业内部各部门的意见等方式，了解法律顾问的工作情况。对于发现的问题，应及时与法律顾问沟通，要求其进行整改。

2. 设定评估指标

设定科学合理的评估指标，对法律顾问的工作进行客观评价。评估指标可以包括服务响应时间、问题解决能力、法律风险防范效果、客户满意度等方面。例如，服务响应时间可以通过统计法律顾问对企业咨询请求的回复时间来评估；问题解决能力可以通过分析法律顾问提出的解决方案的可行性和有效性来评估。

根据评估结果，对法律顾问进行奖惩。对于表现优秀的法律顾问，可以给予适当的奖励，如增加服务费用、延长合同期限等；对于表现不佳的法律顾问，可以要求其进行整改，或者终止合作关系。

五、充分发挥法律顾问的专业优势，为企业提供法律咨询和服务

1. 主动寻求法律建议

企业应主动寻求法律顾问的法律建议，将法律顾问的专业意见纳入企业决策过程中。例如，在制定企业发展战略、进行重大投资决策时，应听取法律顾问的法律意见，避免因法律风险而导致决策失误。

鼓励企业内部各部门与法律顾问进行沟通和交流，及时解决工作中遇到的

法律问题。例如，业务部门在签订合同前，可以咨询法律顾问的意见，确保合同的合法性和有效性；人力资源部门在处理劳动纠纷时，可以寻求法律顾问的帮助，制订合理的解决方案。

2. 参与企业培训

邀请法律顾问参与企业的内部培训，提高企业员工的法律意识和法律素养。法律顾问可以结合企业的实际情况，开展有针对性的法律培训，如合同法律风险防范、知识产权保护等。通过培训，增强企业员工的法律意识，提高企业的整体法律风险防范能力。

组织企业管理层与法律顾问进行专题研讨会，共同探讨企业面临的重大法律问题和发展机遇。通过研讨会，促进企业管理层与法律顾问之间的交流和合作，为企业的发展提供法律支持。

总之，与法律顾问密切合作是企业上市过程中的重要环节。通过选择专业、信誉良好的法律顾问机构或律师，明确法律顾问的服务内容和职责范围，建立与法律顾问的沟通协调机制，对法律顾问的工作进行监督和评估，充分发挥法律顾问的专业优势，企业可以获得高质量的法律服务，有效防范法律风险，为企业的上市和持续发展奠定坚实的基础。

69 进行法律培训

为了有效防范法律风险，提升企业的合规经营水平，进行全面而深入的法律培训至关重要。特别是对于准备上市的企业来说，法律培训更是上市过程中的关键环节，能够为企业的顺利上市和持续发展提供坚实的保障。

一、针对不同层次的员工开展有针对性的法律培训

1. 分层培训的重要性

企业员工的岗位和职责不同，对法律知识的需求也存在差异。针对不同层次的员工开展有针对性的法律培训，可以满足员工的个性化需求，提高培训的效果和实用性。

分层培训能够使法律知识更好地与员工的工作实际相结合，帮助员工在日

常工作中识别和防范法律风险，增强员工的法律意识和合规观念。

2. 高层管理人员培训

高层管理人员在企业决策中起着关键作用，他们需要了解宏观的法律环境和企业面临的重大法律风险。培训内容应包括公司法、证券法、企业并购重组等方面的法律法规，以及企业治理、合规管理等方面的知识。

培训方式可以采用专题讲座、研讨会等形式，邀请法律专家、学者或资深律师进行授课和交流。通过案例分析和实际问题讨论，帮助高层管理人员提高法律风险意识和决策能力。

3. 中层管理人员培训

中层管理人员是企业的中坚力量，他们需要掌握与本部门业务相关的法律知识，确保部门工作的合规性。培训内容可以包括合同管理、劳动法律法规、知识产权保护等方面的知识。

集中授课和案例分析是适合中层管理人员的培训方式。通过讲解实际案例，让中层管理人员了解法律风险的表现形式和防范措施，提高他们在日常管理中的法律风险防范能力。

4. 基层员工培训

基层员工是企业各项工作的具体执行者，他们需要了解与自身工作相关的基本法律知识，避免因无知而导致法律风险。培训内容可以包括消费者权益保护、安全生产法律法规、保密制度等方面的知识。

在线学习和现场培训相结合是基层员工法律培训的有效方式。在线学习可以让员工根据自己的时间和进度进行学习，现场培训则可以通过互动交流和实际操作，增强员工的学习效果。

二、培训内容包括法律法规、合同管理、知识产权保护等方面

1. 法律法规培训

法律法规是企业经营活动的基本准则，员工必须了解和遵守相关法律法规。培训内容应包括与企业业务相关的各类法律法规，如公司法、合同法、劳动法、知识产权法等。

通过法律法规培训，让员工了解自己的权利和义务，明确企业的合规要求，增强员工的法律意识和法治观念。同时，培训还应注重法律法规的更新和变化，及时向员工传达最新的法律动态。

2. 合同管理培训

合同是企业经营活动的重要载体，合同管理的好坏直接关系到企业的经济利益和法律风险。培训内容应包括合同的签订、履行、变更和解除等方面的知识，以及合同风险的识别和防范措施。

培训可以通过案例分析和实际操作，让员工掌握合同管理的流程和技巧，提高合同签订的质量和效率，降低合同履行中的风险。同时，还应强调合同档案管理的重要性，确保合同资料的完整和安全。

3. 知识产权保护培训

知识产权是企业的核心竞争力，加强知识产权保护对于企业的发展至关重要。培训内容应包括商标、专利、著作权等知识产权的申请、保护和维权等方面的知识。

通过培训，让员工了解知识产权的价值和重要性，增强员工的知识产权保护意识。同时，还应介绍企业的知识产权管理制度和流程，让员工明确自己在知识产权保护中的职责和义务。

三、采用多种培训方式

1. 集中授课

集中授课是传统的培训方式，具有系统性和权威性。可以邀请法律专家、律师或企业内部的法律专业人员进行授课，讲解法律知识和实际案例。

集中授课可以根据不同层次的员工需求进行定制化设计，确保培训内容的针对性和实用性。同时，还可以通过互动交流和答疑解惑，增强员工的学习效果。

2. 在线学习

在线学习具有灵活性和便捷性，员工可以根据自己的时间和进度进行学习。企业可以利用内部网络平台或在线学习系统，提供法律知识课程、案例分析、测试题等学习资源。

在线学习可以通过视频、音频、图文等多种形式呈现学习内容，提高员工的学习兴趣和参与度。同时，还可以利用在线学习系统的统计功能，了解员工的学习进度和掌握情况，及时调整培训计划。

3. 案例分析

案例分析是一种生动而有效的培训方式，通过分析实际案例，让员工了解法律风险的表现形式和防范措施。企业可以收集与企业业务相关的法律案例，组织员工进行讨论和分析。

案例分析可以培养员工的法律思维和分析能力，提高员工在实际工作中解决法律问题的能力。同时，还可以通过案例分析，让员工了解企业的法律风险点和防范重点，增强员工的法律风险意识。

4. 模拟演练

模拟演练是一种实践性较强的培训方式，通过模拟实际的法律场景，让员工在实践中掌握法律知识和技能。企业可以组织合同谈判模拟、知识产权纠纷模拟等演练活动。

模拟演练可以提高员工的应急处理能力和团队协作能力，让员工在实际操作中了解法律程序和要求。同时，还可以通过模拟演练，发现企业法律管理中的薄弱环节，及时进行改进和完善。

四、定期对员工的法律知识掌握情况进行考核和评估

1. 考核和评估的重要性

定期对员工的法律知识掌握情况进行考核和评估，可以了解员工的学习效果和法律意识水平，为调整培训计划提供依据。

考核和评估还可以激励员工积极学习法律知识，提高员工的法律素养和合规意识。同时，通过考核和评估，还可以发现企业法律培训中存在的问题和不足，及时进行改进和完善。

2. 考核和评估的方式

考核和评估可以采用多种方式，如书面考试、在线测试、案例分析、实际操作等。考核内容应涵盖培训的主要内容，包括法律法规、合同管理、知识产权保护等方面的知识。

除了对员工个人进行考核和评估，还可以对部门和企业整体的法律知识掌握情况进行评估。评估可以通过问卷调查、访谈、案例分析等方式进行，了解部门和企业在法律风险防范、合规管理等方面的工作情况。

3. 考核和评估结果的应用

考核和评估结果应及时反馈给员工和相关部门，让员工了解自己的学习成果和不足之处。对于考核成绩优秀的员工，可以给予适当的奖励和表彰，激励员工积极学习法律知识。

对于考核成绩不理想的员工，应进行个别辅导和培训，帮助他们提高法律

知识水平。同时，根据考核和评估结果，企业还可以调整培训计划和内容，提高培训的针对性和实效性。

五、将法律培训纳入企业培训体系，持续提升员工法律意识

1. 纳入企业培训体系的重要性

将法律培训纳入企业培训体系，可以确保法律培训的长期性和稳定性。法律培训是企业培训的重要组成部分，与企业的发展战略和业务需求密切相关。

纳入企业培训体系可以使法律培训与其他培训项目相互配合，形成完整的培训体系，提高企业培训的整体效果。同时，还可以通过企业培训体系的管理和监督，确保法律培训的质量和效果。

2. 持续提升员工法律意识的措施

定期开展法律培训活动，不断更新培训内容和方式，满足员工的学习需求。企业可以根据法律法规的变化和企业业务的发展，及时调整法律培训计划，确保培训内容的时效性和实用性。

建立法律知识分享平台，鼓励员工分享自己在工作中遇到的法律问题和解决方法。通过知识分享，提高员工的学习积极性和参与度，同时也可以促进员工之间的交流和合作。

加强企业文化建设，营造良好的法律文化氛围。企业可以通过宣传标语、内部刊物、文化活动等形式，宣传法律知识和合规理念，让员工在潜移默化中增强法律意识。

总之，进行法律培训是企业上市过程中的重要环节。通过针对不同层次的员工开展有针对性的法律培训，涵盖法律法规、合同管理、知识产权保护等方面的内容，采用多种培训方式，定期考核和评估员工的法律知识掌握情况，并将法律培训纳入企业培训体系，企业可以持续提升员工的法律意识和合规观念，有效防范法律风险，为企业的顺利上市和持续发展奠定坚实的基础。

⑦⓪ 定期进行法律合规审查

法律合规审查是确保企业合法经营、防范法律风险的重要手段。通过定期

进行法律合规审查，企业可以及时发现潜在的法律问题，采取有效的整改措施，提升法律管理水平，为上市之路奠定坚实的基础。

一、制订法律合规审查计划，明确审查的范围、重点和时间安排

1. 审查计划的重要性

制定法律合规审查计划是开展审查工作的前提。明确的计划可以为审查工作提供指导，确保审查的全面性、针对性和及时性。

审查计划可以帮助企业合理安排资源，提高审查效率。同时，也有助于企业与相关部门和机构进行沟通协调，确保审查工作的顺利进行。

2. 确定审查范围

审查范围应涵盖企业的各个方面，包括但不限于公司治理、合同管理、知识产权保护、劳动用工、税务筹划、环境保护、安全生产等。

根据企业的行业特点、经营模式和发展战略，确定重点审查领域。例如，对于科技型企业，知识产权保护可能是重点审查领域；对于制造业企业，环境保护和安全生产可能更为重要。

3. 明确审查重点

在确定审查范围的基础上，进一步明确审查重点。审查重点可以根据企业的实际情况和近期发生的重大事件进行调整。

例如，企业近期进行了重大资产重组，那么合同管理、公司治理等方面可能成为审查重点；如果企业面临环保监管压力，环境保护方面的审查就应更加严格。

4. 合理安排审查时间

审查时间应根据企业的经营周期和实际需求进行合理安排。一般来说，企业可以每年进行一次全面的法律合规审查，对于重点领域可以根据需要进行不定期的专项审查。

在安排审查时间时，要充分考虑企业的业务繁忙程度和相关部门的配合度，确保审查工作不会对企业的正常经营造成过大影响。

二、委托专业法律机构或内部法律部门进行法律合规审查

1. 委托专业法律机构的优势

专业法律机构具有丰富的经验和专业知识，能够为企业提供客观、全面的

法律合规审查服务。

专业法律机构通常具有独立性和公正性，可以避免企业内部的利益冲突，确保审查结果的真实性和可靠性。

专业法律机构还可以为企业提供最新的法律法规信息和行业动态，帮助企业及时了解法律合规的要求和趋势。

2. 内部法律部门的作用

企业内部法律部门对企业的业务和管理情况更加熟悉，能够更好地结合企业的实际情况进行法律合规审查。

内部法律部门可以与企业内部各部门进行密切沟通和协调，提高审查工作的效率和效果。

内部法律部门还可以在审查过程中对企业员工进行法律培训和教育，增强员工的法律意识和合规观念。

3. 选择审查机构的标准

无论是委托专业法律机构还是依靠内部法律部门，都需要选择合适的审查机构或人员。选择标准可以包括专业能力、经验水平、信誉度、服务质量等。

对于专业法律机构，可以通过查阅其资质证书、客户评价、行业排名等方式进行评估；对于内部法律部门，可以考察其人员配备、工作业绩、培训情况等。

三、对审查发现的问题及时进行整改和完善

1. 问题整改的重要性

对审查发现的问题进行及时整改是法律合规审查的关键环节。只有通过整改，才能消除潜在的法律风险，确保企业的合法经营。

问题整改可以提高企业的法律管理水平，增强企业的竞争力和可持续发展能力。同时，也有助于企业树立良好的社会形象，赢得投资者和客户的信任。

2. 制订整改方案

根据审查发现的问题，制订具体的整改方案。整改方案应明确整改的目标、措施、责任人和时间节点。

整改措施要具有针对性和可操作性，能够切实解决问题。对于重大问题，可以成立专项整改小组，确保整改工作的顺利进行。

3. 跟踪整改进度

建立整改跟踪机制，及时了解整改工作的进展情况。可以通过定期召开整

改工作会议、发布整改工作简报等方式，对整改进度进行跟踪和督促。

对于整改过程中出现的问题，要及时进行调整和解决。确保整改工作按照既定的方案和时间节点推进。

4. 验收整改效果

整改完成后，要对整改效果进行验收。验收可以通过查阅文件资料、实地检查、访谈相关人员等方式进行。

验收结果要形成书面报告，向企业管理层和相关部门进行通报。对于整改效果不理想的问题，要重新进行整改，直至达到要求为止。

四、分析法律合规审查结果，提出改进法律管理的建议

1. 结果分析的意义

分析法律合规审查结果可以帮助企业了解法律管理的现状和存在的问题，为改进法律管理提供依据。

结果分析可以发现企业法律管理中的薄弱环节和风险点，为企业制定针对性的防范措施提供参考。

结果分析还可以为企业的战略决策和业务发展提供法律支持，确保企业的经营活动在合法合规的轨道上进行。

2. 分析方法和内容

可以采用定量分析和定性分析相结合的方法，对审查结果进行深入分析。定量分析可以通过统计审查发现的问题数量、类型、分布等情况，了解法律风险的总体状况；定性分析可以通过对问题的性质、原因、影响等进行分析，深入挖掘法律管理中的深层次问题。

分析内容可以包括审查发现的问题及其原因、法律风险的评估、法律管理的现状和存在的问题、改进法律管理的建议等。

3. 提出改进建议

根据结果分析，提出改进法律管理的建议。建议应具有针对性、可操作性和前瞻性。

建议可以包括完善法律管理制度、加强法律培训和教育、优化法律风险管理流程、提高法律事务处理效率等方面。同时，还可以结合企业的发展战略和业务需求，提出一些创新性的法律管理建议。

五、建立法律合规审查档案，为后续审查和管理提供参考

1. 档案建立的必要性

建立法律合规审查档案可以为后续的审查和管理提供参考依据。档案记录了企业法律合规审查的过程和结果，有助于企业了解自身的法律管理状况和发展趋势。

档案还可以为企业应对法律纠纷和监管检查提供证据支持。同时，也有助于企业总结经验教训，不断提高法律管理水平。

2. 档案内容和管理

法律合规审查档案应包括审查计划、审查报告、整改方案、验收报告、分析报告等文件资料。档案内容要真实、完整、准确，便于查阅和管理。

企业应建立健全档案管理制度，明确档案的收集、整理、保管、利用和销毁等环节的管理要求。档案管理人员要具备专业的档案管理知识和技能，确保档案的安全和完整。

总之，定期进行法律合规审查是企业上市过程中的重要环节。通过制订法律合规审查计划，明确审查范围、重点和时间安排；委托专业法律机构或内部法律部门进行审查；对审查发现的问题及时进行整改和完善；分析审查结果，提出改进法律管理的建议；建立法律合规审查档案，企业可以有效防范法律风险，提升法律管理水平，为上市之路保驾护航。

80%

第　八　章

募投项目规划

——描绘未来发展蓝图

71 确定募投项目方向

确定合适的募投项目方向至关重要，一个良好的募投项目不仅能够为企业带来资金支持，还能提升企业的核心竞争力，实现可持续发展。

一、深入分析企业核心竞争力与市场趋势的契合点，精准定位募投项目方向

1. 分析企业核心竞争力

企业的核心竞争力是其在市场竞争中脱颖而出的关键因素。首先，需要对企业的核心竞争力进行深入分析，包括技术优势、品牌影响力、人才资源、管理模式等方面。

通过对企业的历史业绩、产品或服务的独特性、客户满意度等进行综合评估，确定企业的核心竞争力所在。例如，一家科技企业可能拥有先进的技术研发能力和专利技术，这就是其核心竞争力。

同时，要关注企业核心竞争力的可持续性，评估其在未来市场竞争中的优势是否能够保持。

2. 研究市场趋势

了解市场趋势是确定募投项目方向的重要依据。市场趋势包括行业发展趋势、消费者需求变化、技术创新等方面。

对行业进行深入研究，分析行业的发展阶段、市场规模、增长速度、竞争格局等。关注行业的新兴领域和潜在机会，以及行业面临的挑战和风险。

研究消费者需求变化，了解消费者对产品或服务的新需求、偏好和购买行为。通过市场调研、数据分析等手段，掌握消费者的需求趋势。

关注技术创新对行业的影响，了解新技术的发展动态和应用前景。评估企业是否能够利用新技术提升自身竞争力，开拓新的市场空间。

3. 寻找契合点

将企业核心竞争力与市场趋势进行对比分析，寻找两者的契合点。这个契合点就是企业确定募投项目方向的重要依据。

如果企业的核心竞争力与市场趋势高度契合，那么可以在这个领域加大投入，进一步巩固和提升企业的竞争优势。例如，如果企业的技术优势与行业的

技术创新趋势相符合，可以将募投项目方向确定为技术研发和产品升级。

如果企业的核心竞争力与市场趋势存在一定的差距，可以考虑通过募投项目来弥补差距，拓展新的业务领域。例如，如果企业的品牌影响力在国内市场较强，但在国际市场较弱，可以将募投项目方向确定为国际市场拓展。

二、开展行业对标研究，借鉴成功企业的募投项目选择经验

1. 选择对标企业

选择与本企业处于同行业或相关行业的成功企业作为对标对象。对标企业应具有良好的业绩表现、较高的市场份额和较强的核心竞争力。

可以从行业排名、市场知名度、财务指标等方面进行筛选，选择具有代表性的企业作为对标对象。例如，在同行业中选择几家上市企业作为对标企业，分析它们的募投项目选择和实施效果。

2. 分析对标企业募投项目

对对标企业的募投项目进行深入分析，包括项目的背景、目标、内容、实施进度和效果等方面。

了解对标企业选择募投项目的依据和考虑因素，以及项目实施过程中遇到的问题和解决方案。通过分析对标企业的募投项目，可以为自己企业确定募投项目方向提供参考。

例如，分析对标企业在技术研发、市场拓展、产能扩张等方面的募投项目，了解它们是如何通过这些项目提升企业竞争力和业绩的。

3. 总结借鉴经验

根据对标企业募投项目的分析结果，总结借鉴成功经验。这些经验可以包括项目选择的方法、实施的策略、风险控制的措施等方面。

结合自己企业的实际情况，将借鉴的经验应用到募投项目方向的确定中。例如，如果对标企业通过技术研发项目实现了产品升级和市场份额的提升，可以考虑在自己企业也加大技术研发投入，确定相应的募投项目方向。

三、邀请行业专家进行战略咨询，确保项目方向的前瞻性

1. 选择合适的行业专家

邀请具有丰富行业经验和专业知识的专家进行战略咨询。专家可以包括行业协会领导、高校教授、咨询公司顾问等。

选择专家时，要考虑其专业背景、行业影响力、咨询经验等因素。确保专家能够为企业提供有价值的建议和意见。

例如，可以邀请在本行业有多年研究经验的高校教授，以及曾经为多家同行业企业提供咨询服务的咨询公司顾问。

2. 进行战略咨询

向行业专家介绍企业的基本情况、发展战略和募投项目的初步设想。请专家对企业的募投项目方向进行分析和评估，提出建设性的意见和建议。

专家可以从行业发展趋势、市场需求、技术创新等方面进行分析，为企业提供前瞻性的视角。同时，专家还可以对企业的现有业务进行评估，找出潜在的发展机会和风险。

例如，专家可以根据行业的技术创新趋势，建议企业将募投项目方向确定为新兴技术的研发和应用；或者根据市场需求的变化，建议企业拓展新的业务领域。

3. 综合考虑专家意见

对行业专家的意见和建议进行综合分析和评估。结合企业的实际情况，确定最终的募投项目方向。

在综合考虑专家意见时，要保持独立思考，不能盲目听从专家的建议。要对专家的意见进行深入分析，判断其是否符合企业的发展战略和实际需求。

例如，如果专家的意见与企业的发展战略存在一定的冲突，可以进一步与专家进行沟通和讨论，寻求更加合理的解决方案。

四、对企业现有业务进行全面评估

1. 评估现有业务

对企业的现有业务进行全面评估，包括业务的赢利能力、市场竞争力、发展潜力等方面。

分析现有业务的优势和不足，找出业务发展中存在的问题和瓶颈。通过对现有业务的评估，可以了解企业的经营状况和发展趋势，为确定募投项目方向提供依据。

例如，对企业的主要产品或服务进行市场份额、毛利率、客户满意度等方面的分析，评估其在市场中的竞争力。

2. 寻找可拓展和升级的领域

根据现有业务的评估结果，寻找可拓展和升级的领域。这些领域可以是现有业务的延伸，也可以是与现有业务相关的新业务领域。

可拓展的领域可以包括市场拓展、产品多元化、服务升级等方面。例如，如果企业的产品在国内市场销售良好，可以考虑将募投项目方向确定为国际市场拓展；或者如果企业的产品单一，可以考虑开发新产品，实现产品多元化。

可升级的领域可以包括技术升级、管理优化、品牌提升等方面。例如，如果企业的技术相对落后，可以将募投项目方向确定为技术升级，提高产品的质量和性能。

3. 进行可行性分析

对确定的可拓展和升级的领域进行可行性分析，包括市场可行性、技术可行性、财务可行性等方面。

市场可行性分析主要评估项目的市场需求、竞争状况、销售前景等。技术可行性分析主要评估项目的技术难度、研发周期、技术风险等。财务可行性分析主要评估项目的投资回报率、资金需求、融资渠道等。

通过可行性分析，确定项目的可行性和风险程度，为最终确定募投项目方向提供决策依据。

五、分析宏观经济政策对行业的影响

1. 研究宏观经济政策

密切关注国家的宏观经济政策，包括财政政策、货币政策、产业政策等。了解这些政策对本行业的影响，以及政策的导向和趋势。

例如，国家对环保产业的支持政策、对科技创新的鼓励政策等，都可能对企业的募投项目方向产生影响。通过研究宏观经济政策，可以及时把握政策机遇，确定顺应政策导向的募投项目方向。

2. 分析政策对行业的影响

分析宏观经济政策对本行业的具体影响，包括政策对市场需求、行业竞争格局、企业发展环境等方面的影响。

评估政策对企业现有业务的影响，以及企业在政策环境下的发展机遇和挑战。例如，如果国家出台了对新能源汽车产业的补贴政策，那么对于新能源汽车零部件企业来说，这就是一个发展机遇，可以将募投项目方向确定为新能源汽车零部件的研发和生产。

3. 确定顺应政策导向的募投项目方向

根据宏观经济政策的研究和分析结果，确定顺应政策导向的募投项目方向。这个方向应该既符合国家政策的要求，又能够发挥企业的优势，实现企业的可持续发展。

例如，如果国家鼓励发展智能制造产业，企业可以将募投项目方向确定为智能制造技术的应用和升级，提高企业的生产效率和产品质量。

总之，确定募投项目方向是企业上市过程中的重要环节。通过深入分析企业核心竞争力与市场趋势的契合点、开展行业对标研究、邀请行业专家进行战略咨询、对企业现有业务进行全面评估、分析宏观经济政策对行业的影响等方法，企业可以确定一个具有前瞻性、可行性和顺应政策导向的募投项目方向，为企业的上市和可持续发展奠定坚实的基础。

⑫ 进行项目可行性研究

一个经过充分论证的可行性项目不仅能够为企业带来良好的经济效益，还能提升企业的社会形象和责任感，为企业的上市之路增添有力的砝码。

一、委托专业市场调研机构进行全面市场调研

1. 专业市场调研的重要性

市场调研是项目可行性研究的基础。委托专业市场调研机构进行全面市场调研，可以确保调研结果的准确性和可靠性。

专业机构拥有丰富的调研经验和专业的调研方法，能够深入了解目标市场的规模、增长趋势、竞争格局、客户需求等方面的信息，为项目的可行性提供有力的支持。

2. 调研内容与方法

目标市场规模：通过收集行业数据、分析市场报告、进行问卷调查等方式，确定目标市场的总体规模。了解市场的容量和潜力，为项目的市场定位和销售预测提供依据。

增长趋势：分析行业的发展趋势、市场需求的变化、技术创新的影响等因素，预测目标市场的增长趋势。判断市场是处于快速增长、稳定增长还是衰退阶段，为项目的投资决策提供参考。

竞争格局：研究目标市场的主要竞争对手、市场份额、竞争优势和劣势等。了解竞争对手的产品特点、价格策略、营销渠道等，为项目的差异化竞争策略提供思路。

客户需求：通过访谈、问卷调查、焦点小组等方式，深入了解目标客户的需求、偏好、购买行为等。确定客户的痛点和需求点，为项目的产品设计和营销策略提供依据。

3. 调研结果的应用

根据市场调研结果，评估项目的市场前景和潜力。如果市场规模较大、增长趋势良好、竞争格局有利、客户需求强烈，那么项目的市场可行性就较高。

结合市场调研结果，制定项目的市场定位、产品策略、价格策略、营销渠道策略等。确保项目能够满足市场需求，在竞争中脱颖而出。

二、与科研机构合作，对项目技术可行性进行深入论证

1. 技术可行性论证的重要性

技术是项目实施的关键。与科研机构合作进行技术可行性论证，可以确保项目所采用的技术先进、可靠、可行。

科研机构拥有专业的技术人才和先进的实验设备，能够对项目的技术方案进行深入分析和评估，为项目的技术可行性提供有力的保障。

2. 合作方式与内容

合作方式：企业可以与高校、科研院所、专业技术公司等科研机构建立合作关系，共同开展项目的技术可行性论证。合作方式可以包括技术咨询、技术合作开发、技术转让等。

论证内容：对项目所采用的技术原理、技术路线、技术指标、技术难点等进行深入分析和论证。评估技术的先进性、成熟度、可靠性、可扩展性等方面的性能，确定技术方案的可行性。

同时，还可以对技术的研发周期、研发成本、技术风险等进行评估，为项目的投资决策提供参考。

3. 技术创新与应用

在技术可行性论证过程中，要注重技术创新和应用。结合市场需求和行业发展趋势，探索采用新技术、新工艺、新材料等，提高项目的技术含量和竞争力。

同时，要考虑技术的可操作性和实用性，确保技术能够在实际生产中得到应用。避免过于追求技术的先进性而忽视了技术的可行性和经济性。

三、建立经济可行性评估模型，综合考虑成本、收益、投资回收期等因素

1. 经济可行性评估的重要性

经济可行性是项目可行性研究的核心。建立经济可行性评估模型，可以对项目的成本、收益、投资回收期等经济指标进行定量分析，为项目的投资决策提供科学依据。

通过经济可行性评估，可以评估项目的赢利能力、偿债能力、运营能力等方面的性能，确定项目的经济可行性。

2. 评估模型的建立

成本分析：对项目的建设成本、运营成本、销售成本等进行详细分析。包括设备购置、原材料采购、人员工资、研发费用、营销费用等方面的成本。确定项目的总成本和单位成本。

收益预测：根据市场调研结果和项目的产品策略、价格策略等，预测项目的销售收入、利润等收益指标。考虑市场需求的变化、价格波动、竞争对手的影响等因素，对收益进行合理预测。

投资回收期分析：计算项目的投资回收期，即项目的累计净现金流量等于初始投资所需的时间。投资回收期越短，项目的经济可行性越高。

同时，还可以对项目的内部收益率、净现值等指标进行分析，评估项目的经济效益。

3. 风险评估与对策

在经济可行性评估过程中，要充分考虑各种风险因素对项目经济指标的影响。风险因素包括市场风险、技术风险、政策风险、财务风险等。

对各种风险因素进行评估，确定风险的发生概率和影响程度。制定相应的风险对策，降低风险对项目的影响。例如，可以通过多元化市场策略、技术创新、加强财务管理等方式，降低市场风险、技术风险和财务风险。

四、组织内部专家和外部顾问进行多轮可行性研讨，充分考虑各种风险因素

1. 多轮研讨的重要性

组织内部专家和外部顾问进行多轮可行性研讨，可以充分发挥各方的专业优势和经验，对项目的可行性进行全面、深入的分析和评估。

通过多轮研讨，可以及时发现项目中存在的问题和风险，提出改进建议和对策，提高项目的可行性和可靠性。

2. 研讨内容与方法

研讨内容：包括项目的市场可行性、技术可行性、经济可行性、社会效益等方面的内容。同时，要充分考虑各种风险因素对项目的影响，提出相应的风险对策。

研讨方法：可以采用会议研讨、现场考察、案例分析等方式进行。邀请内部专家和外部顾问共同参与，充分发表意见和建议。对研讨结果进行整理和分析，形成可行性研究报告。

3. 风险因素的考虑

在研讨过程中，要充分考虑各种风险因素对项目的影响。风险因素包括市场风险、技术风险、政策风险、财务风险、管理风险等。

对各种风险因素进行评估，确定风险的发生概率和影响程度。制定相应的风险对策，降低风险对项目的影响。例如，可以通过市场调研、技术创新、政策解读、财务管理、加强管理等方式，降低各种风险因素的影响。

五、对项目的社会效益进行评估，提升企业的社会形象和责任感

1. 社会效益评估的重要性

社会效益评估是项目可行性研究的重要组成部分。对项目的社会效益进行评估，可以提升企业的社会形象和责任感，为企业的可持续发展奠定基础。

一个具有良好社会效益的项目，不仅能够为企业带来经济效益，还能为社会做出贡献，赢得社会的认可和支持。

2. 评估内容与方法

评估内容：包括项目对环境的影响、对社会就业的贡献、对科技创新的推动、对文化教育的促进等方面的内容。

评估方法：可以采用定性分析和定量分析相结合的方法进行。定性分析可以通过专家评估、社会调查等方式进行，定量分析可以通过建立指标体系、进行数据分析等方式进行。

3. 提升社会形象和责任感

通过对项目社会效益的评估，企业可以了解项目对社会的贡献和影响。在项目实施过程中，积极采取措施，提升项目的社会效益。

例如，加强环境保护措施，减少项目对环境的影响；积极创造就业机会，为社会提供更多的就业岗位；加大科技创新投入，推动行业的技术进步；支持文化教育事业，提升社会的文化素质。

总之，进行项目可行性研究是企业上市过程中的重要环节。通过委托专业市场调研机构进行全面市场调研，与科研机构合作对项目技术可行性进行深入论证，建立经济可行性评估模型，组织内部专家和外部顾问进行多轮可行性研讨，对项目的社会效益进行评估等措施，企业可以全面、深入地了解项目的可行性，为项目的投资决策提供科学依据。同时，通过提升项目的社会效益，企业可以提升自身的社会形象和责任感，为企业的可持续发展奠定基础。

㊸ 制订项目预算方案

一个完善的预算方案不仅能够确保项目的顺利实施，还能有效控制成本，提高项目的经济效益，为企业的上市之路提供有力支持。

一、详细列出项目各项开支

1. 设备采购费用

设备采购是项目实施的重要环节，其费用通常占据项目预算的较大比例。首先，需要根据项目的需求，确定所需设备的种类、数量和规格。

对于大型设备，可以通过招标的方式选择供应商，以确保获得性价比最高的设备。同时，要考虑设备的运输、安装、调试等费用。

对于一些特殊设备，还可能需要进行定制，这会增加设备采购的成本和时间。在预算中要充分考虑这些因素，确保设备采购费用的准确性。

例如，在一个制造业项目中，可能需要采购生产设备、检测设备等。生产设备的价格可能会因品牌、性能、产能等因素而有所不同。检测设备则需要根据项目的质量要求进行选择，其价格也会有所差异。

2. 人员费用

人员费用是项目预算中的重要组成部分。包括项目团队成员的工资、奖金、福利等。首先，要确定项目所需的人员数量和岗位要求。

根据岗位的不同，人员费用也会有所差异。例如，技术人员的工资通常会高于普通员工。同时，要考虑项目的周期，合理估算人员费用的总额。

此外，还可能需要考虑培训费用。如果项目需要新的技术或技能，可能需要对员工进行培训，这也会增加人员费用的支出。

比如，在一个软件开发项目中，需要程序员、测试人员、项目经理等不同岗位的人员。程序员的工资通常会根据其技术水平和经验而有所不同。项目经理则需要具备一定的管理经验和技能，其工资也会相对较高。

3. 研发投入

对于一些创新型项目，研发投入是必不可少的。研发投入包括研发人员的工资、研发设备的采购、研发材料的费用等。

研发投入的多少取决于项目的技术难度和创新程度。在预算中，要合理估算研发投入的金额，并确保其能够满足项目的研发需求。

同时，要考虑研发投入的风险。研发项目可能会面临失败的风险，因此在预算中要预留一定的风险准备金。

例如，在一个生物医药项目中，研发投入可能会非常高。需要购买先进的研发设备，聘请专业的研发人员，进行大量的实验和测试。这些费用都需要在预算中详细地列出。

4. 其他费用

除了设备采购、人员费用和研发投入，项目还可能会有其他费用，如差旅费、会议费、办公费等。这些费用虽然相对较小，但也不能忽视。

在预算中，要根据项目的实际情况，合理估算这些费用的金额。同时，要制定相应的费用控制措施，避免不必要的支出。

比如，在项目实施过程中，可能需要进行市场调研、与客户沟通等，这会产生差旅费。召开项目会议、进行培训等，会产生会议费。购买办公用品、打印文件等，会产生办公费。

二、建立预算调整机制，应对可能出现的成本变化

1. 成本变化的原因

在项目实施过程中，可能会出现各种原因导致的成本发生变化。例如，市场价格波动、技术方案调整、项目周期延长等。

市场价格波动可能会导致设备采购费用、原材料费用等发生变化。技术方案调整可能会增加研发投入、设备采购等费用。项目周期延长则会增加人员费用、管理费用等支出。

2. 预算调整的原则

建立预算调整机制，需要遵循一定的原则。首先，要确保预算调整的合理性和必要性。只有在确实需要调整预算的情况下，才能进行调整。

其次，要遵循程序规范。预算调整需要经过严格的审批程序，确保调整的合法性和合规性。

最后，要注重成本控制。预算调整不能成为增加成本的借口，要在调整预算的同时，采取有效的成本控制措施，确保项目的经济效益。

3. 预算调整的程序

当出现成本变化需要调整预算时，首先，要由项目负责人提出预算调整申请。申请中要详细说明成本变化的原因、调整的金额和调整后的预算方案。

其次，由相关部门对预算调整申请进行审核。审核部门可以包括财务部门、审计部门、项目管理部门等。审核部门要对预算调整申请的合理性、必要性和合法性进行审核。

最后，由企业管理层对预算调整申请进行审批。审批通过后，才能进行预算调整。在预算调整过程中，要及时更新预算方案，确保预算的准确性和有效性。

三、进行成本效益分析，确保预算方案的合理性

1. 成本效益分析的重要性

成本效益分析是评估项目预算方案合理性的重要手段。通过对项目的成本和效益进行分析，可以确定项目的经济效益，为项目的决策提供依据。

成本效益分析可以帮助企业在项目实施过程中，合理控制成本，提高效益，确保项目的成功实施。

2. 成本效益分析的方法

成本效益分析可以采用多种方法，如净现值法、内部收益率法、投资回收期法等。这些方法可以帮助企业评估项目的经济效益，确定项目的可行性。

净现值法是通过计算项目的净现值来评估项目的经济效益。净现值是指项目未来现金流量的现值减去项目的初始投资。如果净现值大于零，则说明项目具有经济效益；如果净现值小于零，则说明项目不具有经济效益。

内部收益率法是通过计算项目的内部收益率来评估项目的经济效益。内部收益率是指项目未来现金流量的现值等于项目的初始投资时的折现率。如果内部收益率大于企业的预期收益率，则说明项目具有经济效益；如果内部收益率小于企业的预期收益率，则说明项目不具有经济效益。

投资回收期法是通过计算项目的投资回收期来评估项目的经济效益。投资回收期是指项目的累计净现金流量等于初始投资所需的时间。投资回收期越短，则说明项目的经济效益越好。

3. 成本效益分析的结果应用

根据成本效益分析的结果，可以对项目预算方案进行调整和优化。如果成本效益分析结果显示项目不具有经济效益，则需要重新审视项目的可行性，调整项目的预算方案。

如果成本效益分析结果显示项目具有经济效益，但预算方案存在不合理之处，则需要对预算方案进行优化，降低成本，提高效益。

例如，如果成本效益分析结果显示项目的净现值为负数，则说明项目不具有经济效益。此时，可以考虑调整项目的技术方案、降低设备采购费用、减少人员费用等，以提高项目的经济效益。

四、参考类似项目的预算情况，进行对比和优化

1. 参考类似项目的意义

参考类似项目的预算情况，可以为项目预算方案的制定提供借鉴和参考。通过对比类似项目的预算情况，可以发现项目预算中存在的问题和不足，进行优化和改进。

同时，参考类似项目的预算情况，可以了解行业内的平均成本水平，为项目的成本控制提供参考。

2. 对比和优化的方法

首先，要收集类似项目的预算资料。可以通过查阅行业报告、咨询专家、与同行企业交流等方式，收集类似项目的预算情况。

其次，对收集到的预算资料进行分析和对比。对比的内容可以包括项目的规模、技术难度、周期、成本结构等方面。通过对比，找出类似项目与本项目的差异和相似之处。

最后，根据对比结果，对本项目的预算方案进行优化。对于类似项目中成本较低的部分，可以借鉴其经验，降低本项目的成本。对于类似项目中存在的问题和不足，要加以避免，确保本项目的预算方案更加合理。

3. 注意事项

在参考类似项目的预算情况时，要注意项目的特殊性。每个项目都有其独特的需求和特点，不能完全照搬类似项目的预算方案。

要结合本项目的实际情况，进行分析和对比。同时，要考虑市场价格的变化、技术的进步等因素，对预算方案进行动态调整。

五、与财务部门密切合作，确保预算方案符合企业财务状况和资金规划

1. 合作的重要性

与财务部门密切合作，可以确保项目预算方案符合企业的财务状况和资金规划。财务部门对企业的资金状况、财务政策等有更深入的了解，能够为项目预算方案的制定提供专业的意见和建议。

同时，财务部门可以对项目预算方案进行审核和监督，确保预算方案的合理性和可行性。在项目实施过程中，财务部门还可以对项目的资金使用情况进行监控，及时发现和解决问题。

2. 合作的内容

在制订项目预算方案时，要与财务部门进行充分的沟通和交流。向财务部门介绍项目的背景、目标、需求等情况，听取财务部门的意见和建议。

财务部门可以根据企业的财务状况和资金规划，对项目预算方案进行审核和调整。确保项目预算方案符合企业的财务政策和资金需求。

在项目实施过程中，要与财务部门保持密切的联系。定期向财务部门汇报项目的资金使用情况，接受财务部门的监督和检查。对于项目中出现的资金问

题，要及时与财务部门沟通，共同寻找解决方案。

3. 注意事项

在与财务部门合作时，要尊重财务部门的专业意见和建议。财务部门的意见和建议通常是基于企业的整体利益和风险考虑的，具有一定的合理性和必要性。

要及时向财务部门提供项目的相关信息，确保财务部门能够对项目进行准确的评估和监控。同时，要积极配合财务部门的工作，共同推动项目的顺利实施。

总之，制订项目预算方案是企业上市过程中的重要环节。通过详细列出项目各项开支、建立预算调整机制、进行成本效益分析、参考类似项目的预算情况、与财务部门密切合作等措施，企业可以制订出科学合理的项目预算方案，为项目的顺利实施提供有力保障。同时，通过有效的预算管理，企业可以控制成本，提高效益，为企业的上市之路奠定坚实的基础。

74 组建项目实施团队

组建一支高效、专业的项目实施团队至关重要，一个优秀的团队能够充分发挥成员的优势，协同合作，确保项目的顺利实施，为企业的上市之路增添动力。

一、根据项目需求确定团队成员的专业技能和经验要求

1. 分析项目需求

在组建项目实施团队之前，首先需要深入分析项目的需求。了解项目的目标、范围、时间表、技术要求等方面的信息，确定项目所需的专业技能和经验。

例如，如果项目是一个软件开发项目，那么团队成员可能需要具备编程、测试、数据库管理等方面的技能；如果项目是一个市场营销项目，那么团队成员可能需要具备市场调研、品牌推广、销售管理等方面的经验。

2. 确定关键技能和经验

根据项目需求，确定关键的专业技能和经验。这些技能和经验将是团队成员选拔的重要依据。

例如，对于一个高科技研发项目，关键技能可能包括先进的技术知识、创新能力、项目管理经验等；对于一个跨国项目，关键经验可能包括跨文化沟通

能力、国际业务经验、外语水平等。

3. 制定岗位说明书

为了确保团队成员的选拔更加精准，需要制定详细的岗位说明书。岗位说明书应明确每个岗位的职责、所需的专业技能和经验、工作条件等方面的信息。

岗位说明书可以作为招聘和选拔团队成员的依据，也可以帮助团队成员更好地了解自己的工作职责和要求。

二、从企业内部选拔优秀人才，同时考虑外部招聘专业人士

1. 内部选拔的优势

从企业内部选拔优秀人才具有诸多优势。首先，内部员工对企业的文化、业务流程和管理模式更加熟悉，能够更快地适应项目的要求。其次，内部选拔可以激励员工的积极性和创造力，为员工提供更多的发展机会。此外，内部选拔还可以降低招聘成本和风险，提高团队的稳定性。

2. 内部选拔的方法

企业可以通过内部推荐、竞聘上岗等方式选拔优秀人才。内部推荐可以充分发挥员工的人脉资源，挖掘潜在的人才；竞聘上岗则可以通过公开、公平、公正的竞争机制，选拔最适合的人才。

在内部选拔过程中，要注重对员工的专业技能、工作经验、团队合作能力等方面的评估，确保选拔出的人才能够胜任项目的工作。

3. 外部招聘的必要性

虽然内部选拔有很多优势，但在某些情况下，企业还需要考虑外部招聘专业人士。例如，当企业内部缺乏某些关键技能和经验时，或者当项目需要引入新的思维和方法时，外部招聘可以为项目带来新的活力和竞争力。

4. 外部招聘的渠道

企业可以通过招聘网站、人才市场、猎头公司等渠道招聘专业人士。在选择招聘渠道时，要根据项目的需求和特点，选择最适合的渠道。

同时，要注重对外部候选人的背景调查和面试评估，确保招聘到的人才具备真才实学和良好的职业素养。

三、明确团队领导的职责和权力，确保高效决策和协调

1. 团队领导的重要性

团队领导在项目实施过程中起着至关重要的作用。团队领导负责制订项目计划、分配任务、协调资源、监督进度、解决问题等方面的工作，确保项目的顺利实施。

一个优秀的团队领导能够充分发挥团队成员的优势，激发团队的创造力和凝聚力，带领团队实现项目的目标。

2. 明确职责和权力

为了确保团队领导能够有效地履行职责，需要明确其职责和权力。团队领导的职责可能包括制订项目计划、组织团队会议、协调资源、监督进度、评估绩效等方面的工作。

团队领导的权力可能包括决策权、资源调配权、人员管理权等方面的权力。在明确职责和权力时，要确保团队领导有足够的权力来完成工作，但也要避免权力过于集中导致的决策失误和腐败问题。

3. 培养领导能力

团队领导的领导能力直接影响着团队的绩效。因此，企业需要注重对团队领导的培养和提升。可以通过培训、辅导、实践等方式，提高团队领导的项目管理能力、沟通协调能力、决策能力等方面的能力。

同时，要为团队领导提供良好的工作环境和发展机会，激励团队领导不断提升自己的能力和水平。

四、建立团队沟通机制，促进信息共享和协作

1. 沟通机制的重要性

良好的沟通机制是团队协作的基础。在项目实施过程中，团队成员需要及时沟通项目进展情况、问题和解决方案等方面的信息，确保项目的顺利进行。

建立团队沟通机制可以促进信息共享和协作，提高团队的工作效率和质量。同时，还可以避免信息不对称导致的误解和冲突。

2. 沟通方式的选择

团队可以选择多种沟通方式，如面对面会议、电话会议、电子邮件、即时通信工具等。不同的沟通方式适用于不同的场合和需求。

例如，面对面会议可以用于重要决策的讨论和团队建设活动；电话会议可以用于远程沟通和紧急情况的处理；电子邮件可以用于正式文件的传递和信息的记录；即时通信工具可以用于日常沟通和问题的快速解决。

3. 沟通规范的制定

为了确保沟通的有效性和效率，需要制定沟通规范。沟通规范可以包括沟通的频率、方式、内容、反馈机制等方面的规定。

例如，团队可以规定每周召开一次项目进度会议，通过电子邮件及时汇报工作进展情况，对重要问题进行及时反馈等。

五、开展团队培训，提升团队成员的项目管理和专业技能水平

1. 培训的重要性

团队培训是提升团队成员能力和素质的重要手段。在项目实施过程中，团队成员可能需要不断学习新的知识和技能，以适应项目的需求。

开展团队培训可以提高团队成员的项目管理能力、专业技能水平、团队合作能力等方面的能力，为项目的顺利实施提供保障。

2. 培训内容的确定

根据项目的需求和团队成员的能力现状，确定培训内容。培训内容可以包括项目管理知识、专业技能培训、团队建设活动等方面的内容。

例如，对于一个软件开发项目，培训内容可以包括敏捷开发方法、编程语言培训、团队协作技巧等方面的内容。

3. 培训方式的选择

团队可以选择多种培训方式，如内部培训、外部培训、在线学习等。不同的培训方式适用于不同的培训内容和需求。

内部培训可以由企业内部的专家或团队领导进行，具有针对性强、成本低等优点；外部培训可以邀请专业的培训机构或讲师进行，具有专业性强、知识面广等优点；在线学习则可以让团队成员根据自己的时间和进度进行学习，具有灵活性高、资源丰富等优点。

总之，组建项目实施团队是企业推进项目的重要环节。通过根据项目需求确定团队成员的专业技能和经验要求、从企业内部选拔优秀人才同时考虑外部招聘专业人士、明确团队领导的职责和权力、建立团队沟通机制、开展团队培训等措施，企业可以组建一支高效、专业的项目实施团队，为项目的顺利实施

提供有力保障。同时，一个优秀的项目实施团队也可以为企业的上市之路增添动力，提升企业的核心竞争力。

⑮ 建立项目监控机制

建立有效的项目监控机制能够确保项目按计划进行，保证项目质量，控制项目成本，及时发现和应对潜在风险，同时为管理层提供准确的项目进展信息，为企业的上市之路保驾护航。

一、制订详细的项目进度计划，明确关键节点和里程碑

1. 进度计划的重要性

项目进度计划是项目管理的核心工具之一。它为项目的实施提供了明确的时间框架和行动指南，有助于确保项目按时完成。

详细的进度计划可以帮助项目团队成员了解自己的任务和职责，合理安排工作时间，提高工作效率。同时，也便于管理层对项目进行监督和控制。

2. 制订进度计划的步骤

明确项目目标和范围：在制订进度计划之前，需要对项目的目标和范围进行清晰的界定。这包括确定项目的交付成果、工作内容、时间限制等。

分解项目任务：将项目分解为具体的任务和子任务，明确每个任务的负责人、开始时间、结束时间和依赖关系。可以使用工作分解结构（WBS）等工具来进行任务分解。

估算任务时间：根据任务的复杂程度、资源需求和历史经验等因素，估算每个任务所需的时间。可以采用专家判断、类比估算等方法进行时间估算。

确定关键节点和里程碑：在项目进度计划中，关键节点和里程碑是重要的时间点，它们标志着项目的重要阶段或成果的完成。确定关键节点和里程碑可以帮助项目团队和管理层更好地掌握项目的进展情况。

编制进度计划图表：将任务、时间和关键节点等信息以图表的形式呈现出来，如甘特图、网络图等。进度计划图表可以直观地展示项目的进度安排，便于项目团队成员和管理层进行查看和分析。

3. 进度计划的调整和更新

在项目实施过程中，由于各种原因，项目进度计划可能需要进行调整和更新。例如，任务的实际完成时间与计划时间不符、资源短缺、需求变更等。

当需要调整进度计划时，应及时进行评估和分析，确定调整的影响和范围。然后，与项目团队成员和相关利益者进行沟通和协商，制订合理的调整方案。调整后的进度计划应及时更新，并通知相关人员。

二、建立质量监控指标体系，确保项目质量符合要求

1. 质量监控的重要性

项目质量是项目成功的关键因素之一。建立质量监控指标体系可以确保项目的交付成果符合质量要求，提高项目的客户满意度和市场竞争力。

质量监控指标体系可以为项目团队提供明确的质量目标和标准，帮助他们在项目实施过程中进行自我监督和控制。同时，也便于管理层对项目质量进行评估和管理。

2. 建立质量监控指标体系的步骤

明确项目质量目标：在项目启动阶段，应明确项目的质量目标。质量目标应具体、可衡量、可实现、相关联和有时限。例如，项目的交付成果应符合行业标准、客户需求和法律法规要求等。

确定质量监控指标：根据项目质量目标，确定具体的质量监控指标。质量监控指标应能够反映项目质量的关键方面，如产品性能、可靠性、安全性、易用性等。可以采用关键绩效指标等方法来确定质量监控指标。

设定质量标准和阈值：为每个质量监控指标设定质量标准和阈值。质量标准应明确、具体，便于项目团队成员进行操作和检验。阈值则是质量监控指标的允许范围，当指标超出阈值时，应采取相应的措施进行调整和改进。

建立质量监控流程：制定质量监控的流程和方法，明确质量监控的责任人和时间节点。质量监控流程应包括质量检验、测试、评估和反馈等环节，确保项目质量得到及时的监控和改进。

3. 质量监控的实施和改进

在项目实施过程中，应按照质量监控指标体系和流程进行质量监控。定期对项目的交付成果进行检验和测试，收集质量数据，分析质量状况。

当发现质量问题时，应及时采取措施进行整改和改进。可以采用因果图、

流程图等工具来分析质量问题的原因，制订相应的解决方案。同时，应对质量问题进行跟踪和验证，确保问题得到彻底解决。

定期对质量监控指标体系进行评估和改进。根据项目的实际情况和客户反馈等信息，对质量监控指标进行调整和优化，提高质量监控的有效性和准确性。

三、定期进行成本核算和分析，控制项目成本

1. 成本核算和分析的重要性

项目成本是项目管理的重要内容之一。定期进行成本核算和分析可以帮助项目团队了解项目的成本状况，及时发现成本超支的风险，采取有效的控制措施，确保项目在预算范围内完成。

成本核算和分析也为管理层提供了决策依据，帮助他们评估项目的经济效益和可行性，调整项目的投资策略和资源分配。

2. 成本核算的方法

确定项目成本的构成：项目成本通常包括直接成本和间接成本。直接成本是指与项目直接相关的费用，如人工费用、材料费用、设备费用等。间接成本是指与项目间接相关的费用，如管理费用、办公费用、折旧费用等。

收集成本数据：在项目实施过程中，应及时收集项目的成本数据，包括实际发生的费用、预算费用、已完成任务的费用等。可以采用成本核算软件、表格等工具来收集和整理成本数据。

进行成本核算：根据成本数据，进行成本核算。成本核算可以采用作业成本法、生命周期成本法等方法，将项目成本分配到各个任务和阶段，计算项目的总成本和单位成本。

3. 成本分析的方法

成本分析是对项目成本进行深入分析和评估的过程。成本分析可以采用比较分析、趋势分析、比率分析等方法，对项目成本的构成、变化趋势、成本效益等进行分析。

比较分析是将项目的实际成本与预算成本进行比较，分析成本超支或节约的原因。趋势分析是对项目成本的变化趋势进行分析，预测未来的成本走势。比率分析是通过计算成本与收入、利润等指标的比率，评估项目的成本效益。

4. 成本控制的措施

当发现成本超支的风险时，应及时采取措施进行成本控制。成本控制的措

施可以包括优化项目计划、调整资源分配、降低成本支出等。

优化项目计划可以通过调整项目的进度安排、任务分配、技术方案等，降低项目的成本。调整资源分配可以根据项目的实际需求，合理调整人力资源、物力资源和财力资源的分配，提高资源的利用效率。降低成本支出可以通过采取节约措施、谈判降低价格、寻找替代方案等，降低项目的直接成本和间接成本。

四、设立项目风险预警机制，及时发现和应对潜在风险

1. 风险预警机制的重要性

项目风险是项目实施过程中不可避免的因素。设立项目风险预警机制可以帮助项目团队及时发现潜在的风险，采取有效的应对措施，降低风险的影响和损失，确保项目的顺利进行。

风险预警机制也为管理层提供了决策支持，帮助他们在风险发生之前采取预防措施，提高项目的风险管理水平。

2. 风险预警机制的建立步骤

识别项目风险：在项目启动阶段，应进行全面的风险识别。风险识别可以采用头脑风暴、德尔菲法、检查表法等方法，识别项目可能面临的各种风险，如技术风险、市场风险、管理风险、法律风险等。

评估风险概率和影响：对识别出的风险进行评估，确定风险的概率和影响程度。风险概率是指风险发生的可能性，影响程度是指风险发生后对项目的影响大小。可以采用风险矩阵等工具来进行风险评估。

设定风险预警指标：根据风险评估的结果，设定风险预警指标。风险预警指标应能够反映风险的变化情况，当指标达到预警值时，应发出风险预警信号。例如，对于技术风险，可以设定技术难题解决时间、技术方案变更次数等预警指标。

建立风险预警流程：制定风险预警的流程和方法，明确风险预警的责任人和时间节点。风险预警流程应包括风险监测、预警信号发出、风险评估和应对等环节，确保风险得到及时的预警和处理。

3. 风险预警的实施和应对

在项目实施过程中，应按照风险预警机制进行风险监测和预警。定期对风险预警指标进行监测，当指标达到预警值时，应及时发出风险预警信号。

收到风险预警信号后，应立即进行风险评估，确定风险的性质、范围和影响程度。然后，制定相应的风险应对措施，如风险规避、风险降低、风险转移、

风险接受等。

风险应对措施应根据风险的具体情况进行选择和实施。风险规避是指通过改变项目计划或方案，避免风险的发生。风险降低是指通过采取措施降低风险的概率和影响程度。风险转移是指将风险转移给第三方，如购买保险、签订合同等。风险接受是指在风险发生时，承担风险带来的损失。

五、建立项目报告制度，定期向管理层汇报项目进展情况

1. 项目报告制度的重要性

项目报告制度是项目沟通和管理的重要手段之一。建立项目报告制度可以确保项目团队和管理层之间的信息畅通，及时了解项目的进展情况、问题和风险，为决策提供准确的信息支持。

项目报告也可以促进项目团队成员之间的协作和沟通，提高项目的管理效率和质量。

2. 项目报告的内容和形式

项目报告的内容应包括项目的进度情况、质量状况、成本情况、风险情况、问题和解决方案等方面的信息。报告应具体、准确、客观，便于管理层了解项目的实际情况。

项目报告的形式可以采用书面报告、口头汇报、电子邮件等方式。书面报告应具有规范的格式和内容，便于存档和查阅。口头汇报应简洁明了，重点突出，便于沟通和交流。电子邮件应及时发送，便于管理层随时了解项目情况。

3. 项目报告的频率和对象

项目报告的频率应根据项目的实际情况和管理层的需求进行确定。一般来说，项目报告可以分为定期报告和不定期报告。定期报告可以每周、每月或每季度进行一次，不定期报告可以在项目的重要阶段或出现重大问题时进行。

项目报告的对象应包括项目的管理层、相关利益者和项目团队成员。管理层是项目报告的主要对象，他们需要了解项目的整体情况和决策依据。相关利益者是指与项目有利益关系的人员，如客户、供应商、合作伙伴等，他们需要了解项目的进展情况和影响。项目团队成员也需要了解项目的情况，以便更好地协作和完成任务。

总之，建立项目监控机制是企业推进项目的重要保障。通过制订详细的项目进度计划，明确关键节点和里程碑；建立质量监控指标体系，确保项目质量

符合要求；定期进行成本核算和分析，控制项目成本；设立项目风险预警机制，及时发现和应对潜在风险；建立项目报告制度，定期向管理层汇报项目进展情况等措施，企业可以有效地监控项目的实施过程，确保项目按时、按质、在预算范围内完成，为企业的上市之路奠定坚实的基础。

⑯ 评估项目风险

有效的风险评估能够帮助企业提前识别潜在风险，制定合理的应对策略，确保项目的顺利进行，为企业的上市之路奠定坚实的基础。

一、进行风险识别，列出可能影响项目的各种风险因素

1. 风险识别的重要性

风险识别是项目风险评估的第一步，也是最为关键的一步。只有全面、准确地识别出可能影响项目的各种风险因素，才能为后续的风险分析和应对提供有力的依据。

通过风险识别，企业可以了解项目所面临的潜在风险，提前做好准备，降低风险发生的可能性，减少风险带来的损失。

2. 风险识别的方法

头脑风暴法：组织项目团队成员、专家等进行头脑风暴，集思广益，列出可能影响项目的各种风险因素。这种方法可以充分发挥团队的智慧，提高风险识别的全面性。

德尔菲法：通过匿名征求专家意见的方式，对项目风险进行识别。专家们在互不干扰的情况下提出自己的意见，经过多轮反馈和汇总，最终确定项目的风险因素。这种方法可以避免个人主观因素的影响，提高风险识别的准确性。

检查表法：根据以往类似项目的经验，制定风险检查表，对项目进行逐项检查，识别出可能存在的风险因素。这种方法简单易行，可以快速地识别出常见的风险因素。

流程图法：通过绘制项目的流程图，分析各个环节可能存在的风险因素。这种方法可以直观地展示项目的流程，便于发现潜在的风险点。

3. 可能影响项目的风险因素

技术风险：项目所采用的技术是否成熟、可靠，是否存在技术难题无法解决的风险。例如，新技术的研发可能面临失败的风险，技术升级可能导致系统不稳定等。

市场风险：市场需求是否稳定，市场竞争是否激烈，产品价格是否波动等。例如，市场需求的变化可能导致项目的产品或服务失去市场竞争力，竞争对手的出现可能影响项目的市场份额。

管理风险：项目管理是否规范、高效，是否存在管理不善导致项目延误、成本超支等风险。例如，项目团队的沟通不畅、决策失误、人员流动等都可能影响项目的进展。

财务风险：项目的资金是否充足，资金来源是否稳定，是否存在财务成本过高、赢利能力不足等风险。例如，项目的融资困难、资金链断裂、成本控制不力等都可能导致项目的失败。

法律风险：项目是否符合法律法规的要求，是否存在法律纠纷的风险。例如，项目的合同签订、知识产权保护、环境保护等方面都可能存在法律风险。

自然风险：项目是否受到自然灾害、气候变化等自然因素的影响。例如，地震、洪水、台风等自然灾害可能导致项目的中断或损失。

二、对风险因素进行定性和定量分析，评估其发生概率和影响程度

1. 定性分析

定性分析是对风险因素进行主观评估，确定其发生的可能性和影响程度的高低。常用的定性分析方法有风险矩阵法、专家判断法等。

风险矩阵法：将风险因素按照发生概率和影响程度两个维度进行分类，形成风险矩阵。通过对风险因素在矩阵中的位置进行评估，确定其风险等级。例如，高发生概率、高影响程度的风险因素被列为重大风险，需要重点关注和应对。

专家判断法：邀请专家对风险因素进行评估，根据专家的经验和判断确定风险因素的发生概率和影响程度。这种方法可以充分发挥专家的专业知识和经验，提高风险评估的准确性。

2. 定量分析

定量分析是对风险因素进行客观评估，通过数据计算确定其发生概率和影

响程度的具体数值。常用的定量分析方法有蒙特卡洛模拟法、敏感性分析法等。

蒙特卡洛模拟法：通过对风险因素进行随机模拟，计算出项目的各种可能结果及其发生的概率。这种方法可以考虑多种风险因素的相互作用，提供更为准确的风险评估结果。

敏感性分析法：分析各个风险因素的变化对项目目标的影响程度。通过计算风险因素的敏感度系数，确定哪些风险因素对项目目标的影响最为显著。这种方法可以帮助企业重点关注对项目目标影响较大的风险因素。

3. 应用评估结果

根据风险因素的定性和定量分析结果，企业可以确定项目的整体风险水平。对于高风险的项目，企业需要更加谨慎地进行决策，采取有效的风险应对措施。

同时，评估结果也可以为企业制定风险应对策略提供依据。对于发生概率高、影响程度大的风险因素，企业需要优先制定应对措施，降低风险发生的可能性和影响程度。

三、制定风险应对策略

1. 风险规避

风险规避是指通过改变项目计划或方案，避免风险的发生。例如，对于技术风险较高的项目，企业可以选择放弃该项目或采用更为成熟的技术方案。

风险规避的优点是可以彻底消除风险，但缺点是可能会放弃一些有潜力的项目或机会。因此，企业在采用风险规避策略时，需要充分考虑项目的风险收益比，权衡利弊后做出决策。

2. 风险降低

风险降低是指通过采取措施降低风险的发生概率和影响程度。例如，对于市场风险较高的项目，企业可以加强市场调研，优化产品设计，提高产品质量，降低产品价格等，以提高产品的市场竞争力，降低市场风险。

风险降低是一种较为常用的风险应对策略，它可以在一定程度上降低风险带来的损失，同时又不会放弃项目的机会。企业在采用风险降低策略时，需要根据风险因素的具体情况，制定切实可行的措施，并确保措施的有效实施。

3. 风险转移

风险转移是指将风险转移给第三方，由第三方承担风险带来的损失。例如，企业可以购买保险，将项目的风险转移给保险公司；或者与供应商签订合同，将部分风险转移给供应商。

风险转移可以有效地降低企业的风险负担，但需要支付一定的费用。企业在采用风险转移策略时，需要选择合适的风险转移方式，并确保转移的风险得到有效的管理和控制。

4. 风险接受

风险接受是指企业在权衡风险的发生概率和影响程度后，认为风险在可接受的范围内，决定不采取任何措施，直接承担风险带来的损失。

风险接受通常适用于风险发生概率低、影响程度小的风险因素。企业在采用风险接受策略时，需要建立风险储备金，以应对风险发生时的损失。同时，企业也需要密切关注风险的变化情况，一旦风险超出可接受的范围，应及时采取相应的措施。

四、建立风险监控体系，定期对风险状况进行评估和调整

1. 风险监控的重要性

风险监控是项目风险评估的重要环节，它可以帮助企业及时了解风险的变化情况，调整风险应对策略，确保项目的顺利进行。

通过风险监控，企业可以对风险因素进行持续的跟踪和评估，及时发现新的风险因素，评估风险应对措施的有效性，为项目的决策提供及时、准确的信息支持。

2. 建立风险监控体系

确定风险监控指标：根据项目的特点和风险因素的性质，确定风险监控的指标。例如，对于技术风险，可以监控技术难题的解决进度、技术方案的变更次数等；对于市场风险，可以监控市场需求的变化、竞争对手的动态等。

建立风险监控机制：制定风险监控的流程和方法，明确风险监控的责任人和时间节点。例如，定期召开风险评估会议，对项目的风险状况进行评估和分析；建立风险预警机制，当风险指标达到预警值时，及时发出预警信号。

采用风险监控工具：选择合适的风险监控工具，提高风险监控的效率和准确性。例如，使用项目管理软件、数据分析工具等，对风险指标进行实时监控和分析。

3. 评估和调整风险状况

定期对风险状况进行评估：根据风险监控指标的变化情况，定期对项目的

风险状况进行评估。评估的内容包括风险因素的发生概率和影响程度、风险应对措施的有效性等。

调整风险应对策略：根据风险状况的评估结果，及时调整风险应对策略。对于风险发生概率和影响程度增加的风险因素，应加强风险监控，采取更为有效的风险应对措施；对于风险发生概率和影响程度降低的风险因素，可以适当减少风险监控的力度，降低风险应对的成本。

五、组织风险应急演练，提高应对突发风险的能力

1. 风险应急演练的重要性

风险应急演练是提高企业应对突发风险能力的重要手段。通过模拟突发风险事件，检验企业的风险应急预案的有效性，提高员工的应急反应能力和协作能力。

风险应急演练可以帮助企业发现风险应急预案中存在的问题和不足，及时进行修订和完善，确保在突发风险事件发生时，企业能够迅速、有效地进行应对，降低风险带来的损失。

2. 组织风险应急演练

确定演练目标和内容：根据项目的特点和风险因素的性质，确定风险应急演练的目标和内容。例如，对于自然灾害风险，可以模拟地震、洪水等自然灾害事件，检验企业的应急救援能力；对于技术故障风险，可以模拟系统故障、网络攻击等事件，检验企业的技术应急处理能力。

制订演练方案：根据演练目标和内容，制订详细的演练方案。演练方案应包括演练的时间、地点、参与人员、演练流程、评估标准等。

组织演练实施：按照演练方案的要求，组织演练实施。在演练过程中，应严格按照应急预案的流程进行操作，确保演练的真实性和有效性。同时，应安排专人对演练过程进行记录和评估，为后续的总结和改进提供依据。

进行演练总结和改进：演练结束后，应及时对演练过程进行总结和评估。总结演练中存在的问题和不足，提出改进措施和建议。根据总结和评估的结果，对风险应急预案进行修订和完善，提高应急预案的针对性和可操作性。

总之，评估项目风险是企业推进项目的重要环节。通过进行风险识别，列出可能影响项目的各种风险因素；对风险因素进行定性和定量分析，评估其发生概率和影响程度；制定风险应对策略，包括风险规避、风险降低、风险转移

和风险接受；建立风险监控体系，定期对风险状况进行评估和调整；组织风险应急演练，提高应对突发风险的能力等措施，企业可以有效地管理项目风险，确保项目的顺利进行，为企业的上市之路提供有力的保障。

⑰ 优化项目融资方案

优化项目融资方案是至关重要的一环，一个合理、高效的融资方案不仅能够为项目提供充足的资金支持，还能降低融资成本，优化资本结构，为企业的上市之路奠定坚实的基础。

一、分析不同融资渠道的优缺点和适用条件

1. 银行贷款

优点：资金来源稳定，利率相对较低，还款方式较为灵活。银行贷款通常有较长的贷款期限，可以满足项目的长期资金需求。此外，银行在审批贷款时会对企业的财务状况、信用记录等进行严格审查，这也有助于企业规范自身的财务管理。

缺点：审批流程较为复杂，需要提供大量的资料和抵押物。对于一些中小企业来说，可能难以满足银行的贷款条件。此外，银行贷款的额度也可能受到限制，无法满足项目的大规模资金需求。

适用条件：企业具有良好的财务状况和信用记录，有足够的抵押物或担保措施。项目具有明确的盈利前景和还款来源，能够满足银行的风险评估要求。

2. 债券融资

优点：融资规模较大，可以满足企业的大规模资金需求。债券的利率相对固定，企业可以提前锁定融资成本。此外，债券融资可以提高企业的知名度和信誉度，为企业的后续融资提供便利。

缺点：发行债券需要满足较高的条件，如企业的净资产规模、赢利能力等。债券的发行和交易过程较为复杂，需要专业的金融机构进行操作。此外，债券的利息支付和本金偿还会给企业带来一定的财务压力。

适用条件：企业具有较高的信用评级和较强的赢利能力，净资产规模较大。

项目具有稳定的现金流和还款来源，能够满足债券投资者的要求。

3. 股权融资

优点：不需要偿还本金和支付利息，不会给企业带来财务压力。股权融资可以引入战略投资者或财务投资者，为企业带来资金、技术、管理等方面的支持。此外，股权融资可以提高企业的资本实力和市场价值，为企业的上市做好准备。

缺点：股权融资会稀释原有股东的股权比例，可能影响企业的控制权。股权融资的审批流程较为复杂，需要较长的时间。此外，股权投资者通常会对企业的经营管理提出一定的要求，可能会影响企业的决策效率。

适用条件：企业具有良好的发展前景和较高的成长潜力，项目具有创新性和市场竞争力。企业需要引入战略投资者或财务投资者，为企业的发展提供支持。

4. 风险投资

优点：风险投资机构通常具有丰富的行业经验和专业知识，可以为企业提供战略规划、市场拓展、管理咨询等方面的支持。风险投资的资金投入较大，可以满足企业的早期资金需求。此外，风险投资机构通常会关注企业的长期发展，不会对企业的短期业绩提出过高的要求。

缺点：风险投资的成功率较低，企业可能需要经过多轮融资才能获得足够的资金支持。风险投资机构通常会要求较高的股权比例，可能会影响企业的控制权。此外，风险投资机构的退出机制较为复杂，可能会给企业带来一定的不确定性。

适用条件：企业具有创新性和高成长潜力的项目，处于早期发展阶段。企业需要引入专业的投资机构，为企业的发展提供支持。

5. 内部融资

优点：内部融资不需要支付利息和偿还本金，不会给企业带来财务压力。内部融资可以提高企业的资金使用效率，降低融资成本。此外，内部融资可以增强企业的凝聚力和员工的积极性。

缺点：内部融资的规模有限，可能无法满足项目的大规模资金需求。内部融资可能会影响企业的现金流量和经营业绩，需要企业进行合理的资金安排。此外，内部融资可能会导致企业的股权结构发生变化，需要企业进行妥善的处理。

适用条件：企业具有良好的赢利能力和现金流量，项目的资金需求相对较小。企业需要提高资金使用效率，降低融资成本。

二、与金融机构进行深入沟通，争取优惠的融资条件

1. 选择合适的金融机构

企业在选择金融机构时，应根据项目的特点和融资需求，选择具有丰富经验和专业能力的金融机构。可以通过咨询专业人士、查阅金融机构的评级报告、了解金融机构的客户口碑等方式，选择合适的金融机构。

同时，企业还应考虑金融机构的服务质量、融资成本、审批效率等因素，选择能够为企业提供优质服务和优惠融资条件的金融机构。

2. 准备充分的融资资料

企业在与金融机构进行沟通之前，应准备充分的融资资料，包括企业的基本情况、财务报表、项目可行性研究报告、融资计划书等。融资资料应真实、准确、完整，能够充分反映企业的实力和项目的前景。

此外，企业还应根据金融机构的要求，提供其他相关的资料和证明文件，如抵押物评估报告、担保函等。

3. 进行深入的沟通和协商

企业在与金融机构进行沟通时，应积极主动地介绍企业的情况和项目的前景，回答金融机构的问题和疑虑。同时，企业还应了解金融机构的融资政策和审批流程，争取金融机构的支持和理解。

在沟通和协商的过程中，企业可以提出自己的融资需求和要求，如融资额度、利率、期限、还款方式等。同时，企业还可以与金融机构探讨其他合作方式，如银企合作、战略投资等，争取更多的优惠和支持。

4. 建立良好的合作关系

企业在与金融机构进行合作的过程中，应建立良好的合作关系，遵守金融机构的规章制度，按时还款付息，保持良好的信用记录。同时，企业还应积极与金融机构沟通和交流，及时反馈项目的进展情况和企业的经营状况，争取金融机构的长期支持和合作。

三、考虑股权融资和债权融资的组合，优化资本结构

1. 股权融资和债权融资的特点

股权融资是企业通过发行股票或引入战略投资者等方式，筹集资金的一种方式。股权融资的优点是不需要偿还本金和支付利息，不会给企业带来财务压

力。此外，股权融资可以引入战略投资者或财务投资者，为企业带来资金、技术、管理等方面的支持。

债权融资是企业通过向银行贷款、发行债券等方式，筹集资金的一种方式。债权融资的优点是资金来源稳定，利率相对较低，还款方式较为灵活。此外，债权融资可以提高企业的资产负债率，增强企业的财务杠杆效应。

2. 优化资本结构的意义

优化资本结构是指企业在筹集资金时，合理安排股权融资和债权融资的比例，使企业的资本结构达到最优状态。优化资本结构的意义在于降低企业的融资成本，提高企业的市场价值，增强企业的抗风险能力。

当企业的资本结构处于最优状态时，企业的加权平均资本成本最低，企业的市场价值最大。同时，企业的资产负债率也处于合理水平，企业的财务风险得到有效控制。

3. 确定股权融资和债权融资的比例

企业在确定股权融资和债权融资的比例时，应综合考虑企业的发展阶段、赢利能力、资产负债率、融资成本等因素。一般来说，企业在发展初期，由于赢利能力较弱，资产负债率较低，适合采用股权融资的方式筹集资金。随着企业的发展壮大，赢利能力增强，资产负债率提高，企业可以逐渐增加债权融资的比例，优化资本结构。

此外，企业还可以根据项目的特点和融资需求，灵活调整股权融资和债权融资的比例。例如，对于一些高风险、高回报的项目，企业可以适当增加股权融资的比例，降低财务风险；对于一些低风险、稳定回报的项目，企业可以适当增加债权融资的比例，提高资金使用效率。

四、制定融资时间表，确保资金按时到位

1. 确定融资需求和时间节点

企业在制定融资时间表之前，应首先确定项目的融资需求和时间节点。融资需求包括融资额度、融资方式、资金用途等。时间节点包括项目的启动时间、建设周期、投产时间等。

根据项目的融资需求和时间节点，企业可以制定详细的融资时间表，明确各个阶段的融资任务和时间要求。

2. 合理安排融资步骤和流程

企业在制定融资时间表时，应合理安排融资步骤和流程，确保融资工作的顺利进行。融资步骤和流程包括项目可行性研究、融资方案设计、融资资料准备、金融机构洽谈、融资审批、资金到位等。

每个融资步骤和流程都应明确责任人和时间要求，确保各项工作按时完成。同时，企业还应建立有效的沟通机制和协调机制，及时解决融资过程中出现的问题和困难。

3. 提前做好融资准备工作

企业在制定融资时间表时，应提前做好融资准备工作，确保资金按时到位。融资准备工作包括企业的内部管理、财务报表编制、项目可行性研究报告撰写、融资资料准备等。

企业应加强内部管理，提高企业的经营效益和管理水平，为融资工作提供有力的支持。同时，企业还应及时编制财务报表，确保财务报表的真实、准确、完整。此外，企业还应认真撰写项目可行性研究报告，充分展示项目的前景和优势，为融资工作提供有力的依据。

五、对融资方案进行动态调整，适应项目进展和市场变化

1. 建立融资方案调整机制

企业在制订融资方案时，应建立融资方案调整机制，及时根据项目进展和市场变化，对融资方案进行调整和优化。融资方案调整机制应包括调整的条件、程序、方法等。

当项目进展出现重大变化，如项目进度延迟、投资预算超支等，或者市场环境发生重大变化，如利率调整、汇率波动等，企业应及时启动融资方案调整机制，对融资方案进行调整和优化。

2. 定期评估融资方案的效果

企业在实施融资方案的过程中，应定期评估融资方案的效果，及时发现问题和不足，对融资方案进行调整和优化。评估的内容包括融资成本、资金到位情况、融资风险等。

企业可以通过建立融资方案评估指标体系，定期对融资方案的效果进行评估。评估指标体系应包括融资成本率、资金到位率、融资风险系数等。根据评估结果，企业可以及时调整融资方案，提高融资方案的效果和效率。

3. 灵活应对市场变化和项目进展

企业在实施融资方案的过程中，应密切关注市场变化和项目进展，灵活应对各种情况。当市场利率下降时，企业可以考虑提前偿还部分债务，降低融资成本；当项目进度延迟时，企业可以与金融机构协商调整还款计划，缓解资金压力。

此外，企业还可以根据市场变化和项目进展，及时调整融资方式和融资渠道。例如，当股权市场活跃时，企业可以考虑增加股权融资的比例；当债券市场利率较低时，企业可以考虑发行债券筹集资金。

总之，优化项目融资方案是企业推进项目的重要环节。通过分析不同融资渠道的优缺点和适用条件，与金融机构进行深入沟通，争取优惠的融资条件，考虑股权融资和债权融资的组合，优化资本结构，制定融资时间表，确保资金按时到位，对融资方案进行动态调整，适应项目进展和市场变化等措施，企业可以制定出合理、高效的融资方案，为项目的顺利实施提供充足的资金支持，为企业的上市之路奠定坚实的基础。

⑱ 与投资者沟通募投项目

良好的沟通能够吸引投资者的关注，增强投资者的信心，为企业成功募集资金奠定坚实基础。

一、制订投资者沟通计划，明确沟通目标和策略

1. 沟通计划的重要性

制订投资者沟通计划是确保募投项目顺利推进的关键步骤。明确的计划可以为沟通活动提供指导，确保沟通的针对性、有效性和连贯性。

沟通计划有助于企业合理安排资源，提高沟通效率。同时，也能帮助企业更好地了解投资者的需求和期望，为制订更具吸引力的募投项目方案提供依据。

2. 确定沟通目标

吸引潜在投资者：通过向投资者展示募投项目的优势和潜力，吸引他们的关注和兴趣，为企业募集资金创造条件。

增强现有投资者信心：向现有投资者传达企业的发展战略和募投项目的进展情况，增强他们对企业的信心，促进他们继续支持企业的发展。

建立良好的企业形象：通过与投资者的沟通，展示企业的专业素养、管理水平和发展潜力，树立良好的企业形象，提高企业的知名度和美誉度。

3. 制定沟通策略

了解投资者需求：通过市场调研、投资者访谈等方式，了解投资者的投资偏好、风险承受能力和对募投项目的期望，为制定个性化的沟通策略提供依据。

选择合适的沟通渠道：根据投资者的特点和沟通目标，选择合适的沟通渠道，如面对面会议、电话会议、电子邮件、社交媒体等。不同的沟通渠道具有不同的优势和适用场景，企业应根据实际情况进行选择。

确定沟通内容和方式：根据投资者的需求和沟通目标，确定沟通的内容和方式。沟通内容应包括募投项目的背景、目标、前景、风险等方面的信息，同时应采用简洁明了、通俗易懂的语言进行表达。沟通方式可以采用演示文稿、视频、案例分析等形式，增强沟通的吸引力和说服力。

二、制作专业的募投项目介绍材料，包括项目背景、目标、前景等

1. 介绍材料的重要性

专业的募投项目介绍材料是企业与投资者沟通的重要工具。它能够向投资者全面、系统地展示募投项目的情况，帮助投资者更好地了解项目的优势和潜力，为投资决策提供依据。

介绍材料的质量直接影响投资者对企业的印象和投资决策。因此，企业应高度重视介绍材料的制作，确保其内容准确、完整、专业。

2. 项目背景

介绍募投项目的背景信息，包括行业发展趋势、市场需求、政策环境等方面的内容。通过对项目背景的介绍，让投资者了解项目的产生背景和必要性，增强投资者对项目的认同感。

可以引用相关的数据和案例，增强背景介绍的说服力。例如，介绍行业的市场规模、增长率、竞争格局等数据，以及企业在行业中的地位和优势等案例。

3. 项目目标

明确募投项目的目标，包括短期目标和长期目标。短期目标可以是项目的

建设进度、生产能力提升、市场份额扩大等方面的内容；长期目标可以是企业的发展战略、行业地位提升、赢利能力增强等方面的内容。

目标应具有明确性、可衡量性和可实现性。同时，应向投资者说明企业为实现目标所采取的措施和计划，增强投资者对项目的信心。

4. 项目前景

分析募投项目的市场前景和发展潜力，包括市场规模、增长率、竞争格局等方面的内容。通过对项目前景的分析，让投资者了解项目的投资价值和回报预期，增强投资者的投资意愿。

可以引用相关的数据和案例，增强前景分析的说服力。例如，介绍行业的发展趋势、市场需求增长情况、企业的市场份额预测等数据，以及同行业成功案例等案例。

5. 风险提示

客观地分析募投项目可能面临的风险，包括市场风险、技术风险、管理风险、政策风险等方面的内容。通过风险提示，让投资者了解项目的风险情况，增强投资者的风险意识。

同时，应向投资者说明企业为应对风险所采取的措施和计划，降低投资者的风险担忧。例如，介绍企业的风险管理体系、风险应急预案等内容。

三、组织投资者见面会和路演活动，展示项目优势和潜力

1. 见面会和路演活动的重要性

投资者见面会和路演活动是企业与投资者进行面对面沟通的重要方式。通过这些活动，企业可以向投资者展示募投项目的优势和潜力，回答投资者的疑问，增强投资者的信心。

见面会和路演活动还可以扩大企业的知名度和影响力，吸引更多的投资者关注企业的募投项目。

2. 活动策划与组织

确定活动的时间、地点、参与人员等方面的内容。活动时间应选择在投资者较为方便的时间，地点应选择在交通便利、环境舒适的场所。参与人员应包括企业的管理层、项目负责人、投资顾问等。

制定活动的议程和内容。议程应包括企业介绍、募投项目介绍、问答环节等内容。活动内容应丰富、生动、有吸引力，可以采用演示文稿、视频、案例

分析等形式进行展示。

邀请投资者参加活动。可以通过电子邮件、电话、邀请函等方式邀请投资者参加活动。同时，应提前与投资者进行沟通，了解他们的需求和关注点，为活动的顺利进行做好准备。

3. 展示项目优势和潜力

在活动中，企业应重点展示募投项目的优势和潜力。可以从项目的技术创新、市场前景、赢利能力、管理团队等方面进行展示。

可以采用案例分析、数据对比等方式，增强展示的说服力。例如，介绍同行业成功案例、企业的市场份额增长情况、赢利能力提升情况等数据。

4. 回答投资者疑问

在活动中，企业应安排专门的时间回答投资者的疑问。投资者的疑问可能涉及项目的技术、市场、财务、管理等方面的内容。企业应认真倾听投资者的问题，准确、全面地回答投资者的疑问。

对于一些复杂的问题，企业可以邀请相关的专家或顾问进行解答。同时，企业应保持诚实、透明的态度，不得隐瞒或误导投资者。

四、及时回复投资者的咨询和疑问，建立良好的沟通关系

1. 及时回复的重要性

及时回复投资者的咨询和疑问是建立良好沟通关系的关键。投资者在了解募投项目的过程中，可能会提出各种问题和建议。企业应及时回复投资者的咨询和疑问，让投资者感受到企业的重视和关注。

及时回复投资者的咨询和疑问还可以增强投资者的信心，促进投资者对企业的信任和支持。

2. 建立沟通渠道

企业应建立多种沟通渠道，方便投资者与企业进行沟通。可以通过电子邮件、电话、在线客服等方式建立沟通渠道。同时，企业应在官方网站、社交媒体等平台上公布联系方式，方便投资者随时联系企业。

3. 专人负责回复

企业应安排专人负责回复投资者的咨询和疑问。回复人员应具备专业的知识和良好的沟通能力，能够准确、全面地回答投资者的问题。

回复人员应及时回复投资者的咨询和疑问，不得拖延或敷衍。对于一些复

杂的问题，回复人员应及时与相关部门进行沟通，尽快给出回复。

4. 建立反馈机制

企业应建立反馈机制，及时了解投资者对回复的满意度。可以通过电话回访、电子邮件调查等方式了解投资者的反馈意见。对于投资者不满意的回复，企业应及时进行改进和完善。

五、邀请投资者实地考察项目，增强投资者信心

1. 实地考察的重要性

邀请投资者实地考察募投项目是增强投资者信心的有效方式。通过实地考察，投资者可以直观地了解项目的建设进度、生产情况、管理水平等方面的内容，增强对项目的认同感和信心。

实地考察还可以促进投资者与企业管理层的沟通和交流，加深投资者对企业的了解和信任。

2. 考察活动的组织

确定考察的时间、地点、参与人员等方面的内容。考察时间应选择在项目建设的关键节点或生产的高峰期，地点应选择在项目现场或企业总部。参与人员应包括企业的管理层、项目负责人、投资顾问等。

制定考察的议程和内容。议程应包括项目介绍、现场参观、问答环节等内容。考察内容应包括项目的建设进度、生产设备、工艺流程、管理团队等方面的内容。

邀请投资者参加考察活动。可以通过电子邮件、电话、邀请函等方式邀请投资者参加考察活动。同时，应提前与投资者进行沟通，了解他们的需求和关注点，为考察活动的顺利进行做好准备。

3. 展示项目实力

在考察活动中，企业应重点展示募投项目的实力和优势。可以从项目的技术创新、市场前景、赢利能力、管理团队等方面进行展示。

可以采用现场演示、案例分析等方式，增强展示的说服力。例如，展示项目的生产设备、工艺流程、产品质量等方面的内容，介绍同行业成功案例、企业的市场份额增长情况、赢利能力提升情况等数据。

4. 加强沟通交流

在考察活动中，企业应加强与投资者的沟通交流。可以安排专门的时间回

答投资者的疑问，听取投资者的意见和建议。

对于投资者提出的问题和建议，企业应认真对待，及时进行回复和改进。同时，企业应保持诚实、透明的态度，不得隐瞒或误导投资者。

总之，与投资者沟通募投项目是企业上市过程中的重要环节。通过制订投资者沟通计划，明确沟通目标和策略；制作专业的募投项目介绍材料，包括项目背景、目标、前景等；组织投资者见面会和路演活动，展示项目优势和潜力；及时回复投资者的咨询和疑问，建立良好的沟通关系；邀请投资者实地考察项目，增强投资者信心等措施，企业可以与投资者进行有效的沟通，吸引投资者的关注和支持，为企业成功募集资金奠定坚实基础。

79 进行项目后评估

项目的实施是推动企业前进的重要动力，而项目后评估则是对项目实施效果的全面检验和总结，对于企业未来的发展具有重要的指导意义。

一、建立项目后评估指标体系

1. 经济效益指标

投资回报率：衡量项目投资所带来的收益情况，是评估项目经济效益的重要指标。计算公式为（项目年净收益 / 项目总投资）× 100%。

成本效益比：比较项目的成本与效益之间的关系，反映项目的投入产出效率。计算公式为项目效益 / 项目成本。

销售收入增长率：反映项目实施后企业销售收入的增长情况，体现项目对企业市场拓展的贡献。计算公式为（项目实施后销售收入 – 项目实施前销售收入）/ 项目实施前销售收入 × 100%。

利润增长率：衡量项目实施后企业利润的增长情况，是评估项目经济效益的重要指标之一。计算公式为（项目实施后利润 – 项目实施前利润）/ 项目实施前利润 × 100%。

2. 社会效益指标

就业贡献：评估项目实施对当地就业的带动作用，包括新增就业岗位数量、就业人员素质提升等方面。

环境保护：考察项目实施对环境的影响，包括节能减排、资源利用效率、污染物排放控制等方面。

社会公益：衡量项目实施对社会公益事业的支持力度，如捐赠、志愿服务等。

行业影响力：评估项目在行业内的示范作用和影响力，包括技术创新、管理模式创新等方面。

3. 技术创新指标

技术先进性：评价项目所采用技术的先进程度，包括技术水平、创新程度、专利情况等方面。

研发投入强度：衡量项目在研发方面的投入力度，反映企业对技术创新的重视程度。计算公式为项目研发投入 / 项目销售收入 ×100%。

技术成果转化：考察项目技术成果的转化情况，包括新产品开发、新工艺应用、技术转让等方面。

技术人才培养：评估项目实施对企业技术人才培养的贡献，包括人才数量增长、人才素质提升等方面。

二、组织项目团队和外部专家进行后评估，总结经验教训

1. 项目团队自我评估

项目团队成员对项目实施过程中的各个环节进行回顾和总结，包括项目目标的达成情况、任务的完成情况、团队协作情况等方面。

项目团队成员分析项目实施过程中遇到的问题和挑战，总结成功经验和失败教训，提出改进建议和措施。

项目团队负责人对项目整体实施情况进行综合评估，撰写项目团队自我评估报告。

2. 外部专家评估

邀请行业专家、学者、咨询机构等外部专业人士对项目进行评估，从专业角度提出客观、公正的评价和建议。

外部专家对项目的经济效益、社会效益、技术创新等方面进行深入分析，评估项目的实施效果和价值。

外部专家与项目团队进行沟通和交流，了解项目实施过程中的具体情况，提出针对性的改进建议和措施。

3. 总结经验教训

综合项目团队自我评估和外部专家评估的结果，总结项目实施过程中的成功经验和失败教训。

对成功经验进行提炼和推广，为企业未来的项目实施提供借鉴和参考。对失败教训进行深入分析，找出问题的根源和解决办法，避免在未来的项目中再次出现类似问题。

三、对项目实施过程中的问题进行深入分析，提出改进建议

1. 问题分类和分析

对项目实施过程中出现的问题进行分类整理，包括技术问题、管理问题、市场问题、财务问题等方面。

针对不同类型的问题，进行深入分析，找出问题的根源和影响因素。例如，技术问题可能是由于技术方案不合理、技术人才缺乏等原因引起的；管理问题可能是由于管理制度不完善、管理流程不顺畅等原因引起的。

2. 提出改进建议

根据问题分析的结果，提出针对性的改进建议和措施。改进建议应具有可操作性和实效性，能够切实解决项目实施过程中出现的问题。

对于技术问题，可以提出技术改进方案、加强技术人才培养、引进先进技术等建议；对于管理问题，可以提出完善管理制度、优化管理流程、加强团队建设等建议；对于市场问题，可以提出市场调研、产品创新、营销策略调整等建议；对于财务问题，可以提出优化财务结构、加强成本控制、提高资金使用效率等建议。

四、将后评估结果反馈到企业决策层，为未来项目决策提供参考

1. 后评估报告撰写

综合项目后评估的各个方面内容，撰写详细的后评估报告。后评估报告应包括项目概况、评估指标体系、评估结果、经验教训、改进建议等方面的内容。

后评估报告应具有客观性、准确性和可读性，能够为企业决策层提供全面、深入的项目实施情况分析和评估。

2. 结果反馈和沟通

将后评估报告及时反馈到企业决策层，向决策层汇报项目后评估的结果和

发现的问题。

与企业决策层进行沟通和交流，听取决策层对后评估结果的意见和建议，解答决策层的疑问和关切。

根据决策层的意见和建议，对后评估报告进行修改和完善，确保后评估结果能够为企业决策层提供有效的参考依据。

3. 为未来项目决策提供参考

企业决策层在制定未来项目决策时，应充分考虑项目后评估的结果和建议。将后评估结果作为项目可行性研究、项目立项审批、项目实施管理等环节的重要参考依据。

通过借鉴项目后评估的经验教训，企业可以在未来的项目实施中避免重复犯错，提高项目的成功率和效益。同时，也可以根据后评估结果调整企业的发展战略和投资方向，实现企业的可持续发展。

五、对项目成果进行宣传和推广，提升企业品牌形象

1. 总结和提炼项目成果

对项目实施所取得的成果进行总结和提炼，包括经济效益、社会效益、技术创新等方面的成果。

突出项目的特色和亮点，展示项目的价值和意义。例如，项目在技术创新方面取得的重大突破、在社会效益方面做出的突出贡献等。

2. 选择宣传和推广渠道

选择合适的宣传和推广渠道，将项目成果广泛传播给企业内部员工、合作伙伴、投资者、社会公众等。

可以通过企业内部刊物、网站、社交媒体等渠道进行内部宣传；通过行业会议、展览、论坛等渠道进行行业宣传；通过新闻媒体、公关活动等渠道进行社会宣传。

3. 提升企业品牌形象

通过对项目成果的宣传和推广，展示企业的实力和成就，提升企业的品牌形象和知名度。

吸引更多的合作伙伴、投资者和客户关注企业，为企业的发展创造良好的外部环境。同时，也可以增强企业内部员工的自豪感和凝聚力，激发员工的工作积极性和创造力。

总之，进行项目后评估是企业上市过程中的重要环节。通过建立项目后评估指标体系，组织项目团队和外部专家进行后评估，总结经验教训，对项目实施过程中的问题进行深入分析，提出改进建议，将后评估结果反馈到企业决策层，为未来项目决策提供参考，对项目成果进行宣传和推广等措施，企业可以全面、客观地评估项目的实施效果，总结经验教训，为企业未来的发展提供有力的支持。

⑧⓪ 持续改进募投项目

募投项目的成功实施至关重要，而持续改进募投项目，则是确保项目始终保持竞争力、实现预期目标的关键举措。

一、定期对项目进行复盘，总结成功经验和不足之处

1. 复盘的重要性

定期对募投项目进行复盘，可以帮助企业全面了解项目的进展情况，及时发现问题并采取措施加以解决。复盘还能让企业总结成功经验，为未来的项目提供借鉴，从而不断提升项目管理水平和实施效果。

通过复盘，企业可以深入分析项目的各个环节，评估项目的目标达成情况、资源利用效率、风险控制效果等，为持续改进项目提供依据。

2. 复盘的步骤

明确复盘目的：在进行复盘之前，企业需要明确复盘的目的，例如评估项目进度、总结经验教训、发现问题并制定改进措施等。

收集项目数据：收集与项目相关的各种数据，包括项目进度、成本支出、质量指标、客户反馈等。这些数据将为复盘提供客观的依据。

召开复盘会议：组织项目团队成员、相关部门负责人以及外部专家等召开复盘会议。在会议上，对项目进行全面回顾和分析，总结成功经验和不足之处。

制定改进措施：根据复盘结果，制定具体的改进措施。改进措施应具有针对性、可操作性和时效性，明确责任人和时间节点。

跟踪改进效果：对改进措施的实施情况进行跟踪和评估，及时调整和完善

改进措施，确保改进效果达到预期目标。

3. 总结成功经验

在复盘过程中，企业要善于总结项目的成功经验。这些经验可以包括项目管理方法、技术创新、团队协作等方面。例如，有效的项目进度管理方法、创新的技术解决方案、高效的团队沟通协作机制等。

对成功经验进行提炼和整理，形成可复制、可推广的模式，为企业未来的项目提供借鉴。同时，要对成功经验的应用场景进行分析，确保在不同的项目中能够灵活运用。

4. 分析不足之处

复盘的另一个重要目的是分析项目的不足之处。这些不足之处可能包括项目进度延迟、成本超支、质量问题、客户满意度不高等。通过深入分析不足之处的原因，可以为制定改进措施提供依据。

对于不足之处，要敢于正视和反思，不能回避问题。要从项目管理、技术水平、团队协作等多个方面进行分析，找出问题的根源所在。同时，要对不足之处的影响进行评估，确定问题的严重程度和优先级。

二、关注市场变化和技术进步，及时调整项目方向和策略

1. 市场变化的影响

市场环境是不断变化的，企业需要密切关注市场变化，及时调整募投项目的方向和策略，以适应市场需求。市场变化可能包括行业竞争格局的变化、客户需求的变化、政策法规的变化等。

例如，随着行业竞争的加剧，企业可能需要调整产品定位和营销策略，提高产品的竞争力；随着客户需求的变化，企业可能需要调整产品功能和服务内容，满足客户的个性化需求；随着政策法规的变化，企业可能需要调整项目的发展方向，确保项目符合政策要求。

2. 技术进步的推动

技术进步是推动企业发展的重要动力。企业需要关注技术进步的趋势，及时引入新的技术和方法，提高募投项目的技术水平和创新能力。技术进步可能包括新技术的出现、现有技术的升级换代等。

例如，随着人工智能、大数据、云计算等新技术的发展，企业可以将这些技术应用到募投项目中，提高项目的智能化水平和数据分析能力；随着现有技

术的升级换代，企业可以及时更新项目的技术设备和工艺流程，提高项目的生产效率和质量水平。

3. 调整项目方向和策略

当市场变化和技术进步对募投项目产生影响时，企业需要及时调整项目的方向和策略。调整项目方向和策略应基于对市场变化和技术进步的准确把握，以及对企业自身优势和劣势的深入分析。

调整项目方向和策略可以包括调整项目的产品定位、市场目标、技术路线、营销策略等。在调整过程中，要充分考虑项目的可行性和风险，确保调整后的项目方向和策略能够实现预期目标。

三、引入新的管理理念和方法，提高项目管理水平

1. 创新管理理念

随着企业的发展和市场环境的变化，传统的管理理念和方法可能已经无法满足项目管理的需求。企业需要引入新的管理理念和方法，提高项目管理水平。新的管理理念和方法可以包括敏捷管理、精益管理、项目集管理等。

敏捷管理强调快速响应市场变化和客户需求，通过迭代开发和持续改进，提高项目的交付速度和质量。精益管理强调消除浪费、提高效率，通过优化流程和资源配置，降低项目成本。项目集管理强调对多个相关项目进行统一管理，提高项目的协同效应和整体效益。

2. 应用管理方法

引入新的管理理念和方法后，企业需要将其应用到募投项目的管理中。在应用过程中，要结合项目的实际情况，制定具体的实施方案和操作流程。同时，要对项目团队成员进行培训和指导，确保他们能够理解和掌握新的管理理念和方法。

例如，在应用敏捷管理方法时，可以采用 Scrum① 框架或 Kanban（看板）方法，对项目进行迭代开发和持续改进。在应用精益管理方法时，可以采用价值流分析、5S 管理等工具，优化项目流程和资源配置。在应用项目集管理方法时，可以建立项目集管理办公室，对多个相关项目进行统一协调和管理。

3. 提升管理水平

通过引入新的管理理念和方法，企业可以不断提升项目管理水平。管理水

---

① 一种迭代式增量软件开发过程，常用于敏捷软件开发。

平的提升体现在项目的进度控制、成本控制、质量控制、风险控制等多个方面。例如，通过应用敏捷管理方法，可以提高项目的交付速度和质量，满足客户的需求；通过应用精益管理方法，可以降低项目成本，提高项目的经济效益；通过应用项目集管理方法，可以提高项目的协同效应和整体效益，实现企业的战略目标。

四、加强与合作伙伴的沟通和协作，共同推动项目持续改进

1. 合作伙伴的重要性

在募投项目的实施过程中，企业通常需要与多个合作伙伴进行合作，例如供应商、客户、科研机构、金融机构等。合作伙伴的支持和配合对于项目的成功实施至关重要。

与合作伙伴进行良好的沟通和协作，可以实现资源共享、优势互补，共同推动项目的持续改进。例如，与供应商进行沟通和协作，可以确保原材料的质量和供应稳定性；与客户进行沟通和协作，可以了解客户需求，提高产品的市场竞争力；与科研机构进行沟通和协作，可以引入先进的技术和方法，提高项目的技术水平。

2. 沟通和协作的方式

加强与合作伙伴的沟通和协作，需要建立有效的沟通机制和协作平台。沟通机制可以包括定期会议、邮件沟通、电话沟通等方式，确保双方能够及时了解项目的进展情况和问题。协作平台可以包括项目管理软件、在线协作工具等，方便双方进行信息共享和协同工作。

在沟通和协作过程中，要注重倾听合作伙伴的意见和建议，尊重合作伙伴的利益和需求。对于合作伙伴提出的问题和建议，要及时进行回应和处理，建立良好的合作关系。

3. 共同推动项目持续改进

与合作伙伴共同推动项目持续改进，需要双方共同制订改进目标和计划，并明确各自的责任和义务。改进目标和计划应具有明确性、可操作性和时效性，确保双方能够共同努力实现项目的持续改进。

在项目实施过程中，要定期对改进目标和计划的执行情况进行评估和调整，确保改进措施的有效性和可持续性。同时，要对双方在项目持续改进过程中的贡献进行评估和奖励，激发双方的积极性和创造力。

五、建立项目创新机制，鼓励团队成员提出创新想法和改进措施

1. 建立创新机制

建立项目创新机制是鼓励团队成员提出创新想法和改进措施的重要保障。创新机制可以包括创新奖励制度、创新培训制度、创新评估制度等。

创新奖励制度可以对提出创新想法和改进措施的团队成员进行奖励，激发他们的创新积极性。创新培训制度可以为团队成员提供创新方法和工具的培训，提高他们的创新能力。创新评估制度可以对创新想法和改进措施进行评估和筛选，确保创新的可行性和有效性。

2. 鼓励团队成员参与

鼓励团队成员积极参与项目创新，需要营造良好的创新氛围和文化。企业可以通过组织创新活动、开展创新竞赛等方式，激发团队成员的创新热情。同时，要为团队成员提供创新的机会和平台，让他们能够充分发挥自己的才能和创造力。

在团队成员提出创新想法和改进措施后，要及时进行回应和反馈，给予他们充分的肯定和支持。对于具有可行性的创新想法和改进措施，要尽快组织实施，并对实施效果进行跟踪和评估。

3. 持续推动项目创新

建立项目创新机制不是一次性的工作，而是一个持续的过程。企业需要不断完善创新机制，鼓励团队成员持续提出创新想法和改进措施，推动项目的持续创新和发展。

在项目创新过程中，要注重创新的实用性和可持续性。创新想法和改进措施应能够解决项目实际问题，提高项目的效益和竞争力。同时，要注重创新的可持续性，确保创新成果能够得到长期应用和推广。

总之，持续改进募投项目是企业上市过程中的重要任务。通过定期对项目进行复盘，总结成功经验和不足之处；关注市场变化和技术进步，及时调整项目方向和策略；引入新的管理理念和方法，提高项目管理水平；加强与合作伙伴的沟通和协作，共同推动项目持续改进；建立项目创新机制，鼓励团队成员提出创新想法和改进措施等措施，企业可以不断提升募投项目的实施效果和竞争力，为企业的上市和持续发展奠定坚实的基础。

第九章

投资者关系管理

——吸引资本关注

81 制定投资者关系管理目标

制定明确而有效的投资者关系管理目标，能够为企业与投资者之间的良好沟通和互动提供指引，促进企业的稳定发展和价值提升。

一、明确投资者关系管理的长期和短期目标

1. 长期目标

建立稳固的投资者基础：长期来看，企业应致力于吸引各类投资者，包括机构投资者、个人投资者以及战略投资者等，形成多元化的投资者结构。通过持续的投资者关系管理，使企业在投资者群体中树立良好的形象，建立起长期稳定的合作关系。

提升企业价值：投资者关系管理的核心目标之一是提升企业的价值。这不仅包括通过良好的经营业绩实现企业内在价值的增长，还包括通过有效的信息披露、积极的市场沟通等方式，提升企业在资本市场的估值水平。长期目标应设定为在一定时间内实现企业市值的稳步增长，为股东创造更大的价值。

增强企业的可持续发展能力：良好的投资者关系有助于企业获得长期稳定的资金支持，为企业的战略规划和可持续发展提供保障。长期目标应包括推动企业在技术创新、市场拓展、人才培养等方面的持续投入，提高企业的核心竞争力，实现可持续发展。

2. 短期目标

确保信息披露的及时性和准确性：在短期内，企业应确保及时、准确地向投资者披露公司的财务状况、经营成果、重大事项等信息。这不仅是法律法规的要求，也是建立投资者信任的基础。短期目标可以设定为在规定的时间内完成定期报告和临时公告的披露，且信息披露的准确率达到一定水平。

组织有效的投资者沟通活动：企业应定期组织投资者沟通活动，如业绩说明会、路演、投资者调研等，向投资者介绍公司的发展战略、经营情况和未来展望。短期目标可以包括在一定时间内组织一定次数的投资者沟通活动，且活动的参与度和满意度达到一定标准。

回应投资者关切：及时回应投资者的咨询和疑问，解决投资者的问题和诉求，是投资者关系管理的重要任务。短期目标可以设定为在规定的时间内回复

投资者的咨询和疑问，且回复的满意度达到一定水平。

二、根据企业发展战略确定投资者关系管理的重点领域

1. 战略规划与投资者沟通

企业的发展战略是投资者关注的重点之一。投资者关系管理应将企业的战略规划作为重点领域，向投资者清晰地传达企业的发展方向、战略目标和实施路径。通过与投资者的沟通，了解投资者对企业战略的看法和建议，为企业的战略决策提供参考。

可以通过组织战略研讨会、发布战略解读报告等方式，向投资者深入介绍企业的战略规划。同时，要积极收集投资者的反馈意见，及时调整和完善企业的战略规划。

2. 业绩表现与价值创造

企业的业绩表现是投资者关系管理的核心内容。投资者关系管理应重点关注企业的财务状况、经营成果和赢利能力，向投资者展示企业的价值创造能力。通过定期的业绩说明会、财务报告解读等方式，向投资者详细介绍企业的业绩情况，分析业绩增长的驱动因素和未来发展趋势。

同时，要积极回应投资者对企业业绩的关注和质疑，提供客观、准确的信息和解释。对于业绩不佳的情况，要坦诚地向投资者说明原因，并提出改进措施和未来展望。

3. 风险管理与合规经营

投资者越来越关注企业的风险管理和合规经营情况。投资者关系管理应将风险管理和合规经营作为重点领域，向投资者介绍企业的风险管理体系、合规制度和内部控制措施。通过发布风险管理报告、合规经营公告等方式，向投资者展示企业的风险管理和合规经营能力。

同时，要及时回应投资者对企业风险的关注和担忧，提供详细的风险分析和应对措施。对于重大风险事件，要及时向投资者披露，并说明企业的应对策略和后续影响。

4. 社会责任与可持续发展

随着社会对企业社会责任和可持续发展的关注度不断提高，投资者关系管理也应将社会责任和可持续发展作为重点领域。向投资者介绍企业的社会责任理念、实践活动和可持续发展战略，展示企业的社会价值和环境价值。

可以通过发布社会责任报告、可持续发展报告等方式，向投资者展示企业在环境保护、社会公益、员工福利等方面的努力和成果。同时，要积极回应投资者对企业社会责任和可持续发展的关注和要求，推动企业在社会责任和可持续发展方面的持续改进。

三、设定投资者满意度和忠诚度提升目标

1. 投资者满意度目标

投资者满意度是衡量投资者关系管理效果的重要指标之一。企业应通过问卷调查、访谈等方式，了解投资者对企业信息披露、沟通活动、服务质量等方面的满意度。根据调查结果，设定投资者满意度提升目标。

例如，可以设定在一定时间内将投资者满意度从目前的水平提升到一定的百分比。为实现这一目标，企业可以采取改进信息披露方式、增加沟通渠道、提高服务质量等措施，不断提升投资者的满意度。

2. 投资者忠诚度目标

投资者忠诚度是指投资者对企业的长期投资意愿和支持程度。企业应通过分析投资者的持股期限、交易频率、参与公司活动的积极性等指标，了解投资者的忠诚度。根据分析结果，设定投资者忠诚度提升目标。

例如，可以设定在一定时间内将投资者忠诚度从目前的水平提升到一定的百分比。为实现这一目标，企业可以采取加强与投资者的沟通和互动、提供个性化的服务、回报投资者等措施，不断提升投资者的忠诚度。

四、确定投资者关系管理对企业价值提升的贡献目标

1. 市值管理目标

投资者关系管理对企业价值提升的一个重要体现是在市值管理方面。企业应通过合理的信息披露、积极的市场沟通等方式，提升企业在资本市场的估值水平。设定市值管理目标可以包括在一定时间内实现企业市值的增长幅度，或者达到一定的市值规模。

为实现市值管理目标，企业可以采取优化资本结构、提高赢利能力、加强品牌建设等措施，提升企业的内在价值。同时，要积极与投资者沟通，传递企业的价值理念和发展前景，提高投资者对企业的认可度和信心。

2. 融资成本降低目标

良好的投资者关系管理可以降低企业的融资成本。企业应通过与投资者的良好沟通和互动，提高投资者对企业的信任度和认可度，从而降低企业在融资过程中的风险溢价。设定融资成本降低目标可以包括在一定时间内将企业的融资成本降低到一定的水平。

为实现融资成本降低目标，企业可以采取提高信息披露质量、增强企业透明度、优化投资者结构等措施，降低投资者的信息不对称和风险感知。同时，要积极与金融机构沟通合作，争取更优惠的融资条件。

3. 战略合作伙伴引入目标

投资者关系管理还可以为企业引入战略合作伙伴提供机会。企业应通过与投资者的沟通和互动，了解潜在战略投资者的需求和意向，为企业引入战略合作伙伴创造条件。设定战略合作伙伴引入目标可以包括在一定时间内引入一定数量的战略投资者，或者实现与特定战略投资者的合作。

为实现战略合作伙伴引入目标，企业可以采取举办专题推介会、定向沟通等方式，向潜在战略投资者展示企业的优势和价值。同时，要积极与战略投资者沟通合作，共同探讨合作模式和发展前景。

五、制定可量化的投资者关系管理绩效指标

1. 信息披露指标

信息披露的及时性：可以通过计算信息披露的时间与规定时间的比例来衡量。例如，规定定期报告应在每个季度结束后的一个月内披露，企业实际披露时间为每个季度结束后的 20 天，则信息披露的及时性为 20/30 = 66.7%。

信息披露的准确性：可以通过统计信息披露中的错误数量与总披露内容的比例来衡量。例如，在一份定期报告中，总披露内容为 100 项，其中发现有 2 项错误，则信息披露的准确性为（100 – 2）/100 = 98%。

信息披露的完整性：可以通过评估信息披露是否涵盖了法律法规要求的所有内容以及投资者关注的重点内容来衡量。可以采用定性评估的方式，由投资者关系管理团队和外部专家进行评估打分。

2. 沟通活动指标

投资者沟通活动的次数：可以统计企业在一定时间内组织的业绩说明会、路演、投资者调研等活动的次数。

投资者沟通活动的参与度：可以通过计算参与活动的投资者数量与潜在投资者数量的比例来衡量。例如，企业组织了一场业绩说明会，潜在投资者数量为 100 人，实际参与人数为 80 人，则投资者沟通活动的参与度为 80/100 = 80%。

投资者沟通活动的满意度：可以通过问卷调查的方式，了解投资者对沟通活动的满意度。可以设定满意度的等级，如非常满意、满意、一般、不满意、非常不满意，然后统计不同满意度等级的投资者数量，计算平均满意度得分。

3. 投资者关系管理团队绩效指标

投资者咨询回复的及时性：可以通过计算投资者咨询回复的时间与规定时间的比例来衡量。例如，规定投资者咨询应在两个工作日内回复，企业实际回复时间为一个工作日，则投资者咨询回复的及时性为 1/2 = 50%。

投资者关系管理团队的专业能力：可以通过评估团队成员的专业知识、沟通能力、问题解决能力等方面来衡量。可以采用定性评估的方式，由企业管理层和投资者进行评估打分。

投资者关系管理团队的工作效率：可以通过统计团队成员在一定时间内完成的工作任务数量与总任务数量的比例来衡量。例如，团队成员在一个月内共承担了 100 项工作任务，实际完成了 90 项，则投资者关系管理团队的工作效率为 90/100 = 90%。

总之，制定投资者关系管理目标是企业上市过程中的重要环节。通过明确投资者关系管理的长期和短期目标、根据企业发展战略确定重点领域、设定投资者满意度和忠诚度提升目标、确定对企业价值提升的贡献目标以及制定可量化的绩效指标，企业可以为投资者关系管理工作提供明确的方向和标准，提高投资者关系管理的效果和水平，为企业的上市和持续发展创造良好的条件。

⑧③ 确定投资者沟通渠道

在企业的上市进程中，与投资者保持良好的沟通至关重要。确定有效的投资者沟通渠道，能够确保信息的及时传递、问题的快速解答以及投资者关系的持续维护，为企业的发展创造有利的外部环境。

一、建立多元化的投资者沟通渠道

1. 定期报告

定期报告是企业向投资者传递信息的重要方式之一。包括年度报告、季度报告和半年度报告等。定期报告应包含企业的财务状况、经营成果、重大事项等详细信息，以满足投资者对企业了解的需求。

在编制定期报告时，应确保内容的准确性、完整性和及时性。采用清晰易懂的语言和图表，使投资者能够轻松理解企业的业务和财务状况。同时，要严格遵守相关法律法规和会计准则，确保报告的真实性和可靠性。

除了传统的纸质报告，企业还可以通过电子渠道发布定期报告，如公司官网、证券交易所平台等，方便投资者随时查阅。

2. 路演

路演是企业向潜在投资者展示自身实力和投资价值的重要手段。通过路演，企业可以与投资者进行面对面的交流，解答他们的疑问，增强投资者对企业的信心。

路演可以分为线上和线下两种形式。线下路演可以选择在主要金融中心城市举行，邀请机构投资者、分析师等参加。线上路演则可以通过网络直播平台进行，扩大受众范围，提高沟通效率。

在路演过程中，企业管理层应详细介绍企业的发展战略、业务模式、财务状况等方面的情况，并回答投资者的提问。同时，可以结合案例分析、产品展示等方式，增强路演的吸引力和说服力。

3. 投资者会议

投资者会议是企业与投资者进行深入沟通的重要渠道。可以包括业绩说明会、战略发布会、股东大会等。投资者会议为投资者提供了一个与企业管理层直接交流的机会，有助于他们更好地了解企业的经营情况和未来发展规划。

在组织投资者会议时，应提前确定会议的主题、时间、地点和参与人员。确保会议的议程合理、紧凑，能够充分满足投资者的需求。同时，要做好会议的组织和服务工作，提供良好的会议环境和沟通氛围。

企业管理层在投资者会议上应坦诚地回答投资者的问题，听取他们的意见和建议。对于投资者关心的热点问题，可以进行专题讨论和解答，增强投资者对企业的信任和认可。

二、优化公司官网的投资者关系板块，提供及时、准确的信息

1. 信息内容

公司官网的投资者关系板块应提供全面、及时、准确的信息，包括企业的基本情况、财务报告、公告信息、投资者活动等。投资者可以通过该板块了解企业的最新动态，获取投资决策所需的信息。

在信息内容的组织上，应注重分类清晰、易于查找。可以设置不同的栏目，如公司简介、财务信息、公告中心、投资者活动、常见问题等，方便投资者快速找到所需的信息。

同时，要确保信息的准确性和及时性。及时更新企业的财务报告、公告信息等重要内容，避免信息滞后或错误给投资者带来误导。

2. 互动功能

投资者关系板块应具备互动功能，方便投资者与企业进行沟通和交流。可以设置在线咨询、留言板、投资者邮箱等渠道，投资者可以随时提出问题和建议，企业应及时回复和处理。

此外，还可以开展在线调查、投票等活动，了解投资者的需求和意见，为企业的决策提供参考。通过互动功能，增强投资者对企业的参与感和归属感，提高投资者关系的质量。

3. 设计与维护

投资者关系板块的设计应简洁美观、易于操作。采用清晰的布局和合理的色彩搭配，使投资者能够轻松浏览和获取信息。同时，要确保网站的稳定性和安全性，避免因技术问题影响投资者的使用体验。

定期对投资者关系板块进行维护和更新，检查信息的准确性和完整性，修复可能存在的技术问题。根据投资者的反馈和需求，不断优化板块的功能和内容，提高投资者的满意度。

三、利用社交媒体平台进行投资者沟通和互动

1. 选择合适的社交媒体平台

目前，社交媒体平台种类繁多，企业应根据自身的特点和目标投资者群体，选择合适的社交媒体平台进行投资者沟通。常见的社交媒体平台包括微博、微信、领英等。

例如，微博具有传播速度快、受众广泛的特点，适合发布企业的重大消息和动态；微信则可以通过公众号和小程序等形式，为投资者提供更加个性化的服务和信息；领英则主要面向专业人士和机构投资者，适合进行企业的品牌推广和业务交流。

2. 发布有价值的内容

在社交媒体平台上，企业应发布有价值的内容，吸引投资者的关注和参与。可以包括企业的新闻动态、行业分析、投资观点、企业故事等。内容应具有针对性、实用性和趣味性，能够满足投资者的信息需求和阅读兴趣。

同时，要注意发布的频率和时机，避免过于频繁或不恰当的发布，影响投资者的体验。可以根据投资者的活跃时间和市场热点，合理安排发布内容的时间，提高内容的曝光度和影响力。

3. 互动与回应

社交媒体平台为企业与投资者提供了互动的机会。企业应积极回应投资者的评论和提问，建立良好的沟通氛围。可以通过点赞、评论、私信等方式，与投资者进行互动，增强投资者对企业的信任和好感。

对于投资者的批评和建议，企业应虚心接受，并及时采取措施进行改进。通过积极的互动和回应，树立企业开放、透明的形象，提高投资者关系的质量。

四、参加行业展会和研讨会，拓展投资者资源

1. 行业展会

行业展会是企业展示自身实力和产品的重要平台，也是拓展投资者资源的有效途径。企业可以通过参加行业展会，向潜在投资者展示企业的业务和发展前景，吸引他们的关注和投资。

在参加行业展会时，企业应精心准备展位设计和展示内容，突出企业的特色和优势。可以通过产品展示、案例分析、技术演示等方式，吸引投资者的驻足和咨询。同时，要积极与其他参展企业和行业专家进行交流，拓展人脉资源，了解行业动态和发展趋势。

2. 研讨会

研讨会是行业内专业人士交流和分享经验的重要场所。企业可以通过参加研讨会，与投资者、分析师、行业专家等进行深入的交流和讨论，提高企业的知名度和影响力。

在研讨会中，企业可以发表主题演讲、参与小组讨论等形式，展示企业的专业能力和创新成果。同时，要积极倾听其他参与者的观点和建议，学习先进的经验和做法，为企业的发展提供参考。

3. 拓展投资者资源

参加行业展会和研讨会，企业可以结识更多的潜在投资者，拓展投资者资源。可以通过交换名片、建立联系等方式，与潜在投资者保持沟通和交流，了解他们的投资需求和意向。

对于有投资意向的潜在投资者，企业可以进一步邀请他们参加企业的路演、投资者会议等活动，深入了解企业的业务和投资价值。通过持续的沟通和交流，将潜在投资者转化为实际投资者，为企业的发展提供资金支持。

五、建立投资者热线和电子邮箱，及时回复投资者咨询

1. 投资者热线

建立投资者热线，为投资者提供一个便捷的咨询渠道。投资者可以通过拨打热线电话，向企业提出问题和建议，了解企业的业务和财务状况。

企业应安排专人接听投资者热线，确保电话的畅通和及时回复。接听人员应具备专业的知识和良好的沟通能力，能够准确解答投资者的问题。对于无法立即解答的问题，应记录下来并及时转交给相关部门进行处理，在规定的时间内回复投资者。

2. 电子邮箱

设立投资者电子邮箱，方便投资者通过邮件方式与企业进行沟通。企业应定期查看邮箱，及时回复投资者的邮件。对于投资者的问题和建议，应认真对待并进行详细的回复。

在回复投资者邮件时，应注意语言的规范和礼貌，表达清晰、准确。同时，要确保回复的内容具有针对性和实用性，能够满足投资者的需求。

总之，确定投资者沟通渠道是企业上市过程中的重要环节。通过建立多元化的投资者沟通渠道，优化公司官网的投资者关系板块，利用社交媒体平台进行投资者沟通和互动，参加行业展会和研讨会，建立投资者热线和电子邮箱等措施，企业可以与投资者保持密切的联系，及时传递信息，解答问题，增强投资者对企业的信心和认可，为企业的上市和发展创造良好的外部环境。

⑧③ 准备投资者沟通材料

在企业与投资者的沟通互动中，准备高质量的沟通材料至关重要。这些材料不仅能够向投资者传达企业的价值、优势和发展前景，还能增强投资者的信心，为企业的上市之路和持续发展奠定坚实基础。

一、制作高质量的公司介绍材料，突出企业优势和发展前景

1. 明确公司介绍材料的目标

公司介绍材料的主要目标是向投资者展示企业的全貌，包括企业的历史、业务范围、核心竞争力、管理团队、发展战略等方面。通过这些信息，投资者可以更好地了解企业的价值和潜力，从而做出投资决策。

此外，公司介绍材料还应突出企业的优势和特色，与竞争对手区分开来，吸引投资者的关注。

2. 内容结构与重点

公司介绍材料应包括以下内容。

企业概况：介绍企业的名称、成立时间、注册地址、注册资本等基本信息。

历史沿革：简述企业的发展历程，包括重要的里程碑事件和发展阶段。

业务范围：详细描述企业的主要业务领域、产品或服务，以及市场定位。

核心竞争力：分析企业的核心竞争力，如技术优势、品牌优势、渠道优势、人才优势等。

管理团队：介绍企业的管理团队成员，包括他们的教育背景、工作经历、专业技能和领导能力。

发展战略：阐述企业的发展战略和规划，包括短期、中期和长期目标，以及实现这些目标的具体措施。

财务状况：提供企业的财务报表摘要，包括营业收入、净利润、资产负债率等主要财务指标，以及财务状况的分析和展望。

社会责任：介绍企业在环境保护、社会公益等方面的责任和贡献。

在内容结构上，应注重突出重点，简洁明了。可以采用图表、案例等形式，增强材料的可读性和吸引力。

3. 设计与呈现

公司介绍材料的设计应简洁大方、美观专业。可以选择适合企业风格的色彩和字体，搭配高质量的图片和图表，提高材料的视觉效果。

在呈现方式上，可以采用纸质版和电子版相结合的方式。纸质版材料可以在投资者会议、路演等场合发放，电子版材料可以通过公司官网、电子邮件等渠道发送给投资者，方便他们随时查阅。

二、定期发布财务报告和业绩预告，确保信息透明

1. 财务报告的重要性

财务报告是投资者了解企业财务状况和经营成果的重要依据。定期发布财务报告可以增强投资者对企业的信任，提高企业的透明度和公信力。

财务报告应严格按照会计准则和相关法规编制，确保数据的准确性和可靠性。同时，应提供详细的财务分析和解读，帮助投资者更好地理解企业的财务状况和经营成果。

2. 业绩预告的作用

业绩预告是企业在财务报告发布之前，向投资者提前透露企业的业绩情况。业绩预告可以帮助投资者及时了解企业的经营动态，调整投资策略，降低投资风险。

业绩预告应根据企业的实际情况，合理预测企业的业绩范围，并及时披露。同时，应提供业绩变动的原因和影响因素，增强业绩预告的可信度和参考价值。

3. 发布时间与渠道

财务报告和业绩预告应按照规定的时间及时发布。一般来说，上市公司应在每个季度结束后的一定时间内发布季度财务报告，在年度结束后的一定时间内发布年度财务报告。业绩预告可以在每个季度结束前或重大事项发生后及时发布。

发布渠道可以选择证券交易所网站、公司官网、财经媒体等。同时，应通过电子邮件、短信等方式通知投资者，确保他们能够及时获取信息。

三、准备募投项目介绍材料，向投资者展示项目潜力

1. 募投项目的意义

募投项目是企业上市融资的重要用途之一。准备募投项目介绍材料可以向投资者展示企业的发展规划和投资价值，吸引他们的资金支持。

募投项目介绍材料应详细说明项目的背景、目标、内容、实施计划、预期收益等方面，让投资者了解项目的可行性和潜力。

2. 内容结构与重点

募投项目介绍材料应包括以下内容。

项目背景：介绍项目的行业背景、市场需求、政策环境等方面，说明项目的必要性和紧迫性。

项目目标：明确项目的总体目标和具体目标，如提高产能、拓展市场、研发新产品等。

项目内容：详细描述项目的建设内容、技术方案、设备选型等方面，让投资者了解项目的具体实施情况。

实施计划：制订项目的实施进度计划，包括项目的启动时间、建设周期、投产时间等，让投资者了解项目的时间安排。

预期收益：分析项目的经济效益和社会效益，如营业收入、净利润、税收贡献、就业创造等方面，让投资者了解项目的投资回报。

风险分析：识别项目可能面临的风险和挑战，如市场风险、技术风险、管理风险等，并提出相应的风险应对措施。

在内容结构上，应注重逻辑清晰、重点突出。可以采用图表、案例等形式，增强材料的可读性和说服力。

3. 与投资者的沟通

在准备募投项目介绍材料的过程中，应充分考虑投资者的需求和关注点。可以通过投资者调研、路演等方式，了解投资者对项目的看法和建议，及时调整和完善材料内容。

在与投资者沟通时，应重点介绍项目的优势和潜力，回答投资者关心的问题，增强投资者的信心。同时，应保持诚实、透明的态度，不得夸大项目的收益或隐瞒项目的风险。

四、整理企业重大事件和新闻动态，及时向投资者通报

1. 重大事件的分类

企业重大事件包括但不限于以下方面。

重大资产重组：如企业的合并、收购、分立等。

重大投资项目：如新建工厂、研发中心等。

重大合同签订：如与重要客户或供应商签订的大额合同。

重大技术突破：如研发出具有重大市场价值的新产品或新技术。

重大荣誉获得：如获得国家级、省级奖项等。

重大人事变动：如董事长、总经理等重要职位的变动。

这些重大事件对企业的发展具有重要影响，应及时向投资者通报，让投资者了解企业的最新动态。

2. 新闻动态的整理

企业的新闻动态包括企业的日常经营活动、行业动态、市场动态等方面。应及时整理这些新闻动态，筛选出对投资者有价值的信息，向投资者通报。

新闻动态的整理可以通过订阅财经媒体、关注行业网站、设置新闻提醒等方式进行。同时，应建立新闻动态的审核机制，确保信息的准确性和可靠性。

3. 通报方式与时间

企业重大事件和新闻动态应通过多种渠道及时向投资者通报，如公司官网、证券交易所网站、财经媒体、电子邮件、短信等。

通报时间应根据事件的重要性和紧急程度确定。一般来说，重大事件应在发生后的第一时间通报，新闻动态可以定期通报，如每周或每月通报一次。

五、制作投资者问答手册，提前准备常见问题的答案

1. 问答手册的作用

投资者问答手册是企业与投资者沟通的重要工具之一。制作投资者问答手册可以提前准备常见问题的答案，提高投资者沟通的效率和质量。

问答手册可以帮助企业更好地了解投资者的需求和关注点，及时调整和完善投资者沟通策略。同时，也可以让投资者感受到企业的专业和负责，增强投资者的信心。

2. 内容结构与重点

投资者问答手册应包括以下内容。

公司概况：介绍企业的基本情况，如业务范围、发展历程、管理团队等。

财务状况：解答投资者关于企业财务报表的问题，如营业收入、净利润、资产负债率等。

募投项目：介绍募投项目的情况，回答投资者关于项目的可行性、预期收益等问题。

重大事件：解释企业重大事件的背景、影响和应对措施。

行业动态：分析行业的发展趋势、市场竞争格局等，回答投资者关于行业前景的问题。

其他问题：包括投资者关心的其他问题，如股东权益、分红政策、公司治理等。

在内容结构上，应按照问题的类型进行分类，便于投资者查阅。同时，应注重答案的准确性、简洁性和易懂性，避免使用过于专业的术语。

3. 定期更新与完善

投资者问答手册应定期更新和完善，以适应企业的发展变化和投资者的需求变化。可以根据投资者的反馈意见、市场动态等因素，及时调整和补充问答手册的内容。

同时，应将更新后的问答手册及时发送给投资者，确保他们能够获取最新的信息。在与投资者沟通时，也可以根据问答手册的内容，有针对性地回答投资者的问题，提高沟通的效果。

总之，准备投资者沟通材料是企业上市过程中的重要环节。通过制作高质量的公司介绍材料、定期发布财务报告和业绩预告、准备募投项目介绍材料、整理企业重大事件和新闻动态、制作投资者问答手册等措施，企业可以向投资者传达准确、及时、全面的信息，增强投资者的信心，为企业的上市和持续发展创造良好的条件。

84 组织投资者路演活动

投资者路演活动是至关重要的一环，它为企业提供了一个直接与潜在投资者和分析师沟通交流的平台，有助于展示企业的优势、潜力和价值，吸引投资，为企业的发展注入强大动力。

一、制订路演计划，确定路演地点和时间

1. 明确路演目标

在制订路演计划之前，企业首先需要明确路演的目标。路演的目标可以包

括吸引潜在投资者、提高企业知名度、增强投资者信心、促进股票发行等。明确的目标将为路演计划的制订提供指导方向。

例如，如果企业的目标是吸引机构投资者，那么路演计划可能需要更加注重专业性和深度，选择在金融中心城市举办路演活动，并邀请知名的投资机构和分析师参加。

2. 选择路演地点

路演地点的选择应考虑多方面因素。首先，要选择交通便利、易于到达的地点，方便投资者参加。其次，要考虑地点的知名度和影响力，选择在金融中心、商业中心或行业重要活动举办地等，以提高路演的关注度和吸引力。

此外，还可以根据目标投资者的分布情况选择路演地点。如果企业的目标投资者主要集中在某个地区或国家，那么可以选择在该地区举办路演活动，以提高投资者的参与度。

例如，对于一家科技企业，如果目标投资者主要是美国的投资机构，那么可以选择在纽约、旧金山等美国科技金融中心举办路演活动。

3. 确定路演时间

路演时间的确定也需要综合考虑多方面因素。首先，要选择在市场较为活跃、投资者关注度较高的时期举办路演活动。例如，可以选择在行业重要展会、峰会期间举办路演活动，以吸引更多的投资者关注。

其次，要考虑企业自身的发展阶段和财务报告发布时间。如果企业刚刚发布了良好的财务报告或有重大的业务进展，那么可以选择在这个时候举办路演活动，以展示企业的实力和潜力。

此外，还需要考虑投资者的时间安排。尽量避免与其他重要的金融市场事件或节假日冲突，以提高投资者的参与度。

例如，对于一家上市公司，如果计划在下半年进行股票增发，那么可以选择在第三季度财报发布后，结合行业重要展会的时间，确定路演时间。

二、邀请潜在投资者和分析师参加路演活动

1. 确定邀请对象

企业需要根据路演的目标和自身的发展需求，确定邀请的潜在投资者和分析师。潜在投资者可以包括机构投资者、个人投资者、战略投资者等。分析师可以包括证券分析师、行业分析师等。

在确定邀请对象时，可以考虑以下因素：投资者的投资偏好、投资规模、行业关注度等；分析师的专业领域、影响力、研究报告质量等。

例如，如果企业是一家新能源汽车企业，那么可以邀请对新能源汽车行业有深入研究的分析师，以及关注新能源领域的投资机构和战略投资者参加路演活动。

2. 发送邀请邮件和邀请函

确定邀请对象后，企业需要通过发送邀请邮件和邀请函的方式，正式邀请他们参加路演活动。邀请邮件和邀请函应包括路演的时间、地点、议程、演讲嘉宾等信息，同时要突出企业的优势和亮点，吸引投资者和分析师的关注。

邀请邮件和邀请函的语言应简洁明了、专业规范，同时要体现企业的诚意和热情。可以附上企业的宣传资料、财务报告等，让投资者和分析师更好地了解企业的情况。

例如，邀请邮件可以这样写："尊敬的（投资者 / 分析师姓名），您好！我们诚挚地邀请您参加（企业名称）的投资者路演活动。本次路演将为您展示我们企业的最新发展成果、未来战略规划以及投资价值。活动时间为（具体时间），地点为（具体地点）。期待您的光临！"

3. 跟进邀请回复

发送邀请邮件和邀请函后，企业需要及时跟进邀请回复。对于已经回复确认参加的投资者和分析师，要做好接待准备工作；对于尚未回复的投资者和分析师，可以通过电话、短信等方式进行再次邀请和提醒。

在跟进邀请回复的过程中，要注意与投资者和分析师保持良好的沟通，解答他们的疑问，提高他们的参与度。

例如，如果投资者对路演活动的议程有疑问，企业可以及时回复并详细解释议程的安排和目的，让投资者更好地了解路演活动的内容和价值。

三、精心准备路演演示文稿和演讲内容

1. 设计路演演示文稿

路演演示文稿是路演活动的重要工具之一，它需要精心设计，以吸引投资者和分析师的关注。演示文稿的设计应简洁大方、美观专业，同时要突出重点、易于理解。

演示文稿的内容应包括企业的概况、业务介绍、财务状况、发展战略、投

资亮点等方面。可以通过图表、图片、案例等形式，增强演示文稿的可读性和吸引力。

例如，在介绍企业的业务时，可以使用流程图、示意图等形式，直观地展示企业的业务模式和产业链布局；在介绍企业的财务状况时，可以使用柱状图、折线图等形式，清晰地展示企业的营业收入、净利润、资产负债率等主要财务指标的变化趋势。

2. 撰写演讲内容

路演演讲是路演活动的核心环节，它需要精心撰写，以打动投资者和分析师。演讲内容应简洁明了、富有感染力，同时要突出重点、逻辑清晰。

演讲内容应与演示文稿相互配合，形成一个完整的路演体系。演讲者可以根据演示文稿的内容，进行适当的扩展和补充，让投资者和分析师更好地了解企业的情况。

例如，在演讲中可以讲述企业的创业故事、发展历程中的挑战和机遇，以及未来的发展规划和愿景，让投资者和分析师感受到企业的实力和潜力。

3. 进行演讲排练

为了确保路演演讲的效果，演讲者需要进行充分的演讲排练。演讲排练可以帮助演讲者熟悉演讲内容、掌握演讲节奏、提高演讲技巧。

在演讲排练过程中，可以邀请同事、朋友或专业人士进行观摩和点评，听取他们的意见和建议，不断改进演讲内容和演讲技巧。

例如，可以进行多次模拟路演，让演讲者在不同的场合和环境下进行演讲，提高演讲者的适应能力和应变能力。

四、安排企业管理层与投资者面对面交流，解答疑问

1. 组织交流环节

路演活动中，企业管理层与投资者的面对面交流是非常重要的环节。企业可以安排专门的交流环节，让投资者和分析师有机会与企业管理层进行深入的沟通和交流。

交流环节可以采用问答形式、小组讨论形式等，让投资者和分析师能够充分表达自己的观点和疑问，同时也让企业管理层能够更好地了解投资者和分析师的需求和关注点。

例如，可以在路演演讲结束后，安排一个30分钟的问答环节，让投资者和

分析师就关心的问题向企业管理层提问，企业管理层进行现场解答。

2. 解答疑问

在交流环节中，企业管理层需要认真倾听投资者和分析师的问题，并给予准确、及时的回答。回答问题时，要语言简洁明了、专业规范，同时要体现企业的诚意和信心。

对于一些复杂的问题，可以适当进行扩展和解释，让投资者和分析师更好地理解企业的情况和决策依据。如果遇到无法当场回答的问题，可以承诺在一定时间内给予回复。

例如，如果投资者问到企业的未来发展战略，企业管理层可以详细介绍企业的战略规划、市场定位、竞争优势等方面的内容，让投资者更好地了解企业的发展前景。

3. 建立良好关系

在与投资者和分析师的交流过程中，企业管理层要注重建立良好的关系。要以开放、透明的态度与投资者和分析师沟通，倾听他们的意见和建议，尊重他们的投资决策。

可以通过交换名片、添加联系方式等方式，与投资者和分析师保持长期的沟通和联系。在路演活动结束后，可以及时发送感谢信，表达对投资者和分析师的感谢之情，同时也为未来的合作奠定基础。

例如，企业管理层可以在交流环节结束后，主动与投资者和分析师交换名片，并表示希望以后有更多的机会进行沟通和交流。在路演活动结束后，可以发送一封感谢信，感谢投资者和分析师的参与和支持，并期待未来的合作。

五、收集投资者反馈，改进路演活动和投资者关系管理工作

1. 收集反馈渠道

企业可以通过多种渠道收集投资者的反馈意见。例如，可以在路演活动现场发放调查问卷，让投资者和分析师对路演活动进行评价和提出建议；可以在路演活动结束后，通过电话、邮件等方式，与投资者和分析师进行沟通，了解他们的反馈意见。

此外，还可以关注金融媒体、社交媒体等渠道上的投资者评论和反馈，及时了解投资者的需求和关注点。

例如，可以在路演活动现场设置意见箱，让投资者和分析师可以匿名提出

意见和建议；可以在路演活动结束后，通过社交媒体平台发布路演活动的回顾和总结，邀请投资者和分析师进行评论和反馈。

2. 分析反馈意见

收集到投资者的反馈意见后，企业需要对反馈意见进行认真分析和总结。分析反馈意见时，要注重分类整理、突出重点，找出投资者关注的核心问题和改进方向。

可以将反馈意见分为不同的类别，如路演内容、演讲技巧、交流环节、组织安排等方面，分别进行分析和总结。对于一些共性的问题，可以进行深入的研究和探讨，找出问题的根源和解决方案。

例如，如果投资者普遍反映路演内容过于专业、难以理解，企业可以考虑在未来的路演活动中，采用更加通俗易懂的语言和形式，突出重点、简洁明了。

3. 改进路演活动和投资者关系管理工作

根据投资者的反馈意见，企业需要及时改进路演活动和投资者关系管理工作。对于一些具体的问题，可以在下次路演活动中进行调整和改进；对于一些系统性的问题，可以制订长期的改进计划，逐步完善投资者关系管理体系。

改进路演活动和投资者关系管理工作时，要注重持续改进、不断创新。可以借鉴其他企业的成功经验，结合自身的实际情况，探索出适合自己的路演活动和投资者关系管理模式。

例如，如果投资者反馈交流环节时间不够充分，企业可以在下次路演活动中适当延长交流环节的时间，增加投资者和分析师与企业管理层的互动机会。同时，企业可以建立投资者关系管理数据库，记录投资者的需求和关注点，为未来的路演活动和投资者关系管理工作提供参考。

总之，组织投资者路演活动是企业上市过程中的重要环节。通过制订路演计划，确定路演地点和时间；邀请潜在投资者和分析师参加路演活动；精心准备路演演示文稿和演讲内容；安排企业管理层与投资者面对面交流，解答疑问；收集投资者反馈，改进路演活动和投资者关系管理工作等措施，企业可以有效地展示自己的优势和潜力，吸引投资者的关注和投资，为企业的上市和发展奠定坚实的基础。

㊽ 回应投资者关切

积极回应投资者关切是建立良好投资者关系的关键环节。有效的回应不仅能够增强投资者的信心，还能为企业的决策提供有价值的参考，推动企业不断改进和发展。

一、建立快速响应机制，及时回复投资者的咨询和问题

1. 设立专门的投资者关系部门或岗位

企业应设立专门的投资者关系部门或岗位，负责处理投资者的咨询和问题。这个部门或岗位的人员应具备专业的金融知识、良好的沟通能力和高效的问题解决能力。

他们需要熟悉企业的业务、财务状况和发展战略，能够准确地回答投资者的问题，并及时传达企业的最新动态。

2. 建立多渠道的沟通平台

为了确保投资者能够方便地与企业进行沟通，企业应建立多渠道的沟通平台。这可以包括投资者热线电话、电子邮件、在线客服、社交媒体等。

投资者热线电话应保持畅通，接听人员应热情、专业，能够及时解答投资者的问题。电子邮件应在规定的时间内回复，回复内容应详细、准确。在线客服应随时在线，为投资者提供实时的咨询服务。社交媒体平台应定期发布企业的最新动态，及时回复投资者的留言和评论。

3. 制定快速响应流程

企业应制定快速响应流程，确保投资者的咨询和问题能够得到及时处理。当投资者提出问题时，应首先进行分类和登记，然后根据问题的性质和紧急程度，分配给相应的部门或人员进行处理。

处理人员应在规定的时间内回复投资者，并跟踪问题的解决情况，确保投资者得到满意的答复。对于一些复杂的问题，可能需要多个部门协同处理，此时应明确各部门的职责和时间节点，确保问题能够得到及时解决。

二、对投资者关注的热点问题进行深入分析和解答

1. 关注市场动态和投资者需求

企业应密切关注市场动态和投资者需求，及时了解投资者关注的热点问题。这可以通过关注财经媒体、行业报告、投资者论坛等渠道来实现。

当发现投资者关注的热点问题时，企业应及时进行分析和研究，了解问题的背景、原因和影响，为解答投资者的问题做好准备。

2. 组织内部专家进行分析和解答

对于投资者关注的热点问题，企业可以组织内部专家进行分析和解答。这些专家可以包括企业的高管、财务人员、技术人员、市场人员等。

专家们应根据自己的专业知识和经验，对问题进行深入分析，并提出客观、准确的解答。解答内容应简洁明了、通俗易懂，能够让投资者快速了解问题的本质和解决方案。

3. 发布热点问题解答报告

企业可以将对投资者关注的热点问题的分析和解答整理成报告，通过公司官网、投资者关系平台、财经媒体等渠道发布。

报告应包括问题的背景、分析过程、解答内容和建议等方面，为投资者提供全面、深入的信息。同时，企业还可以在报告中附上联系方式，方便投资者进一步咨询和交流。

三、定期组织投资者座谈会，听取投资者意见和建议

1. 确定座谈会的主题和时间

企业应根据自身的发展战略和投资者的需求，确定座谈会的主题和时间。座谈会的主题可以包括企业的业绩表现、发展战略、行业趋势、投资机会等。

时间的选择应考虑投资者的方便性，一般可以选择在财报发布后、重大事件发生后或市场波动较大时举行座谈会。

2. 邀请投资者参加座谈会

企业可以通过电子邮件、邀请函、社交媒体等渠道邀请投资者参加座谈会。邀请对象应包括机构投资者、个人投资者、分析师等。

在邀请时，应明确座谈会的主题、时间、地点和议程，让投资者有足够的时间准备和安排。同时，企业还可以提供一些背景资料和问题清单，让投资者

提前了解座谈会的内容和重点。

3. 组织座谈会的流程和内容

座谈会应由企业的高管主持，介绍企业的最新情况和发展战略。然后，投资者可以就自己关心的问题进行提问和交流。

企业应安排专门的人员记录投资者的意见和建议，并在座谈会结束后进行整理和分析。对于一些重要的问题，企业应及时给予回复和解释，让投资者感受到企业的重视和关注。

4. 跟进投资者的意见和建议

座谈会结束后，企业应及时跟进投资者的意见和建议，将其反馈到企业的决策层。对于一些合理的意见和建议，企业应认真研究并采取相应的措施进行改进。

企业还可以通过电子邮件、电话等方式向投资者反馈意见和建议的处理情况，让投资者感受到企业的诚意和行动力。

四、将投资者关切反馈到企业决策层，推动企业改进和发展

1. 建立投资者关切反馈机制

企业应建立投资者关切反馈机制，将投资者的意见和建议及时反馈到企业的决策层。这个机制可以包括定期报告、专题汇报、会议讨论等形式。

投资者关系部门或岗位应负责收集投资者的意见和建议，并进行整理和分析，然后向企业的决策层进行汇报。汇报内容应包括投资者的关切点、问题的本质和影响、建议的解决方案等方面。

2. 推动企业改进和发展

企业的决策层应认真对待投资者的关切，将其作为企业改进和发展的重要参考。对于一些重要的问题，决策层应组织相关部门进行深入研究和讨论，制定相应的改进措施和发展战略。

企业还可以通过与投资者的沟通和交流，了解他们对企业改进和发展的期望和建议，为企业的决策提供更多的参考依据。

3. 加强企业内部沟通和协作

为了确保投资者的关切能够得到及时有效的处理，企业应加强内部沟通和协作。投资者关系部门或岗位应与企业的其他部门保持密切联系，及时传递投资者的意见和建议。

其他部门应积极配合投资者关系部门的工作，共同解决投资者的问题和关切。同时，企业还可以通过内部培训、会议等形式，提高员工对投资者关系的重视程度，增强企业的整体凝聚力和战斗力。

五、对投资者的投诉和建议进行认真处理，提高投资者满意度

1. 建立投诉处理机制

企业应建立投诉处理机制，确保投资者的投诉能够得到及时、公正的处理。这个机制可以包括投诉受理、调查核实、处理反馈等环节。

当投资者提出投诉时，企业应首先进行受理，并记录投诉的内容和联系方式。然后，企业应组织相关部门进行调查核实，了解投诉的原因和情况。最后，企业应根据调查结果，制定相应的处理措施，并及时向投资者反馈处理结果。

2. 认真对待投资者的建议

投资者的建议是企业改进和发展的重要动力。企业应认真对待投资者的建议，将其作为企业决策的重要参考。

当投资者提出建议时，企业应进行认真分析和研究，了解建议的可行性和价值。对于一些合理的建议，企业应及时采纳并给予投资者相应的奖励和感谢。同时，企业还可以通过与投资者的沟通和交流，了解他们对企业改进和发展的期望和建议，为企业的决策提供更多的参考依据。

3. 提高投资者满意度

处理投资者的投诉和建议的最终目的是提高投资者的满意度。企业应通过不断改进和完善投资者关系管理工作，提高投资者的满意度。

企业可以通过定期进行投资者满意度调查、听取投资者的意见和建议、改进投资者关系管理工作等方式，提高投资者的满意度。同时，企业还可以通过加强与投资者的沟通和交流，建立良好的投资者关系，增强投资者的信心和忠诚度。

总之，回应投资者关切是企业上市过程中的重要环节。通过建立快速响应机制，及时回复投资者的咨询和问题；对投资者关注的热点问题进行深入分析和解答；定期组织投资者座谈会，听取投资者意见和建议；将投资者关切反馈到企业决策层，推动企业改进和发展；对投资者的投诉和建议进行认真处理，提高投资者满意度等措施，企业可以建立良好的投资者关系，增强投资者的信心和忠诚度，为企业的上市和持续发展奠定坚实的基础。

㊱ 建立投资者数据库

建立投资者数据库不仅有助于企业更好地了解投资者，制定个性化的沟通策略，还能为企业的市场调研和分析提供有力支持，同时确保投资者信息的安全，遵守相关法律法规。

一、收集投资者信息，建立投资者数据库

1. 确定收集信息的范围

在建立投资者数据库之前，企业需要明确要收集哪些信息。一般来说，投资者信息可以包括基本信息、投资偏好、投资历史、联系方式等。

基本信息可以包括投资者的姓名、性别、年龄、职业、所在地区等。投资偏好可以包括投资领域、风险偏好、投资期限等。投资历史可以包括过去的投资项目、投资金额、收益情况等。联系方式可以包括电话、邮箱、地址等。

2. 选择收集信息的渠道

企业可以通过多种渠道收集投资者信息。常见的渠道包括投资者见面会、路演活动、网络平台、金融机构等。

在投资者见面会和路演活动中，企业可以通过发放调查问卷、现场交流等方式收集投资者信息。在网络平台上，企业可以通过设立投资者专区、在线问卷等方式收集投资者信息。金融机构可以提供投资者的基本信息和投资历史等数据。

3. 建立数据库管理系统

企业需要建立一个数据库管理系统，用于存储和管理投资者信息。这个系统可以是企业内部开发的，也可以是购买的专业数据库软件。

数据库管理系统应该具备数据录入、查询、统计、分析等功能，方便企业对投资者信息进行管理和利用。同时，系统还应该具备数据备份和恢复功能，确保投资者信息的安全。

二、对投资者进行分类管理，制定个性化的沟通策略

1. 投资者分类的标准

企业可以根据不同的标准对投资者进行分类。常见的分类标准包括投资规模、投资领域、风险偏好、投资期限等。

例如，根据投资规模可以将投资者分为大型投资者、中型投资者和小型投资者。根据投资领域可以将投资者分为科技领域投资者、金融领域投资者、房地产领域投资者等。根据风险偏好可以将投资者分为保守型投资者、稳健型投资者和激进型投资者。根据投资期限可以将投资者分为短期投资者、中期投资者和长期投资者。

2. 制定个性化的沟通策略

针对不同类型的投资者，企业应该制定个性化的沟通策略。沟通策略可以包括沟通方式、沟通频率、沟通内容等。

对于大型投资者，企业可以采用面对面沟通、定期汇报等方式，沟通内容可以包括企业的战略规划、重大项目进展等。对于小型投资者，企业可以采用电子邮件、网络平台等方式，沟通内容可以包括企业的财务报表、业绩预告等。对于保守型投资者，企业可以强调投资的安全性和稳定性，沟通内容可以包括企业的风险管理、资产负债情况等。对于激进型投资者，企业可以强调投资的高回报和成长性，沟通内容可以包括企业的创新能力、市场前景等。

三、定期更新投资者数据库，确保信息的准确性和时效性

1. 确定更新的频率

企业需要确定投资者数据库的更新频率。一般来说，数据库的更新频率应该根据企业的实际情况和投资者的需求来确定。

如果企业的业务发展较快，投资者信息变化较大，那么数据库的更新频率可以适当提高。例如，每月或每季度更新一次数据库。如果企业的业务发展较为稳定，投资者信息变化较小，那么数据库的更新频率可以适当降低。例如，每半年或每年更新一次数据库。

2. 建立信息更新机制

企业需要建立一个信息更新机制，确保投资者信息的准确性和时效性。这个机制可以包括信息收集、审核、录入等环节。

信息收集可以通过投资者主动提供、金融机构反馈、网络平台监测等方式进行。审核可以由企业的投资者关系部门或专业人员进行，确保信息的真实性和准确性。录入可以由数据库管理人员进行，确保信息的及时更新。

3. 进行数据清理和维护

企业需要定期对投资者数据库进行数据清理和维护，删除无效信息，修正

错误信息，确保数据库的质量。

数据清理可以通过数据筛选、数据对比等方式进行。维护可以通过数据备份、系统升级等方式进行。同时，企业还可以对数据库进行优化，提高数据库的查询速度和分析能力。

四、利用投资者数据库进行市场调研和分析，了解投资者需求

1. 市场调研的目的

企业可以利用投资者数据库进行市场调研和分析，了解投资者的需求和偏好，为企业的战略决策和产品研发提供参考。

市场调研的目的可以包括了解投资者对企业的认知度和满意度、了解投资者对不同投资产品的需求、了解投资者对市场趋势的判断等。

2. 市场调研的方法

企业可以采用多种方法进行市场调研和分析。常见的方法包括问卷调查、访谈、数据分析等。

问卷调查可以通过网络平台、电子邮件等方式进行，向投资者发放问卷，了解他们的需求和偏好。访谈可以通过电话、面对面等方式进行，与投资者进行深入交流，了解他们的投资理念和决策过程。数据分析可以通过对投资者数据库中的数据进行统计和分析，了解投资者的行为特征和投资趋势。

3. 市场调研的结果应用

企业需要将市场调研的结果应用到实际工作中。根据市场调研的结果，企业可以调整战略规划、优化产品设计、改进服务质量等。

例如，如果市场调研结果显示投资者对企业的认知度较低，那么企业可以加强品牌宣传和推广，提高企业的知名度。如果市场调研结果显示投资者对某一投资产品的需求较大，那么企业可以加大该产品的研发和推广力度，满足投资者的需求。

五、保护投资者信息安全，遵守相关法律法规

1. 建立信息安全管理制度

企业需要建立一个信息安全管理制度，确保投资者信息的安全。这个制度可以包括信息保密、访问控制、数据备份等方面。

信息保密可以通过签订保密协议、限制信息访问权限等方式进行。访问控

制可以通过设置用户账号和密码、限制访问 IP 地址等方式进行。数据备份可以通过定期备份数据、异地备份数据等方式进行，确保在数据丢失或损坏时能够及时恢复。

2. 遵守相关法律法规

企业在收集、存储、使用投资者信息时，需要遵守相关法律法规。例如，《中华人民共和国网络安全法》《中华人民共和国数据安全法》《中华人民共和国个人信息保护法》等。

企业需要明确自己的法律责任和义务，加强对投资者信息的保护，不得泄露、篡改、出售投资者信息。同时，企业还需要建立健全的内部监督机制，确保法律法规的有效执行。

3. 加强员工培训和教育

企业需要加强对员工的培训和教育，提高员工的信息安全意识和法律意识。员工是投资者信息的直接接触者，他们的行为直接关系到投资者信息的安全。

企业可以通过组织培训课程、发放宣传资料、签订保密协议等方式，加强对员工的培训和教育，让员工了解信息安全的重要性，掌握信息安全的基本知识和技能，遵守相关法律法规，保护投资者信息的安全。

总之，建立投资者数据库是企业上市过程中的一项重要工作。通过收集投资者信息，建立投资者数据库；对投资者进行分类管理，制定个性化的沟通策略；定期更新投资者数据库，确保信息的准确性和时效性；利用投资者数据库进行市场调研和分析，了解投资者需求；保护投资者信息安全，遵守相关法律法规等措施，企业可以更好地了解投资者，制定个性化的沟通策略，为企业的市场调研和分析提供有力支持，同时确保投资者信息的安全，遵守相关法律法规，为企业的上市和发展奠定坚实的基础。

87 进行投资者满意度调查

在企业的上市进程中，投资者满意度调查是一项至关重要的工作。它不仅能够帮助企业了解投资者的需求和期望，还能为企业改进投资者关系管理提供有力依据，增强投资者信心，为企业的发展创造良好的外部环境。

一、设计投资者满意度调查问卷，涵盖多个方面的内容

1. 确定调查目的和范围

在设计投资者满意度调查问卷之前，企业需要明确调查的目的和范围。调查目的可以是了解投资者对企业的整体评价、投资决策的影响因素、投资者关系管理的效果等。调查范围可以包括现有投资者、潜在投资者、机构投资者、个人投资者等。

例如，如果企业的目的是了解投资者对企业的整体评价，那么调查问卷可以涵盖企业的财务状况、经营业绩、发展前景、管理团队、信息披露等方面的内容。如果企业的目的是了解投资者关系管理的效果，那么调查问卷可以涵盖投资者沟通的频率、方式、内容、及时性、准确性等方面的内容。

2. 设计问卷结构和问题

投资者满意度调查问卷一般包括开头部分、主体部分和结尾部分。开头部分主要介绍调查的目的、范围、方法和保密承诺等，以提高投资者的参与度和信任度。主体部分是问卷的核心部分，包括多个问题，涵盖投资者关注的各个方面。结尾部分主要是感谢投资者的参与和提供联系方式等，以便企业后续跟进和反馈。

在设计问题时，企业需要注意问题的类型、语言表达和逻辑顺序。问题类型可以包括单选题、多选题、简答题、打分题等，以满足不同的调查需求。语言表达要简洁明了、通俗易懂，避免使用专业术语和复杂的句子结构。逻辑顺序要合理，从一般问题到具体问题，从客观问题到主观问题，逐步引导投资者回答问题。

例如，问卷的开头部分可以这样写："尊敬的投资者，您好！为了提高我们的服务质量，更好地满足您的需求，我们特开展本次投资者满意度调查。本次调查采用匿名方式，您的回答将被严格保密。感谢您的参与和支持！"问卷的主体部分可以包括以下问题："您对我们企业的财务状况满意吗？""您对我们企业的经营业绩满意吗？""您对我们企业的发展前景看好吗？""您对我们企业的管理团队评价如何？""您对我们企业的信息披露及时、准确吗？""您对我们企业的投资者沟通频率满意吗？""您对我们企业的投资者沟通方式满意吗？""您对我们企业的投资者沟通内容满意吗？""您对我们企业的投资者沟通及时性满意吗？""您对我们企业的投资者沟通准确性满意吗？"问卷的结尾部分可以这样写："感谢您抽出

时间参与本次调查！如果您有任何其他意见或建议，请随时与我们联系。我们的联系方式是：（电话号码）、（邮箱地址）。再次感谢您的支持！”

3. 进行预调查和修订

在正式开展投资者满意度调查之前，企业可以进行预调查，以检验问卷的合理性和可行性。预调查可以选择一小部分投资者进行，如现有投资者中的忠诚客户、潜在投资者中的意向客户等。预调查的方法可以采用面对面访谈、电话访谈、电子邮件调查等，以收集投资者的反馈意见。

根据预调查的结果，企业可以对问卷进行修订和完善。修订的内容可以包括问题的表述、选项的设置、逻辑顺序的调整等。修订后的问卷要再次进行审核和验证，确保问卷的质量和有效性。

例如，如果预调查中发现投资者对某个问题的理解存在困难，企业可以对该问题的表述进行简化和解释。如果预调查中发现某个选项的设置不合理，企业可以对该选项进行调整或增加新的选项。如果预调查中发现问卷的逻辑顺序不合理，企业可以对问卷的结构进行调整，使问题的回答更加顺畅和自然。

二、定期开展投资者满意度调查，了解投资者对企业的评价

1. 确定调查周期和方式

企业需要确定投资者满意度调查的周期和方式。调查周期可以根据企业的实际情况和投资者的需求来确定，一般可以选择半年一次、一年一次或不定期进行。调查方式可以采用在线调查、纸质调查、电话调查、面对面访谈等，以满足不同投资者的参与方式和习惯。

例如，如果企业的投资者主要是机构投资者，他们可能更倾向于在线调查或电话调查，因为这种方式方便快捷，不占用太多时间。如果企业的投资者主要是个人投资者，他们可能更倾向于纸质调查或面对面访谈，因为这种方式更加直观和互动。如果企业的投资者分布在不同的地区和国家，在线调查可能是最适合的方式，因为它可以覆盖更广泛的投资者群体，不受时间和空间的限制。

2. 组织实施调查

在确定调查周期和方式后，企业需要组织实施调查。组织实施调查的过程中，企业需要注意以下几点：

确保调查的公正性和客观性。企业可以委托第三方机构进行调查，以避免调查结果受到企业内部因素的影响。第三方机构可以是专业的市场调研公司、

咨询公司、会计师事务所等，他们具有丰富的调查经验和专业的调查方法，可以保证调查结果的公正性和客观性。

提高投资者的参与度和积极性。企业可以通过多种方式提高投资者的参与度和积极性，如提供奖励、承诺反馈、加强宣传等。奖励可以是现金、礼品、优惠券等，以吸引投资者参与调查。承诺反馈可以是向投资者提供调查结果和改进措施，以增强投资者的参与感和信任感。加强宣传可以是通过企业官网、社交媒体、财经媒体等渠道宣传调查的目的、意义和方法，以提高投资者的知晓度和关注度。

保证调查的质量和效率。企业可以通过制订详细的调查计划、培训调查人员、建立监督机制等方式保证调查的质量和效率。调查计划可以包括调查的时间安排、任务分工、进度控制等，以确保调查按时完成。培训调查人员可以包括调查方法、技巧、礼仪等方面的培训，以提高调查人员的专业水平和服务质量。建立监督机制可以包括对调查过程的监督、对调查结果的审核、对调查反馈的处理等，以确保调查结果的真实性和可靠性。

例如，如果企业委托第三方机构进行调查，企业可以与第三方机构签订保密协议和服务合同，明确双方的权利和义务。第三方机构可以根据企业的要求制定调查方案和问卷，选择合适的调查样本和方法，组织实施调查，并对调查结果进行分析和报告。企业可以对第三方机构的调查过程进行监督和检查，确保调查符合规范和要求。如果企业采用在线调查方式，企业可以在企业官网、社交媒体、财经媒体等渠道发布调查链接和二维码，邀请投资者参与调查。企业可以设置奖励机制，如抽奖、积分等，以提高投资者的参与度和积极性。企业可以对调查结果进行实时监控和分析，及时发现问题和改进措施。

三、对调查结果进行分析，找出投资者不满意的方面并加以改进

1. 数据分析方法

企业可以采用多种数据分析方法对投资者满意度调查结果进行分析，如描述性统计分析、相关性分析、因子分析、回归分析等。描述性统计分析可以用于了解投资者的基本情况、调查的总体情况、各个问题的回答情况等。相关性分析可以用于了解不同问题之间的关系、投资者满意度与其他因素之间的关系等。因子分析可以用于提取投资者满意度的主要影响因素、构建投资者满意度模型等。回归分析可以用于预测投资者满意度的变化趋势、分析投资者满意度

与企业业绩之间的关系等。

例如，企业可以通过描述性统计分析了解投资者的性别、年龄、职业、投资规模、投资经验等基本情况，以及投资者对企业的整体满意度、各个方面的满意度、不满意的方面等。企业可以通过相关性分析了解投资者满意度与企业财务状况、经营业绩、发展前景、管理团队、信息披露、投资者沟通等因素之间的关系，找出影响投资者满意度的关键因素。企业可以通过因子分析提取投资者满意度的主要影响因素，如企业形象、产品质量、服务水平、投资回报等，构建投资者满意度模型，为企业改进投资者关系管理提供理论依据。企业可以通过回归分析预测投资者满意度的变化趋势，分析投资者满意度与企业业绩之间的关系，为企业制定战略决策提供参考依据。

2. 找出不满意的方面

通过数据分析，企业可以找出投资者不满意的方面。不满意的方面可以是投资者对企业的某个方面评价较低，如财务状况、经营业绩、发展前景、管理团队、信息披露、投资者沟通等。不满意的方面也可以是投资者对企业的某个问题回答不满意，如问题的表述、选项的设置、逻辑顺序等。不满意的方面还可以是投资者提出的具体意见和建议，如希望企业加强某个方面的工作、改进某个方面的服务、解决某个方面的问题等。

例如，企业通过数据分析发现投资者对企业的信息披露及时性不满意，那么企业可以进一步分析信息披露及时性不满意的原因，如信息披露的流程不顺畅、信息披露的人员不专业、信息披露的渠道不畅通等。企业通过数据分析发现投资者对企业的投资者沟通方式不满意，那么企业可以进一步分析投资者沟通方式不满意的原因，如沟通方式单一、沟通频率低、沟通内容不丰富等。企业通过数据分析发现投资者提出希望企业加强产品研发的意见和建议，那么企业可以进一步分析产品研发的现状和问题，如研发投入不足、研发人员缺乏、研发周期长等。

3. 制定改进措施

针对投资者不满意的方面，企业需要制定改进措施。改进措施可以是针对某个方面的整体改进，如加强信息披露、改进投资者沟通、加大产品研发等。改进措施也可以是针对某个问题的具体改进，如优化信息披露流程、增加投资者沟通渠道、提高研发人员待遇等。改进措施还可以是针对投资者提出的具体意见和建议的回应，如制订产品研发计划、加强研发人员培训、建立研发合作机制等。

例如，针对投资者对信息披露及时性不满意的问题，企业可以制定以下改进措施：优化信息披露流程，明确信息披露的责任人和时间节点，确保信息及时发布。加强信息披露人员的培训，提高他们的专业水平和工作效率。拓宽信息披露渠道，除了传统的公告、报告等方式，还可以利用社交媒体、网络平台等渠道及时发布信息。建立信息披露监督机制，对信息披露的及时性、准确性、完整性进行监督和检查，确保信息披露符合规范和要求。针对投资者对投资者沟通方式不满意的问题，企业可以制定以下改进措施：增加投资者沟通渠道，除了传统的电话、邮件、会议等方式，还可以利用微信、微博、直播等方式与投资者进行互动。提高投资者沟通频率，定期发布企业动态、行业资讯、投资建议等内容，增强投资者的参与感和信任感。丰富投资者沟通内容，除了企业的财务状况、经营业绩等方面的内容，还可以介绍企业的发展战略、企业文化、社会责任等方面的内容，让投资者更好地了解企业。针对投资者提出希望企业加强产品研发的意见和建议，企业可以制定以下改进措施：制订产品研发计划，明确研发目标、任务、进度和预算，确保产品研发有序进行。加强研发人员培训，提高他们的专业技能和创新能力。建立研发合作机制，与高校、科研机构、企业等进行合作，共同开展产品研发，提高产品研发的效率和质量。

四、将投资者满意度调查结果作为投资者关系管理绩效评估的重要依据

1. 建立绩效评估指标体系

企业可以将投资者满意度调查结果作为投资者关系管理绩效评估的重要依据，建立绩效评估指标体系。绩效评估指标体系可以包括投资者满意度指标、投资者关系管理工作指标、企业业绩指标等。投资者满意度指标可以是投资者对企业的整体满意度、各个方面的满意度、不满意的方面等。投资者关系管理工作指标可以是投资者沟通的频率、方式、内容、及时性、准确性等。企业业绩指标可以是企业的财务状况、经营业绩、发展前景等。

例如，企业可以建立以下绩效评估指标体系：投资者满意度指标（整体满意度、财务状况满意度、经营业绩满意度、发展前景满意度、管理团队满意度、信息披露满意度、投资者沟通满意度等）、投资者关系管理工作指标（沟通频率、沟通方式、沟通内容、沟通及时性、沟通准确性等）、企业业绩指标（营业收入、净利润、资产负债率、净资产收益率、市值等）。

2. 定期进行绩效评估

企业需要定期进行投资者关系管理绩效评估，以了解投资者关系管理工作的效果和存在的问题，为改进投资者关系管理提供依据。绩效评估的周期可以与投资者满意度调查的周期一致，也可以根据企业的实际情况进行调整。绩效评估的方法可以采用定量分析和定性分析相结合的方式，以确保评估结果的全面性和准确性。

例如，企业可以每半年进行一次投资者关系管理绩效评估。在进行绩效评估时，企业可以收集投资者满意度调查结果、投资者关系管理工作记录、企业财务报表等数据，采用定量分析和定性分析相结合的方法，对投资者关系管理工作的效果进行评估。定量分析可以采用统计分析、比较分析等方法，对投资者满意度指标、投资者关系管理工作指标、企业业绩指标等进行量化分析，得出具体的评估结果。定性分析可以采用问卷调查、访谈、案例分析等方法，对投资者关系管理工作的质量、效果、存在的问题等进行主观评价，得出具体的评估意见。

3. 运用绩效评估结果

企业需要运用绩效评估结果，对投资者关系管理工作进行改进和优化。绩效评估结果可以用于指导投资者关系管理工作的目标设定、计划制订、执行监控、效果评估等各个环节。绩效评估结果也可以用于激励投资者关系管理工作人员，提高他们的工作积极性和创造性。绩效评估结果还可以用于向企业管理层和投资者汇报投资者关系管理工作的情况，增强他们的信任和支持。

例如，企业可以根据绩效评估结果，制订下一期的投资者关系管理工作目标和计划。如果绩效评估结果显示投资者满意度较低，企业可以加大投资者关系管理工作的力度，采取有效的改进措施，提高投资者满意度。如果绩效评估结果显示投资者关系管理工作人员的工作表现优秀，企业可以给予他们适当的奖励和表彰，激励他们继续努力工作。如果绩效评估结果显示投资者关系管理工作存在问题，企业可以及时进行整改和优化，提高投资者关系管理工作的质量和效果。企业还可以将绩效评估结果向企业管理层和投资者汇报，让他们了解投资者关系管理工作的情况，增强他们的信任和支持。

五、向投资者反馈调查结果和改进措施，增强投资者信心

1. 反馈方式和渠道

企业需要向投资者反馈调查结果和改进措施，以增强投资者信心。反馈方

式可以采用书面报告、电子邮件、电话、面对面访谈等，以满足不同投资者的需求和习惯。反馈渠道可以是企业官网、社交媒体、财经媒体等，以扩大反馈的范围和影响力。

例如，如果企业的投资者主要是机构投资者，他们可能更倾向于书面报告或电子邮件反馈，因为这种方式更加正式和专业。如果企业的投资者主要是个人投资者，他们可能更倾向于电话或面对面访谈反馈，因为这种方式更加直接和互动。如果企业的投资者分布在不同的地区和国家，企业官网、社交媒体、财经媒体等渠道可能是最适合的反馈方式，因为它们可以覆盖更广泛的投资者群体，不受时间和空间的限制。

2. 反馈内容和重点

企业在向投资者反馈调查结果和改进措施时，需要注意反馈内容和重点。反馈内容可以包括调查的目的、范围、方法、结果、分析、改进措施等方面的内容。反馈重点可以是投资者不满意的方面、改进措施的具体内容、改进措施的实施进度和效果等方面的内容。

例如，企业可以在反馈报告中首先介绍调查的目的、范围、方法和样本情况，让投资者了解调查的背景和过程。然后，企业可以详细介绍调查的结果，包括投资者的基本情况、投资者对企业的整体评价、各个方面的满意度、不满意的方面等。接着，企业可以对调查结果进行分析，找出投资者不满意的方面的原因和影响。最后，企业可以介绍改进措施的具体内容、实施进度和预期效果，让投资者了解企业的改进计划和努力。在反馈重点方面，企业可以突出投资者不满意的方面和改进措施的具体内容，让投资者感受到企业的重视和关注。企业也可以介绍改进措施的实施进度和效果，让投资者看到企业的行动和成果。

3. 加强与投资者的沟通和互动

企业在向投资者反馈调查结果和改进措施的过程中，需要加强与投资者的沟通和互动。沟通和互动可以采用问答、讨论、建议等方式，让投资者参与到企业的改进过程中来，增强投资者的参与感和信任感。

例如，企业可以在反馈报告中设置问答环节，让投资者提出问题和意见，企业及时进行回答和解释。企业也可以在社交媒体、财经媒体等渠道上开展讨论活动，邀请投资者参与讨论，听取他们的建议和意见。企业还可以建立投资者反馈机制，及时收集投资者的反馈信息，对改进措施进行调整和优化。通过加强与投资者的沟通和互动，企业可以更好地了解投资者的需求和期望，提高投资者满意度，增强投资者信心。

总之，进行投资者满意度调查是企业上市过程中的一项重要工作。通过设计投资者满意度调查问卷，涵盖多个方面的内容；定期开展投资者满意度调查，了解投资者对企业的评价；对调查结果进行分析，找出投资者不满意的方面并加以改进；将投资者满意度调查结果作为投资者关系管理绩效评估的重要依据；向投资者反馈调查结果和改进措施，增强投资者信心等措施，企业可以更好地了解投资者的需求和期望，改进投资者关系管理，提高投资者满意度，增强投资者信心，为企业的上市和发展创造良好的外部环境。

88 与分析师互动

与证券分析师的互动至关重要，分析师作为专业的市场观察者和研究者，他们的观点和评级对投资者决策有着重要影响。通过积极主动地与分析师互动，企业可以更好地传递自身价值，引导市场预期，提升品牌形象，为上市和持续发展创造有利条件。

一、主动与证券分析师沟通，提供企业最新信息和发展动态

1. 建立沟通渠道

企业应积极建立与证券分析师的沟通渠道。可以通过电子邮件、电话、即时通信工具等方式，与分析师保持定期联系。同时，企业可以在公司官网设立分析师专区，提供企业的最新公告、财务报告、新闻动态等信息，方便分析师随时查阅。

例如，企业可以定期向分析师发送电子邮件，介绍公司的最新业务进展、重大项目签约、新产品推出等情况。在邮件中，可以附上相关的新闻稿、图片或视频资料，增强信息的吸引力和可读性。此外，企业还可以邀请分析师加入公司的即时通信群组，以便在第一时间回答分析师的问题，分享公司的最新动态。

2. 提供有价值的信息

在与分析师沟通时，企业应提供有价值的信息，而不仅仅是宣传公司的业

绩和前景。可以分享公司的战略规划、市场定位、竞争优势、风险管理等方面的内容，让分析师更好地了解公司的内在价值和发展潜力。

例如，企业可以向分析师介绍公司的研发投入情况、技术创新成果、人才培养计划等，展示公司的核心竞争力。同时，企业可以分享公司在市场拓展、客户服务、供应链管理等方面的经验和做法，为分析师提供行业洞察和参考。此外，企业还可以提供公司的财务预测、业绩指引等信息，帮助分析师做出更准确的分析和评级。

3. 保持沟通的及时性和准确性

企业应确保与分析师沟通的及时性和准确性。对于公司的重大事件和重要信息，应在第一时间通知分析师，并提供详细的说明和背景资料。同时，企业应避免提供虚假或误导性的信息，以免影响分析师的判断和市场的信心。

例如，当公司发布重大资产重组公告时，应立即通知分析师，并召开电话会议或网络直播，向分析师介绍重组的背景、目的、方案和预期效果。在沟通中，企业应如实回答分析师的问题，提供准确的信息和数据，避免模糊不清或模棱两可的回答。此外，企业应及时更新信息，确保分析师掌握公司的最新情况。

二、邀请分析师参加企业活动和调研，增强分析师对企业的了解

1. 组织企业活动

企业可以定期组织各种活动，邀请分析师参加，增强分析师对企业的了解和认识。可以举办业绩说明会、投资者交流会、新产品发布会等活动，向分析师展示公司的业务成果和发展前景。同时，企业可以组织实地考察、工厂参观、研发中心走访等活动，让分析师亲身感受公司的生产经营情况和技术实力。

例如，企业可以在每季度财报发布后，举办业绩说明会，邀请分析师和投资者参加。在业绩说明会上，企业管理层可以详细介绍公司的财务状况、业务进展和未来展望，并回答分析师和投资者的提问。此外，企业可以定期组织分析师实地考察公司的生产基地、研发中心、销售渠道等，让分析师深入了解公司的运营情况和竞争优势。

2. 提供调研机会

企业应积极为分析师提供调研机会，让他们有机会深入了解公司的业务和管理。可以邀请分析师进行一对一的访谈、小组讨论、专题调研等，听取他们的意见和建议，解答他们的疑问和困惑。

例如，企业可以邀请分析师进行一对一的访谈，介绍公司的战略规划、业务模式、财务状况等方面的内容，并听取分析师的反馈和建议。同时，企业可以组织小组讨论，邀请多位分析师参加，共同探讨行业发展趋势、公司竞争优势等问题。此外，企业可以根据分析师的需求，组织专题调研，如市场调研、客户调研、竞争对手调研等，为分析师提供更深入的行业洞察和公司分析。

3. 加强互动交流

在企业活动和调研中，企业应加强与分析师的互动交流，建立良好的合作关系。可以安排专门的时间与分析师进行沟通和交流，听取他们的意见和建议，解答他们的疑问和困惑。同时，企业可以邀请分析师参与公司的决策过程，如战略规划、产品研发、市场推广等，听取他们的专业意见和建议。

例如，在业绩说明会和投资者交流会上，企业可以安排专门的问答环节，让分析师和投资者有机会提问和交流。在实地考察和调研中，企业可以安排管理层与分析师进行面对面的沟通和交流，听取他们的意见和建议。此外，企业可以邀请分析师参加公司的战略研讨会、产品评审会等，听取他们的专业意见和建议，共同推动公司的发展。

三、及时回复分析师的研究报告和咨询，建立良好的合作关系

1. 关注分析师的研究报告

企业应密切关注分析师的研究报告，及时了解他们对公司的分析和评级。可以通过订阅分析师的研究报告、关注金融媒体的报道、参加行业研讨会等方式，获取分析师的最新观点和建议。

例如，企业可以订阅多家知名证券分析师的研究报告，定期阅读和分析他们对公司的评价和建议。同时，企业可以关注金融媒体的报道，了解市场对公司的看法和预期。此外，企业可以参加行业研讨会和论坛，与分析师进行面对面的交流和互动，听取他们的专业意见和建议。

2. 及时回复分析师的咨询

当分析师对公司提出咨询时，企业应及时回复，建立良好的合作关系。可以通过电子邮件、电话、即时通信工具等方式，回复分析师的问题，并提供详细的说明和背景资料。同时，企业应避免拖延或敷衍回复，以免影响分析师的工作效率和对公司的印象。

例如，当分析师对公司的财务状况、业务进展、战略规划等方面提出问题

时，企业应在24小时内回复，并提供准确的信息和数据。在回复中，企业可以适当引用公司的公告、财务报告、新闻稿等资料，增强回复的可信度和权威性。此外，企业可以邀请分析师进行进一步的沟通和交流，解答他们的疑问和困惑。

3. 尊重分析师的观点和建议

企业应尊重分析师的观点和建议，即使与公司的立场不同。可以认真听取分析师的分析和评级，思考他们的建议和意见，并在适当的时候进行回应和解释。同时，企业应避免与分析师发生冲突或争执，以免影响公司的形象和市场的信心。

例如，当分析师对公司的业绩表现或发展前景提出质疑时，企业应冷静对待，认真分析他们的观点和依据，并在适当的时候进行回应和解释。在回应中，企业可以提供更多的信息和数据，支持公司的立场和观点。同时，企业可以感谢分析师的关注和建议，并表示将认真考虑他们的意见，不断改进公司的经营管理。

四、关注分析师的研究观点和评级变化，合理引导市场预期

1. 分析研究观点和评级变化的原因

企业应密切关注分析师的研究观点和评级变化，分析其原因和影响。可以通过与分析师沟通、阅读研究报告、关注金融媒体等方式，了解分析师的观点和评级变化的背景和依据。

例如，当分析师对公司的评级从“买入”下调为“持有”时，企业应及时与分析师沟通，了解其下调评级的原因和考虑因素。同时，企业可以阅读分析师的研究报告，分析其对公司的财务状况、业务进展、竞争优势等方面的评价和建议。此外，企业可以关注金融媒体的报道，了解市场对公司评级变化的反应和预期。

2. 合理引导市场预期

企业应根据分析师的研究观点和评级变化，合理引导市场预期。可以通过发布公告、召开电话会议、接受媒体采访等方式，向市场传递公司的最新信息和发展动态，增强市场的信心和稳定性。

例如，当分析师对公司的业绩表现持乐观态度时，企业可以适时发布业绩预告或业绩快报，向市场传递公司的良好业绩和发展前景。同时，企业可以召开电话会议或网络直播，向分析师和投资者介绍公司的业务进展和未来展望，

增强市场的信心和预期。此外，企业可以接受媒体采访，介绍公司的战略规划、创新成果、社会责任等方面的内容，提升公司的品牌形象和市场影响力。

3. 保持与分析师的沟通和互动

企业应在关注分析师的研究观点和评级变化的同时，保持与分析师的沟通和互动。可以通过定期沟通、专题调研、参加行业研讨会等方式，与分析师分享公司的最新信息和发展动态，听取他们的意见和建议，共同探讨行业发展趋势和公司竞争优势。

例如，企业可以定期与分析师进行沟通，介绍公司的业务进展和未来展望，听取他们的意见和建议。同时，企业可以根据分析师的需求，组织专题调研，如市场调研、客户调研、竞争对手调研等，为分析师提供更深入的行业洞察和公司分析。此外，企业可以参加行业研讨会和论坛，与分析师进行面对面的交流和互动，共同探讨行业发展趋势和公司竞争优势。

五、利用分析师的研究成果进行投资者沟通和品牌推广

1. 引用分析师的研究报告

企业可以在投资者沟通和品牌推广中，引用分析师的研究报告，增强公司的可信度和权威性。可以在公司官网、新闻稿、投资者关系资料等中，引用分析师对公司的评价和建议，展示公司的价值和潜力。

例如，企业可以在公司官网的投资者关系页面中，引用分析师对公司的研究报告，介绍公司的业务模式、竞争优势、财务状况等方面的内容。同时，企业可以在新闻稿中，引用分析师对公司的评价和建议，增强新闻稿的可信度和权威性。此外，企业可以在投资者关系资料中，如招股说明书、定期报告、路演材料等，引用分析师对公司的研究报告，为投资者提供更全面的公司分析和投资建议。

2. 与分析师合作开展品牌推广

企业可以与分析师合作开展品牌推广活动，提升公司的品牌形象和市场影响力。可以邀请分析师参加公司的品牌推广活动，如新闻发布会、产品发布会、投资者交流会等，为公司的品牌推广提供专业支持和意见建议。

例如，企业可以邀请分析师参加公司的新闻发布会，介绍公司的新产品或重大项目，并请分析师对公司的产品或项目进行评价和分析。同时，企业可以邀请分析师参加公司的产品发布会，为公司的产品推广提供专业意见和建议。

此外，企业可以邀请分析师参加公司的投资者交流会，介绍公司的业务进展和未来展望，并请分析师对公司的投资价值进行分析和评价。

3. 建立良好的品牌形象

企业应通过与分析师的互动和合作，建立良好的品牌形象。可以积极回应分析师的关注和建议，不断改进公司的经营管理，提升公司的业绩表现和市场竞争力。同时，企业可以通过发布社会责任报告、开展公益活动等方式，展示公司的社会责任感和良好形象。

例如，企业可以根据分析师的建议，加强公司的财务管理、风险管理、内部控制等方面的建设，提升公司的治理水平和经营效率。同时，企业可以通过发布社会责任报告，介绍公司在环境保护、社会公益、员工福利等方面的努力和成果，展示公司的社会责任感和良好形象。此外，企业可以开展公益活动，如捐赠、志愿服务等，为社会做出贡献，提升公司的品牌形象和市场影响力。

总之，与分析师互动是企业上市过程中的重要环节。通过主动与证券分析师沟通，提供企业最新信息和发展动态；邀请分析师参加企业活动和调研，增强分析师对企业的了解；及时回复分析师的研究报告和咨询，建立良好的合作关系；关注分析师的研究观点和评级变化，合理引导市场预期；利用分析师的研究成果进行投资者沟通和品牌推广等措施，企业可以更好地传递自身价值，引导市场预期，提升品牌形象，为上市和持续发展创造有利条件。

89 提升企业透明度

在企业准备上市及持续发展的过程中，提升企业透明度至关重要。高透明度不仅能够增强投资者的信心，吸引更多的投资，还能提升企业的声誉和竞争力，为企业的长远发展奠定坚实基础。

一、加强信息披露管理，确保信息披露的及时、准确、完整

1. 建立健全信息披露制度

企业应建立健全信息披露制度，明确信息披露的责任主体、内容、方式、时间等要求。制度应涵盖定期报告、临时公告、重大事项报告等各个方面，确

保信息披露的全面性和规范性。

例如，明确董事会秘书为信息披露的主要责任人，负责组织和协调信息披露工作。规定定期报告应在每个会计年度结束后的一定时间内披露，临时公告应在重大事项发生后的及时时间内披露。同时，对信息披露的内容格式、审核流程等进行详细规定。

2. 确保信息披露的及时性

及时性是信息披露的重要原则之一。企业应在规定的时间内披露信息，避免信息滞后给投资者带来损失。对于重大事项，应在第一时间发布临时公告，让投资者及时了解企业的动态。

例如，当企业发生重大资产重组、重大合同签订、重大投资等事项时，应立即启动信息披露程序，确保投资者在最短时间内获取相关信息。同时，建立信息监测机制，及时发现可能影响企业股价的重大事项，提前做好信息披露准备。

3. 保证信息披露的准确性

信息披露的准确性是投资者决策的重要依据。企业应确保披露的信息真实、准确、完整，不得有虚假记载、误导性陈述或重大遗漏。在信息披露前，应进行严格的审核和校对，确保信息的质量。

例如，企业财务部门应确保财务报告的准确性，审计部门应对财务报告进行严格审计。对于涉及重大事项的公告，应组织相关部门进行充分的调研和论证，确保信息的真实性和可靠性。同时，建立信息反馈机制，及时回应投资者对信息披露的质疑和询问。

4. 实现信息披露的完整性

信息披露的完整性要求企业披露所有可能影响投资者决策的信息。企业应避免选择性披露，确保投资者能够全面了解企业的经营状况和发展前景。

例如，在定期报告中，应详细披露企业的财务状况、经营成果、重大事项、风险因素等内容。对于临时公告，应充分说明事件的背景、经过、影响等。同时，企业还可以通过举办业绩说明会、投资者交流会等方式，进一步补充和解释信息披露的内容。

二、建立自愿性信息披露机制，增加企业透明度

1. 明确自愿性信息披露的范围

企业可以根据自身情况和投资者需求，确定自愿性信息披露的范围。自愿性信

息披露可以包括企业的战略规划、经营计划、研发进展、社会责任等方面的内容。

例如，企业可以披露未来几年的发展战略和经营目标，让投资者了解企业的长远规划。同时，企业可以定期公布研发项目的进展情况，展示企业的创新能力。此外，企业还可以发布社会责任报告，介绍企业在环境保护、公益事业等方面的贡献。

2. 把握自愿性信息披露的度

虽然自愿性信息披露可以增加企业透明度，但企业也应注意把握披露的度。避免过度披露敏感信息，给企业带来不必要的风险。

例如，对于涉及商业机密的信息，企业应谨慎披露。在披露研发进展时，可以适当保留关键技术细节，防止竞争对手获取。同时，企业应根据市场情况和投资者反应，适时调整自愿性信息披露的内容和频率。

3. 提高自愿性信息披露的质量

自愿性信息披露的质量直接影响投资者对企业的评价。企业应确保自愿性信息披露的真实、准确、完整，与强制性信息披露保持一致的标准。

例如，企业在披露自愿性信息时，应进行充分的调研和论证，确保信息的可靠性。同时，应采用简洁明了的语言，避免使用过于专业的术语，让投资者易于理解。此外，企业还可以通过图表、案例等形式，增强自愿性信息披露的可读性和吸引力。

三、举办投资者开放日活动，让投资者实地了解企业运营情况

1. 确定活动的目的和内容

投资者开放日活动的目的是让投资者实地了解企业的运营情况，增强投资者对企业的信心。活动内容可以包括企业参观、管理层介绍、问答交流等环节。

例如，企业可以组织投资者参观生产车间、研发中心、物流仓库等，让投资者直观地了解企业的生产经营流程。同时，企业管理层可以向投资者介绍企业的发展战略、经营业绩、未来规划等，解答投资者的疑问。此外，还可以安排投资者与企业员工进行交流，了解企业的文化和团队精神。

2. 选择合适的时间和地点

企业应选择合适的时间和地点举办投资者开放日活动。时间应尽量避开企业的生产高峰期和重大事件节点，确保活动的顺利进行。地点应选择在交通便利、环境舒适的场所，方便投资者参加。

例如，企业可以选择在周末或节假日举办投资者开放日活动，避免影响企业的正常生产经营。同时，活动地点可以选择在企业总部或主要生产基地，让投资者更好地了解企业的实际情况。此外，企业还可以提供交通和餐饮等方面的便利，提高投资者的参与度。

3. 做好活动的组织和宣传

企业应做好投资者开放日活动的组织和宣传工作。活动组织应包括场地布置、人员安排、资料准备等方面。宣传工作应包括活动通知、媒体邀请、网络宣传等方面。

例如，企业可以提前布置好活动场地，设置展示区、交流区等。安排专业的讲解人员和接待人员，为投资者提供周到的服务。同时，准备好企业宣传资料、产品样本等，让投资者更好地了解企业。在宣传方面，企业可以通过电子邮件、短信、公告等方式通知投资者，邀请媒体进行报道，扩大活动的影响力。此外，企业还可以在官方网站、社交媒体等平台上发布活动信息和照片，增强投资者的参与感。

四、公开企业治理结构和决策流程，增强投资者信任

1. 披露企业治理结构

企业应公开披露企业治理结构，包括股东大会、董事会、监事会的组成和职责，以及独立董事的设置和作用等。让投资者了解企业的决策机制和监督机制，增强投资者对企业的信任。

例如，企业可以在官方网站上公布股东大会、董事会、监事会的成员名单和职责分工。介绍独立董事的背景和专业特长，说明独立董事在企业决策中的作用。同时，企业还可以发布企业治理报告，详细介绍企业治理的理念、制度、实践等方面的内容。

2. 公开决策流程

企业应公开披露企业的决策流程，包括重大事项的决策程序、决策依据、决策结果等。让投资者了解企业的决策过程，增强投资者对企业的信心。

例如，企业可以在官方网站上公布重大事项的决策流程，说明决策的发起、讨论、审批等环节的具体要求。同时，企业还可以在临时公告中详细说明重大事项的决策依据和决策结果，让投资者了解企业的决策过程和决策质量。此外，企业还可以邀请投资者代表参与重大事项的决策过程，增强投资者的参与感和信任度。

五、对重大事项进行及时公告，避免信息不对称

1. 建立重大事项监测机制

企业应建立重大事项监测机制，及时发现可能影响企业股价的重大事项。监测机制可以包括内部报告制度、外部信息搜集等方面。

例如，企业内部各部门应及时向董事会秘书报告可能影响企业股价的重大事项。同时，企业应关注行业动态、政策变化、媒体报道等外部信息，及时发现可能对企业产生重大影响的事项。此外，企业还可以与证券监管机构、交易所等保持密切联系，及时了解监管政策的变化和要求。

2. 及时公告重大事项

企业一旦发现重大事项，应立即启动信息披露程序，及时公告重大事项。公告内容应包括重大事项的背景、经过、影响等方面的内容，让投资者全面了解重大事项的情况。

例如，当企业发生重大资产重组、重大合同签订、重大投资等事项时，应在第一时间发布临时公告，说明事件的基本情况、对企业的影响等。同时，企业应根据事件的进展情况，及时发布后续公告，向投资者通报事件的最新进展。此外，企业还可以通过举办新闻发布会、投资者交流会等方式，进一步解释和说明重大事项的情况。

总之，提升企业透明度是企业上市过程中的重要任务。通过加强信息披露管理，确保信息披露的及时、准确、完整；建立自愿性信息披露机制，增加企业透明度；举办投资者开放日活动，让投资者实地了解企业运营情况；公开企业治理结构和决策流程，增强投资者信任；对重大事项进行及时公告，避免信息不对称等措施，企业可以提高自身的透明度，增强投资者的信心，为企业的上市和持续发展创造良好的条件。

90 持续改进投资者关系管理

持续改进投资者关系管理，能够增强投资者对企业的信心，提升企业的市场价值，为企业的长期发展奠定坚实基础。

一、定期评估投资者关系管理工作的效果，总结经验教训

1. 确定评估指标

为了全面评估投资者关系管理工作的效果，企业需要确定一系列评估指标。这些指标可以包括投资者满意度、信息披露质量、沟通渠道畅通程度、市场反应等。

投资者满意度可以通过问卷调查、访谈等方式进行评估，了解投资者对企业信息披露、沟通互动、服务质量等方面的满意程度。信息披露质量可以从及时性、准确性、完整性等方面进行评估，查看企业是否按照规定及时、准确地披露了财务状况、经营成果、重大事项等信息。沟通渠道畅通程度可以评估企业与投资者之间的沟通是否顺畅，包括电话、邮件、社交媒体等渠道的回复及时性和有效性。市场反应可以观察企业股价波动、成交量变化等，以判断投资者对企业的信心和认可度。

2. 收集数据和反馈

确定评估指标后，企业需要收集相关数据和反馈。可以通过多种方式收集数据，如定期进行投资者满意度调查、分析股价走势和成交量变化、收集投资者的咨询和投诉等。

同时，企业还可以积极与投资者、分析师、中介机构等进行沟通，听取他们对企业投资者关系管理工作的意见和建议。这些反馈可以帮助企业发现问题、了解投资者需求，为改进投资者关系管理工作提供依据。

3. 分析评估结果

收集到数据和反馈后，企业需要对评估结果进行深入分析。分析过程中，要将各项评估指标与企业的目标和期望进行对比，找出差距和不足之处。

例如，如果投资者满意度较低，企业需要分析原因，是信息披露不及时、沟通渠道不畅通，还是服务质量有待提高。如果股价波动较大，企业需要分析市场对企业的看法和预期，是否存在信息不对称等问题。通过分析评估结果，企业可以明确投资者关系管理工作的重点和方向。

4. 总结经验教训

根据评估结果的分析，企业要总结投资者关系管理工作的经验教训。对于成功的做法和经验，要加以巩固和推广；对于存在的问题和不足，要认真反思，找出解决办法。

例如，如果企业在某次路演活动中取得了较好的效果，吸引了众多投资者的关注，企业可以总结路演的成功经验，如演讲内容的吸引力、互动环节的设置等，以便在今后的活动中加以借鉴。如果企业在信息披露方面出现了错误，要及时总结教训，加强内部审核机制，避免类似问题再次发生。

二、关注投资者关系管理的最新趋势和方法，不断创新和改进

1. 跟踪行业动态

投资者关系管理是一个不断发展变化的领域，企业需要密切关注行业动态，了解最新的趋势和方法。可以通过订阅行业杂志、参加专业研讨会、关注行业专家的观点等方式，及时掌握投资者关系管理的最新动态。

例如，随着社交媒体的兴起，越来越多的企业开始利用社交媒体平台与投资者进行沟通互动。企业可以关注其他企业在社交媒体上的成功案例，学习他们的经验和做法，探索适合自己的社交媒体投资者关系管理模式。

2. 学习先进经验

企业可以向其他优秀企业学习投资者关系管理的先进经验。可以通过参观考察、交流合作等方式，了解其他企业在信息披露、沟通互动、活动组织等方面的创新做法。

例如，一些企业在投资者开放日活动中，采用虚拟现实技术让投资者身临其境地了解企业的生产经营情况，取得了很好的效果。企业可以学习这种创新的活动组织方式，提升投资者的参与度和体验感。

3. 引入新技术和工具

随着科技的不断进步，新的技术和工具不断涌现，为投资者关系管理提供了更多的可能性。企业可以积极引入这些新技术和工具，提高投资者关系管理的效率和质量。

例如，利用大数据分析技术，企业可以更好地了解投资者的需求和偏好，为个性化的沟通互动提供依据。使用在线会议平台，可以方便地组织投资者会议和路演活动，降低成本，提高效率。此外，人工智能客服也可以为投资者提供及时的咨询服务，提升服务水平。

4. 创新沟通方式和内容

为了吸引投资者的关注，企业需要不断创新沟通方式和内容。可以采用多样化的沟通方式，如视频直播、音频访谈、互动问答等，满足不同投资者的需求。

在内容方面，企业可以除了财务数据和经营成果，还可以分享企业的发展战略、创新成果、社会责任等方面的信息，让投资者更全面地了解企业。同时，企业可以结合热点话题和行业趋势，发布有价值的研究报告和观点文章，提升企业在投资者中的影响力。

三、加强投资者关系管理团队建设，提高专业素质和服务水平

1. 招聘和培养专业人才

投资者关系管理需要专业的人才队伍，企业要重视招聘和培养专业人才。可以招聘具有金融、财务、法律等专业背景，同时具备良好沟通能力和团队合作精神的人才。

对于现有团队成员，企业要提供持续的培训和学习机会，提升他们的专业素质和业务能力。培训内容可以包括财务分析、证券法规、沟通技巧、危机处理等方面。通过培训，使团队成员能够更好地应对各种复杂情况，为投资者提供优质的服务。

2. 建立激励机制

为了激发投资者关系管理团队的积极性和创造力，企业需要建立有效的激励机制。可以根据团队成员的工作表现和业绩，给予相应的奖励和晋升机会。

例如，设立优秀员工奖、创新奖等，对在投资者关系管理工作中表现突出的员工进行表彰和奖励。同时，为团队成员提供广阔的发展空间，让他们看到自己的职业发展前景，增强对企业的归属感和忠诚度。

3. 加强团队协作

投资者关系管理工作涉及多个部门和领域，需要团队成员之间密切协作。企业要加强团队建设，营造良好的团队氛围，提高团队的凝聚力和战斗力。

可以通过组织团队活动、开展内部培训等方式，增进团队成员之间的了解和信任。同时，建立有效的沟通机制和协作流程，确保各部门之间信息畅通、工作协调，共同做好投资者关系管理工作。

四、与其他企业进行交流和学习，借鉴先进的投资者关系管理经验

1. 参加行业协会和组织

企业可以参加行业协会和组织，与其他企业进行交流和学习。行业协会和

组织通常会举办各种活动，如研讨会、培训班、交流考察等，为企业提供了一个良好的交流平台。

通过参加这些活动，企业可以了解行业的最新动态和发展趋势，学习其他企业的先进经验和做法。同时，企业还可以与其他企业建立联系，共同探讨解决投资者关系管理中的问题，促进整个行业的发展。

2. 开展合作与交流

企业可以与其他企业开展合作与交流，共同提升投资者关系管理水平。可以通过合作举办投资者活动、共享资源等方式，实现优势互补、互利共赢。

例如，两家企业可以联合举办路演活动，吸引更多的投资者关注。或者企业之间可以共享投资者数据库，提高信息的利用效率。此外，企业还可以与中介机构、金融机构等进行合作，共同为投资者提供更好的服务。

3. 建立学习交流机制

为了确保与其他企业的交流和学习能够持续进行，企业可以建立学习交流机制。可以定期组织内部人员与其他企业进行交流，分享经验和教训。

同时，企业可以邀请其他企业的专家和学者来企业举办讲座和组织培训，拓宽团队成员的视野和思路。通过建立学习交流机制，企业可以不断吸收先进的投资者关系管理经验，提升自身的管理水平。

五、根据企业发展和市场变化，及时调整投资者关系管理策略

1. 关注企业发展战略

投资者关系管理策略应与企业的发展战略相匹配。企业要密切关注自身的发展战略，根据战略的调整及时调整投资者关系管理策略。

例如，如果企业制定了新的发展战略，如拓展新的市场领域、推出新产品等，投资者关系管理团队要及时向投资者传达这些信息，解释企业的战略意图和发展前景，增强投资者的信心。

2. 跟踪市场变化

市场环境是不断变化的，企业需要跟踪市场变化，及时调整投资者关系管理策略。可以关注宏观经济形势、行业发展趋势、政策法规变化等因素，分析这些因素对企业和投资者的影响。

例如，如果宏观经济形势不佳，企业可以加强与投资者的沟通，解释企业的应对措施和发展前景，稳定投资者的信心。如果行业竞争加剧，企业可以突

出自身的竞争优势，加强品牌建设，提升投资者对企业的认可度。

3. 灵活调整策略

投资者关系管理策略不是一成不变的，企业要根据实际情况灵活调整策略。在调整策略时，要充分考虑投资者的需求和市场的反应，确保策略的有效性和可行性。

例如，如果企业发现某种沟通方式效果不佳，可以及时调整，尝试新的沟通方式。或者如果市场对企业的某一问题关注度较高，企业可以及时发布相关信息，回应投资者的关切。通过灵活调整策略，企业可以更好地适应市场变化，满足投资者的需求。

总之，持续改进投资者关系管理是企业上市过程中的重要任务。通过定期评估投资者关系管理工作的效果，总结经验教训；关注投资者关系管理的最新趋势和方法，不断创新和改进；加强投资者关系管理团队建设，提高专业素质和服务水平；与其他企业进行交流和学习，借鉴先进的投资者关系管理经验；根据企业发展和市场变化，及时调整投资者关系管理策略等措施，企业可以不断提升投资者关系管理水平，增强投资者对企业的信心，为企业的上市和长期发展创造良好的条件。

100%

第 十 章

上市辅导与申报

——迈向资本市场

91 选择优质保荐机构

选择一家优质的保荐机构至关重要。保荐机构不仅在企业上市过程中发挥着关键的指导和推动作用，还直接影响着企业上市的成功率和后续的发展。

一、制定保荐机构选择标准

1. 专业能力

专业能力是选择保荐机构的首要标准。保荐机构应具备扎实的金融、财务、法律等专业知识，能够准确把握企业的业务特点和发展需求，为企业提供专业的上市咨询和方案设计。

具体而言，保荐机构的专业团队应包括注册会计师、律师、行业分析师等专业人士，他们能够对企业的财务状况、法律合规性、行业前景等进行深入分析和评估。同时，保荐机构还应具备丰富的项目执行经验，能够高效地组织和协调上市过程中的各项工作。

例如，在财务方面，保荐机构能够对企业的财务报表进行深入分析，发现潜在的问题并提出合理的解决方案。在法律方面，能够对企业的历史沿革、股权结构、重大合同等进行全面审查，确保企业的法律合规性。在行业分析方面，能够准确把握企业所处行业的发展趋势和竞争格局，为企业的发展战略提供有价值的建议。

2. 经验

丰富的上市经验是保荐机构的重要优势。保荐机构应具有成功辅导多家企业上市的经验，熟悉不同行业的企业上市要求和流程，能够为企业提供切实可行的上市方案。

经验丰富的保荐机构能够更好地应对企业上市过程中的各种挑战和问题，降低企业的上市风险。同时，他们还能够为企业提供宝贵的经验教训和行业案例，帮助企业更好地理解上市的要求和规范。

例如，对于不同行业的企业，上市的重点和难点可能会有所不同。经验丰富的保荐机构能够根据企业的行业特点，制定针对性的上市策略，提高上市的成功率。此外，他们还能够在上市过程中为企业提供及时的指导和建议，帮助企业避免一些常见的错误和风险。

3. 声誉

良好的声誉是保荐机构的重要资产。保荐机构应具有良好的市场口碑和信誉度，能够为企业树立良好的形象，提高投资者的信任度。

声誉良好的保荐机构通常具有较高的职业操守和专业水平，能够为企业提供公正、客观的服务。同时，他们还能够借助自身的声誉和资源，为企业吸引更多的投资者和合作伙伴。

例如，在选择保荐机构时，企业可以通过查阅行业报告、咨询专业人士、调研其他企业的评价等方式，了解保荐机构的声誉和信誉度。同时，企业还可以关注保荐机构在行业内的排名和奖项，这些都是保荐机构声誉的重要体现。

二、对潜在保荐机构进行全面调研和评估

1. 收集信息

企业可以通过多种渠道收集潜在保荐机构的信息，包括互联网搜索、行业报告、咨询机构推荐等。收集的信息应包括保荐机构的基本情况、业务范围、成功案例、专业团队、服务收费等方面。

例如，企业可以通过保荐机构的官方网站了解其业务范围、专业团队、成功案例等信息。同时，还可以查阅行业报告和新闻媒体的报道，了解保荐机构的市场口碑和声誉度。此外，企业还可以咨询其他企业或专业人士，了解他们对不同保荐机构的评价和建议。

2. 实地考察

在收集信息的基础上，企业可以对潜在保荐机构进行实地考察。实地考察可以让企业更直观地了解保荐机构的办公环境、团队实力、工作流程等方面的情况。

在实地考察过程中，企业可以与保荐机构的管理层和专业团队进行深入交流，了解他们的专业能力、工作经验、服务理念等方面的情况。同时，还可以参观保荐机构的项目案例展示，了解他们的项目执行能力和服务质量。

例如，企业可以考察保荐机构的办公设施和信息化建设情况，了解他们的工作效率和管理水平。同时，还可以与保荐机构的专业团队进行案例分析和讨论，了解他们的专业能力和解决问题的能力。

3. 案例分析

企业可以对潜在保荐机构的成功案例进行深入分析，了解他们在不同行业

和项目中的表现和经验。案例分析可以帮助企业更好地了解保荐机构的专业能力和服务质量，为选择合适的保荐机构提供参考。

在案例分析过程中，企业可以关注保荐机构在项目中的角色和作用、上市方案的设计和执行、与监管机构的沟通和协调等方面的情况。同时，还可以了解保荐机构在项目中遇到的问题和挑战，以及他们的解决方法和经验教训。

例如，企业可以选择与自己行业相近或规模相当的成功案例进行分析，了解保荐机构在这些项目中的具体做法和经验。同时，还可以与案例中的企业进行沟通和交流，了解他们对保荐机构的评价和建议。

三、邀请多家保荐机构进行竞标，择优选择

1. 发布招标公告

企业可以通过发布招标公告的方式，邀请多家保荐机构参与竞标。招标公告应明确招标的目的、要求、流程和时间安排等方面的内容。

招标公告可以在企业的官方网站、行业媒体、招标平台等渠道发布，吸引更多的保荐机构参与竞标。同时，企业还可以通过定向邀请的方式，邀请一些知名的保荐机构参与竞标，提高招标的质量和效果。

例如，招标公告可以明确企业的上市需求和目标，要求保荐机构提供详细的上市方案和服务报价。同时，还可以规定竞标文件的格式和内容要求，以及竞标评审的标准和流程。

2. 组织竞标评审

企业应组织专业的评审团队，对参与竞标的保荐机构进行评审。评审团队应包括企业的管理层、财务人员、法律人员、行业专家等方面的人员，确保评审的专业性和公正性。

评审过程中，评审团队应根据招标公告中的评审标准，对保荐机构的竞标文件进行认真审查和评估。评审标准可以包括专业能力、经验、声誉、服务方案、服务报价等方面的内容。同时，评审团队还可以对保荐机构进行现场答辩和提问，进一步了解他们的专业能力和服务水平。

例如，评审团队可以对保荐机构的专业团队进行评估，了解他们的专业背景、工作经验、项目执行能力等方面的情况。同时，还可以对保荐机构的服务方案进行分析，了解他们的上市策略、时间安排、风险控制等方面的内容。此外，评审团队还可以对保荐机构的服务报价进行比较，选择性价比最高的保荐

机构。

3. 确定中标机构

根据评审结果，企业应确定中标保荐机构。中标机构应是在专业能力、经验、声誉、服务方案、服务报价等方面综合表现最优的保荐机构。

确定中标机构后，企业应及时与中标机构签订服务协议，并向其他参与竞标的保荐机构反馈评审结果。同时，企业还可以与中标机构进行进一步的沟通和协商，完善服务方案和协议条款，确保双方的合作顺利进行。

例如，企业可以与中标机构签订明确的服务协议，规范双方的权利义务和服务内容。同时，还可以与中标机构建立定期沟通机制，及时解决合作过程中出现的问题和挑战。此外，企业还可以对中标机构的服务进行监督和评估，确保服务质量和效果。

四、与保荐机构签订明确的服务协议，规范双方权利义务

1. 明确服务内容

服务协议应明确保荐机构的服务内容和范围，包括上市辅导、材料申报、审核沟通、发行承销等方面的工作。同时，还应明确保荐机构在不同阶段的工作重点和时间安排，确保上市工作的顺利进行。

例如，服务协议可以明确保荐机构在上市辅导阶段的工作内容，包括对企业的财务状况、法律合规性、内部控制等方面进行全面审查和整改，为企业提供专业的上市咨询和培训等。同时，还可以明确保荐机构在材料申报阶段的工作重点，包括组织编制上市申报材料、协调中介机构工作、与监管机构沟通等方面的内容。

2. 确定服务费用

服务协议应明确保荐机构的服务费用和支付方式。服务费用应根据保荐机构的服务内容、工作量、市场行情等因素合理确定，避免过高或过低的服务费用。

同时，服务费用的支付方式应合理安排，避免一次性支付过高的费用给企业带来资金压力。可以采用分期支付的方式，根据保荐机构的工作进度和效果进行支付，确保服务费用的合理性和有效性。

例如，服务协议可以明确保荐机构的服务费用包括基本费用和成功费用两部分。基本费用在签订协议后支付一定比例，成功费用在企业成功上市后支付。同时，还可以根据保荐机构的工作进度和效果，设置一些奖励条款，激励保荐

机构更好地为企业服务。

3. 规范权利义务

服务协议应明确双方的权利义务和违约责任。企业应明确自己的权利和义务，如提供真实、准确的信息资料、配合保荐机构的工作等。保荐机构应明确自己的权利和义务，如提供专业的服务、保守企业商业秘密等。

同时，服务协议还应明确违约责任，如保荐机构未能按时完成工作任务、提供虚假信息等应承担的违约责任，以及企业未能按时支付服务费用、提供虚假信息等应承担的违约责任。通过明确权利义务和违约责任，确保双方的合作顺利进行。

例如，服务协议可以明确企业有权对保荐机构的工作进行监督和评估，如发现保荐机构存在违规行为有权要求其整改或解除协议。同时，保荐机构有权要求企业提供必要的信息资料和支持，如企业未能配合有权暂停工作或解除协议。此外，服务协议还可以明确双方在违约责任方面的具体措施，如赔偿损失、支付违约金等。

五、建立与保荐机构的沟通协调机制，确保合作顺利进行

1. 建立定期沟通机制

企业应与保荐机构建立定期沟通机制，及时了解上市工作的进展情况和存在的问题。定期沟通可以采用电话会议、邮件沟通、现场会议等方式进行，确保双方的信息畅通。

例如，企业可以与保荐机构每周或每月召开一次电话会议，沟通上市工作的进展情况和存在的问题。同时，还可以通过邮件沟通的方式，及时反馈双方的意见和建议。此外，企业还可以定期与保荐机构召开现场会议，对重大问题进行深入讨论和决策。

2. 明确沟通协调流程

企业应与保荐机构明确沟通协调流程，确保双方在工作中能够高效地沟通和协调。沟通协调流程应包括问题的提出、讨论、决策和执行等环节，确保问题能够得到及时解决。

例如，当企业发现上市工作中存在问题时，应及时向保荐机构提出问题，并说明问题的具体情况和影响。保荐机构应在规定的时间内对问题进行分析和讨论，提出解决方案。双方应共同对解决方案进行决策，并明确执行的责任人和时

间节点。通过明确沟通协调流程，确保问题能够得到及时解决，提高工作效率。

3. 加强团队协作

企业应与保荐机构加强团队协作，共同推进上市工作。双方的团队应建立良好的合作关系，相互支持、相互配合，共同完成上市工作的各项任务。

例如，企业的财务人员、法律人员、业务人员等应与保荐机构的专业团队密切合作，共同完成上市申报材料的编制和审核工作。同时，双方还可以共同组织投资者路演、媒体宣传等活动，提高企业的知名度和影响力。通过加强团队协作，提高工作效率和质量，确保上市工作的顺利进行。

总之，选择优质的保荐机构是企业上市过程中的重要环节。通过制定保荐机构选择标准，对潜在保荐机构进行全面调研和评估，邀请多家保荐机构进行竞标，择优选择，与保荐机构签订明确的服务协议，规范双方权利义务，建立与保荐机构的沟通协调机制，确保合作顺利进行等措施，企业可以选择到一家专业能力强、经验丰富、声誉良好的保荐机构，为企业的上市工作提供有力的支持和保障。

92 签订上市辅导协议

在企业迈向上市的关键阶段，签订上市辅导协议是一项至关重要的工作。这份协议不仅明确了各方的权利和义务，还为企业的上市之路提供了有力的保障。

一、明确上市辅导的目标、内容和时间安排

1. 确定辅导目标

上市辅导的首要任务是明确目标。这些目标通常包括帮助企业满足上市的各项要求，提升企业的治理水平、财务规范和信息披露能力，增强企业在资本市场的竞争力等。

例如，辅导目标可以设定为在一定时间内使企业的财务报表符合上市标准，完善公司治理结构，提高信息披露的及时性和准确性，以及提升企业的品牌形象和市场认可度。通过明确具体的目标，为后续的辅导工作提供清晰的方向。

2. 规划辅导内容

上市辅导内容应涵盖多个方面。首先是财务规范，包括对企业的财务制度、会计核算、税务筹划等进行全面梳理和整改，确保财务数据的真实、准确和完整。

其次是公司治理，协助企业建立健全股东大会、董事会、监事会等治理机构，完善内部管理制度和决策程序，提高公司治理的有效性。

再次是信息披露，指导企业制定信息披露制度，规范信息披露流程，确保企业能够及时、准确地向投资者披露重要信息。

此外，还可以包括战略规划、业务拓展、风险管理等方面的内容，以提升企业的整体实力和可持续发展能力。

例如，在财务规范方面，可以聘请专业的会计师事务所对企业的财务报表进行审计，发现并纠正存在的问题。在公司治理方面，组织企业管理层参加公司治理培训，提高他们的治理意识和能力。在信息披露方面，建立信息披露工作小组，负责信息的收集、整理和发布。

3. 制定时间安排

合理的时间安排是确保上市辅导工作顺利进行的关键。辅导时间应根据企业的实际情况和上市的进度要求进行合理规划。

一般来说，可以将辅导工作分为几个阶段，每个阶段设定具体的时间节点和工作任务。例如，第一阶段可以进行全面的尽职调查，了解企业的基本情况和存在的问题，时间为一个月；第二阶段进行财务规范和公司治理整改，时间为三个月；第三阶段进行信息披露培训和模拟演练，时间为两个月；第四阶段进行上市申报材料的准备和审核，时间为两个月。通过明确的时间安排，确保辅导工作有条不紊地进行。

二、确定辅导费用和支付方式

1. 协商辅导费用

辅导费用是企业与辅导机构之间需要重点协商的内容之一。辅导费用的确定应综合考虑多个因素，包括辅导机构的专业水平、辅导工作的复杂程度、企业的规模和行业特点等。

一般来说，辅导费用可以采用固定费用加成功费用的方式确定。固定费用用于支付辅导机构的基本服务费用，成功费用则在企业成功上市后支付，作为对辅导机构的奖励。

例如，对于一家中型企业，辅导费用可以设定为固定费用 100 万元，成功费用为企业上市融资额的一定比例，如 3%。在协商辅导费用时，企业应充分了解市场行情，与辅导机构进行充分的沟通和谈判，确保费用合理、公平。

2. 确定支付方式

支付方式的确定应考虑企业的资金状况和辅导工作的进度。一般来说，可以采用分期支付的方式，根据辅导工作的阶段和成果进行支付。

例如，在签订辅导协议后支付一定比例的固定费用，如 30%；在完成财务规范和公司治理整改后支付一定比例，如 30%；在完成信息披露培训和模拟演练后支付一定比例，如 20%；在企业成功上市后支付剩余的成功费用。通过合理的支付方式，既可以减轻企业的资金压力，又可以激励辅导机构积极开展工作。

三、规定双方的保密义务和违约责任

1. 明确保密义务

上市辅导过程中，企业和辅导机构都会接触到大量的敏感信息，如企业的商业秘密、财务数据、战略规划等。因此，明确双方的保密义务至关重要。

保密义务应包括对敏感信息的保密范围、保密期限、保密措施等方面的内容。例如，保密范围可以包括企业的技术秘密、客户名单、财务报表等；保密期限可以设定为辅导协议签订之日起至企业成功上市后一定时间，如两年；保密措施可以包括签订保密协议、限制信息的访问权限、采用加密技术等。

同时，还应明确违反保密义务的违约责任，如赔偿损失、承担法律责任等，以确保双方能够严格履行保密义务。

2. 确定违约责任

为了确保上市辅导工作的顺利进行，协议中应明确双方的违约责任。违约责任应根据双方的权利和义务进行合理设定。

例如，如果企业未能按时支付辅导费用，应承担逾期付款的违约责任，如支付违约金、赔偿辅导机构的损失等。如果辅导机构未能按照协议约定的时间和质量要求完成辅导工作，应承担相应的违约责任，如退还部分辅导费用、赔偿企业的损失等。

在确定违约责任时，应充分考虑双方的实际情况和可承受能力，确保违约责任的合理性和可执行性。

四、建立辅导工作的监督和评估机制

1. 设立监督机构

为了确保上市辅导工作的质量和进度，企业可以设立专门的监督机构，对辅导工作进行全程监督。监督机构可以由企业的内部审计部门、独立董事、股东代表等组成。

监督机构的职责包括对辅导机构的工作进行定期检查和评估，审核辅导工作的成果和报告，及时发现并解决存在的问题。例如，监督机构可以每月对辅导机构的工作进行一次检查，审核辅导机构提交的工作报告和财务报表，对辅导工作的进度和质量进行评估。

2. 制定评估标准

建立科学合理的评估标准是对辅导工作进行有效评估的关键。评估标准应包括辅导工作的进度、质量、效果等方面的内容。

例如，进度评估可以根据辅导工作的时间安排，检查各项工作任务是否按时完成；质量评估可以从财务规范、公司治理、信息披露等方面进行考核，检查辅导工作是否达到了预期的目标；效果评估可以通过企业的市场表现、投资者反馈等方面进行评价，检查辅导工作对企业的价值提升是否明显。

通过制定明确的评估标准，可以客观、公正地对辅导工作进行评估，为企业的决策提供依据。

3. 实施评估和反馈

按照评估标准，定期对辅导工作进行评估，并及时向辅导机构反馈评估结果。评估和反馈的频率可以根据辅导工作的进度和重要性进行确定。

例如，每季度对辅导工作进行一次全面评估，向辅导机构反馈评估结果和存在的问题，并要求辅导机构提出整改措施和时间表。通过实施评估和反馈，可以及时发现问题、解决问题，不断提高辅导工作的质量和效果。

五、确保辅导协议符合相关法律法规和监管要求

1. 遵守法律法规

上市辅导协议的签订和履行必须严格遵守国家的法律法规和证券监管部门的相关规定。企业和辅导机构应充分了解上市的法律法规和政策要求，确保辅导协议的内容合法、合规。

例如，协议中应明确辅导机构的资质要求、辅导工作的程序和内容、信息披露的规范等，确保辅导工作符合证券监管部门的要求。同时，协议的签订和履行应遵循合同法等相关法律法规的规定，确保双方的合法权益得到保障。

2. 接受监管部门监督

企业在上市辅导过程中，应积极接受证券监管部门的监督和指导。辅导机构也应配合监管部门的工作，及时向监管部门报告辅导工作的进展情况和存在的问题。

例如，企业应按照监管部门的要求，定期提交辅导工作报告和财务报表，接受监管部门的检查和审核。辅导机构应在辅导工作中，及时向监管部门反馈企业的情况和问题，协助监管部门对企业进行监管。通过接受监管部门的监督，可以确保上市辅导工作的规范、有序进行。

总之，签订上市辅导协议是企业上市过程中的重要环节。通过明确上市辅导的目标、内容和时间安排，确定辅导费用和支付方式，规定双方的保密义务和违约责任，建立辅导工作的监督和评估机制，以及确保辅导协议符合相关法律法规和监管要求，可以为企业的上市之路提供有力的保障，提高企业上市的成功率。

93 制订上市辅导计划

制订一个科学合理的上市辅导计划至关重要，这个计划将为企业的上市之路提供明确的方向和具体的行动指南，确保企业能够顺利地实现上市目标。

一、分析企业上市的优势和不足，制订针对性的辅导计划

1. 全面评估企业优势

首先，对企业进行深入的分析，明确其在上市方面的优势。这些优势可能包括强大的品牌影响力、领先的技术实力、稳定的客户群体、优秀的管理团队等。

例如，如果企业在行业内拥有较高的品牌知名度，那么在上市辅导计划中可以突出品牌建设和市场推广方面的工作，进一步提升品牌价值，吸引投资者

的关注。如果企业拥有先进的技术和研发能力，可以强调技术创新和知识产权保护，展示企业的核心竞争力。

通过对企业优势的分析，确定在上市过程中可以重点突出的亮点，为企业的上市宣传和投资者沟通提供有力的支持。

2. 准确识别企业不足

与此同时，也要客观地认识企业存在的不足之处。这些不足可能涉及财务状况、公司治理、内部控制、信息披露等方面。

比如，财务方面可能存在财务报表不规范、赢利能力不稳定等问题；公司治理方面可能存在董事会结构不合理、独立董事作用发挥不充分等情况；内部控制方面可能存在流程不完善、风险管控薄弱等现象；信息披露方面可能存在不及时、不准确、不完整等缺陷。

对企业不足的准确识别，有助于在上市辅导计划中明确重点整改的方向，有针对性地采取措施加以改进。

3. 制订针对性辅导计划

根据企业的优势和不足，制订针对性的上市辅导计划。辅导计划应明确目标、内容、方法和时间安排，确保各项工作有序推进。

对于企业的优势，要进一步强化和提升，通过有效的宣传和推广，让投资者充分了解企业的价值。对于企业的不足，要制定具体的整改措施，明确责任人和时间节点，确保在上市前得到有效解决。

例如，如果企业的财务状况存在问题，辅导计划可以包括聘请专业的会计师事务所进行财务审计和规范，优化财务结构，提高赢利能力。如果公司治理存在缺陷，辅导计划可以安排对董事会成员和高级管理人员进行公司治理培训，完善公司治理结构和决策机制。

二、确定辅导的重点领域和关键环节

1. 明确重点领域

根据企业的实际情况和上市要求，确定上市辅导的重点领域。一般来说，重点领域包括财务规范、公司治理、内部控制、信息披露等方面。

财务规范是企业上市的基础，包括会计核算、财务报表编制、税务筹划等内容。公司治理是企业可持续发展的保障，涉及董事会、监事会、股东大会的运作，以及独立董事、高级管理人员的职责等。内部控制是企业风险防范的重要手段，包括内部审计、风险管理、合规管理等环节。信息披露是企业与投资者沟通的桥梁，要求企业及时、准确、完整地披露重要信息。

例如，如果企业所处的行业对财务数据的真实性和准确性要求较高，那么财务规范就应作为重点领域之一，加大对财务审计和规范的力度。如果企业是高科技企业，技术创新和知识产权保护至关重要，那么在信息披露方面就要重点突出企业的技术优势和研发成果。

2. 确定关键环节

在重点领域中，进一步确定关键环节。这些环节往往是影响企业上市进程的关键因素，需要重点关注和精心策划。

比如，在财务规范方面，关键环节可能包括资产清查、负债核实、收入确认、成本核算等；在公司治理方面，关键环节可能包括董事会成员的选举和更换、独立董事的提名和聘任、高级管理人员的激励和约束等；在内部控制方面，关键环节可能包括风险评估、控制活动、信息与沟通、内部监督等；在信息披露方面，关键环节可能包括重大事项的披露标准、定期报告的编制和审核、临时公告的发布流程等。

确定关键环节后，要制定详细的工作方案和应急预案，确保在关键环节上不出差错，顺利推进企业上市进程。

三、制定详细的辅导时间表和任务分工

1. 制定辅导时间表

制定详细的上市辅导时间表，明确各项工作的开始时间、完成时间和责任人。时间表应具有可操作性和可监控性，确保辅导工作按时推进。

可以将上市辅导过程分为几个阶段，如准备阶段、实施阶段、申报阶段和审核阶段等。每个阶段再细分为具体的工作任务，确定每项任务的时间节点。

例如，在准备阶段，可以安排一个月的时间进行企业内部调研和问题梳理，确定辅导重点和方向。在实施阶段，可以用三个月的时间进行财务规范、公司治理和内部控制的整改，同时开展信息披露培训和模拟演练。在申报阶段，可以用两个月的时间准备上市申报材料，并提交给证券监管部门。在审核阶段，密切关注审核进度，及时回复监管部门的反馈意见，争取尽快通过审核。

2. 明确任务分工

明确上市辅导工作的任务分工，确保各项工作责任到人。任务分工应根据

辅导机构和企业内部各部门的职责和专业优势进行合理安排。

辅导机构通常负责整体辅导方案的制订和实施，提供专业的财务、法律和证券咨询服务，协助企业进行问题整改和申报材料准备。企业内部各部门则要积极配合辅导机构的工作，提供必要的资料和信息，落实各项整改措施。

例如，财务部门负责财务规范和审计工作，提供准确的财务报表和相关数据；法律部门负责公司治理和内部控制的完善，审核重大合同和法律文件；证券事务部门负责信息披露和投资者关系管理，与证券监管部门和投资者进行沟通和协调。同时，企业高层领导要加强对上市辅导工作的领导和支持，确保各项工作顺利推进。

四、建立辅导工作的质量控制体系

1. 设立质量控制标准

建立上市辅导工作的质量控制体系，首先要设立质量控制标准。质量控制标准应涵盖辅导工作的各个方面，包括财务规范、公司治理、内部控制、信息披露等。

例如，在财务规范方面，质量控制标准可以包括会计核算的准确性、财务报表的真实性、税务筹划的合法性等；在公司治理方面，质量控制标准可以包括董事会决策的科学性、监事会监督的有效性、高级管理人员的廉洁性等；在内部控制方面，质量控制标准可以包括风险评估的全面性、控制活动的有效性、信息与沟通的及时性、内部监督的独立性等；在信息披露方面，质量控制标准可以包括披露内容的准确性、完整性、及时性和可读性等。

通过设立明确的质量控制标准，为辅导工作的质量评估提供客观依据。

2. 建立质量监控机制

建立质量监控机制，对上市辅导工作进行全程监控。质量监控机制可以包括定期检查、专项审计、内部评估等方式。

定期检查可以每月或每季度进行一次，由辅导机构和企业内部的质量控制部门共同对辅导工作的进展情况和质量进行检查，及时发现问题并提出整改意见。专项审计可以针对重点领域和关键环节进行，如财务审计、内部控制审计等，确保这些方面的工作符合质量控制标准。内部评估可以在辅导工作的不同阶段进行，由企业内部的相关部门和人员对辅导工作的效果进行评估，总结经验教训，不断改进辅导工作。

通过建立质量监控机制，及时发现和解决辅导工作中存在的问题，确保辅导工作的质量和效果。

3. 实施质量奖惩措施

为了确保质量控制体系的有效运行，要实施质量奖惩措施。对在辅导工作中表现出色、质量较高的部门和个人进行奖励，对工作不力、质量不达标的部门和个人进行惩罚。

奖励可以包括物质奖励和精神奖励，如奖金、荣誉证书、晋升机会等。惩罚可以包括批评教育、罚款、降职等。通过实施质量奖惩措施，激发辅导机构和企业内部各部门及人员的工作积极性和责任感，提高辅导工作的质量和效率。

五、定期对辅导计划进行调整和优化

1. 跟踪辅导工作进展

定期跟踪上市辅导工作的进展情况，及时了解各项工作的完成情况和存在的问题。可以通过召开工作会议、编制工作简报、进行现场检查等方式进行跟踪。

在跟踪过程中，要重点关注关键环节和重点领域的工作进展，及时发现问题并采取措施加以解决。同时，要收集各方的意见和建议，为辅导计划的调整和优化提供参考。

2. 分析市场变化和政策调整

密切关注市场变化和政策调整，及时分析这些变化对企业上市的影响。市场变化可能包括行业竞争格局的变化、投资者需求的变化等；政策调整可能包括证券监管政策的变化、税收政策的变化等。

例如，如果行业竞争加剧，企业需要在辅导计划中加强市场推广和品牌建设方面的工作，提高企业的市场竞争力。如果证券监管政策收紧，企业需要及时调整申报材料的准备工作，确保符合监管要求。

3. 调整和优化辅导计划

根据辅导工作的进展情况和市场变化、政策调整等因素，定期对上市辅导计划进行调整和优化。调整和优化的内容可以包括辅导目标、重点领域、关键环节、时间表、任务分工等方面。

调整和优化辅导计划要经过充分的论证和决策，确保调整后的计划更加科学合理、符合实际情况。同时，要及时将调整后的计划传达给辅导机构和企业内部各部门，确保各项工作按照新的计划顺利推进。

总之，制订上市辅导计划是企业上市过程中的重要环节。通过分析企业上市的优势和不足，制订针对性的辅导计划；确定辅导的重点领域和关键环节；制定详细的辅导时间表和任务分工；建立辅导工作的质量控制体系；定期对辅导计划进行调整和优化等措施，能够为企业的上市之路提供有力的保障，提高企业上市的成功率。

94 配合保荐机构工作

保荐机构作为专业的中介机构，在企业上市过程中发挥着关键的指导和推动作用。只有积极配合保荐机构的工作，企业才能顺利实现上市目标。

一、成立专门的上市工作小组，负责与保荐机构对接

1. 组建专业团队

企业应成立专门的上市工作小组，负责与保荐机构进行对接。这个工作小组应由企业内部各个关键部门的人员组成，包括财务、法律、业务、行政等方面的专业人员。

例如，财务部门的人员负责提供准确的财务数据和报表，解答保荐机构关于财务方面的问题；法律部门的人员负责审查企业的法律文件和合同，确保企业的法律合规性；业务部门的人员负责介绍企业的业务模式和发展前景，为保荐机构提供业务方面的支持；行政部门的人员负责协调各方资源，保障上市工作的顺利进行。

2. 明确工作职责

上市工作小组应明确各成员的工作职责，确保每个人都清楚自己的任务和责任。工作小组可以设立组长和副组长，负责领导和协调小组的工作。

例如，组长可以负责与保荐机构的高层沟通，协调重大问题的解决；副组长可以负责具体工作的安排和执行，监督各成员的工作进度。各成员应根据自己的专业领域，负责相应的工作任务，如财务人员负责财务资料的整理和提供，法律人员负责法律文件的审查和完善等。

3. 建立沟通机制

为了确保与保荐机构的有效对接，上市工作小组应建立良好的沟通机制。可以定期召开工作会议，与保荐机构共同讨论上市工作的进展情况和存在的问题。

例如，每周召开一次工作例会，由工作小组和保荐机构的项目负责人参加，汇报本周的工作进展，讨论下周的工作计划。同时，还可以建立即时通信群组，方便随时沟通和交流。在沟通中，应保持信息的畅通和透明，及时反馈问题和意见，共同寻求解决方案。

二、及时提供企业相关资料和信息，配合保荐机构进行尽职调查

1. 整理资料清单

在保荐机构进行尽职调查之前，企业应与保荐机构共同整理出需要提供的资料清单。这份清单应涵盖企业的各个方面，包括财务、法律、业务、人事等。

例如，财务方面的资料可以包括财务报表、审计报告、税务申报表等；法律方面的资料可以包括公司章程、合同文件、诉讼记录等；业务方面的资料可以包括业务流程图、客户名单、供应商名单等；人事方面的资料可以包括员工花名册、劳动合同、薪酬福利制度等。通过整理资料清单，企业可以明确自己需要准备的资料范围，提高资料提供的效率和准确性。

2. 及时提供资料

企业应按照资料清单的要求，及时提供相关资料和信息给保荐机构。在提供资料时，应确保资料的真实性、准确性和完整性。

例如，对于财务报表，应经过审计机构的审计，并由企业的财务负责人签字确认。对于合同文件，应提供原件或经过公证的复印件。对于业务流程图，应详细说明企业的业务流程和关键环节。如果企业在提供资料的过程中发现问题或遗漏，应及时与保荐机构沟通，补充完善相关资料。

3. 配合尽职调查

在保荐机构进行尽职调查的过程中，企业应积极配合，提供必要的协助和支持。尽职调查可能包括对企业的实地考察、访谈企业管理人员和员工、查阅相关文件和记录等。

例如，企业可以安排专人陪同保荐机构的调查人员进行实地考察，介绍企业的生产经营情况和设施设备。对于访谈，企业应提前通知相关人员做好准备，如实回答调查人员的问题。在查阅文件和记录时，企业应提供方便的查阅条件，

确保调查人员能够顺利获取所需信息。

三、积极参与辅导培训和整改工作，提高企业规范运作水平

1. 参加辅导培训

保荐机构通常会为企业提供上市辅导培训，帮助企业了解上市的相关法律法规、程序和要求。企业应积极组织相关人员参加辅导培训，提高对上市工作的认识和理解。

例如，企业可以安排管理层、财务人员、法律人员等参加辅导培训课程。培训内容可以包括证券法律法规、财务会计制度、公司治理结构、信息披露要求等。通过参加辅导培训，企业人员可以掌握上市所需的知识和技能，为企业的上市工作做好准备。

2. 进行内部整改

根据保荐机构在尽职调查中提出的问题和建议，企业应积极进行内部整改，提高企业的规范运作水平。整改工作可能涉及财务规范、公司治理、内部控制、信息披露等方面。

例如，对于财务不规范的问题，企业可以聘请专业的会计师事务所进行审计和调整，完善财务管理制度。对于公司治理结构不完善的问题，企业可以优化董事会、监事会的组成和运作机制，提高决策的科学性和透明度。对于内部控制薄弱的问题，企业可以建立健全内部审计制度，加强对风险的防范和控制。对于信息披露不及时、不准确的问题，企业可以制定信息披露管理制度，明确信息披露的责任人和流程。

3. 持续改进提升

企业应将规范运作作为一项长期的工作任务，持续改进和提升企业的管理水平。在整改工作完成后，企业应建立长效机制，确保各项管理制度的有效执行。

例如，企业可以定期对财务、法律、业务等方面的管理制度进行审查和修订，适应市场变化和监管要求。同时，企业还可以加强内部培训和教育，提高员工的规范意识和业务水平。通过持续改进提升，企业可以不断提高自身的竞争力和可持续发展能力，为上市后的发展奠定坚实的基础。

四、对保荐机构提出的问题和建议进行认真研究和落实

1. 及时反馈意见

当保荐机构提出问题和建议时，企业应及时给予反馈，表明对问题的重视和解决问题的态度。反馈意见应明确具体，说明企业对问题的认识和初步的解决方案。

例如，对于保荐机构提出的财务问题，企业可以在反馈意见中说明问题的原因和影响，提出具体的整改措施和时间安排。对于建议，企业应认真考虑其可行性和合理性，如有需要，可以与保荐机构进一步沟通和讨论，完善建议的内容。

2. 深入研究分析

企业应对保荐机构提出的问题和建议进行深入研究分析，找出问题的根源和解决问题的关键。可以组织内部相关部门和人员进行专题讨论，广泛征求意见和建议。

例如，对于复杂的财务问题，企业可以邀请专业的会计师事务所和财务顾问进行会诊，共同分析问题的本质和解决方案。对于涉及公司治理和内部控制的问题，企业可以组织董事会、监事会成员和高级管理人员进行研讨，制定切实可行的改进措施。通过深入研究分析，企业可以制订出科学合理的解决方案，确保问题得到有效解决。

3. 认真落实整改

企业应将保荐机构提出的问题和建议纳入整改计划，认真落实整改措施。整改工作应明确责任人和时间节点，确保整改工作按时完成。

例如，对于财务问题的整改，企业可以指定财务部门的负责人为责任人，制定详细的整改时间表，定期向保荐机构汇报整改进展情况。对于公司治理和内部控制方面的问题，企业可以成立专项整改小组，由董事会秘书或总经理助理担任组长，负责协调各部门的整改工作。在整改过程中，企业应加强对整改工作的监督和检查，确保整改措施的有效执行。

五、加强与保荐机构的沟通和协调，确保辅导工作顺利推进

1. 建立定期沟通机制

企业应与保荐机构建立定期沟通机制，及时交流上市工作的进展情况和存

在的问题。可以每周或每月召开一次沟通会议，由企业的上市工作小组和保荐机构的项目团队参加。

例如，在沟通会议上，企业可以汇报本周或本月的工作进展，包括资料提供、整改工作、培训参与等方面的情况。保荐机构可以反馈对企业工作的评价和建议，提出下一步的工作要求和重点。通过定期沟通，双方可以及时了解对方的需求和期望，协调解决工作中出现的问题，确保上市工作的顺利推进。

2. 加强信息共享

企业与保荐机构应加强信息共享，及时通报市场动态、政策变化和监管要求等方面的信息。信息共享可以通过电子邮件、即时通信、文件交换等方式进行。

例如，当市场出现重大变化或政策调整时，保荐机构可以及时通知企业，帮助企业分析其对上市工作的影响，并提出相应的应对策略。企业也可以将自身的业务发展情况、重大合同签订、新产品推出等信息及时告知保荐机构，以便保荐机构更好地为企业提供服务。通过加强信息共享，双方可以更好地把握市场动态和政策变化，提高上市工作的针对性和有效性。

3. 共同解决问题

在上市工作中，企业和保荐机构可能会遇到各种问题和挑战。双方应共同努力，积极寻求解决方案，确保辅导工作的顺利推进。

例如，当企业在财务规范、公司治理、内部控制等方面遇到困难时，保荐机构可以提供专业的咨询和建议，帮助企业解决问题。当保荐机构在与监管部门沟通、申报材料准备等方面遇到问题时，企业可以积极配合，提供必要的支持和协助。通过共同解决问题，双方可以建立良好的合作关系，增强彼此的信任和信心，为企业的上市工作创造有利条件。

总之，配合保荐机构工作是企业上市过程中的重要环节。通过成立专门的上市工作小组，及时提供企业相关资料和信息，积极参与辅导培训和整改工作，认真研究和落实保荐机构提出的问题和建议，加强与保荐机构的沟通和协调，企业可以与保荐机构密切合作，共同推动上市工作的顺利进行，实现企业的上市目标。

95 准备上市申报材料

准备上市申报材料是一项至关重要的工作。这些材料将直接影响企业能否成功上市以及上市后的发展前景。因此，企业必须高度重视申报材料的准备工作，确保其准确、完整、规范。

一、确定申报材料的内容和格式要求

1. 研究上市规则和要求

企业首先需要深入研究目标证券市场的上市规则和要求。不同的证券市场可能有不同的上市标准和申报材料要求，因此企业必须明确了解自己所选择的证券市场的具体规定。

可以通过查阅证券交易所的官方网站、咨询专业的上市顾问或律师等方式，获取关于上市规则和要求的详细信息。例如，了解证券交易所对企业的财务指标、公司治理、信息披露等方面的具体要求，以及申报材料的格式、内容和提交方式等。

2. 确定申报材料的内容

根据上市规则和要求，确定申报材料的具体内容。一般来说，上市申报材料包括招股说明书、财务报表、审计报告、法律意见书、公司章程、股东大会决议等。

招股说明书是申报材料的核心，它应详细介绍企业的业务模式、财务状况、发展前景、风险因素等内容，以便投资者对企业有全面的了解。财务报表和审计报告则是反映企业财务状况的重要依据，应确保其真实、准确、完整。法律意见书是对企业法律合规性的专业评估，公司章程和股东大会决议则是体现企业治理结构和决策程序的重要文件。

3. 明确申报材料的格式要求

除了内容要求，企业还需要明确申报材料的格式要求。这包括字体、字号、行距、页边距、图表格式等方面的要求，以及申报材料的装订方式和份数要求。

企业可以参考证券交易所提供的申报材料模板或范例，确保申报材料的格式符合要求。同时，还应注意申报材料的排版和美观度，使其易于阅读和理解。例如，使用清晰的标题和段落结构，合理安排图表和文字内容，避免出现错别字和语法错误等。

二、组织各部门收集和整理相关资料

1. 成立申报材料准备小组

为了高效地收集和整理申报材料，企业应成立专门的申报材料准备小组。这个小组可以由企业的高层管理人员、财务人员、法律人员、业务人员等组成，负责协调各部门的工作，确保申报材料的准备工作顺利进行。

申报材料准备小组应明确各成员的工作职责和任务分工，制订详细的工作计划和时间表。例如，财务人员负责收集和整理财务报表、审计报告等资料；法律人员负责准备法律意见书、公司章程等文件；业务人员负责提供企业的业务模式、市场前景等信息。

2. 协调各部门配合

申报材料的准备工作需要企业各部门的密切配合。因此，申报材料准备小组应积极协调各部门，确保各部门能够按时提供所需的资料和信息。

可以通过召开部门协调会议、发送工作通知等方式，明确各部门的工作任务和时间要求。同时，还应建立有效的沟通机制，及时解决各部门在资料收集和整理过程中遇到的问题。例如，对于一些涉及多个部门的资料，应明确牵头部门和配合部门，确保资料的准确性和完整性。

3. 收集和整理资料

各部门应按照申报材料准备小组的要求，积极收集和整理相关资料。在收集资料的过程中，应确保资料的真实性、准确性和完整性。

对于财务报表、审计报告等重要资料，应经过专业的会计师事务所审计和确认。对于法律意见书、公司章程等文件，应经过专业的律师事务所审核和修订。对于业务模式、市场前景等信息，应经过业务部门的深入调研和分析。同时，还应注意收集和整理一些能够体现企业特色和优势的资料，如企业的专利证书、荣誉证书、客户评价等。

三、对申报材料进行审核和校对，确保准确性和完整性

1. 内部审核

在提交申报材料之前，企业应进行内部审核，确保申报材料的准确性和完整性。内部审核可以由申报材料准备小组或企业的内部审计部门负责。

内部审核的内容包括申报材料的内容是否符合上市规则和要求、资料是否真实准确完整、格式是否规范美观等方面。审核人员应逐页逐句地审查申报材料，发现问题及时进行修改和完善。例如，对于财务报表中的数据，应进行核对和验证，确保其准确无误；对于招股说明书中的风险因素，应进行充分的分析和披露，避免遗漏重要风险。

2. 外部审核

除了内部审核，企业还可以聘请专业的机构对申报材料进行外部审核。外部审核可以由律师事务所、会计师事务所、证券保荐机构等专业机构负责。

外部审核的内容主要包括申报材料的法律合规性、财务真实性、业务可行性等方面。专业机构可以凭借其专业知识和经验，对申报材料进行全面的审查和评估，发现问题并提出改进建议。例如，律师事务所可以对法律意见书进行审核，确保其符合法律规定；会计师事务所可以对财务报表进行审计，确保其真实准确；证券保荐机构可以对招股说明书进行审核，确保其具有吸引力和可读性。

3. 校对和修订

在审核过程中，发现的问题应及时进行校对和修订。校对和修订工作应认真细致，确保申报材料的质量和准确性。

对于一些重要的问题，如财务数据错误、法律风险未充分披露等，应进行深入的分析和研究，制订切实可行的解决方案。同时，还应注意申报材料的语言表达和逻辑结构，使其更加清晰和流畅。例如，对于一些复杂的财务术语和法律条款，应进行解释和说明，以便投资者能够理解；对于招股说明书中的业务描述，应进行优化和完善，使其更加生动和吸引人。

四、聘请专业机构对申报材料进行审计和评估

1. 选择专业机构

企业应选择具有良好声誉和专业能力的机构对申报材料进行审计和评估。这些机构可以包括会计师事务所、律师事务所、资产评估机构等。

在选择专业机构时，应考虑其资质、经验、业绩、服务质量等因素。可以通过查阅机构的官方网站、咨询其他企业的推荐、参加行业研讨会等方式，了解不同机构的情况。同时，还应与机构进行充分的沟通和协商，明确其工作范围、时间要求和收费标准等。例如，选择一家具有丰富上市审计经验的会计师事务所，可以确保财务报表的真实准确；选择一家专业的律师事务所，可以为

企业提供全面的法律支持和保障。

2. 进行审计和评估

专业机构应按照相关法律法规和职业准则，对申报材料进行审计和评估。审计和评估的内容包括财务报表审计、法律意见书审核、资产评估等方面。

会计师事务所应对企业的财务报表进行审计，出具审计报告。审计报告应真实、准确地反映企业的财务状况和经营成果，为投资者提供可靠的财务信息。律师事务所应对企业的法律合规性进行审核，出具法律意见书。法律意见书应明确企业的法律地位、产权关系、重大合同等方面的情况，为企业的上市提供法律保障。资产评估机构应对企业的资产进行评估，出具资产评估报告。资产评估报告应客观、公正地反映企业资产的价值，为投资者提供参考依据。

3. 反馈和改进

专业机构在审计和评估过程中，应及时向企业反馈发现的问题和提出的建议。企业应认真对待专业机构的反馈意见，积极进行改进和完善。

对于专业机构提出的问题，企业应进行深入的分析和研究，制订切实可行的解决方案。同时，还应与专业机构进行充分的沟通和协商，确保解决方案的合理性和可行性。例如，对于会计师事务所提出的财务报表调整建议，企业应认真分析其原因和影响，及时进行调整和完善；对于律师事务所提出的法律风险防范措施，企业应积极采纳并落实到企业的日常经营管理中。

五、按照规定的时间节点提交申报材料

1. 了解申报时间要求

企业应了解证券交易所对申报材料的提交时间要求。不同的证券市场可能有不同的申报时间窗口和截止日期，企业必须严格遵守这些时间要求，确保申报材料能够按时提交。

可以通过查阅证券交易所的官方网站、咨询上市顾问或律师等方式，了解申报时间要求的具体情况。同时，还应考虑申报材料的准备时间和审核时间，合理安排申报工作的进度。例如，了解证券交易所的申报时间窗口和截止日期，以及申报材料的审核周期和反馈时间，以便企业能够提前做好准备，按时提交申报材料。

2. 制订申报计划

根据申报时间要求，企业应制订详细的申报计划。申报计划应明确申报材

料的准备、审核、修订、提交等各个环节的时间节点和责任人，确保申报工作能够有序进行。

申报计划可以采用甘特图等项目管理工具进行制定，以便直观地展示申报工作的进度和责任人。同时，还应建立有效的监督机制，定期检查申报工作的进展情况，及时发现和解决问题。例如，制定申报材料准备的时间表，明确各部门的任务分工和完成时间；制定申报材料审核和修订的时间表，明确审核人员的职责和完成时间；制定申报材料提交的时间表，明确提交的方式和责任人。

3. 按时提交申报材料

在申报材料准备完成后，企业应按照申报计划的时间节点，及时提交申报材料。提交申报材料时，应确保材料的完整性和准确性，并按照证券交易所的要求进行装订和封装。

可以通过电子申报系统或邮寄等方式提交申报材料。在提交申报材料后，企业应及时跟踪申报材料的审核进度，积极配合证券交易所的审核工作。例如，在提交申报材料后，企业可以通过电子申报系统查询申报材料的审核状态，及时回复证券交易所的反馈意见；如果需要补充或修改申报材料，应在规定的时间内完成并重新提交。

总之，准备上市申报材料是企业上市过程中的一项重要工作。企业必须高度重视申报材料的准备工作，明确申报材料的内容和格式要求，组织各部门收集和整理相关资料，对申报材料进行审核和校对，聘请专业机构对申报材料进行审计和评估，按照规定的时间节点提交申报材料。只有这样，企业才能确保申报材料的质量和准确性，提高上市的成功率。

96 进行预审核沟通

在企业上市的过程中，预审核沟通是一个至关重要的环节。它不仅有助于企业更好地了解审核流程和要求，提前解决可能存在的问题，还能建立良好的沟通关系，为企业顺利通过审核奠定基础。

一、了解预审核的流程和要求

1. 研究相关法规和政策

企业首先需要深入研究与上市预审核相关的法规和政策。这些法规和政策包括证券法律法规、证券交易所的上市规则以及监管部门的审核指引等。通过研究这些法规和政策，企业可以了解预审核的基本流程、审核标准和要求，为后续的沟通和准备工作提供依据。

例如，企业可以查阅证券交易所的官方网站，了解上市审核的具体流程和要求；还可以关注监管部门发布的审核指引和政策解读，及时掌握审核的最新动态和趋势。同时，企业还可以咨询专业的律师、会计师和上市顾问，获取更详细的法规解读和操作建议。

2. 分析预审核流程

了解预审核的流程是进行有效沟通的前提。企业应该对预审核的各个环节进行详细分析，包括申报材料的提交、审核部门的受理、审核人员的初步审查、反馈意见的发出以及企业的回复和整改等。通过分析预审核流程，企业可以明确各个环节的时间节点和工作重点，合理安排工作进度，确保在规定的时间内完成各项任务。

例如，企业可以制定一个详细的预审核时间表，明确每个环节的开始时间和完成时间，并将其分解为具体的任务和责任人。同时，企业还可以根据预审核流程，提前准备好可能需要的资料和文件，以便在审核过程中能够及时提供。

3. 明确预审核要求

除了了解预审核流程，企业还需要明确预审核的具体要求。这些要求包括申报材料的内容、格式、真实性、准确性和完整性等方面。企业应该严格按照审核要求准备申报材料，确保材料符合审核标准，避免因材料不符合要求而被退回或要求补充。

例如，企业可以根据审核要求，制定一个详细的申报材料清单，明确每个材料的名称、内容、格式和提交时间。同时，企业还可以对申报材料进行内部审核和自查，确保材料的真实性、准确性和完整性。如果发现问题，应及时进行整改和完善，确保申报材料在提交前达到审核要求。

二、积极与审核部门进行沟通，提前了解审核关注点

1. 确定沟通渠道和方式

企业需要确定与审核部门进行沟通的渠道和方式。一般来说，企业可以通过电话、电子邮件、书面函件等方式与审核部门进行沟通。在选择沟通渠道和方式时，企业应该考虑沟通的效率、便捷性和正式性等因素，选择最适合的方式进行沟通。

例如，对于一些紧急的问题，企业可以通过电话或电子邮件进行沟通，以便及时得到审核部门的回复和指导。对于一些重要的问题或需要正式回复的问题，企业可以通过书面函件进行沟通，确保沟通的正式性和可追溯性。同时，企业还可以关注审核部门的官方网站和公告，了解审核部门的联系方式和沟通渠道，以便及时与审核部门进行沟通。

2. 主动沟通，了解审核关注点

企业应该主动与审核部门进行沟通，提前了解审核关注点。在沟通中，企业可以向审核部门咨询关于上市审核的政策法规、审核流程、审核标准等方面的问题，同时也可以了解审核部门对企业申报材料的初步看法和关注点。通过主动沟通，企业可以提前了解审核关注点，有针对性地准备申报材料和回复审核意见，提高审核的通过率。

例如，企业可以在申报材料提交前，与审核部门进行一次预沟通，向审核部门介绍企业的基本情况、业务模式、财务状况等方面的内容，同时了解审核部门对企业申报材料的初步要求和关注点。在沟通中，企业应该认真听取审核部门的意见和建议，及时进行记录和整理，并根据审核部门的要求进行整改和完善。

3. 建立良好的沟通关系

建立良好的沟通关系是进行有效沟通的基础。企业应该以积极、诚恳、专业的态度与审核部门进行沟通，尊重审核部门的工作和意见，及时回复审核部门的问题和要求。同时，企业还可以通过定期汇报企业的经营情况、发展规划等方面的内容，加强与审核部门的沟通和交流，建立良好的信任关系。

例如，企业可以在沟通中，向审核部门表达企业对上市的重视和决心，同时也可以介绍企业为上市所做的努力和准备工作。在回复审核部门的问题和要求时，企业应该认真对待，及时、准确地提供相关信息和资料，确保回复的质量和效率。同时，企业还可以定期向审核部门汇报企业的经营情况和发展规划，

让审核部门了解企业的发展动态和前景，增强审核部门对企业的信心和支持。

三、对审核部门提出的问题进行及时回复和解释

1. 建立快速响应机制

企业需要建立快速响应机制，对审核部门提出的问题进行及时回复和解释。在收到审核部门的反馈意见后，企业应该立即组织相关人员进行分析和研究，制订回复方案，并在规定的时间内回复审核部门。回复时间一般不宜超过审核部门要求的时间期限，以免影响审核进度。

例如，企业可以建立一个专门的审核回复小组，由企业的高管、财务人员、法律人员、业务人员等组成，负责对审核部门提出的问题进行回复和解释。在收到审核部门的反馈意见后，审核回复小组应该立即召开会议，对问题进行分析和研究，制订回复方案，并明确回复的责任人、时间节点和回复方式。同时，企业还可以建立一个审核回复跟踪机制，对回复的进度和质量进行跟踪和监督，确保回复在规定的时间内完成。

2. 认真回复审核问题

企业在回复审核部门提出的问题时，应该认真对待，确保回复的内容准确、完整、清晰。回复内容应该针对审核部门提出的问题进行逐一回答，避免答非所问或遗漏重要问题。同时，回复内容应该有事实依据和数据支持，避免空洞无物或主观臆断。

例如，对于审核部门提出的财务问题，企业应该提供详细的财务报表、审计报告、财务分析等资料，对问题进行逐一回答，并说明问题的原因、影响和解决方案。对于审核部门提出的法律问题，企业应该提供相关的法律文件、合同协议、法律意见书等资料，对问题进行逐一回答，并说明问题的法律依据和解决方案。对于审核部门提出的业务问题，企业应该提供详细的业务流程图、市场分析报告、客户名单等资料，对问题进行逐一回答，并说明问题的业务背景、影响和解决方案。

3. 积极解释和沟通

在回复审核部门提出的问题时，企业如果对某些问题存在疑问或不同看法，可以积极与审核部门进行解释和沟通。在解释和沟通中，企业应该以客观、理性、专业的态度，向审核部门说明企业的立场和观点，同时也应该认真听取审核部门的意见和建议，寻求双方的共识和解决方案。

例如，对于审核部门提出的一些复杂问题，企业可以通过电话、电子邮件、书面函件等方式与审核部门进行进一步的沟通和解释，说明企业的实际情况和解决方案。在沟通中，企业应该尊重审核部门的专业判断和意见，同时也应该坚持企业的合法权益和合理诉求，寻求双方的共赢和合作。同时，企业还可以邀请审核部门的工作人员到企业进行实地考察和调研，让审核部门更好地了解企业的实际情况和发展前景，增强审核部门对企业的信心和支持。

四、根据预审核意见进行整改和完善申报材料

1. 分析预审核意见

企业在收到预审核意见后，应该认真分析预审核意见的内容和要求，明确需要整改和完善的问题和方向。预审核意见一般包括审核部门对企业申报材料的初步评价、存在的问题和不足以及整改要求和建议等方面的内容。企业应该对预审核意见进行逐一分析和研究，制定整改方案和措施。

例如，企业可以将预审核意见进行分类整理，将问题分为财务问题、法律问题、业务问题等不同类型，并分别制定相应的整改方案和措施。对于一些重大问题或复杂问题，企业可以组织相关人员进行专题讨论和研究，制订切实可行的解决方案。同时，企业还可以将预审核意见与企业的上市目标和发展战略相结合，制订长期的整改和完善计划，确保企业在上市后能够持续健康发展。

2. 进行整改和完善

根据预审核意见的要求，企业应该及时进行整改和完善申报材料。整改和完善的内容包括申报材料的内容、格式、真实性、准确性和完整性等方面。企业应该严格按照审核要求进行整改和完善，确保申报材料在内容和形式上都符合审核标准。

例如，对于财务问题，企业可以聘请专业的会计师事务所进行审计和调整，确保财务报表的真实、准确和完整。对于法律问题，企业可以聘请专业的律师事务所进行法律审查和整改，确保企业的法律合规性。对于业务问题，企业可以加强内部管理和业务流程优化，提高企业的经营效率和竞争力。同时，企业还可以对申报材料的格式和内容进行优化和完善，使其更加清晰、准确、完整，便于审核部门的审查和理解。

3. 再次审核和确认

在完成整改和完善后，企业应该对申报材料进行再次审核和确认，确保申

报材料符合审核要求。再次审核和确认可以由企业内部的审核小组或专业的中介机构进行。审核的内容包括申报材料的内容、格式、真实性、准确性和完整性等方面。审核人员应该对申报材料进行逐一审查和核对，发现问题及时进行整改和完善。

例如，企业可以组织内部的审核小组对申报材料进行再次审核和确认，审核小组成员可以包括企业的高管、财务人员、法律人员、业务人员等。审核小组应该对申报材料进行全面审查和核对，确保申报材料在内容和形式上都符合审核要求。同时，企业还可以聘请专业的中介机构对申报材料进行审核和确认，中介机构可以凭借其专业知识和经验，对申报材料进行更加深入和全面的审查和评估，发现问题并提出改进建议。

五、建立良好的沟通关系，争取审核部门的支持和认可

1. 持续沟通和交流

企业在整个上市过程中，应该持续与审核部门进行沟通和交流，及时汇报企业的经营情况、发展规划等方面的内容，加强与审核部门的沟通和了解，建立良好的信任关系。同时，企业还可以通过参加审核部门组织的培训、研讨会等活动，加强与审核部门的互动和交流，提高企业对审核政策和要求的理解和认识。

例如，企业可以定期向审核部门汇报企业的经营情况和发展规划，让审核部门了解企业的发展动态和前景。同时，企业还可以关注审核部门的政策变化和工作动态，及时调整企业的上市策略和申报材料。此外，企业还可以参加审核部门组织的培训、研讨会等活动，与审核部门的工作人员进行面对面的交流和沟通，提高企业对审核政策和要求的理解和认识。

2. 积极配合审核工作

企业应该积极配合审核部门的工作，及时提供审核所需的资料和信息，认真回复审核部门的问题和要求，确保审核工作的顺利进行。同时，企业还可以根据审核部门的要求，进行现场检查、实地调研等工作，展示企业的实际情况和发展潜力，争取审核部门的支持和认可。

例如，企业在收到审核部门的反馈意见后，应该及时组织相关人员进行回复和整改，并在规定的时间内提交回复材料。同时，企业还可以根据审核部门的要求，安排相关人员进行现场检查和实地调研，向审核部门展示企业的生产

经营情况、管理水平和发展潜力。在现场检查和实地调研中，企业应该积极配合审核部门的工作，提供必要的协助和支持，确保审核工作的顺利进行。

3. 树立良好的企业形象

企业在上市过程中，应该树立良好的企业形象，展示企业的实力和潜力，争取审核部门的支持和认可。企业可以通过加强品牌建设、提高企业知名度、履行社会责任等方式，树立良好的企业形象，增强审核部门对企业的信心和支持。

例如，企业可以加强品牌建设，提高企业的品牌知名度和美誉度，展示企业的实力和竞争力。同时，企业还可以积极履行社会责任，关注环境保护、公益事业等方面的工作，展示企业的社会责任感和担当精神。此外，企业还可以加强与投资者、媒体等方面的沟通和交流，展示企业的良好形象和发展前景，吸引更多的投资者关注和支持企业的上市工作。

总之，进行预审核沟通是企业上市过程中的一个重要环节。企业应该通过了解预审核的流程和要求、积极与审核部门进行沟通、及时回复审核部门的问题、根据预审核意见进行整改和完善申报材料以及建立良好的沟通关系等方式，提高审核的通过率，为企业顺利上市奠定基础。

97 回应审核反馈意见

回应审核反馈意见是一个至关重要的环节，这不仅关系到企业能否成功上市，还直接影响着企业在资本市场的形象和未来发展。

一、认真研究审核反馈意见，制订详细的回复方案

1. 全面梳理反馈意见

当企业收到审核反馈意见时，首先要进行全面梳理。审核反馈意见通常涵盖多个方面，包括财务状况、公司治理、业务模式、信息披露等。企业应将反馈意见进行分类整理，明确各个问题的性质和重要程度。

例如，可以将反馈意见分为重大问题、一般问题和轻微问题三类。重大问题可能涉及企业的核心业务或财务数据的真实性，需要高度重视并立即采取行动；一般问题可能是对某些细节的进一步要求或补充说明，需要认真对待并及

时回复；轻微问题可能是一些格式规范或表述不准确的地方，可以在回复时一并进行调整。

2. 深入分析问题根源

对于每一个反馈问题，企业都要深入分析其根源。这需要企业组织相关部门和专业人员进行研究，从企业的内部管理、业务流程、财务核算等方面查找问题产生的原因。

比如，如果反馈意见指出企业的财务报表存在某些数据不一致的情况，企业就需要分析是会计核算方法的问题、数据录入错误还是其他原因导致的。只有找到问题的根源，才能制订出有效的解决方案。

同时，企业还可以借助外部专业机构的力量，如会计师事务所、律师事务所等，对反馈问题进行深入分析和评估，提供专业的意见和建议。

3. 制订详细回复方案

在分析问题根源的基础上，企业要制订详细的回复方案。回复方案应包括问题的解释说明、整改措施、补充材料的准备以及回复的时间安排等内容。

对于问题的解释说明，要做到客观、准确、清晰，能够让审核部门充分理解企业的情况。整改措施要具体、可行，明确责任人和时间节点，确保问题能够得到有效解决。补充材料要根据审核部门的要求进行准备，确保材料的真实性、准确性和完整性。

例如，如果反馈意见要求企业对某项业务的收入确认方法进行说明，企业可以在回复方案中详细阐述收入确认的原则、方法和依据，并提供相关的合同、发票等支持材料。同时，企业还可以制定整改措施，如加强内部财务管理制度建设，规范收入确认流程等。

二、组织相关部门和人员进行整改和补充材料

1. 明确责任分工

为了确保整改和补充材料工作的顺利进行，企业需要明确责任分工。根据反馈问题的性质和涉及的部门，将任务分配给相关的部门和人员，明确各自的职责和任务。

例如，如果反馈问题涉及财务方面，财务部门应承担主要责任，负责对财务数据进行核对和调整，提供准确的财务报表和相关说明材料。如果问题涉及公司治理，董事会办公室、人力资源部门等应共同参与，对公司治理结构进行

完善，提供相关的制度文件和决策记录。

同时，企业还应指定一名负责人，负责协调各部门的工作，确保整改和补充材料工作的整体进度和质量。

2. 开展整改工作

各责任部门和人员在接到任务后，应立即开展整改工作。整改工作要严格按照回复方案中的整改措施进行，确保问题得到有效解决。

在整改过程中，企业要加强对整改工作的监督和检查，及时发现和解决问题。可以建立整改工作进度报告制度，各责任部门定期向负责人汇报整改工作进展情况，以便及时调整工作安排。

例如，如果整改措施要求加强内部审计工作，企业可以成立内部审计小组，对企业的财务、业务等方面进行全面审计，发现问题及时整改。同时，企业还可以完善内部审计制度，加强对审计工作的规范和管理。

3. 准备补充材料

根据审核反馈意见的要求，企业还需要准备补充材料。补充材料应与问题的回复紧密相关，能够为审核部门提供更充分的信息和证据。

补充材料的准备要注重质量和时效性。企业应组织相关部门和人员对补充材料进行认真审核和整理，确保材料的真实性、准确性和完整性。同时，要按照回复方案中的时间安排，及时将补充材料提交给审核部门。

例如，如果审核部门要求企业提供某项业务的详细合同和执行情况说明，企业应及时收集相关合同和执行记录，对材料进行整理和分析，形成详细的说明材料，并附上相关的附件和证明文件。

三、按时提交审核反馈意见的回复材料

1. 审核回复材料

在完成整改和补充材料工作后，企业要对回复材料进行审核。审核工作应由企业的高层管理人员、专业人员和外部顾问共同参与，确保回复材料的质量和准确性。

审核内容包括回复材料的内容是否完整、问题的解释是否清晰、整改措施是否有效、补充材料是否充分等方面。对于审核中发现的问题，要及时进行修改和完善，确保回复材料符合审核部门的要求。

例如，企业可以组织一次内部审核会议，邀请企业的高管、财务人员、法

律人员、业务人员等参加，对回复材料进行逐一审核和讨论。对于存在争议的问题，可以进行深入分析和研究，寻求最佳的解决方案。

2. 按时提交回复材料

审核反馈意见通常会规定回复的时间期限，企业必须严格遵守这个时间要求，按时提交回复材料。如果因特殊情况无法按时提交，应提前向审核部门申请延期，并说明理由。

在提交回复材料时，企业要注意提交的方式和渠道。一般来说，审核部门会指定特定的提交方式，如电子邮件、在线申报系统等。企业应按照要求进行提交，并确保提交的材料完整、清晰、易于阅读。

例如，企业可以在回复期限前几天，对回复材料进行最后的检查和整理，确保材料无误后，按照审核部门的要求进行提交。同时，企业还可以在提交后及时与审核部门进行沟通，确认回复材料是否已经收到，是否需要进一步的补充或说明。

四、对审核过程中的问题进行持续跟踪和改进

1. 建立问题跟踪机制

为了确保审核过程中的问题得到彻底解决，企业应建立问题跟踪机制。对每一个反馈问题的整改情况进行跟踪和记录，及时了解问题的解决进度和效果。

问题跟踪机制可以通过建立问题台账、定期汇报等方式实现。问题台账应详细记录问题的描述、整改措施、责任人、时间节点和进展情况等信息。定期汇报可以由各责任部门向负责人汇报问题的整改情况，负责人再向企业高层管理人员汇报，以便及时掌握问题的解决情况。

例如，企业可以每周召开一次问题跟踪会议，各责任部门汇报问题的整改进展情况，对存在的问题进行分析和讨论，制订下一步的工作计划。同时，企业还可以通过问题台账，对问题的整改情况进行实时跟踪和监控，确保问题得到及时解决。

2. 持续改进内部管理

审核过程中的问题往往反映出企业内部管理存在的不足之处。企业应以此为契机，持续改进内部管理，提高企业的整体管理水平。

例如，如果审核反馈意见指出企业的内部控制制度不完善，企业可以对内部控制制度进行全面梳理和修订，加强对财务、业务等方面的风险控制。如果

问题涉及信息披露不及时、不准确，企业可以完善信息披露制度，加强对信息披露工作的管理和监督。

同时，企业还可以通过培训、考核等方式，提高员工的业务素质和责任意识，确保企业的各项管理制度得到有效执行。

五、与审核部门保持密切沟通，确保审核工作顺利进行

1. 主动沟通汇报

在回应审核反馈意见的过程中，企业应与审核部门保持密切沟通。主动向审核部门汇报整改工作的进展情况、存在的问题和困难，寻求审核部门的指导和支持。

沟通汇报可以通过电话、电子邮件、书面函件等方式进行。企业应根据问题的重要程度和紧急程度，选择合适的沟通方式。对于重大问题或紧急情况，应及时与审核部门进行电话沟通或当面汇报；对于一般问题，可以通过电子邮件或书面函件进行汇报。

例如，企业可以在整改工作取得阶段性成果时，向审核部门提交一份整改工作进展报告，汇报问题的解决情况和下一步的工作计划。同时，企业还可以在遇到问题和困难时，及时向审核部门请教，寻求解决方案。

2. 积极配合审核工作

企业应积极配合审核部门的工作，及时提供审核所需的材料和信息，认真回答审核部门的问题和询问。对于审核部门提出的现场检查、实地调研等要求，企业应积极做好准备，提供必要的协助和支持。

例如，当审核部门要求企业提供某项业务的现场检查时，企业应提前做好准备，安排相关人员陪同检查，提供详细的业务资料和说明。同时，企业还应认真听取审核部门的意见和建议，对存在的问题及时进行整改。

3. 建立良好的沟通关系

企业与审核部门之间建立良好的沟通关系，有助于审核工作的顺利进行。企业可以通过定期拜访、参加培训等方式，加强与审核部门的沟通和交流，增进彼此的了解和信任。

例如，企业可以定期拜访审核部门，了解审核政策和要求的变化，汇报企业的发展情况和上市进展。同时，企业还可以参加审核部门组织的培训和研讨会，提高对审核工作的认识和理解，为企业的上市工作提供更好的支持。

总之，回应审核反馈意见是企业上市过程中的一个关键环节。企业应认真研究审核反馈意见，制订详细的回复方案，组织相关部门和人员进行整改和补充材料，按时提交回复材料，对审核过程中的问题进行持续跟踪和改进，与审核部门保持密切沟通，确保审核工作顺利进行。只有这样，企业才能提高上市的成功率，实现企业的发展目标。

98 关注上市进程变化

密切关注上市进程的变化至关重要，这不仅有助于企业及时应对各种风险和挑战，还能确保企业在合适的时机做好充分准备，顺利实现上市目标。

一、建立上市进程跟踪机制，及时了解审核进度和市场动态

1. 确定跟踪指标

为了全面、准确地了解上市进程，企业需要确定一系列跟踪指标。这些指标可以包括审核部门的反馈时间、审核进度的阶段划分、市场对企业上市的预期等。

例如，对于审核进度，可以将其分为材料受理、初审、反馈意见、回复审核、上会审核等阶段，每个阶段设定相应的时间节点和预期完成时间。对于市场动态，可以关注同行业企业的上市情况、资本市场的整体走势、投资者的情绪变化等。

2. 建立信息收集渠道

企业应建立多元化的信息收集渠道，以确保能够及时获取关于上市进程的最新信息。这些渠道可以包括与保荐机构、律师事务所、会计师事务所等中介机构的定期沟通；关注证券监管部门的官方网站、公告和通知；订阅行业资讯平台、财经媒体等。

例如，企业可以与保荐机构建立每周一次的电话会议制度，了解审核进度和反馈意见的情况。同时，安排专人负责关注证券监管部门的官方网站，及时下载和分析相关公告和通知。此外，还可以订阅一些专业的财经媒体，获取市场动态和行业分析报告。

3. 定期分析和汇报

企业应定期对收集到的信息进行分析和总结，形成上市进程跟踪报告。报告应包括审核进度的更新、市场动态的变化、潜在风险的评估等内容，并向企业高层管理人员和相关部门进行汇报。

例如，每月召开一次上市进程跟踪会议，由负责跟踪的团队成员汇报本月的审核进度和市场动态，分析可能对企业上市产生影响的因素，并提出相应的应对建议。企业高层管理人员根据报告内容，对下一步的上市工作进行决策和部署。

二、分析上市进程中的各种风险和挑战，制定应对措施

1. 识别风险和挑战

企业在上市进程中可能面临多种风险和挑战，如审核不通过、市场波动、竞争对手干扰、内部管理问题等。企业需要对这些风险和挑战进行全面的识别和分析，确定其发生的可能性和影响程度。

例如，审核不通过的风险可能源于企业财务状况不达标、信息披露不充分、合规问题等。市场波动的风险可能导致企业估值下降、投资者信心不足等。竞争对手干扰可能表现为恶意竞争、市场份额被挤压等。内部管理问题可能包括管理层变动、员工流失、内部控制不完善等。

2. 评估风险影响

对于识别出的风险和挑战，企业需要进行深入的评估，分析其对上市进程的影响程度。评估可以从财务、业务、声誉等多个角度进行，确定风险的优先级和紧急程度。

例如，如果审核不通过的风险较高，可能会导致企业上市计划延迟甚至失败，对企业的财务状况和发展战略产生重大影响。市场波动的风险可能会影响企业的估值和融资规模，但相对来说影响程度可能较小。通过评估风险影响，企业可以确定哪些风险需要优先处理，哪些风险可以暂时搁置。

3. 制定应对措施

根据风险评估的结果，企业应制定相应的应对措施。应对措施应具有针对性、可操作性和有效性，能够最大限度地降低风险对上市进程的影响。

例如，对于审核不通过的风险，企业可以加强与中介机构的沟通和协作，完善申报材料，提高信息披露的质量和透明度。对于市场波动的风险，企业可

以制定灵活的融资策略，根据市场情况调整融资规模和价格。对于竞争对手干扰的风险，企业可以加强市场调研和竞争分析，制定有效的市场推广和营销策略。对于内部管理问题，企业可以加强人才培养和团队建设，完善内部控制制度，提高企业的管理水平。

三、与中介机构和监管部门保持密切沟通，及时掌握政策变化

1. 加强与中介机构的沟通

保荐机构、律师事务所、会计师事务所等中介机构在企业上市过程中发挥着重要作用。企业应与这些中介机构保持密切沟通，及时了解审核进度、反馈意见和市场动态，共同应对上市进程中的各种问题。

例如，企业可以定期与保荐机构召开工作会议，讨论上市方案的执行情况和存在的问题，寻求解决方案。与律师事务所保持沟通，确保企业的合规性和法律风险得到有效控制。与会计师事务所合作，确保财务报表的真实、准确和完整。通过与中介机构的密切沟通，企业可以获取专业的意见和建议，提高上市工作的效率和质量。

2. 关注监管部门政策变化

证券监管部门的政策变化对企业上市进程有着重要影响。企业应密切关注监管部门的政策动态，及时了解政策变化的内容和影响，调整上市策略和申报材料。

例如，监管部门可能会出台新的上市规则、审核标准或政策导向，企业需要及时研究和分析这些政策变化，评估其对企业上市的影响。如果政策变化对企业不利，企业应及时调整上市计划，采取相应的应对措施。同时，企业还可以通过参加监管部门组织的培训、研讨会等活动，加强与监管部门的沟通和交流，了解政策意图和监管要求。

3. 积极反馈企业诉求

企业在关注政策变化的同时，也应积极向中介机构和监管部门反馈自身的诉求和建议。通过与中介机构和监管部门的互动，企业可以更好地了解政策制定的背景和目的，为自身的发展争取有利的政策环境。

例如，企业可以就上市审核过程中的一些具体问题向监管部门提出建议，如审核时间过长、审核标准不明确等。同时，企业也可以向中介机构反馈在合作过程中遇到的问题和困难，寻求更好的解决方案。通过积极反馈企业诉求，

企业可以增强自身在上市进程中的话语权和影响力。

四、调整企业战略和经营计划，适应上市进程的要求

1. 评估上市对企业战略的影响

企业上市后，将面临更加严格的监管要求和更高的市场期望。企业需要重新评估上市对企业战略的影响，调整战略方向和目标，以适应资本市场的要求。

例如，上市后企业可能需要更加注重长期发展战略，加大研发投入，提高产品质量和服务水平，增强企业的核心竞争力。同时，企业还需要关注股东利益，制定合理的分红政策和股权激励计划，提高股东的回报率。通过评估上市对企业战略的影响，企业可以明确上市后的发展方向和重点，为企业的长期发展奠定基础。

2. 调整经营计划

为了适应上市进程的要求，企业需要对经营计划进行调整。经营计划的调整应围绕企业战略目标，结合市场动态和审核进度，制订具体的行动计划和时间表。

例如，如果审核进度加快，企业可能需要提前做好上市后的市场推广和品牌建设工作。如果市场竞争加剧，企业可能需要调整产品结构和价格策略，提高市场占有率。通过调整经营计划，企业可以更好地应对上市进程中的各种变化，确保企业的经营业绩和市场竞争力。

3. 优化内部管理

上市对企业的内部管理提出了更高的要求。企业需要优化内部管理体系，提高管理效率和决策水平，以适应资本市场的规范和要求。

例如，企业可以完善公司治理结构，加强董事会、监事会和股东大会的建设，提高决策的科学性和透明度。加强财务管理，建立健全财务管理制度和内部控制体系，提高财务报表的质量和透明度。加强人力资源管理，吸引和留住优秀人才，提高员工的素质和业务能力。通过优化内部管理，企业可以提高自身的管理水平和运营效率，为上市后的发展提供有力保障。

五、做好上市前的各项准备工作，确保顺利上市

1. 完善申报材料

申报材料是企业上市的重要依据。企业应在审核过程中不断完善申报材料，

确保材料的真实、准确、完整和合规。

例如，企业可以根据审核部门的反馈意见，及时补充和修改申报材料中的不足之处。加强对财务报表的审计和调整，提高财务数据的真实性和准确性。完善信息披露内容，提高信息披露的质量和透明度。同时，企业还可以对申报材料进行反复审核和校对，确保材料的格式规范和语言表达准确无误。

2. 进行投资者教育

上市后，企业将面临众多投资者的关注和监督。企业需要在上市前进行投资者教育，提高投资者对企业的认识和了解，增强投资者的信心。

例如，企业可以通过举办投资者交流会、路演活动等方式，向投资者介绍企业的业务模式、发展前景、财务状况等情况。同时，企业还可以通过发布投资者关系管理手册、定期报告等方式，加强与投资者的沟通和交流，提高投资者的满意度。通过投资者教育，企业可以为上市后的投资者关系管理打下良好的基础。

3. 做好上市仪式准备

上市仪式是企业上市的重要环节。企业应提前做好上市仪式的准备工作，确保仪式的顺利进行。

例如，企业可以确定上市仪式的时间、地点和参与人员，制定详细的仪式流程和方案。准备好上市仪式所需的道具、设备和宣传资料，如敲钟槌、背景板、新闻稿等。同时，企业还可以邀请政府领导、行业专家、合作伙伴等嘉宾参加上市仪式，提高仪式的影响力和关注度。通过做好上市仪式准备，企业可以为上市画上一个圆满的句号，开启新的发展篇章。

总之，关注上市进程变化是企业上市过程中的重要任务。企业应建立上市进程跟踪机制，及时了解审核进度和市场动态；分析上市进程中的各种风险和挑战，制定应对措施；与中介机构和监管部门保持密切沟通，及时掌握政策变化；调整企业战略和经营计划，适应上市进程的要求；做好上市前的各项准备工作，确保顺利上市。只有这样，企业才能在上市的道路上稳步前行，实现自身的发展目标。

⑨⑨ 做好上市前准备工作

在企业即将迈向上市的关键阶段，做好上市前的各项准备工作至关重要。这不仅关系到企业能否顺利上市，还将对企业上市后的发展产生深远影响。

一、制订上市后的发展战略和经营计划

1. 分析市场环境和行业趋势

在制订上市后的发展战略和经营计划之前，企业需要对市场环境和行业趋势进行深入分析。这包括宏观经济形势、行业竞争格局、技术发展趋势等方面的因素。

例如，通过研究宏观经济数据，了解经济增长趋势、利率水平、汇率波动等对企业的影响。分析行业竞争格局，确定企业在行业中的地位和竞争对手的优势与劣势。关注技术发展趋势，评估新技术对企业产品和服务的影响，以及企业在技术创新方面的机遇和挑战。

2. 明确企业发展目标

基于市场环境和行业趋势的分析，企业需要明确上市后的发展目标。这些目标可以包括财务目标、市场份额目标、产品研发目标、人才发展目标等。

财务目标可以设定为在一定时间内实现营业收入和净利润的增长，提高资产回报率和股东权益回报率。市场份额目标可以是在特定市场领域中提高企业产品或服务的市场占有率。产品研发目标可以是在一定时间内推出新的产品或服务，满足市场需求。人才发展目标可以是吸引和培养一批高素质的人才，为企业的发展提供人才支持。

3. 制订发展战略和经营计划

在明确发展目标的基础上，企业需要制订具体的发展战略和经营计划。发展战略可以包括市场拓展战略、产品创新战略、成本领先战略、差异化战略等。

市场拓展战略可以是开拓新的市场领域，扩大企业的市场覆盖范围。产品创新战略可以是加大研发投入，推出具有竞争力的新产品或服务。成本领先战略可以是通过优化生产流程、降低采购成本等方式，提高企业的成本竞争力。差异化战略可以是通过提供独特的产品或服务，树立企业的品牌形象，提高产品或服务的附加值。

经营计划则应包括具体的行动计划、时间表和责任人。例如，市场拓展计划可以包括市场调研、营销推广、渠道建设等方面的具体行动。产品创新计划可以包括研发项目的安排、研发投入的预算、研发团队的建设等。成本领先计划可以包括成本控制措施、供应链管理优化、生产效率提升等。差异化计划可以包括品牌建设、客户服务提升、产品特色打造等。

二、完善公司治理结构，加强内部控制体系建设

1. 优化公司治理结构

公司治理结构是企业上市后的重要保障。企业需要优化公司治理结构，建立健全股东大会、董事会、监事会和管理层之间的权力制衡机制。

股东大会是企业的最高权力机构，企业应确保股东大会的决策程序合法、规范，保障股东的合法权益。董事会是企业的决策机构，企业应选拔具有专业知识和丰富经验的董事，提高董事会的决策水平。监事会是企业的监督机构，企业应加强监事会的监督职能，确保企业的经营活动合法、合规。管理层是企业的执行机构，企业应建立有效的激励和约束机制，提高管理层的执行力和责任感。

2. 加强内部控制体系建设

内部控制体系是企业防范风险、规范管理的重要手段。企业需要加强内部控制体系建设，建立健全内部控制制度，完善内部控制流程。

内部控制制度应包括财务管理制度、采购管理制度、销售管理制度、人力资源管理制度等方面的内容。企业应明确各部门和岗位的职责权限，规范业务流程，加强对关键环节的控制。例如，在财务管理制度方面，企业应建立健全财务核算体系、资金管理制度、预算管理制度等，确保财务信息的真实、准确、完整。在采购管理制度方面，企业应建立供应商评估机制、采购审批流程、采购合同管理等，确保采购活动的规范、高效。在销售管理制度方面，企业应建立客户信用评估机制、销售合同管理、应收账款管理制度等，确保销售活动的顺利进行。在人力资源管理制度方面，企业应建立招聘、培训、考核、薪酬等方面的制度，吸引和留住优秀人才。

3. 提高信息披露质量

信息披露是企业上市后的重要义务。企业需要提高信息披露质量，及时、准确、完整地披露企业的财务状况、经营成果、重大事项等信息。

企业应建立健全信息披露制度，明确信息披露的内容、格式、时间和责任人。加强对信息披露的审核和监督，确保信息披露的真实性、准确性和完整性。同时，企业还应积极与投资者沟通，解答投资者的疑问，提高投资者对企业的信任度。

三、进行投资者教育和宣传，提高投资者对企业的认知度

1. 制订投资者教育计划

投资者教育是企业上市后的重要工作。企业需要制订投资者教育计划，提高投资者对企业的认知度和投资水平。

投资者教育计划可以包括举办投资者交流会、发布投资者关系管理手册、开展投资者培训等方面的内容。企业可以邀请证券分析师、投资顾问等专业人士为投资者讲解证券市场知识、投资策略和企业的投资价值。发布投资者关系管理手册，介绍企业的基本情况、发展战略、财务状况等信息，为投资者提供投资参考。开展投资者培训，提高投资者的投资分析能力和风险意识。

2. 加强投资者关系管理

投资者关系管理是企业与投资者沟通的桥梁。企业需要加强投资者关系管理，建立良好的投资者关系。

企业应设立专门的投资者关系管理部门，负责与投资者的沟通和交流。及时回复投资者的咨询和提问，解答投资者的疑问。定期发布企业的经营动态、财务状况等信息，让投资者了解企业的发展情况。组织投资者实地调研企业的生产经营情况，增强投资者对企业的信心。同时，企业还应积极参加投资者关系管理活动，如投资者见面会、业绩说明会等，提高企业的知名度和影响力。

3. 进行企业宣传和推广

企业宣传和推广是提高投资者对企业认知度的重要手段。企业需要进行企业宣传和推广，树立企业的良好形象。

企业可以通过新闻媒体、广告宣传、公关活动等方式进行企业宣传和推广。发布企业的新闻稿、公告等信息，提高企业的曝光度。制作企业的宣传资料、广告片等，介绍企业的产品和服务、发展战略、企业文化等内容。参加行业展会、研讨会等活动，展示企业的实力和成果。同时，企业还可以利用社交媒体等新兴渠道进行企业宣传和推广，扩大企业的影响力。

四、做好上市仪式的策划和组织工作

1. 确定上市仪式的时间和地点

上市仪式是企业上市的重要标志。企业需要确定上市仪式的时间和地点，确保仪式的顺利进行。

上市仪式的时间应选择在企业上市后的适当时间，既不能太早也不能太晚。地点应选择在具有象征意义或知名度较高的场所，如证券交易所、企业总部等。同时，企业还应考虑到参加仪式的嘉宾的方便性，选择交通便利、设施完善的地点。

2. 策划上市仪式的流程和内容

上市仪式的流程和内容应精心策划，确保仪式的隆重、热烈、有序。

上市仪式的流程可以包括开场致辞、敲钟仪式、领导讲话、嘉宾致辞、企业介绍等环节。开场致辞可以由主持人介绍仪式的背景和目的，欢迎嘉宾的到来。敲钟仪式是上市仪式的核心环节，企业领导和嘉宾共同敲响上市钟声，标志着企业正式上市。领导讲话可以由企业领导介绍企业的发展历程、上市意义和未来展望。嘉宾致辞可以邀请政府领导、行业专家、合作伙伴等嘉宾发表讲话，对企业的上市表示祝贺和支持。企业介绍可以通过视频、图片等形式展示企业的产品和服务、发展战略、企业文化等内容。

3. 组织上市仪式的嘉宾和媒体

上市仪式的嘉宾和媒体是仪式的重要参与者。企业需要组织好上市仪式的嘉宾和媒体，确保仪式的影响力和传播效果。

嘉宾可以包括政府领导、行业专家、合作伙伴、投资者、企业员工等。企业应提前发送邀请函，邀请嘉宾参加上市仪式。同时，企业还应安排好嘉宾的接待工作，确保嘉宾的安全和舒适。媒体可以包括新闻媒体、财经媒体、行业媒体等。企业应提前与媒体沟通，邀请媒体参加上市仪式。同时，企业还应准备好新闻通稿、宣传资料等，为媒体提供报道素材。

五、对企业员工进行上市培训，增强员工的荣誉感和责任感

1. 开展上市知识培训

企业员工是企业上市的重要参与者。企业需要对员工进行上市知识培训，提高员工对企业上市的认识和理解。

上市知识培训可以包括证券市场知识、企业上市的意义和流程、投资者关

系管理等方面的内容。企业可以邀请证券分析师、投资顾问等专业人士为员工讲解证券市场知识和投资策略。介绍企业上市的意义和流程，让员工了解企业上市对企业和员工的影响。开展投资者关系管理培训，提高员工与投资者沟通的能力和水平。

2. 增强员工的荣誉感和责任感

企业上市是企业发展的重要里程碑。企业需要增强员工的荣誉感和责任感，激发员工的工作热情和创造力。

企业可以通过举办庆祝活动、发放纪念品等方式，让员工分享企业上市的喜悦。同时，企业还可以开展优秀员工评选、股权激励等活动，激励员工为企业的发展做出更大的贡献。此外，企业还可以加强企业文化建设，弘扬企业精神，增强员工的凝聚力和向心力。

3. 提升员工的业务能力和素质

企业上市后，将面临更加激烈的市场竞争和更高的发展要求。企业需要提升员工的业务能力和素质，为企业的发展提供人才支持。

企业可以通过开展内部培训、外部培训、岗位轮换等方式，提升员工的业务能力和素质。内部培训可以由企业内部的专业人士为员工讲解业务知识和技能。外部培训可以邀请外部专家为员工进行培训，拓宽员工的视野和思路。岗位轮换可以让员工在不同的岗位上锻炼，提高员工的综合素质和能力。

总之，做好上市前的各项准备工作是企业上市成功的关键。企业需要制订上市后的发展战略和经营计划，完善公司治理结构，加强内部控制体系建设，进行投资者教育和宣传，做好上市仪式的策划和组织工作，对企业员工进行上市培训，增强员工的荣誉感和责任感。只有这样，企业才能在上市后实现持续、稳定、健康的发展。

⑩⓪ 庆祝上市成功

当企业历经重重挑战，最终成功上市，这无疑是一个值得欢庆的重大时刻。庆祝上市成功不仅是对过去努力的肯定，更是为企业未来的发展注入新的动力和活力。

一、组织上市庆祝活动，提升企业形象和品牌价值

1. 确定庆祝活动的主题和形式

上市庆祝活动的主题应紧密围绕企业的发展历程、核心价值观和未来展望，突出企业的特色和优势。例如，可以以“新征程，新辉煌”为主题，表达企业在上市后将开启新的发展篇章，追求更高的目标和成就。

庆祝活动的形式可以多种多样，如举办盛大的庆祝晚宴、召开新闻发布会、组织员工庆祝大会等。根据企业的实际情况和预算，选择合适的活动形式，确保活动的效果和影响力。

例如，举办庆祝晚宴可以邀请政府领导、行业专家、合作伙伴、投资者和企业员工等共同参与，通过精彩的文艺表演、领导致辞和互动环节，营造热烈、喜庆的氛围。召开新闻发布会可以向媒体和公众宣布企业上市的消息，展示企业的实力和成就，提升企业的知名度和品牌价值。

2. 精心策划活动内容

庆祝活动的内容应丰富多样，既要有庄重的仪式感，又要有轻松愉快的互动环节。可以包括以下几个方面。

领导致辞：企业高层领导发表热情洋溢的讲话，回顾企业的发展历程，感谢各方的支持和努力，展望企业的未来发展前景。

表彰环节：对在上市过程中做出突出贡献的团队成员和合作伙伴进行表彰和奖励，激励他们继续为企业的发展贡献力量。

文艺表演：邀请专业的文艺团体或企业员工进行精彩的文艺表演，如歌舞、小品、魔术等，为活动增添欢乐和喜庆的氛围。

互动环节：设置一些互动游戏或抽奖环节，让嘉宾和员工积极参与，增强活动的趣味性和参与度。

企业展示：通过图片、视频、实物展示等方式，展示企业的发展成果、产品和服务、企业文化等，让嘉宾和员工更好地了解企业。

3. 邀请嘉宾和媒体参与

上市庆祝活动是企业展示形象和品牌价值的重要机会，因此邀请嘉宾和媒体的参与至关重要。可以邀请政府领导、行业专家、合作伙伴、投资者、媒体记者等各界人士参加活动，扩大活动的影响力和传播范围。

在邀请嘉宾和媒体时，要注意发送正式的邀请函，并提前沟通活动的时间、

地点、主题和内容，确保他们能够按时参加活动。同时，要为嘉宾和媒体提供良好的接待服务，让他们感受到企业的热情和专业。

4. 做好活动的宣传和推广

为了让更多的人了解企业上市的消息和庆祝活动，需要做好活动的宣传和推广工作。可以通过以下几种方式进行宣传：

新闻媒体：邀请主流媒体对企业上市和庆祝活动进行报道，发布新闻稿、专题报道、采访等，提高企业的知名度和品牌价值。

社交媒体：利用企业的官方微博、微信公众号、抖音等社交媒体平台，发布活动的预告、现场照片、视频等，吸引粉丝和用户的关注和参与。

广告宣传：在报纸、杂志、户外广告等媒体上发布企业上市的广告，宣传企业的品牌形象和成就。

内部宣传：通过企业内部的邮件、公告、宣传栏等渠道，向员工宣传企业上市的消息和庆祝活动，增强员工的荣誉感和归属感。

二、对上市过程中的团队成员和合作伙伴进行表彰和奖励

1. 确定表彰和奖励的对象

在上市过程中，企业的团队成员和合作伙伴都付出了巨大的努力和贡献。因此，需要确定表彰和奖励的对象，包括企业的高管团队、中层管理人员、基层员工、保荐机构、律师事务所、会计师事务所等中介机构，以及供应商、客户等合作伙伴。

可以根据他们在上市过程中的贡献大小、工作表现、专业能力等因素，确定表彰和奖励的级别和方式。例如，可以设立“上市突出贡献奖”“优秀团队奖”“最佳合作伙伴奖”等多个奖项，对不同的对象进行表彰和奖励。

2. 制定表彰和奖励的标准和方式

为了确保表彰和奖励的公平、公正、公开，需要制定明确的标准和方式。表彰和奖励的标准可以包括工作业绩、专业能力、团队合作、创新精神等方面，根据不同的奖项设定具体的评选标准。

表彰和奖励的方式可以包括物质奖励和精神奖励。物质奖励可以是奖金、奖品、股权激励等，精神奖励可以是荣誉证书、奖杯、奖牌等。同时，可以通过举办表彰大会、新闻发布会等形式，对获奖对象进行公开表彰和奖励，增强他们的荣誉感和成就感。

3. 组织表彰和奖励活动

组织表彰和奖励活动是对团队成员和合作伙伴的一种肯定和激励，也是企业文化建设的重要组成部分。可以在上市庆祝活动中安排表彰和奖励环节，或者单独举办表彰大会，对获奖对象进行表彰和奖励。

在组织表彰和奖励活动时，要注意活动的仪式感和庄重性，让获奖对象感受到企业的重视和尊重。同时，可以邀请获奖对象发表感言，分享他们在上市过程中的经验和体会，激励更多的人为企业的发展贡献力量。

三、总结上市经验教训，为企业未来发展提供借鉴

1. 回顾上市过程

上市是一个复杂而漫长的过程，企业在这个过程中会遇到各种挑战和困难。因此，需要回顾上市过程，总结经验教训，为企业未来的发展提供借鉴。

可以组织企业的高管团队、中层管理人员和相关部门负责人，对上市过程进行全面回顾和总结。回顾的内容可以包括上市的筹备工作、申报材料的准备、审核过程中的问题和解决方法、与中介机构和监管部门的沟通协调等方面。通过回顾上市过程，找出企业在上市过程中的优势和不足，为企业未来的发展提供参考。

2. 分析成功因素和不足之处

在回顾上市过程的基础上，需要分析企业成功上市的因素和不足之处。成功因素可以包括企业的核心竞争力、良好的财务状况、优秀的管理团队、有效的投资者关系管理等方面。不足之处可以包括上市筹备工作的不足、申报材料的缺陷、审核过程中的问题等方面。

通过分析成功因素和不足之处，企业可以进一步明确自己的优势和劣势，为未来的发展制订更加科学合理的战略和计划。同时，可以针对不足之处，制定改进措施和方案，不断完善企业的管理和运营机制。

3. 总结经验教训，制定未来发展策略

总结上市经验教训是为了更好地指导企业未来的发展。在分析成功因素和不足之处的基础上，需要总结经验教训，制定未来发展策略。

经验教训可以包括加强企业内部管理、提高财务透明度、优化投资者关系管理、加强与中介机构和监管部门的沟通协调等方面。未来发展策略可以包括拓展市场份额、加强产品研发、提升品牌价值、推进企业国际化等方面。

制定未来发展策略时，要结合企业的实际情况和市场环境，制定具有可行性和前瞻性的发展策略。同时，要将经验教训融入未来发展策略中，不断完善和优化企业的发展战略和计划。

四、持续关注资本市场动态，保持企业良好的发展态势

1. 建立资本市场信息收集和分析机制

资本市场是一个动态变化的市场，企业需要建立资本市场信息收集和分析机制，及时了解市场动态和政策变化，为企业的决策提供参考。

可以通过订阅财经媒体、关注证券交易所公告、参加行业研讨会等方式，收集资本市场的信息。同时，可以组织专业的人员对收集到的信息进行分析和研究，评估市场动态和政策变化对企业的影响，提出相应的应对措施和建议。

2. 加强投资者关系管理

投资者关系管理是企业上市后的重要工作之一。企业需要加强投资者关系管理，建立良好的投资者关系，提高投资者的信心和满意度。

可以通过定期发布企业的财务报告、召开业绩说明会、组织投资者调研等方式，加强与投资者的沟通和交流。同时，要及时回复投资者的咨询和提问，解答投资者的疑问，增强投资者对企业的了解和信任。

3. 持续提升企业的核心竞争力

企业的核心竞争力是企业在市场竞争中立足的根本。企业需要持续提升自己的核心竞争力，保持企业良好的发展态势。

可以通过加强技术创新、提高产品质量、优化服务水平、拓展市场份额等方式，提升企业的核心竞争力。同时，要关注行业发展趋势和竞争对手的动态，及时调整企业的发展战略和经营策略，保持企业的竞争优势。

4. 积极参与资本市场活动

企业上市后，可以积极参与资本市场活动，提高企业的知名度和影响力。可以通过发行债券、增发股票、并购重组等方式，筹集资金，扩大企业规模，提升企业的实力和竞争力。

同时，可以参加行业展会、研讨会、论坛等活动，展示企业的产品和服务、技术和创新成果，与同行业企业进行交流和合作，拓展企业的业务渠道和市场空间。

总之，庆祝上市成功是企业发展的一个重要里程碑，也是企业未来发展

的新起点。通过组织上市庆祝活动、表彰和奖励团队成员和合作伙伴、总结上市经验教训、持续关注资本市场动态等措施，企业可以提升形象和品牌价值，激励员工和合作伙伴，为未来的发展提供借鉴和动力，保持良好的发展态势。